Veröffentlichungen der Deutschen Gesellschaft
für Politikwissenschaft (DGfP)

Band 33

Prof. Dr. Karl-Rudolf Korte [Hrsg.]

Emotionen und Politik

Begründungen, Konzeptionen und Praxisfelder einer politikwissenschaftlichen Emotionsforschung

Mit Beiträgen von:

Anja Besand | Lisa Katharina Bogerts | Nina Elena Eggers | Rebekka Fleiner | Felix Heidenreich | Maik Herold | Karl-Rudolf Korte | Claus Leggewie | Oliver Lembcke | Philipp Nielsen | Jan Rohgalf | Gary S. Schaal | Benjamin C. Seyd | Florian Weber | Kristina Weissenbach | Reinhard Wolf | Taylan Yildiz

Nomos

Die Deutsche Nationalbibliothek verzeichnet diese Publikation in der Deutschen Nationalbibliografie; detaillierte bibliografische Daten sind im Internet über http://dnb.d-nb.de abrufbar.

ISBN 978-3-8487-2246-4 (Print)

ISBN 978-3-8452-6338-0 (ePDF)

Chefredakteur des Bandes ist Dr. Taylan Yildiz (NRW School of Governance/Universität Duisburg-Essen).

1. Auflage 2015

Inhaltsverzeichnis

Teil II: Politikwissenschaftliche Perspektiven

Teil III: Fallstudien

Einleitung

Emotionen und Politik. Begründungen, Konzeptionen und Praxisfelder einer politikwissenschaftlichen Emotionsforschung

Karl-Rudolf Korte

Bundespräsident Joachim Gauck machte unmittelbar nach dem Sieg der deutschen Nationalmannschaft bei der Fußball-Weltmeisterschaft 2014 eine bemerkenswerte Aussage: „Ich bin ja eigentlich Präsident und muss ja ein bisschen gesetzter wirken. Aber ich war so bewegt und emotional hin. Und neben mir saß die Kanzlerin. Der ging es genauso.... Wir waren einfach drin in dieser Woge von Emotionen. Dann ist die Freude so groß, dass man ihr Ausdruck verleihen muss."[1] Die Fußball-Weltmeisterschaft brachte also auch in der Politik kollektive Emotionen hervor, die normalerweise darum bemüht ist, nüchtern-kalkuliert Sachstandsbeschreibungen abzugeben. Zumindest gilt dies für einen politisch-kulturellen Kontext, der auf Grund der NS-Vergangenheit Pathos und Emotion in der offiziösen Politik Deutschlands praktisch bis heute ausschließt. Insofern gehört es zu einem besonderen und seltenen Moment der deutschen Politik-Szenerie, wenn sich der Bundespräsident öffentlich so leidenschaftlich-emotional artikuliert. Aber bleibt es solchen Sonder-Augenblicken vorbehalten, dass sich Emotionen in der Politik ausdrücken? Könnte nicht eine kluge Aufgabenteilung etwa darin bestehen, dass Bundespräsidenten im Rahmen ihrer markanten präsidial-integrativen Aufgabenerfüllung auch Emotionen zeigen können, die in Reden und Auftritten demokratiefördernd wirken? Wäre dann der kühle, sachliche Part immer automatisch arbeitsteilig beim Politmanagement der Kanzlerin anzusetzen, der emotionslos problemlösend agieren müsste? Solche Fragen bleiben in der Politikwissenschaft bislang unbeantwortet.

Die Politikwissenschaft aber fremdelt nach wie vor in Analyse, Zugang, Theoretisierung und Interpretation von Emotionen.[2] Erst zaghaft zeigen sich in den letzten Jahren Annäherungsversuche, die über eine Hinwen-

1 Gauck im Interview, Rio 2014.

2 Vgl. statt vieler die Forumsbeiträge in *Zeitschrift für Politikwissenschaft* 23(4).

dung zu sozialpsychologischen Ansätzen das Fach erreichen.[3] Die Politische Psychologie versucht individuelle und kollektive Emotionen in der Analyse kognitiven Prozessen zu berücksichtigen und dadurch Antworten im Hinblick auf die Persönlichkeit der Entscheidungsträger oder die Performanz politischer Gruppen zu geben. In der deutschen Politikwissenschaft bleibt die Emotions-Forschung bislang dennoch eine Randerscheinung. Die Deutsche Gesellschaft für Politikwissenschaft hatte diesen Befund zum Anlass genommen, um Schneisen in die komplexe Gemengelage zu schlagen.[4] Einige Ausschnitte aus der Debatte sollen nachfolgend kurz skizziert werden, um die Anschlussfähigkeit von Emotionsforschung und den Kernbereichen der Politikwissenschaft zu illustrieren[5]. Es werden nachfolgend ausschnitthaft Anwendungsbeispiele aus vier Bereichen vorgestellt:

- Theorie-Annäherungen.
- Politische Überzeugungen und Entscheiden
- Politische Einstellungen, Parteien und Wähler
- Persönlichkeit und Politik: Leadership

1. Theorie-Annäherungen

Wann sind politische Gefühle demokratisch? Gibt es überhaupt demokratische oder undemokratische Gefühle?[6] Die politische Theorie hat auf diesen hoch-komplexen Sachverhalt – wenig überraschend – keine Antworten entwickelt, die eindeutig wären. Denn dies hängt schließlich vom je-

3 Dazu mit Literaturüberblick Prell, Dorothea 2011: Politische Psychologie als Perspektive und Potential der politikwissenschaftlichen Analyse, in: *Zeitschrift für Politikwissenschaft* 21(3), S. 487-509.

4 Die 32. Jahrestagung der DGfP zum Thema Emotionen und Politik fand in Mülheim an der Ruhr am 23./24. Juli 2014 statt (www.dgfp.org). Siehe hierzu auch Breuer, Ingeborg 2014: Politik und Emotion. Zwischen Leidenschaft und Demagogie, in: *Deutschlandfunk*, online unter: http://www.deutschlandfunk.de/politik-und-emotion-zwischen-leidenschaft-und-demagogie.1148.de.html?dram:article_id=293252

5 Zum Kontext der Regierungsforschung vgl. Grunden, Timo/Korte, Karl-Rudolf 2013: Über die Regierung. Gegenstände der Regierungsforschung und neue Konturen des Regierens, in: dies. (Hrsg.): *Handbuch Regierungsforschung*, Wiesbaden: Springer VS, S. 11-29.

6 Vgl. dazu Heidenreich, Felix 2013: Gefühle ins Recht setzen: Wann sind politische Emotionen (noch) demokratisch, in: *Zeitschrift für Politikwissenschaft* 23(4), S. 575-583.

weiligen Demokratiebegriff und von den unterschiedlichen theoretischen Standpunkten ab.[7] Im Abwägen und produktiven Gestalten, beim Ringen um Interessen und Argumente erfolgt demokratische Basisarbeit. Doch offenbar verlangt die Demokratie auch von ihren Bürgern nicht nur die kognitive Distanz zu bestimmten, extremen und extremistischen Überzeugungen, sondern auch eine Zivilisierung von Gefühlen, um sozialen und gesellschaftlichen Frieden zu ermöglichen. Wie wären dann in so einem theoretischen Setting beispielsweise die sogenannten „Wutbürger“[8] einzuordnen? Als Teil eines deliberativen Demokratieverständnisses gehören solche Bürger-Proteste mit Emotions-Anteilen in den Bereich von „demokratischen Gefühlen.“ Andererseits können sie aber auch als eine Gefahr für liberale Verfassungen verstanden werden – als partikularistisch und irrational.[9] Im Zusammenhang mit der Partizipations- und Beteiligungsforschung begegnet uns der Betroffenheits-Partizipierer, der in einer „Anlieger-Demokratie“ gefühlsbetont direktdemokratische Mitsprache einfordert.[10] Ein Befund, der sich konträr zu den demokratietheoretischen Erfordernissen einer parlamentarisch-repräsentativen Verfasstheit einordnet.

2. *Politische Überzeugungen und Entscheiden*

Im Zusammenhang von Überzeugen und Entscheiden entstehen Fragen nach dem Inhalt und der Wirkungsweise von Kognitionen im Hinblick auf Prozesse der Entscheidungsfindung. Rationale Herangehensweisen domi-

7 Heidenreich (2013) a.a.O. verweist in diesem Kontext auf die Differenz zwischen einer liberalen Skepsis gegenüber politischen Gefühlen und einer republikanischen Affirmation staatlicher Gefühlsproduktion; siehe hierzu auch: Schaal, Gary S./Heidenreich, Felix 2013: Politik der Gefühle. Zur Rolle von Emotionen in der Demokratie, in: *Aus Politik und Zeitgeschichte* 32-33, S. 3-11; und weiterführend dies. (Hrsg.) 2012: *Politische Theorie und Emotionen*, Baden-Baden: Nomos.

8 Hebestreit, Ray/Korte, Karl-Rudolf 2015: Partizipation und politisches Entscheiden. Politische Beteiligung im Kontext aktueller Entscheidungszumutungen in der Politik, in: Lothar Harles/Dirk Lange (Hrsg.): *Zeitalter der Partizipation*, Schwalbach a. Ts.: Wochenschau Verlag, S. 20-37.

9 Vgl. Hall, Cheryl 2005: *The Trouble with Passion. Political Theory beyond the Reign of Reason*, New York: Routledge.

10 Korte, Karl-Rudolf/Schoofs, Jan 2013: Wahlprogramme als Gegenstand innerparteilicher Demokratie im Bundestagswahlkampf 2013: Beteiligungsarchitekturen im Vergleich, in: *regierungsforschung.de* (31. Juli 2013 online abrufbar unter http://rgf.kr8.me/wp-content/uploads/2014/06/310713-regierungsforschung.de_korte_schoofs_wahlprogrammstudie.pdf

nieren bislang in Theorie und Methode die Antwortversuche auf das Politikmanagement individueller Akteure. Erst in den letzten Jahren können Anleihen bei der Kognitionspsychologie genutzt werden.

Die Idee hinter diesem Konzept ist, dass Entscheidungen auf vereinfachenden und dadurch beschleunigenden kognitiven Heuristiken anstelle von umfangreichen Verarbeitungen von Informationen beruhen. Die einfachen Regeln als Heuristiken des Entscheidens sind Faustregeln, die nicht der Logik der Administration, der rationalen Wissensaneignung oder dem abgestimmten Vielfaltsmanagement entsprechen. Sie können vielmehr das Ergebnis von Bauchgefühlen sein, die sich in Entscheidungen übertragen. Sie sind eben nicht ausschließlich rational abgeleitet und auch nicht allein durch Zufall bestimmt.[11]

In der klassischen Literatur von Amos Tversky und Daniel Kahneman[12] sowie in ihrer modernen Anwendung durch Gerd Gigerenzer[13] werden vier Heuristiken als sozial-kognitive Entscheidungsmodi typisiert: Repräsentativheuristiken, Verfügbarkeitsheuristiken, Ankerheuristiken und Rekognitionsheuristiken.[14] In einem ersten Schritt wäre hierbei zu prüfen, ob sich diese Alltags-Heuristiken, die alle schnell und auf der Basis sparsamer Informationsverarbeitung zustande kommen, auf den Bereich politischer Entscheidungen übertragen lassen.

Auf der Grundlage dieser differenzierten Heuristiken, die sich als Kennzeichen von Risiko-Kompetenz verstehen lassen, könnte ein Set von Bewältigungsstrategien sichtbar werden, das darüber Auskunft gibt, wie Politiker mit extremen Entscheidungssituationen – z.B. im Kontext von „wicked problems“[15] – umgehen. Denn angesichts der besonderen Problemdichte und „Verzwicktheit“ politischer Entscheidungssituationen geht es

11 Korte, Karl-Rudolf 2011: Risiko als Regelfall: Über Entscheidungszumutungen in der Politik, in: *Zeitschrift für Politikwissenschaft* 21(3), S. 465-475.

12 Tversky, Amos/Kahneman, Daniel 1974: Judgement under Uncertainty: Heuristics and Biases, in: Science 185(4257), S. 1124-1131.

13 Gigerenzer, Gerd 2008: *Bauchentscheidungen. Die Intelligenz des Unbewussten und die Macht der Intuition*, München: Goldmann; ders. 2014: *Risiko. Wie man die richtigen Entscheidungen trifft*, München: C. Bertelsmann Verlag.

14 Hellmann, Jens H./Kopietz, Rene 2015: Sozial-kognitive Aspekte von Entscheidungen, Hendrik Hilgert/Armin Glatzmeier (Hrsg.): *Entscheidungen: Geistes- und sozialwissenschaftliche Beiträge zu Entscheidungstheorie und –praxis*, Heidelberg: Springer VS, S. 75-90.

15 Rittel, Horst W. J./Webber, Melvin M. 1973: Dilemmas in a General Theory of Planning, in: *Policy Sciences* 4, S. 155-169.

oft nicht um *die* Lösung, sondern eher um die Entwicklung einer Bewältigungsstrategie.[16]

3. *Politische Einstellungen , Parteien und Wähler*

Die systematische Erforschung der öffentlichen Meinung, der politischen Einstellungen und des Wahlverhaltens war seit den 60er Jahren von einer US-amerikanischen Forschungstradition geprägt, in der Einstellungen und Verhalten wechselseitig aufeinander bezogen wurden. Dass aber viele Einstellungen nicht mit den tatsächlichen Verhaltensweisen übereinstimmen, führte zu einer verstärkten Auseinandersetzung mit kognitiven Dissonanzen.[17] Aktuell spielen in der deutschen Parteienforschung zwar emotionale Einstellungsprofile der Bürger eine wichtige Rolle, die jedoch nur schwer zu studieren sind. Ohne die analytische Unterstützung der Emotionsforschung bleiben die Befunde diffus, was nachfolgend am Bespiel des Umgangs mit der AfD und Pegida illustriert werden kann.

Wie ist die Kultur des politischen Ressentiments vor den aktuellen Erscheinungen der AfD Erfolge einzuordnen?[18] Denn vielen Wählern populistischer Parteien geht es nicht in erster Linie um das Engagement für alternative Lösungen, sondern um En*rage*ment, wie das französische Wort für empörte „Wutbürger" lautet. Nicht zuerst neue Vorschläge zur europäischen Finanz- und Einwanderungspolitik werden propagiert. Vielmehr wird versucht, Wähler durch das Anprangern historischer Defizite zu mobilisieren. Darin liegt der Unterscheid zu früheren Erfolgen neuer Parteien etwa bei den Grünen (und in gewissem Umfang auch bei den Piraten), die sich für sozialökologische und bürgerrechtliche Reformen eingesetzt und hier sehr praktikable und diskutable Programme vorgelegt haben.

Ressentimentkritik, wie sie bei dem Szenario einer Pegida-nahen AfD vorherrschen würde, ist Gift für die politische Kultur. Sie verbleibt im Hochgefühl grundsätzlicher Opposition, die nicht auf konkrete Änderun-

16 Vgl. Schimank, Uwe 2013: Nur noch Coping: Eine Skizze postheroischer Politik, in: *Zeitschrift für Politikwissenschaft* 21(3), S. 455-463.

17 Vgl. dazu in Anwendung auf die Bundestagswahl Korte, Karl-Rudolf (Hrsg.) 2015: *Die Bundestagswahl 2013. Analysen der Wahl-, Parteien-, Kommunikations-, und Regierungsforschung*, Wiesbaden: Springer VS.

18 Vgl. weiterführend: Korte, Karl-Rudolf/Leggewie, Claus/Lewandowsky, Marcel 2015: Die Alternativen der AfD. Eine Partei am und die Sehnsucht nach Gefühlen in der Politik, in: *Blätter für deutsche und internationale Politik* X/2015, S. 130-137.

gen abzielt, sondern auf die Bestätigung einer sozialpsychologisch begründeten Selbstisolation. Das ist natürlich weniger ein Hoffnungszeichen als ein Alarmsignal. Auf den Bänken des Reichstagsgebäudes nähme eine Fraktion Platz, die ebenso wenig praktische Arbeit zu bieten hat wie lokale und regionale Protestparteien in den ostdeutschen Landtagen und vielen Kommunalparlamenten und Ortsbeiräten. Vieles, was bis dato von Mandatsträgern der AfD zu hören und in Beiträgen in sozialen Medien zu lesen ist, nährt die Einschätzung, dass sich dort vornehmlich Querulanten, Verschwörungstheoretiker und Trolls artikulieren oder die blanke Inkompetenz herrscht.

Die AfD profitiert aber nicht nur von den Defiziten im Parteienspektrum. Sie lebt vor allem von der Debatten-Allergie in Zeiten der immerwährenden Großen Koalition. Große Koalitionen führen zum Ausfransen an den politischen Rändern. Sie schwächen die Großen und stärken die Kleinen. Anders waren die Erfolge der FDP (14,6 %), der Linken (11,9 %) und der Grünen (10,7%) nach vier Jahren Großer Koalition von 2005-2009 kaum zu erklären. Große Koalitionen können funktionieren, wenn öffentliche Harmonie hergestellt wird. Sie sind heldenlos, vermeiden Personalisierung und leben von der konsensualen Moderation. Im Informellen[19] werden dann Sachpakete langfristig verabredet, die jedem Koalitionspartner seinen Claim sichern. Aber das langweilt das Publikum, zumal es von Selbstblockaden flankiert wird, wenn Große Koalitionen von den Wählern kein gestalterisches Mandat für Veränderungen erhalten. Dann wird Fehlervermeidung zur Prämisse und Konturlosigkeit zum Programm. Die Konturen und Kanten der Volks-parteien verschwinden. Die Opposition im Bundestag ist marginalisiert. Das Ringen um Lösungsansätze verläuft innerhalb der Mehrheits-Fraktionen, aber nicht zwischen den Parteien. Jede öffentliche Abweichung wird als Störung des Koalitionsfriedens gegeißelt. Die Fraktionen erliegen trotz überwältigender Mehrheit dem Geschlossenheitswahn bei Abstimmungen. Das führt zu Lähmungserscheinungen des Parteienwettbewerbs. Unter einer Großen Koalition werden kontroverse Debatten von Vornherein narkotisiert. Doch die Mehrheit der Wähler goutiert das bislang. Sie sind kaufmännisch-kühl daran interessiert, dass die Politik möglichst geräuschlos und effizient Probleme abarbeitet.

19 Vgl. Korte, Karl-Rudolf 2014: Über Informalität in der Regierungsforschung, in: Stephan Bröchler/Timo Grunden (Hrsg.): *Informelle Politik*, Wiesbaden: Springer VS, S. 119-128.

Aber wir können beobachten, was passiert, wenn plötzlich in so einem Klima neue Themen mit großer Dringlichkeit auftauchen, wie beispielsweise die Flüchtlings-Unterbringung in den Kommunen, oder wenn durch Krieg und Terror Angstgefühle um sich greifen. Was geschieht, wenn neobiedermeierliche Rückzüge ins Private nicht mehr schützen, um sich vor dem aktuellen Epochendurcheinander wegzuducken?

So wächst die Sehnsucht nach einer Politik mit Leidenschaft, mit Emotionen, mit Gefühlsenergie. Die AfD schwimmt auf dieser Welle. Sie bündelt mit vielen Ressentiments eine Sehnsucht nach „Gefühlen" in der Politik. Die AfD profitiert in diesem Wettbewerb je mehr sich diffuse Angst in der Mitte der Gesellschaft, dort insbesondere bei Modernisierungsverunsicherten, ausbreitet.[20]

In dieser Logik fehlen Christ- wie Sozialdemokraten nicht primär das Profil des Konservativen oder Progressiven – vor allem in der Gesellschafts- und Familienpolitik –, sondern die Anmutung von Leidenschaft und Emotion. Man verstünde den politischen Betrieb falsch, wenn man ihm nur Rationalität zuteilen würde, die keinesfalls fehlen darf.[21] Max Weber hat der „Politik als Beruf" ausdrücklich Augenmaß und Leidenschaft gleichermaßen zugesprochen. Das wiederholte großkoalitionäre Regieren im Stil eines pragmatischen Krisenmanagements eröffnet geradezu systematisch und zukunftssicher Möglichkeitsräume für Parteien, die sich als Unmutsaufsauger und Frust-Ventile verstehen. Es ist unabdinglich, dass demokratieverträglichere und zukunftstauglichere Emotionen in den politischen Alltag einbezogen werden und von ihm ausstrahlen, die „Lust auf Politik" machen und nicht von Angst und Aversion bestimmt sind, sondern von Aufbruch und Zuversicht.

4. *Persönlichkeit und Politik: Leadership*

Ob Politikmanagement durch emotionale Intelligenz beeinflusst ist, bleibt ein Forschungsstrang im Bereich Persönlichkeit und Politik, der auf eine eher lange Forschungstradition verweisen kann.[22] Gefühle können Orientierung bieten, die wiederum Führungsentscheidungen beeinflussen. Die

20 Bude, Heinz 2014: *Gesellschaft der Angst*, Hamburg: Hamburger Edition.

21 Vgl. dazu Leggewie, Claus 2013: Regierende und Regierte. Normative Fundamente und neue empirische Herausforderungen für die demokratische Willensbildung, in: Korte/Grunden (Hrsg.) a.a.O., S. 71-82.

22 Prell (2011) a.a.O., S. 496.

emotionale Mobilisierung von Identitäten ist nicht nur für das Wahlkampf-Management eine entscheidende Größe.[23] Emotionen spielen auch im individuellen Führungsverhalten eine zentrale Rolle.[24] Stile des Regierens können diesen Themenkomplex nachfolgend kontextualisieren.

Wir haben uns an den Stil des geschäftsmäßig-nüchternen Regierens gewöhnt. Wir erwarten als Wähler keine Power-Entscheider, die kraftstrotzend, darstellungsreich wegentscheiden.[25] Wir favorisieren vielmehr Politiker, die den Bescheidenheits-Imperativ vorleben. Sie dienen uns problemlösend ohne sich selbst zu inszenieren. Sie sind kalkuliert unauffällig, eher Amtsinhaber als Staatsmänner.[26] In Zeiten der täglich medial vermittelten Krisendynamik goutieren die Deutschen mehrheitlich diesen Politikstil, der auf Problemlotsen abzielt. Es sind im besten Fall Orientierungs-Autoritäten, die als Soliditäts-Garanten für uns als Bürger innen- und außenpolitische Probleme abarbeiten. Diese Erwartung geht soweit, dass Mehrheiten heute nicht derjenige erhält, wer am meisten verspricht, sondern wer den Erhalt des Status Quo garantiert. Früher passte das Führungscharisma zum Bild des Steuermanns, der hierarchisch mit viel Überblick navigierte. Heute gilt es sich postheroisch im Verbund mit vielen anderen permanent und gipfelbeseelt abzustimmen: Kleinteiliges Vielfaltsmanagement. Die politische Lage ändert sich so rasch, das Risiko-Kompetenz als Führungsressource unersetzbar wird: Eine Sensibilitätsschulung für das Eintreten unerwarteter Ereignisse.[27] Der intelligente Umgang mit Nicht-Wissen wird dabei zur Auszeichnung für Spitzenpolitiker.

23 Vgl. Korte, Karl-Rudolf/Bianchi, Matthias 2013: Haben die Medien die Wahl entschieden? Besonderheiten der medialen Wahlkampfkommunikation, in: Eckhard Jesse/Roland Sturm (Hrsg.): *Bilanz der Bundestagswahl 2013*, Nomos Baden-Baden, S. 335-358; siehe hierzu auch *hammelsprung – magazin für politische entscheidungen* – Ausgabe 09 (Frühjahr 2015): politik & emotionen – gefühle als politische realität?

24 Gast, Henrik 2013: Politikmanagement durch emotionale Intelligenz?, in: *Zeitschrift für Politikwissenschaft* 23(4), S. 585-594; Korte, Karl-Rudolf/Grasselt, Nico 2007: *Führung in Politik und Wirtschaft. Instrumente, Stile und Techniken*, Wiesbaden: VS Verlag für Sozialwissenschaften.

25 Korte, Karl-Rudolf: Mit uns gähnt die Zeit, in: *Der Tagesspiegel* vom 24. Februar 2015.

26 Zu dieser Unterscheidung Kirsch, Guy/Machscheidt, Klaus 1985: *Staatsmann, Demagoge, Amtsinhaber. Eine psychologische Ergänzung der ökonomischen Theorie der Politik*, Göttingen: Vandenhoeck & Ruprecht.

27 Korte (2011) a.a.O., ders. 2014: Politisches Entscheiden unter den Bedingungen des Gewißheitsschwundes: Konzeptionelle Antworten der Regierungsforschung, in: Peter Neuner (Hrsg.): Zufall als Quelle von Unsicherheit, Freiburg/München: Karl Alber, S. 123-162.

Denn in einer eiligen Epoche ist unklar, wie der Tag politisch verläuft. Viele Krisen, wie z.B. die Finanzmarktkrise sind Wissens-Krisen, bei denen uns wichtige Wissensbestände fehlen, um sie zu lösen. Politiker sind gut beraten, wenn sie pragmatisch im Modus des Abwartens, des Beruhigens, des Kümmerns, idealerweise sogar des substantiellen Verzögerns agieren. Innenpolitisch wirkt das fast immer präsidentiell, also überparteilich. Manchmal kann sogar die Rolle des Ombudsmanns daraus resultieren: Unparteiisch das Bürgergespräch am Runden Tisch so zu moderieren, als gebe es keinen Parteienwettbewerb. Sachlich kann man hier kaum Einwände vorbringen, wenn letztlich der Eindruck von verwaltetem Regieren entsteht.

Doch die Qualität der Demokratie verändert sich dadurch substanziell. Denn wenn die öffentliche Debatte fehlt, wenn Leidenschaft und Emotion im Ringen um Positionen verlernt sind, droht die Demokratie zu kippen. Der öffentlich ausgetragene Konflikt und nicht der Konsens stiftet Zusammenhalt. Das ist auch das Missverständnis einer Großen Koalition, die immerwährende Debatten-Allergie produziert: Ein Stillhalteabkommen über politischen Minenfeldern führt letztlich zu Lähmungserscheinungen im Parteienwettbewerb.

Ein Politikstil der nur postheroisch daherkommt, beschreibt allenfalls alltägliche Wirklichkeiten, nie jedoch politische Möglichkeiten. Die Qualität einer Demokratie lebt jedoch vom öffentlichen Ideenaustausch über alternative Entscheidungswege. Und wer keine Möglichkeiten beschreibt, drückt sich vor Gestaltungszielen. Ohne Gestaltungsziele kann sich keine notwendige Debatte entfalten, und schon gar keine emotionale Leidenschaft. Um die Qualität der Demokratie – gerade für die politische Mitte – ohne einen Populismus der Extreme zu sichern, brauchen wir mehr Streit, mehr Ideologie, mehr Begeisterung und auch weniger langweilige Politikentscheider.

5. *Die Emotionsforschung in der politikwissenschaftlichen Analyse*

Diese skizzenhaft problemorientierten Beispiele zeigen, in welchem Anwendungsumfeld heute die Emotionsforschung auf die Politikwissenschaft trifft. In den nachfolgenden Beiträgen werden systematische, grundlagen- und anwendungsbezogene Zugänge vorgestellt.

Der Band gliedert sich in drei Teile. Im ersten Teil stehen theoretische Beiträge, die sich aus einer interdisziplinären Perspektive mit der politischen Relevanz von Emotionen beschäftigen.

Philipp Nielsen nähert sich dem Verhältnis von Emotionen und Politik aus der Perspektive der Geschichtswissenschaft. Er weist auf die kulturelle und historische Variabilität und Spezifität emotionaler Muster und Praktiken hin und zeigt am Beispiel zweier Debatten, wie sich das Verhältnis von Politik und Bürger sowie der Parlamentarier untereinander durch emotionale Regime strukturierte. Sein erstes Beispiel ist der Bescheidenheits-Diskurs der Bonner Regierungsarchitektur, der in Abgrenzung zu den klassischen, ohnmachts- und demutsstimulierenden Repräsentativbauten darauf abzielte, demokratische Gefühle von Nähe und Zugänglichkeit zu konstituieren. Sein zweites Beispiel greift die Frage auf, welches Gemeinschaftsgefühl die junge Bundesrepublik unter den differenzbildenden Bedingungen des Pluralismus und des demokratischen Parteienwettbewerbs evozieren musste, um die neuen Institutionen langfristig legitimieren zu können.

Die Rolle des Emotionalen in der Politischen Theorie ist Gegenstand des Beitrages von *Felix Heidenreich*. Er zeigt darin, dass der dynamische Republikanismus im Gegensatz zu den liberalen Theorievarianten besonders gut dafür geeignet ist, „Gefühle als Ausgangspunkt, Katalysator und Motor politischer Beteiligung“ zu konzipieren. Allerdings konfrontiert er die normativen Vorstellungen des Modells mit „handfesten ökonomischen und medialen Mechanismen“ (Personalisierung, Skandalisierung, Visualisierung, Beschleunigung) und kommt dabei – wenngleich er vor den „Versuchungen einer pessimistischen Kulturkritik“ ausdrücklich warnt – zu dem Schluss, dass das Modell nicht in erster Linie als „regulative Idee“, sondern vielmehr als „Kontrastfolie zur Ausleuchtung einer eher finsteren Wirklichkeit“ zu funktionieren scheint. Während also auf theoretischer Ebene das produktive Potenzial politischer Gefühle durchaus beschreibbar ist, treibt die Kraft ökonomischer und medialer Mechanismen die Tendenzen einer fremdgesteuerten Emotionalisierung voran.

Auch der Beitrag von *Gary S. Schaal* und *Rebekka Fleiner* beschäftigt sich mit der Frage, inwiefern Politik (jenseits ökonomischer Kriterien) vor dem Hintergrund emotionaler Abläufe bewertet werden kann. Allerdings ist der Bezugspunkt hier nicht der dynamische Republikanismus, sondern eine interdisziplinäre Perspektive, die sich aus der Verknüpfung von drei Ansätzen der Lebenswissenschaften zusammensetzt und dadurch drei Objektbereiche einer politikwissenschaftlichen Analyse von Emotionen identifiziert: Das Emotionsmanagement, das Emotionen als Gegenstand demokratischer Politik fokussiert; das Emotional Mainstreaming, das Emotionen als Nebenprodukt demokratischer Politik betrachtet; und schließlich einen Objektbereich, in dem Emotionen als Input des demokratischen Prozesses anvisiert werden.

Oliver Lembcke und *Florian Weber* setzen sich in ihrem Beitrag mit Max Webers Werk auseiander und identifizieren dabei eine originelle, begrifflich differenzierte Thematisierung von Emotionen, die sich von den zeitgenössischen emotionssoziologischen Ansätzen (vorwiegend positivistischen und konstruktivistischen) unterscheidet. Emotionen, so ihre These, stellen eine zweite „informelle Seite" der Weberschen Ordnungstheorie dar, die sich für die politische Theorie auf produktive Weise aufschließen lässt. Ein Anschauungsbeispiel dafür sehen die Autoren in Webers Konzept eines komplexen Demokratiedesigns, das von der Einsicht in die Offenheit sozialer Beziehungen ausgeht und sie als Eigenart der Politik der Moderne umzusetzen und institutionell abzustützen versucht. Denn Emotionen stellen sich im Anschluss an Weber nicht nur als elementare Bestandteile politischer Machtverhältnisse dar. Sie bilden demnach auch Gegengewichte zur „Überbürokratisierung und administrativen Versteinerung" und sind insofern gerade für Demokratien hochgradig relevant.

Das politische Fühlen steht im Zentrum des Beitrages von *Benjamin C Seyd.* Aus einer poststrukturalistischen Perspektive, die sich insbesondere für die Offenheit und für die Voraussetzungen von politischen Ordnungen interessiert, geht er der Spur des Affekts nach, bzw. lotet die Möglichkeiten einer Konkretisierung des Politischen durch das Affektive aus. Denn Affekte stellen für Seyd die Funktion für die Bewältigung der Ungewissheit dar; „sie lokalisieren, motivieren und orientieren Entscheidungen, die aus der Verarbeitung von Affekten zu Emotionen resultieren."

Der zweite Teil des Bandes versammelt Beiträge, die sich aus einer teildisziplinären Perspektive mit dem Verhältnis von Emotionen und Politik annähern.

Im Beitrag von *Claus Leggewie* geht es um die die Frage, wie sich Enttäuschung und Ressentiments als elementare Antriebsmotive populistischer Bewegungen politisch übersetzen. Dabei betrachtet er die Übersetzungsleistung in ihrer Ambivalenz. Denn vordergründig, so Leggewie, sind im Populismus zwar stets politische Gefühle angelegt, die die repräsentative Demokratie plebiszitär auszuhöhlen drohen, wie er mit Blick auf die AfD und Pegida, aber auch mithilfe unterschiedlicher politischer Theoretiker argumentiert. Aber gerade das verdeutliche, „dass sich auch eine ‚rationale' Politik auf das Terrain politischer Leidenschaften begeben" und imstande sein müsse, „Gefühlsenergien" für eine „weltoffene Republik" freizusetzen.

Friedbert W. Rüb setzt sich daran anschließend für eine Re-Emotionalisierung der Politikwissenschaft ein – nicht im Sinne einer vom Kern der Politikwissenschaft ausgelagerten Subdisziplin, wie es etwa die Politische Psychologie vorzieht. Vielmehr zeigt er, dass die Politikwissenschaft selbst in ihrer Tradition sehr viel mehr Emotionswissenschaft ist, als es in der meist einseitigen Rezeption ihrer zentralen ideengeschichtlichen Texte sichtbar wird. Aber auch mit Blick auf konkrete politische Probleme kann Rüb das bisher noch weitgehend unerschlossene Potential einer emotions- und psychopolitischen Reformulierung politikwissenschaftlicher Kernbereiche deutlich machen.

Mit der Rolle von Emotionen in den Internationalen Beziehungen beschäftigt sich *Reinhard Wolf*. Dabei konzentriert auch er sich auf das Beispiel von Ressentiments, die er nicht als weitere, diesmal emotionale Politik-Faktoren betrachtet, die sich auf die Erklärung von Restvarianzen reduzieren würden. Vielmehr geht er ähnlich wie Leggewie davon aus, dass emotionale Aspekte in bestehende rationalistische Ansätze zu integrieren sind. Wie eine solche Integrationsleistung aussehen kann, macht Wolf anhand exemplarischer Fälle deutlich. Dabei zeigt er, dass emotionale Aspekte stets im Kontext statusbezogener Identitätszuschreibungen relevant werden und für die Internationalen Beziehungen nicht unerheblich ist, wie die Akteur neben strategischen Interessen auch kulturelle Differenzen verhandeln. Da Ressentiments eher als kooperationshindernde Emotionen gelten können, schließt Wolf seinen Beitrag mit dem Hinweis darauf ab, dass den internationalen Beziehungen eine „Sensibilisierung für die Statuswahrnehmnungen" der Akteure noch fehlt und dies auf der praktischen Ebene der Politik durch frühzeitige, symbolische Schritte ermöglicht werden kann.

Auch *Anja Besand* beschäftigt sich mit den Schwierigkeiten einer angemessenen Konzeptualisierung von Emotionen. Ausgehend von der Beobachtung, dass in der politischen Bildung ein „vorreflexiver Umgang mit Emotionen" gepflegt wird, plädiert sie für eine intensivere und ausgeglichenere Beschäftigung mit der Rolle von Emotionen in politischen Lernprozessen. Damit bekräftigt sie implizit die These von Felix Heidenreich, wonach die Herausbildung und Förderung einer demokratietheoretisch fundierten Gefühlspolitik vor allem Aufgabe der politischen Bildungsarbeit ist.

Lisa Katharina Bogerts beschäftigt sich im Anschluss daran mit dem Verhältnis von Bildern und Emotionen in politischen Protestbewegungen. Das Emotionale scheint sich hier insbesondere im Medium der ikonologischen Interpretation abzuspielen. Bogerts zeigt, dass die neuere Forschung zu sozialen Bewegungen interdisziplinärer vorgeht und eine vielversprechende Offenheit gegenüber der „emotionalen Arbeit“ der Aktivisten aufweist. Zwar besteht aus ihrer Sich auch hier noch die Problematik, dass die Betonung emotionaler Handlungsmotive oft als etwas Partikulares abgetan wird. Allerdings werden, wie sie zeigt, verstärkt Ansätze und Methoden wie die kritische Bildanalyse bemüht, mittels derer die politikwissenschaftliche Analysekompetenz für emotionale Prozesse gefördert werden kann.

Im dritten Teil werden dann empirische Fallstudien behandelt, die sich aus unterschiedlichen Perspektiven mit der Frage beschäftigen, wie sich das Verhältnis von Emotionen und Politik vor dem Hintergrund konkreter Policy-Probleme darstellt.

Maik Herolds Beitrag setzt sich mit einer spezifischen emotionalen Disposition auseinander – mit der Gier als Argument bei der Aufarbeitung, Einordnung und Bewertung der Finanzkrise. Als eine von der ökonomischen Theorie systematisch vernachlässigte Kategorie, von der vermutet wird, dass sie eher schwer zu zähmende, bisweilen gar schädliche Leidenschaften statt Sachlichkeits- und Rationalitätsargumente beflügelt, hat sie im Zuge der jüngsten Banken- und Finanzmarktkrise ein sichtbares Comeback und eine deutliche Politisierung und Instrumentalisierung erlebt. Dieses Comeback aber, so Herold, habe zu einer eigentümlichen, von der kapitalistischen Rechtfertigungslogik getriebenen Normalisierung der Gier geführt und damit jene tugendethisch begründeten Forderungen geschwächt, die den Finanz- und Bankensektor zu Mäßigung, Verantwortungsbewusstsein und Gemeinwohlorientierung auszurichten abzielten.

Nina Elena Eggers fragt in ihrem Beitrag nach der Rolle von Emotionen und Identitäten in der Europapolitik und diskutiert in diesem Zusammenhang die Möglichkeiten eines emotionsbewussten Zugangs zur Debatte um die demokratische Legitimität europäischen Regierens. Dabei argumentiert sie, dass eine emotionale Aufladung von Politik generell unvermeidbar ist, insofern es in politischen Vorhaben nicht immer nur um Interessen, sondern stets auch um Identitäten geht. Sie nimmt dazu eine poststrukturalistische Perspektive ein, die hier gerade deshalb als sinnvoll erscheint, weil die darin enthaltene, anti-essentialistische Identitätsprämisse es erlaubt, Demokratie auch jenseits naturalisierter Gesellschaftsräume zu denken. So gesehen besteht das Problem europäischen Regierens nicht in der mangelnden Kohärenz vorhandener Entscheidungsstrukturen und Legitimierungsverfahren, sondern darin, dass die emotionalen Ressourcen der Politik bislang nur von europaskeptischen Kräften abgeschöpft werden. Europa, so ihr abschließendes Plädoyer, müsse deshalb die neoliberale Konsenspolitik zugunsten einer Kultur des Streits und der Vielheit aufbrechen.

Jan Rohgalf spürt Emotionalisierungstendenzen im Verwendungskontext politischer Kampfbegriffe auf. Sein Beispiel ist der Gebrauch des Begriffs Subsidiarität durch die AfD, was vor allem deshalb interessant ist, weil es deutlich macht, dass auch hochgradig technokratische Formeln für das Spiel mit Emotionen geeignet sind. Denn Subsidiarität ist nicht nur ein verwaltungstechnischer Begriff, der im juristischen Sprachgebrauch wenig Anlass für Emotionen eröffnet. Er ist zugleich Chiffre zur Verteidigung nationaler Souveränitätsrechte und zur Abwehr des Fremden. Allerdings vermutet Rohgalf hier eine Übergangsphase zu einer weitaus unverblümteren Artikulation von eigener Identität.

Im Beitrag von *Taylan Yildiz* geht es um die Frage, wie die Dichotomie von Emotionalität und Rationalität als regulative Idee funktioniert. Ausgehend von der Annahme, dass der neuerdings problematisierte Graben zwischen dem Fühlen und Wissen historisch gewachsen ist, beschäftigt sich der Beitrag am Beispiel der Überwachungsaffäre mit den politischen Prozeduren, die seine Überbrückung erschweren. Der Beitrag identifiziert dabei zwei zentrale (hegemoniale) Praktiken, die dem Passionellen die politischen Kräft entziehen: Die *Beschwichtigung*, die auf diskursiv-narrativer Ebene wirksam ist und die *Formalisierung*, die im Kontext institutioneller Reglementierungsversuche entsteht. Der Preis eines so erreichten Sachlichkeitsgewinns ist Yildiz zufolge der Verlust kritischer Selbstvergewisserungskapazitäten.

Kristina Weissenbach beschäftigt sich im abschließenden Beitrag mit der Frage, wie Emotionen auf Seiten der Wähler gezielt angesprochen und generiert werden – sei es über multimedial organisierte „Wahlkampfräume“, professionalisierte Framing- oder Argumentationsstrategien, den gezielten Einsatz der Sprache, den Rückgriff auf Symboliken, Bilder oder Vergleiche. Am Beispiel von TV Duellen untersucht sie, wie in diesen verdichteten Räumen der Wahlkampfführung emotionale Reaktionen auf Seiten der Wähler beobachtet werden können. In einem Mixed-Methods-Zugang fokussiert der Beitrag die Eurovision Debate, die erstmalig im Vorfeld der Wahlen zum Europäischen Parlament 2014 durchgeführt wurde: Welche Bilder von Europa entstanden in den Köpfen der Zuschauer? Welche emotionalen Reaktionen rief das Format der ersten TV Debatte auf europäischer Ebene hervor? Konnte es eine stärkere Nähe der Zuschauer zu den europäischen Institutionen, zu den EU-Spitzenkandidaten und zu europapolitischen Themen generieren?

Teil I

Interdisziplinäre Begründungen

Politik und Emotionen aus der Perspektive der Geschichtswissenschaft

Philipp Nielsen

Gefühle und Politik erleben heute eine neue Renaissance. Bücher wie Julia Enckes *Charisma und Politik* oder Claus Leggewies *Mut statt Wut: Aufbruch zu einer neuen Demokratie* sind nur zwei Beispiele für die Präsenz dieses Themas in der weiteren Öffentlichkeit. Die Aufmerksamkeit, die Frank-Walter Steinmeiers Wutausbruch im Europawahlkampf 2014 hervorgerufen hat, und die Reformvorschläge, durch eine offenere Fragestunde im Bundestag einen direkteren und lebhafteren Schlagabtausch zwischen Regierung und Opposition herzustellen, sind weitere Beispiele, die dieses Interesse bekräftigen.[1] Die Emotionsforschung ist derzeit von neurowissenschaftlichen Erkenntnissen geprägt. Aber nicht zuletzt im Hinblick auf Politik ist eine Historisierung von Gefühlen angebracht. Während Neurowissenschaftler Gefühle vorwiegend als Universalien betrachten, weisen Emotionshistoriker gemeinsam mit einigen Soziologen und Ethnologen auf die kulturelle und historische Variabilität und Spezifität emotionaler Muster und Praktiken hin.

Im Folgenden wird zuerst ein kurzer Überblick über die Emotionsgeschichte gegeben. Danach folgt eine Beschreibung der Art und Weise, in der sich Emotionshistoriker mit Politik beschäftigen. Im dritten Teil wird diese Herangehensweise auf mögliche Verbindungen zur Behandlung von Gefühlen in der Politikwissenschaft untersucht. Im vierten und letzten Teil folgen zwei Beispiele aus der frühen Bundesrepublik wie eine geschichts- und politikwissenschaftlich informierte Emotionsanalyse aussehen könnte.

1 Roßmann, Robert 2014: Abwesende Minister im Bundestag. Lammert droht Regierung, in: *Süddeutsche Zeitung* vom 26.09.2014.

1. Gefühle, Geschichte und Politik

Das neuerweckte Interesse an Gefühlen und Politik hängt nicht nur mit den politischen Rahmenbedingungen zusammen, sondern auch mit den neueren neurowissenschaftlichen Erkenntnissen zur Zentralität von Gefühlen für unser Denken und Handeln. Zusammen mit Affekt-Studies haben sie wesentlich dazu beigetragen, Emotionen auf den Schirm der Geisteswissenschaften zu bringen.[2] Zum Unterschied zwischen Affekten, Gefühlen und Emotionen, ob und wie *passions* und *moods* dazugehören, gibt es verschiedene Theorien und Ansichten.[3] Auch die Geschichte der Gefühle hat dazu keine einheitliche Meinung. Wie sich Emotionen zur Kognition bzw. zum Körper verhalten, ist auch unter Emotionshistorikern umstritten.[4] Ob als Gefühlssemantik oder als körperliche Praxis, der Beitrag der Geschichtswissenschaft zum Studium von Gefühlen und Politik liegt im Hervorheben der historischen Wandelbarkeit sowohl dieser beiden Topoi als auch ihrer Beziehung zueinander. Gefühle als gemeinsamer Ausdruck bzw. als Produkt von Köper und Kultur sind selbst historischem Wandel unterworfen.[5] Manche Gefühle, die früher eine herausragende Rolle in der Politik spielten, z.B. Ehre, werden heute kaum noch erwähnt oder zumindest anders verstanden als noch im neunzehnten Jahrhundert. Nicht nur haben wir historisch bestimmte Vorstellungen davon, was Ehre bedeutet, woran sich Ehrverletzungen festmachen, und wie man seine Ehrverletzung bzw. Ehre ausdrücken muss. Die kulturellen Skripts, die diese Vorstellungen präfigurieren, sind darüber hinaus auch häufig geschlechtsspezifisch. Lexika und Gesetzeskodexe geben hierzu etwa Einblicke, die genau wie Ratgeber auch auf körperliche Praktiken verweisen. Auf den Nexus von

2 Hitzer, Bettina 2011: *Emotionsgeschichte - ein Anfang mit Folgen. Forschungsbericht*, in: http://hsozkult.geschichte.hu-berlin.de/forum/2011-11-001.pdf (veröffentlicht: 23.11.2011), S. 3, (letzter Zugriff: 04.03.2015); Plamper, Jan 2012: *Geschichte und Gefühle. Grundlagen der Emotionsgeschichte*. München: Siedler, S. 12.

3 Vgl. Massumi, Brian 2002: *Parables for the Virtual: Movement, Affect, Sensation*. Durham/London: Duke University Press, S. 28; Prinz, Jesse 2008: *The Emotional Construction of Morals*, Oxford: Oxford University Press, S. 221.

4 Siehe Hitzer (2011) a.a.O., S. 47; Eitler, Pascal/Scheer, Monique 2009: Emotionsgeschichte als Körpergeschichte. Eine heuristische Perspektive auf religiöse Konversionen im 19. und 20. Jahrhundert, in: *Geschichte und Gesellschaft* 35(2), S. 282-313.

5 Hitzer (2011) a.a.O., S. 6.

Ehre und Politik im 19. Jahrhundert und seine Wandlung haben zuletzt Birgit Aschmann, Nikolaus Buschmann und Ute Frevert hingewiesen.[6]

Während Ehre im Laufe des 20. Jahrhunderts in der Politik weniger bemüht wurde, erlebt das Vertrauen einen beachtenswerten Aufschwung, vom Aufstieg der Empathie als „demokratisches" Gefühl ganz zu schweigen.[7] Politische Emotionen haben ihre Konjunkturen, wie Frevert schreibt.[8] Die Interpretation körperlicher Praktiken für die Politik, wie der des Weinens zum Beispiel, unterliegt ebenfalls einem Wandel. Musste der demokratische Präsidentschaftskandidat Edmund Muskie, nachdem er öffentlich geweint hatte, 1972 noch seine Kandidatur aufgeben, weinte George W. Bush häufig in der Öffentlichkeit.[9] Auch der derzeitige Mehrheitsführer im U.S. Repräsentantenhaus, der Republikaner John Boehner, ist nahe am Wasser gebaut. Das trägt ihm höchstens Spott aber sicherlich keine Rücktrittsforderungen mehr ein.[10] Wobei Boehners Tränen auch die Frage aufwarfen, wie mit seiner Demokratischen Vorgängerin im Amt, Nancy Pelosi umgegangen worden wäre, hätte sie so häufig geweint wie er.[11] Wie kompliziert dabei die Frage des Geschlechts ist, bewiesen die Tränen Hillary Clintons in New Hampshire während der Vorwahlen 2008. Hier wurden ihre feuchten Augen als Zeichen der Schwäche gesehen. Genau diese scheinbare Verwundbarkeit aber brachte der oft als unnahbar und kalt beschriebenen Clinton zuletzt neue Sympathien und neue Stim-

6 Siehe Aschmann, Birgit 2010: Heiße Gefühle und kaltes Blut, in: José Brunner (Hrsg.): *Politische Leidenschaften. Zur Verknüpfung von Macht, Emotion und Vernunft in Deutschland.* Göttingen: Wallstein, S. 23-44; Frevert, Ute 1991: *Ehrenmänner. Das Duell in der bürgerlichen Gesellschaft*, München: C.H. Beck; Buschmann, Nokolaus 2010: Treue und Verrat. Zur Semantik politischer Loyalität in Deutschland von den Befreiungskriegen bis zur Weimarer Republik, in: Manuel Borutta/Nina Verheyen (Hrsg.): *Die Präsenz der Gefühle. Männlichkeit und Emotion in der Moderne.* Bielefeld: [transcript], S. 129-151.

7 Frevert, Ute 2013: *Vertrauensfragen. Eine Obsession der Moderne,* München: C.H.Beck; Hosking, Geoffrey 2014: *Trust. A History*, Oxford: Oxford University Press; Nussbaum, Martha 2014: *Politische Emotionen – Warum Liebe für Gerechtigkeit wichtig ist*, Berlin: Suhrkamp.

8 Frevert, Ute 2013: *Vergängliche Gefühle*, Göttingen: Wallstein, S. 9.

9 Plamper (2012) a.a.O., S. 330.

10 Politico Photo Gallery 2013: *15 times John Boehner cried*, www.politico.com/gallery/2012/07/11-times-john-boehner-cried/000266-020908.html (letzter Zugriff: 04.03.2015).

11 Egan, Timothy 2010: The Tears of John Boehner, in: *New York Times* vom 15.10.2010; Steinhauer, Jennifer 2010: John Boehner and the Politics of Crying, in: *New York Times* vom 06.11.2010.

men ein.[12] Im Kampf um die Präsidentschaft 2016 setzt Clinton nun verstärkt auf die Gefühle, die sie als Mutter und Großmutter bei Wählern erzeugen kann.[13]

Allein an diesen Beispielen wird schon deutlich, wie Gefühle Politik beeinflussen können, aber auch wie abhängig Emotionen und ihre Interpretation von sich wandelnden kulturellen Praktiken sind. Individuelle Gefühle wie Antipathie oder Sympathie zwischen politischen Akteuren, die z.B. Kompromissbereitschaft herstellen oder unterminieren, oder kollektive Emotionen wie Angst vor dem „Atomtod" oder der „kommunistischen Gefahr" beeinflussen politische Agenden und politisches Handeln.[14] Frank Biess hat beschrieben, wie die spezifisch deutsche Angst vor dem „Atomtod", die sich aus den Erfahrungen des Bombenkrieges speiste, die Zivilschutzpolitik der Bundesrepublik in den 1950ern und 1960er beeinflusst hat. Die Adenauer-Regierung versuchte gezielt auf diese Gefühle einzugehen. Zunächst mit dezidiert rationalen und sachlichen Argumenten, nachdem öffentliche Gefühle nach der emotionalisierten Politik des Dritten Reiches eine schlechte Reputation hatten.[15] Mittelfristig führten die Debatten über Angst zusammen mit einem sich wandelnden Diskurs in der Psychologie dazu, dass nicht nur Angst sondern das Zeigen von Gefühlen in der Öffentlichkeit im Allgemeinen als legitim und politisch relevant anerkannt wurde.[16]

Gefühle treten dabei selten in Reinform auf und können sich zudem mit anderen paaren bzw. wiederum zu anderen Gefühlen führen. Gefühle sind darüber hinaus, wie zuletzt Benno Gammerl und Bettina Hitzer hervorgehoben haben, nicht vollständig determiniert in ihrer Wirkung. Im Sinne eines „trying emotions" können sie auch unvorhergesehene Konsequenzen und Dynamiken entwickeln.[17] Die Angst vor einem „nuklearen Holocaust" wurde nicht nur politisiert, sondern sie war auch die Basis für die Solidari-

12 Frevert, Ute 2012: *Gefühlspolitik. Friedrich II. als Herr über die Herzen?*, Göttingen: Wallstein, S. 17-18.

13 Chozick, Amy/Martin, Jonathan 2015: Clinton `16 would give gender more of a role than Clinton `08 did, in: *New York Times* vom 24.02.2015.

14 Nehring, Holger 2013: *Politics of Security. British and West German Protest Movements and the Early Cold War 1945-1970*, Oxford: Oxford University Press.

15 Biess, Frank 2009: Everybody has a chance. Nuclear Angst, Civil Defence, and the History of Emotions in Postwar West Germany, in: *German History* 27(2), S. 232.

16 Ebd., S. 248.

17 Hitzer, Bettina/Gammerl, Benno 2013: Wohin mit den Gefühlen? Vergangenheit und Zukunft des Emotional Turn in den Geschichtswissenschaften, in: *Berliner Debatte Initial* 24(3), S. 36; Eitler/Scheer (2009) a.a.O., S. 293.

tät innerhalb der deutschen Umwelt- und Friedensbewegung der 1970er und 1980er.[18] Andreas Pettenkofer schreibt sogar von der „Euphorie des Protests."[19] Gefühle können geradezu Katalysatoren politischen Protestes sein.[20]

Mit dem Phänomen von Emotionen in sozialen Bewegungen haben sich zuletzt nicht nur Soziologen und Politikwissenschaftler, sondern auch Historiker beschäftigt.[21] Jakob Tanner etwa hat zu den Emotionen der 1968er Bewegung geschrieben und darin die Bedeutung von „emotional regimes" (William Reddy) für die Konflikte zwischen den Generationen hervorgehoben.[22] Die „counterculture" beinhaltete eine emotionale Mobilisierung, die allerdings intrinsisch verquickt war mit „intellectual models of reason."[23] Tanner wendet sich damit auch dezidiert gegen eine Gegenüberstellung von Gefühlen einerseits und Vernunft andererseits.[24] Dieses Verständnis ist zentral für die neuere Emotionsgeschichte und elementar für ihren produktiven Einsatz für die Politikgeschichte.[25]

Dass Gefühle nicht nur für die Geschichte der „Neuen Sozialen Bewegungen" oder der Nachkriegszeit interessant sein können, sondern für die Politikgeschichte im Allgemeinen haben zuletzt Ute Frevert und Arnd

18 Kemper, Claudia 2012: Psychologische Abrüstung. Psychotherapeuten in der westdeutschen Friedensbewegung der frühen 1980er Jahre, in: Maik Tändler/Uffa Jensen (Hrsg.): *Das Selbst zwischen Anpassung und Befreiung. Psychowissen und Politik im 20. Jahrhundert*, Göttingen: Wallstein, S. 168-185; als Erfahrungsbericht siehe z.B. Meyer zur Capellen, Renate/Troje, Elisabeth 1984: Leben ohne Zukunft?: aus unseren Erfahrungen in einer Gruppe Aktionsgemeinschaft: Frauen gegen den Atomtod - Unsere Kinder sollen leben, in: *Feministische Studien* 2(2), S. 120-130.

19 Pettenkofer, Andreas 2014: *Die Entstehung der grünen Politik. Kultursoziologie der westdeutschen Umweltbewegung*, Frankfurt a.M.: Campus, S. 239.

20 Siehe z.B. Gould, Deborah C. 2010: On Affect and Protest, in: Ann Cvetkovich/Ann Reynolds/Janet Staiger (Hrsg.): *Political Emotions. New Agendas in Communication*, London: Routledge, S. 18–44.

21 Goodwin, Jeff et al. 2001: Passionate Politics. Emotions and Social Movements, in: Paul Hoggett/Simon Thompson 2012: *Politics and the Emotions. The Affective Turn in Contemporary Political Studies*, New York/London: Bloomsburry; Helena Flam, Helena/King, Debra (Hrsg.) 2005: *Emotions and Social Movements*, London: Routledge; Kemper (2012) a.a.O.

22 Vgl. Reddy, William 2001: *The Navigation of Feeling. A Framework for the History of Emotions*, Cambridge: Cambridge University Press, S. 54-5.

23 Tanner, Jakob 2008: Motions and Emotions, in: Martin Klimke/Joachim Scharloth (Hrsg.): *1968 in Europe. A History of Protest and Activism, 1956-1977*. New York: Palgrave Macmillan, S. 74.

24 Ebd., S. 74.

25 Hitzer (2011) a.a.O., S. 47f.

Bauerkämper demonstriert. Während sich Frevert der „Gefühlspolitik" Friedrichs II. im „empfindsamen" 18. Jahrhundert zuwandte, richtete sich Bauerkämpers Blick auf den Einfluss, den die deutsche Angst vor „Kontingenz" auf die Demokratisierung der Gesellschaft im 20. Jahrhundert ausübte — und damit auf eine andere Angst als die im Blickfeld Biess'.[26] Gerade nach dem Ersten Weltkrieg, so Bauerkämper, schien Demokratie Kontingenz und Unsicherheit zu bedeuten. Um letztere zu vermeiden, schienen nicht-demokratische Regierungsformen, die Stabilität versprachen, für viele Deutsche attraktiv. Die Deutsche „Angst" war somit antidemokratisch.[27]

2. *Gefühle, Politik und Demokratie*

Dass Gefühle und Politik im Allgemeinen etwas miteinander zu tun haben, ist dabei prinzipiell nichts Neues, sondern seit Aristoteles Teil des politischen Denkens. Aristoteles legte die Basis für eine Traditionslinie, nach der eine gefühlsgeleitete Regierung eine despotische Regierung sei. Dass die Vernunft dagegen die Gefühle kontrollierte und diese unterwerfe, sei Basis für eine konstitutionelle Regierung.[28] Diese Einstellung gegenüber Gefühlen und Politik findet sich zusammen mit einer Skepsis gegenüber „der Masse" gerade im Laufe der Geschichte immer wieder, unter anderem in der schon erwähnten Skepsis früher bundesrepublikanischer Politiker.

Neben der Vermeidung bzw. Kontrolle von Gefühlen gibt es in der politischen Theorie aber auch Gedanken dazu, welche Gefühle zu bestimmten politischen Konstellation führen, Souveränität begründen können und damit gegebenenfalls auch für Demokratie konstitutiv sind. Souveränität kann sich entweder, laut Hobbes, auf das Misstrauen und die Furcht unter den Bürgern voreinander stützen und dabei Demokratie beinahe unmöglich machen, oder auf das Vertrauen, das Locke für die Beziehungen zwischen Volk, Parlament und Monarch als konstitutiv ansah und das fortan

26 Frevert (2012) a.a.O., S. 36; Bauerkämper, Arndt 2014: The Twisted Road to Democracy as a Quest for Security. Germany in the Twentieth Century, in: *German History* 32(2), S. 431-455.

27 Ebd., S. 433.

28 Aristoteles 1965: *Politik*. Rheinbek bei Hamburg: Rowohlt, hier: Erstes Buch, 5. Kapitel, S. 15.

Referenz- und Streitpunkt konstitutioneller Politik wurde.[29] Gerade Vertrauen steht heute als unabdingbar für politische Gemeinwesen hoch im Kurs.[30] In Erhebungen wird regelmäßig das Vertrauen von Bürgern in Politiker und Institutionen abgefragt, wobei mehr Vertrauen allgemein als positiv und weniger Vertrauen als problematisch gesehen wird.[31] Gerade die Geschichtswissenschaft kann aber auch den Blick auf die Kontingenz dieser Ansicht richten. Vertrauen als demokratische Tugend war und ist nicht unumstritten. In Deutschland wurden sowohl in der Nationalversammlung in Weimar als auch im Parlamentarischen Rat in Bonn darüber diskutiert, ob nicht Misstrauen die eigentlich demokratischere Tugend sei. Nur so würden Politiker von Bürgern auch kontrolliert.[32] *Checks* und *balances* eines politischen Systems ruhten nicht nur auf Institutionen, sondern auch auf Emotionen.

Darüber hinaus können Gefühle nicht nur Politik beeinflussen. Politik, insbesondere in Demokratien, kann und soll sogar Gefühle evozieren. Als paradigmatisch sei hier nur das Versprechen der amerikanischen Unabhängigkeitserklärung vom „Pursuit of Happiness“ erwähnt. In der Tat hatte auch Aristoteles schon über das Hervorrufen nicht nur von Tugend, sondern auch von Glück als Aufgabe des Gemeinwesens geschrieben.[33] Die amerikanischen Gründerväter waren sich allerdings dieses Versprechens nicht so sicher. James Madison selbst stand ihm, so es sich denn rein auf die Interessen der Mehrheit reduzierte, sehr skeptisch gegenüber.[34] In der amerikanischen Verfassung ist von „happiness“ dann auch

29 Hobbes, Thomas 1984: *Leviathan oder Stoff, Form und Gewalt eines kirchlichen und bürgerlichen Staates*. Frankfurt a.M.: Suhrkamp; Frevert (2013) a.a.O., S. 160ff.

30 Frevert (2013) a.a.O., S. 7; siehe auch Hosking (2014) a.a.O.; Fuhse, Jan/Schaal, Gary S. 2005: Politische Institutionen und die Generalisierung von Vertrauen, in: Anna Geis/David Strecker (Hrsg.): *Blockaden staatlicher Politik. Sozialwissenschaftliche Analysen im Anschluss an Claus Offe*, Frankfurt a.M.: Campus, S.54–66.; Markova, Ivana/Gillespie, Alex (Hrsg.) 2008: *Trust and Distrust. Sociocultural Perspectives*, Charlotte, NC: Information Age Publishing.

31 Infratest: Vertrauen der Bürger in die Politik gestiegen, http://www.infratest-dimap.de/service/presse/aktuell/vertrauen-der-buerger-in-die-politik-gestiegen/ (letzter Zugriff: 04.03.2015)

32 Frevert (2013) a.a.O., S. 180-184, S. 194-197; Wernicke, Kurt Georg/Booms, Hans/Vogel, Walter (Hrsg.): *Der parlamentarische Rat 1948-1949. Akten und Protokolle*, Band 13, Ausschuß für die Organisation des Bundes, Ausschuß für Verfassungsgerichtshof und Rechtspflege (Teilband 2), S. 419.

33 Aristoteles (1965) a.a.O., Drittes Buch, 9. Kapitel, S. 99.

34 Vgl. Rutland, Robert A./Rachal, William M. E. (Hrsg.) 1975: *The Papers of James Madison*, Vol. IX, Chicago: The University of Chicago Press, S. 140–142.

keine Rede mehr, sondern „nur" noch von „establish justice, insure domestic tranquility, provide for the common defense, promote the general welfare, and secure the blessings of liberty." Wenn man bedenkt, welche Aufmerksamkeit der 2006 kreierte „Happy Planet Index" und der jüngere UN World Happiness Report bekommen, die beide Ranglisten der „glücklichsten" Bevölkerungen erstellen, wird einem bewusst, dass Regierungen ihre Bürger nicht mehr nur frei und sicher, sondern inzwischen auch wieder glücklich machen sollen.[35] Beide Berichte versuchen dabei zwischen „happiness as an emotion and as an evaluation" zu unterscheiden, auch wenn zumindest die UN einräumt, dass dies nicht unbedingt einfach sei, aber dann doch beides messen möchte.[36] Wenn man Martha Nussbaum folgt, ist diese Unterscheidung sogar unmöglich: „emotions are appraisals or value judgments, which ascribe to things and persons outside the person's own control great importance for that person's flourishing."[37]

Sicherheit genau wie Glück ist nicht nur eine Evaluation sondern immer zugleich auch ein Gefühl. Frank Biess etwa hat auch darauf hingewiesen. Und wenn man auf Geborgenheit als einen erweiterten Begriff der Sicherheit mit einer Portion Vertrauen schaut, wird der konstitutive Zusammenhang von Emotion und Evaluation ebenso deutlich. Laut dem *Spiegel* lag es zum Beispiel Bundesbürgern im Jahre 1969 insbesondere daran, sich geborgen zu fühlen. In einem Artikel kurz vor den Bundestagswahlen schrieb das Blatt, Bundeskanzler Kurt Georg Kiesinger

> „artikuliert die Gefühle einer Mehrheit. Er entspricht ihrem Bestreben, Gegensätzliches zu harmonisieren, Ungereimtes in eins zu fassen. Ihm genügt es, daß die Leute sich bei seinem Anblick ‚geborgen' fühlen."[38]

Dem Spiegel ging es darum, die Popularität Kiesingers zu ergründen, schien er doch gegenüber seinen jüngeren und dynamischeren Kontrahenten Brandt und Scheel aus der Zeit gefallen zu sein. Ein historisch begründetes Sehnen nach Harmonie und Geborgenheit, gebrochen und angestachelt durch die 1968er Bewegung, diente der Zeitschrift als Erklärung sei-

35 Zum „Glück" siehe Hitzer/Gammerl (2013) a.a.O., S. 33; Ahmed, Sara 2010: *The Promise of Happiness*. Durham/London: Duke University Press.

36 Helliwell, John/Layard, Richard/Sachs, Jeffrey (Hrsg.) 2013: *UN World Happiness Report 2013*, S. 3; siehe auch Heidenreich, Felix (2012): Glück als Ziel der Politik? Neue Argumente für eine Gefühlspolitik, in: ders./Schaal, Gary (Hrsg.): *Politische Theorie und Emotionen*, Baden-Baden: Nomos, S. 217-234.

37 Nussbaum, Martha 2001: *Upheavals of Thought. The Intelligence of Emotions*, Cambridge: Cambridge University Press, S. 4.

38 Schreiber, Hermann 1969: Kompromiss mit sich selber, in: *Der Spiegel* vom 8.09.1969.

ner Popularität. Auch hier verortete das Magazin die Gefühle als historisch spezifisch. Allerdings hatte es mit seiner Analyse dann nur bedingt recht. Der Gefühlswind hatte sich 1969 gedreht. In den Wahlen im September blieb die von Kiesinger angeführte Union zwar größte Fraktion, aber Willy Brandt wurde mit der sozial-liberalen Koalition Bundeskanzler. Und wenn Brandt in seiner ersten Regierungsansprache für „Mut zu Experimenten“ und „mehr Demokratie wagen“ appellierte, dominierte bald die Furcht vor dem Terror der Roten Armee Fraktion die Debatten über die Ausformung der westdeutschen Demokratie.[39]

Überhaupt wurde in der frühen Bundesrepublik um die „emotional regimes“ gerungen, die einer Demokratie, zumal einer, die auf eine faschistische Herrschaft folgte, angemessen waren.[40] Auch die Bevorzugung eines rationalen und sachlichen Duktus in den Gründungsjahren war nicht so absolut und gesichert, wie das bisweilen dargestellt wird. Im Folgenden wird ein Exkurs in genau diese Anfangsjahre dazu dienen, zu zeigen, wie Geschichtswissenschaften mit ihrem Gespür für Kontingenz und historische Spezifizität den Politikwissenschaften und ihrem Umgang mit Gefühlen behilflich sein kann. Die Verbindung von Gefühlen und Politik ist keine mechanische, weder in der Art und Weise in der bestimmte Gefühle mit Politik verbunden sind, noch darin, wie diese Gefühle „funktionieren“.

3. *Die Bundesrepublik: Zwei historische Beispiele für Gefühle, Politik und Demokratie*

3.1 Demokratisches Bauen

Wie schon an anderer Stelle erwähnt, haftet der frühen Bundesrepublik der Ruf an, es sei Politikern in ihr vor allen Dingen um die Vermeidung öffentlicher Emotionen und die Privilegierung von „Vernunft“ gegangen.[41] Diese Einschätzung gilt sogar für Westeuropa nach 1945 im Allgemeinen. Nach den emotionalen Exzessen faschistischer Regime aber auch den Kriegsmobilisierung der Demokratien — man denke nur an die „Blood,

39 Henshaw, Karrin 2012: *Terror and Democracy in West Germany*, Cambridge: Cambridge University Press.

40 Zur Verbindung von „emotional regimes“ und „political regimes“ siehe Reddy (2001) a.a.O., S. 125-130.

41 Biess (2009) a.a.O., S. 232; auch van Rahden, Till 2011: Clumsy Democrats. Moral Passions in the Federal Republic, in: German History 29(3), S. 485-504.

Toil, Tears and Sweat" Rede Churchills im Mai 1940 vor den Houses of Parliament – seien sich alle Politiker einig gewesen, man müsse Gefühle vorerst soweit wie möglich meiden. Die unkontrollierten Gefühle der „Massen" galten als besorgniserregend, weshalb sich die parlamentarischen Regierungen auch bestmöglich davon abkoppeln sollten. Wie Martin Conway und Volker Depkat schreiben: „It was in the privileged space of parliament that deputies would debate issues of national interest; as the elected representatives for the people, but also at a necessary distance from the people."[42] Misstrauen gegenüber Plebisziten war keine rein deutsche Einstellung. Die Abwesenheit von aufgeladenen ideologischen Debatten und die Etablierung einer „corporatist" und „backroom democracy" machten die Jahre 1945 bis 1973 in ganz West-Europa so stabil.[43] In dem Moment, in dem diese Distanz zwischen Wählern und Gewählten in Frage gestellt und die politische Debatten darüber, was Demokratie eigentlich sei, wieder aufgebrochen war, seien eben auch *passions* wieder zum Vorschein gekommen, die ein Gutteil dieser politischen Stabilität unterminierten.

Nina Verheyen hat den Glauben an die Macht des besseren Arguments in der frühen Bundesrepublik diese Wirkungen der „Diskussionslust" eindrücklich beschrieben. Aber sie hebt auch hervor, dass es sich bei der Diskussionskultur um ein bestimmtes emotionales Regime handelt, nicht um die Abwesenheit von Emotionen per se.[44] Theodor Heuss etwa hat das in einem Brief an Konrad Adenauer einmal explizit gemacht, als er vom „Pathos der Nüchternheit" schrieb.[45] Darüber hinaus ist Diskussion auch keine distanzierte Sache, selbst wenn sie vernünftig und rational stattfinden soll, wie auch Jürgen Habermas in seiner Diskursethik postuliert.[46] Noch wichtiger ist aber, dass sich selbst in diesem Diskurs der Nüchternheit

42 Conway, Martin/Depkat,Volker 2010: Toward a European History of the Discourse of Democracy. Discussing Democracy in Western Europe, 1945-1960, in: Martin Conway/Kiran Klaus Patel (Hrsg.): *Europeanization in the Twentieth Century. Historical Approaches*, Basingstoke: Palgrave MacMillan, S. 140.

43 Ebd., S. 140-141.

44 Verheyen, Nina 2010: *Diskussionlust. Eine Kulturgeschichte des „besseren Arguments" in Westdeutschland*, Göttingen: Vandenhoeck & Ruprecht, S. 139.

45 Theodor Heuss in einem Brief an Konrad Adenauer vom 19. Juni 1951 (Becker, Ernst Wolfgang/Vogt, Martin/Werner, Wolfram (Hrsg.) 2012: *Theodor Heuss. Der Bundespräsident: Briefe 1949-1954*, Berlin: de Gruyter, S. 245-246).

46 Zur Kritik daran siehe Weber, Florian 2012: Unterkühlter Diskurs. Zum Verhältnis von Emotion und Deliberation bei Jürgen Habermas, in: Heidenrich/Schaal (2012) a.a.O., S. 199-215; Young, Iris Marion (2000): *Inclusion and Democracy*, Oxford: Oxford University Press.

Bonner Politiker fortwährend Gedanken über die emotionale Beziehung zwischen Regierung und Regierten machten. Einer der Leitbegriffe der Bonner Debatten für die Beziehung zwischen Politiker und Volk war schließlich Bescheidenheit. Bescheidenes Auftreten sollte das Leitbild Bonns sein und sich vom Pomp und der Einschüchterung des Dritten Reiches absetzen. Und es stellte ein explizites emotionales Regime für die Bonner Republik dar, das auf Nähe und Zugänglichkeit beruhte. Politiker sollten so nah wie möglich an der Lebenswelt ihrer Wähler sein, sie sollten keinen Neid evozieren. Dass dieses Leitbild unmittelbare Auswirkungen auf die Politik und die politische Kultur hatte, wird deutlich, wenn man die Debatten um Architektur und Bescheidenheit näher betrachtet, die im Rahmen des Um- und Ausbaus Bonns zum Regierungssitz geführt wurden. Die Diskussionen verweisen darüber hinaus auch auf die wachsende Forschung zu Raum und Emotionen, die auch für die Politikwissenschaft von Interesse ist.[47]

Der angestrebten Bescheidenheit Bonns wurden Stolz, Bewunderung und Einschüchterung gegenübergestellt; Empfindungen, die die Regierungsarchitektur des Dritten Reiches kennzeichneten und dazu beitrugen, dass sich die Deutschen unterwürfig und demütig fühlten (und daraus folgend auch so handelten). Ob „die Deutschen" beim Anblick heroischer Regierungsarchitekturen letztendlich wirklich so empfanden, ist an dieser Stelle zweitrangig. Wichtig ist vielmehr, wie westdeutsche Politiker vor diesem Hintergrund angemessene demokratische Gefühle zu konzeptualisieren versuchten. Sie waren der Auffassung, dass die Bundesrepublik Bürger brauchte, die sich nicht vor der Macht beugten, sondern sich mit ihr emotional identifizierten, und die fühlten, dass ihre Vertreter in der gleichen Lage waren wie sie selbst. Während die Regierung Bescheidenheit zeigen sollte, sollte der einfache Bürger sich nicht gedemütigt fühlen.

Dieser „Bescheidenheits-Diskurs" in den Debatten um die Architektur der Bonner Regierungsbauten wird erst dann verständlich, wenn man sich die Geschichte erwünschter und gefürchteter Gefühle vergegenwärtigt. Denn er zeigt, dass nicht nur die Bemühungen vergeblich sind, den Unterschied zwischen „echten" und „gezeigten" Gefühlen auszumachen, sondern auch, dass dies auch für die Unterscheidung von symbolischen und

47 Vgl. Davidson, Joyce/Smith, Mich/Bondi, Liz/Probyn, Elspeth 2008: Emotion, Space and Society. Editorial Introduction, in: *Emotion, Space and Society* 1(1), S. 1-3; Bondi, Liz/Davidson, Joyce/Smith, Mick 2005: Introduction. Geography's 'Emotional Turn', in: Joyce Davidson/Liz Bondi/Mick Smith (Hrsg.): E*motional Geographie*s, Aldershot: Ashgate, S. 1-16.

emotionalen Praktiken gilt. Zwar wurde Bescheidenheit als symbolische Praxis gesehen, allerdings als eine, die Gefühle wie Mitleid, Zufriedenheit und Vertrauen hervorrief – während sie andere Gefühle wie Ärger, Unmut und Zorn unterdrückte. Auf begrifflicher Ebene ergibt Bescheidenheit ohne Emotionen keinen Sinn.

Der Begriff des „Wutbürgers" ist noch recht jung, allerdings fürchteten deutsche Politiker ihn bereits in den frühen 1950er Jahren. Der christdemokratische Parlamentarier Hermann Pünder unterstrich, dass – obwohl er ein „fanatischer Gegner des Barackenbaus" sei, dem es immer an Zweckmäßigkeit mangele – es einen „guten Eindruck" bei den Wählern hinterlassen würde, wenn diese sähen, dass die Politiker unter ähnlichen provisorischen Umständen lebten und arbeiteten wie sie selbst.[48] Seine und die Angst seiner Kollegen war es, dass bei Abwesenheit dieser sichtbaren Bescheidenheit das Volk zornig reagieren und die Stabilität der jungen Republik gefährden würde. Ohne bescheidenen Stil kämen sie „in die unmöglichste Lage"[49] und Gespräche „in Ruhe mit dem Volk draußen" wären kaum noch möglich.[50]

Nach den ostentativen Gesten der Machtrepräsentation während des Dritten Reiches, und unter dem Eindruck hoher Arbeitslosigkeit, harter Lebensbedingungen und zerstörter Städte, waren sich die in den Gestaltungsprozess miteinbezogenen Parlamentarier darüber einig, dass die neue Republik besonders maßvoll und bescheiden auftreten solle. Pünder, ehemals Politiker der Katholischen Zentrumspartei in Weimar, verwies diesbezüglich nachdrücklich auf die erste deutsche Republik. Er wusste nur zu genau, dass die „‚verruchte' Weimarer Systemzeit" nicht der Standard war, an dem seine Mitparlamentarier und besonders seine Parteifreunde gemessen werden wollten. Nichtsdestotrotz hob er hervor, dass die „Bescheidenheit" der Umstände unter denen der Kanzler und der Präsident gearbeitet und gelebt hätten beispielhaft gewesen sei.[51]

In den Diskussionen um die architektonische Gestaltung von Bonn, sowohl in den öffentlichen Plenardiskussionen als auch in den Treffen des Arbeitskreises hinter geschlossenen Türen, bezogen sich die Parlamentarier auf Emotionen, wenn sie die gewünschte – und gefürchtete – Beziehung zu ihren Wählern beschrieben. Sie hofften einen „guten Eindruck" zu hin-

48 Parlamentsarchiv, 1. WP, 50. Sitzung des Haushaltsausschusses, 13. Juli 1950 – Hermann Pünder (CDU), S. 9.
49 Ebd. Paul Bausch (CDU), S. 16.
50 Ebd. Hermann Pünder (CDU), S. 8.
51 Ebd. Hermann Pünder (CDU), S. 9.

terlassen, „Verständnis“ zu erzeugen und „Unzufriedenheit“ und „Unmut“ abzuwehren. Wenn Politiker Sympathie in der Öffentlichkeit finden wollten, müssten sie „einen einfachen und bescheidenen Stil haben.“[52] Die Bundesrepublik müsse mit der „Großmannssucht“ des Dritten Reiches brechen.[53] Auf die Vorwürfe antwortend stimmte Finanzminister Schäffer beschwichtigend zu, er bedauere es, wenn der Bund glaube, er müsse weiterhin auf Repräsentation aus sein.[54]

An den Debatten um die Architektur kann man ablesen, wie sich nach Meinung der Politiker Demokratie anfühlen sollte. Die Mitglieder des Haushaltsausschusses, die für alle Bauprojekte verantwortlich zeichneten, waren parteiübergreifend davon überzeugt, dass sowohl aus historischen Gründen, d.h. wegen der desaströsen Geschichte des Dritten Reiches, als auch aus intrinsisch demokratischen Gründen die neue Republik ihren Bürgern bescheiden gegenübertreten müsse. Noch Mitte der 50er Jahre, als der wirtschaftliche Aufschwung bereits eingesetzt hatte, fühlte sich das Finanzministerium im Zusammenhang mit der Einrichtung von Regierungsbüros genötigt, dem Haushaltsausschuss zu versichern, dass die Büros tatsächlich „zigarettenkistenartig“ und „verhältnismäßig bescheiden“ seien. Dem Ministerium war klar, „daß [die Regierung, Anmerk. d. Verf.] einer erhöhten öffentlichen Kritik anheimfällt, wenn sie bei der Einrichtung der Räume über das Zumutbare hinausgeht.“[55]

Die Gefahr dafür schien gering. Die Gebäude in Bonn vermittelten offenkundig sehr erfolgreich das gewünschte Gefühl der Bescheidenheit, obgleich nicht zur Freude aller. Der führende sozialdemokratische Politiker Adolf Arndt beschwerte sich in einer Rede im Jahr 1960, dass sich die Besucher des Bundeshauses zwar ausschließlich positiv über die Bescheidenheit und Kargheit des Gebäudes äußern, aber nicht einer überlege, welche Last dieses „wirr und billig aneinandergestückte Gehäuse“ – er wollte es nicht einmal Gebäude nennen – für die Arbeit der Parlamentarier

52 Ebd., Paul Bausch (CDU), S. 16.

53 Parlamentsarchiv (1950) a.a.O.; Siehe dazu den Konflikt zwischen Schwippert und Adenauer über die Inneneinrichtung des Palais, wonach Adenauer Schwipperts moderne Möbel ablehnte (vgl. Ascher Barnstone, Deborah 2005: *Transparent State: Architecture and Politics in Postwar Germany*, London: Routledge, S. 114f.).

54 Parlamentsarchiv (1950) a.a.O. – Fritz Schäffer (CSU), S. 17.

55 Parlamentsarchiv, 2. WP, 116. Sitzung des Haushaltsausschusses, 12. Dezember 1955 – MinDirig Karl Friedrich Vialon (BMF), S. 15.

eigentlich darstelle.[56] Heinrich G. Ritzel, langjähriges Mitglied des Haushaltsausschusses, beschrieb voller Bitterkeit, wie er in seinem viel zu engen Zimmer im Bundeshaus saß, das schon ein Privileg für seine Arbeit als Vorsitzender des Ausschusses für Geschäftsordnung und Immunität darstellte, und sich darin immer wieder anhören musste, wie Ausflugsdampfer auf dem Rhein das Karnevalslied „Wer soll das bezahlen, wer hat das bestellt?“ anstimmten, wenn sie am Bundeshaus vorbeifuhren.[57]

Für Ritzel und Arndt hatten Gefühle über den Umweg des Bauens substantiellen Einfluss auf die Arbeit der Parlamentarier und damit auch auf die Politik selbst. Bis zur Einweihung eines Bürohochhauses, des „Langen Eugen“ 1969 hatte ein Großteil der Bonner Abgeordneten kein oder zumindest kein eigenes Büro. Diese Tatsache, die sowohl der Bescheidenheit als auch dem Wunsch, Bonn „provisorisch“ zu lassen, geschuldet war, war laut Ritzel dem „gewissenhaften Durchdenken ihrer [*der Abgeordneten*, Anm. des Verfassers] Aufgaben abträglich“ und „oftmals entstanden Arbeitsbedingungen, die unerträglich waren.“[58] In diesem Fall lenken Gefühle das Auge auf die ganz konkreten Umstände der Politik, hier den umbauten Raum, in dem sie stattfindet. Während die Außenwirkung, zumindest in Teilen der Intention entsprach — unbenommen der Ausflugsdampfer schien die Bescheidenheit der Bonner Bauten von Bürgern auch positiv so wahrgenommen worden zu sein — rief sie auf Seiten der Abgeordneten Bitterkeit hervor. Im Laufe der 60er und 70er Jahre wurden die Rufe lauter, dass Demokratie sich auch stolzer und selbstbewusster präsentieren müsse und solle — zumal die Bundesrepublik auch mit Stolz auf ihre Leistungen schauen könne. 1979 merkte Bundestagspräsident Richard Stücklen dann ganz in diesem Sinne an, um die Menschen emotional an die demokratische Grundordnung zu binden, müssten Regierungsgebäude der Demokratie einen „gewissen Glanz“ geben – eine Aufgabe, die die Bonner Bauten offenbar nicht erfüllten.[59]

56 Arndt, Adolf 1965: Demokratie als Bauherr, in: ders.: *Geist der Politik: Reden*, Berlin: Literarisches Colloquium Berlin, S. 226.

57 Ritzel, Heinrich G. 1967: *Einer von 518*, Hannover: Verlag für Literatur und Zeitgeschehen, S. 44.

58 Ebd., S. 42.

59 Zitiert in Wise, Michael Z.1998: *Capital Dilemma. Germany's Search for a New Architecture of Democracy*, New York: Princeton Architectural Press, S. 32.

3.2 Opposition und Gefühl

Gefühle in der frühen Bundesrepublik wurden aber auch in einem Bereich diskutiert, der der Politiktheorie schon intrinsisch näher liegt als die Debatten über die Regierungsarchitektur: Und zwar in Bezug auf die Frage, wie Differenz und Opposition innerhalb einer Demokratie sicherer verankert werden konnten als in der Weimarer Republik. Sowohl in der historischen Reflektion der Akteure, als auch in der historischen Kontingenz ihrer Argumente wird noch einmal die Zeitbezogenheit von Politikvorstellungen, nicht zuletzt in Bezug auf Gefühle, deutlich. Und dies ist ein Bereich, in dem die Emotionsgeschichte von besonderem Nutzen für die Politikwissenschaften sein kann.

Ging es beim Bauen vor allen Dingen um die emotionale Beziehung zwischen Bürgern und Regierung, warf die Rolle der Opposition Fragen zu den Gefühlen zwischen Parlamentariern auf. Ab 1945 und dann insbesondere ab 1949 ging es darum, wie in einem von den Alliierten vorgegebenen Mehrparteiensystem mit Pluralismus umgegangen werden sollte. Wie könnte man den Hass und die Entfremdung, die Weimar am Ende paralysiert hatten und die durch das Dritte Reich nur noch größer geworden war, überkommen bzw. verhindern? Welche Rolle sollten dabei Vertrauen, Misstrauen und Verantwortung spielen? Und in welchen größeren Bezugsrahmen sollten sie gestellt werden? Dolf Sternbergers Idee des Verfassungspatriotismus muss hier ganz konkret vor dem Hintergrund gesehen werden, welches Gemeinschaftsgefühl (mit der Betonung auf Gefühl) Westdeutschland offenstand, nachdem die Nation, der Staat und das Volk nach dem Dritten Reich problematisch geworden waren, und der bloße „Vernunftrepublikaner" auch ein Symbol des Scheiterns geworden war.

Dass das Nachdenken über Opposition eine so zentrale Rolle in der frühen Bundesrepublik spielte, war nicht zuletzt den Vorsitzenden der beiden größten Parteien geschuldet. Der SPD Vorsitzende Kurt Schumacher und der CDU Vorsitzende und baldige Kanzler Konrad Adenauer waren sich darüber einig, dass die Demokratie eine gewisse Fremdheit zwischen Opposition und Regierung nicht nur aushalten musste, sondern auch brauchte. Persönliche Antipathie — eine im Politikbetrieb nicht zu unterschätzende Macht — zwischen Schumacher und Adenauer mag seine Rolle in der Ablehnung einer Großen Koalition gespielt haben, aber beide führten auch prinzipielle Gründe ins Feld, die nicht nur als Ausrede gesehen werden sollten.[60] „Eine gewisse Einsicht und Kooperation" wie sie ein Mitglied des Parlamentarischen Rats eingefordert hatte, war sicherlich von Nöten.[61] Aber das Misstrauen der Opposition gegenüber der Regierung war auch konstitutiv für Demokratie.

In seiner ersten Regierungserklärung am 21. September 1949 erteilte Adenauer den Forderungen nach einer Großen Koalition zwischen CDU und SPD, die sowohl von den Alliierten wie auch aus beiden Parteien selbst hervorgegangen waren, eine Absage:

> „Der Wähler hätte mit Recht im Falle einer Koalition zwischen diesen Parteien gefragt, ob denn dann Wahlen überhaupt nötig gewesen waren. Der demokratische Gedanke, die Überzeugung von der Notwendigkeit der parlamentarischen Demokratie, hätte in den weitesten Kreisen der Wähler, namentlich auch der Wähler der jüngeren Generation, schwersten Schaden gelitten."

Und er fuhr fort:

> „Es ist darum abwegig und undemokratisch, diejenigen Parteien, die sich hier im Hause zur Bildung einer Regierung und zu gemeinsamer Arbeit zusammengeschlossen haben, deshalb mit irgendwelchen tadelnden Worten zu belegen. Ebenso abwegig ist es, der Sozialdemokratischen Partei Vorwürfe zu machen, weil sie sich nicht bereit gefunden hat zu einer sogenannten großen Koalition."

In seiner Antwort am nächsten Tag, stimmte Schumacher Adenauers Ausführungen zur Wichtigkeit der Opposition für eine Demokratie zu. Darüber hinaus wies er auf die Problematik eines anderen Gefühls hin, das für das Funktionieren der Weimarer Republik so elementar wie tragisch gewesen war: Verantwortung.[62]

> „Man kann also als Opposition nicht die Ersatzpartei für die Regierung sein und die Verantwortung für etwas übernehmen, wofür die Verantwortung zu übernehmen sich manche Regierungsparteien gegebenenfalls scheuen werden."

Stattdessen sei das

60 Vgl. Ullrich, Stefan 2009: *Der Weimar-Komplex. Das Scheitern der ersten deutschen Demokratie und die politische Kultur der frühen Bundesrepublik, 1945-1959*, Göttingen: Wallstein, S. 329-336.

61 Stelzl, Hans-Joachim/Weber, Hartmut (Hrsg.) 2002: *Der parlamentarische Rat 1948-1949*, Akten und Protokolle, Band 13: Ausschuß für die Organisation des Bundes, Ausschuß für Verfassungsgerichtshof und Rechtspflege (Teilband 2). München: Boldt im Oldenburg Verlag, S. 1546.

62 Raithel, Thomas 2005: *Das schwierige Spiel des Parlamentarismus. Deutscher Reichstag und französische Chambre des Députés in den Inflationskrisen der 1920er Jahre*, München: Oldenbourg, S. 172, 191, 286-7.

> „Wesen der Opposition [...] der permanente Versuch, an konkreten Tatbeständen mit konkreten Vorschlägen der Regierung und ihren Parteien den positiven Gestaltungswillen der Opposition aufzuzwingen."

In Weimar war die SPD (wie andere Oppositionsparteien) unter Appellen an ihre Verantwortung für das Wohlergehen des Volkes immer wieder dazu genötigt worden, bürgerliche Minderheitenregierungen zu unterstützen. Daher war es ihr auch selten gelungen eine echte demokratische Alternativpolitik zu entwickeln. Stattdessen gab es in Weimar im Wesentlichen nur die Opposition zwischen pro- und anti-demokratisch.[63] Schumacher und Adenauer waren sich nun einig, dass das in Bonn anders werden musste.

Für diese Unterscheidung zwischen Regierung und Opposition musste im parlamentarischen Betrieb und in der Öffentlichkeit Legitimität für Differenz hergestellt werden. Es musste einen übergeordneten Rahmen geben, in dem sich der Pluralismus wieder bündeln konnte. Der „Verfassungspatriotismus" Sternbergers wurde schon erwähnt. Überhaupt spielen Gefühle hier eine große Rolle. Martha Nussbaum etwa schrieb kürzlich über die Notwendigkeit von Patriotismus für den Zusammenhalt demokratischer Gemeinschaften.[64] Im amerikanischen Kontext lässt sich diese „Notwendigkeit" etwas unproblematischer als im deutschen artikulieren, Aber selbst bzw. nicht zuletzt für die USA als Einwanderungsland, stellt sich die Frage, warum ein Land bzw. ein Volk eine natürliche Einheit sein sollte, wie das Nussbaum postuliert, zu der man sich emotional zugehörig fühlt. Auch die Frage, wer den Anspruch erheben kann, Teil dieses Volkes zu sein, ist keine evidente oder unumstrittene Frage. In der Bundesrepublik war durch Teilung und Besatzung die schon immer problematische Einheit zwischen Volk und Staat ganz offensichtlich aufgehoben. Umso wichtiger war die Frage der Differenz, auch wenn diese durch den Holocaust, die Abtrennung der ehemals deutschen Ostgebiete und des vorwiegend protestantischen Staatsgebiets der DDR drastisch reduziert worden war.

Nichtsdestotrotz appellierte Adenauer häufig „von ganzem Herzen" an die Opposition, doch einem Kompromiss zuzustimmen. Nicht zuletzt „das deutsche Volk würde darüber überglücklich sein."[65] Der Rückgriff auf das Volk und die Volksgemeinschaft war hier nicht ganz zufällig. Sie unter-

63 Raithel (2005) a.a.O., S. 286f., 339-341.

64 Nussbaum (2014) a.a.O., S. 314-5.

65 Deutscher Bundestag – Stenographische Sitzungsprotokolle, 1. Bundestag, 255. Sitzung, Bonn, Dienstag, 19. März 1953, Konrad Adenauer, S. 12309.

streicht, dass bei allen Appellen an das Vertrauen, Verantwortungsbewusstsein und den Respekt, die Frage der übergeordneten Größe, auf die auch gefühlsmäßig rekurriert werden konnte, nicht über Nacht wandelte. Die CDU Wahlkämpfe gegen Willy Brandt als Emigranten und unehelichen Sohn, genauso wie die Angriffe Schumachers auf Adenauer als Kanzler der Alliierten zielten genau darauf ab, den jeweiligen Gegner außerhalb dieser Gemeinschaft zu stellen.

Till van Rahden hat über die Rolle von „moral sentiments" und dem Konzept der „civility" in einer liberalen Demokratie geschrieben, die die Akzeptanz von Differenz als legitim überhaupt erst möglich machen. Laut van Rahden fehlte es Nachkriegsdeutschen an der „playful politesse" und der Fähigkeit, sich mit Fremden zu unterhalten.

> „The ability to converse with strangers, the capability to talk to one's adversaries, the capacity to regulate conflict, aversion and even enmity, the faculty to acknowledge and navigate political passions and moral incommensurability; such elementary skills of public life in a liberal democracy were (and perhaps are) anything but the forte of postwar Germans."[66]

Politesse ist auch sicherlich nicht der richtige Begriff, den Umgang von Schumacher und Adenauer im Öffentlichen Raum zu beschreiben. Aber beide waren sich doch bewusst, dass Demokratie von Differenz lebte, und wollten die Deutschen in diesem Hinblick erziehen.

Die Begrenzung des politischen Raums auf das Parlament durch das Grundgesetz, das keine Volksabstimmungen vorsah, und die Möglichkeit beinhaltete, Parteien durch das Verfahren des Parteiverbots aus diesem Raum auszuschließen, bot die Möglichkeit eine „gefühlte Gemeinschaft" herzustellen. Die Kontrolle der Alliierten tat ein Übriges. Thomas Mergel hat darüber geschrieben, wie das Corps-Gefühl der Weimarer Politiker, das sich in der ersten Hälfte der 20er Jahre entwickelt hatte und die Kooperation über ideologische Gräben hinweg möglich machte, durch das Erstarken der radikalen Parteien, deren Abgeordnete sich bewusst nicht an den Verhaltenskodex hielten, ab Ende des Jahrzehnts erodierte.[67] Auch in Bonn kamen in den ersten Jahren der Bundesrepublik wiederholt Zwischenrufe und Verstöße gegen die Hausordnung. Doch mit dem Verbot der Kommunistischen Partei 1956, wofür das Verfahren bereits 1951 eingeleitet wurde, reduzierte sich die ideologische und expressive Spannbrei-

66 van Rahden (2011) a.a.O., S. 503.

67 Mergel, Thomas 2005: *Parlamentarische Kultur in der Weimarer Republik. Politische Kommunikation, symbolische Politik und Öffentlichkeit im Reichstag*, Düsseldorf: Droste Verlag, S. 157-177.

te, die im Bundestag vertreten war, deutlich.[68] Die Verstetigung politischer Prozesse sorgte für steigendes Vertrauen zwischen Regierung und Opposition – ein Vertrauen, das sich unter anderem darin äußerte, dass Regierungsgesetze in ganz überwiegendem Teil von der Opposition mitgetragen wurden; ein Verhalten, das unter Sozialdemokraten ab den späten 50ern als ihrer Oppositionsrolle nicht angemessen kritisiert wurde.[69]

In einer anderen, vertrauensbildenden Maßnahme, die gleichzeitig „notwendiges Misstrauen" quasi institutionalisierte, wurde der Vorsitz des Haushaltsausschusses, dem wohl wichtigsten Ausschuss des Bundestages, nicht mehr wie in Weimar der größten Partei, sondern der größten Oppositionspartei übertragen. Somit saß von 1949 bis 1969 der Sozialdemokrat Erwin Schoettle dem Ausschuss vor. Dass er dies bis 1969 tat, zeigt allerdings auch, dass diese Art von Kooperation und Koordination zwischen Regierung und Opposition sich vor allen Dingen auf die beiden großen Parteien beschränkte. An sich hätte ab 1966 der FDP der Vorsitz zugestanden. Eventuell hatte auch der Koalitionswechsel mitten in der Legislaturperiode seinen Einfluss darauf, dass der Wechsel nicht stattfand. In den Akten des Ausschusses findet sich nur eine Diskussion über die Sitzordnung. Die drei FDP-Abgeordneten landeten so weit hinten im Sitzungssaal, dass sie der Diskussion kaum mehr folgen konnten. Ihrer Bitte um Plätze weiter vorne im Saal wurde nicht Folge geleistet.[70] Der Wechsel im Vorsitz erfolgte erst 1969 nach dem Sieg der Sozialliberalen Koalition und dem Gang der CDU in die Opposition. Mit Albert Leicht als Ausschussvorsitzendem kam es zunächst wieder zu Konflikten über die Rolle der Opposition, die zumindest die SPD darauf zurückführte, dass die CDU sich nicht damit abfinden könne, nun in der Opposition zu sein.[71]

68 Günther, Klaus 1993: Expressive Konkurrenz und instrumentelle Kooperation. Zum bundesrepublikanischen Politdesign der 50 Jahre, in: Axel Schildt/Arnold Sywottek (Hrsg.): *Modernisierung im Wiederaufbau. Die westdeutsche Gesellschaft der 50er Jahre*, Bonn: J.H.W. Dietz und Nachfahren, S. 791-804.

69 Ebd., S. 801.

70 Siehe Parlamentsarchiv, 5. WP, 42. Sitzung, 1. Dezember 1966, S. 4; und 43. Sitzung, 7. Dezember 1966, S. 53.

71 Vgl. Abg. Hörmann (Freiburg) (SPD), 6. Bundestag, 87. Haushaltssitzung, Donnerstag, 15. Juni 1972, S. 36.

4. Ausblick

Dieser Vorwurf kam allerdings zu einer Zeit, als durch die Außerparlamentarische Opposition und die terroristischen Angriffe der Roten Armee Fraktion und anderer Gruppen, die Frage nach legitimer Differenz, ihrem Ausdruck und der Rolle von Emotionen in der Politik sich komplett neu stellte. Auch die Beziehung zwischen Regierenden und Regierten änderte sich fundamental. Die Pläne für offene, campusähnliche Ministerienneubauten wurden aufgebeben, und die beiden fertiggestellten Hochhäuser hinter Stacheldraht barrikadiert.[72] Angst, die einerseits die Friedensbewegung mobilisierte und auf die Straße brachte, sorgte andererseits für den Rückzug von Politikern aus dem öffentlichen Raum. Das waren Ängste vor unterschiedlichen Dingen, einmal von Atombomben vernichtet und einmal von Linksterroristen entführt oder ermordet zu werden. Aber beide hatten auf ihre Weise schwerwiegende Auswirkungen auf die Politik der Bundesrepublik. Das zeigt nur wie spezifisch wir mit Gefühlen umgehen müssen. Genauso wenig wie es *eine* Angst gibt, weder im Grund noch im Ausdruck, gibt es *eine* einfache Verbindung von Angst und Demokratie oder gar *eine* normierte Politik der Angst.

„Emotional Styles", gelebte wie erstrebte, beeinflussen nicht nur den Stil von Politik, sondern auch ihre Inhalte und ihre Struktur.[73] Das Verantwortungsgefühl, das in Weimar bemüht wurde, das Vertrauen an das in der Bundesrepublik appelliert wurde und der Mut, Neues zu wagen, waren nicht nur in ihrer Genese historisch spezifisch, sondern auch in dem was sie ausdrückten und hervorrufen sollten. Auch ihre Ausdrucksformen waren historisch determiniert. Äußerte sich die Angst vor dem „Atomtod" in den 1950ern in Leserbriefen und Demonstrationen, waren es in den 1980ern zwar auch weiterhin Demonstrationen, darüber hinaus aber auch Sit-ins, Blockaden und eine gezielte Emotionalisierung der Debatte – nicht mit Verweis auf die Vergangenheit des Bombenkrieges, sondern im Hinblick auf die Zukunft einer potentiellen nuklearen Wüste. Neben anderen Gründen war diese neue Politik ein Grund dafür, dass Helmut Schmidt den Rückhalt in seiner Partei verlor, und der Partei in den Wahlen 1983

72 Busmann, Friedrich 2004: *Vom Parlaments- und Regierungsviertel zum Bundesviertel. Eine Bonner Entwicklungsmaßnahme, 1974-2004*, Bonn: Stadt Bonn, S. 41.

73 Zu „Emotional Styles" siehe Gammerl, Benno 2012: Emotional Styles – Concepts and Challenges, in: *Rethinking History: The Journal of Theory and Practice* 16(2), S. 161-175.

mit den Grünen neue Konkurrenz von links erwuchs, die das seit 1953 existierende Drei-Parteien-System der Bundesrepublik beendete.

Der Hinweis auf die Wandelbarkeit von Gefühlen auch und gerade in Bezug auf Politik, selbst wenn es einige längere Traditionslinien gibt, ist wohl der wichtigste Beitrag den die Geschichtswissenschaft zusammen mit der Soziologie und Anthropologie zur Erforschung der Verbindung von Politik und Emotionen beitragen kann. Sie weist auf die Konjunkturen bestimmter Gefühle hin, zur Verschiebung anderer und auf die Konkurrenz um den richtigen Ausdruck. Selten herrscht ein einziges „emotional regime" und nie ist die Rolle von Emotionen in der Politik mechanisch.

Politische Gefühle – Katalysator des Diskurses oder Ergebnis postdemokratischer Emotionalisierung? Die Perspektive des dynamischen Republikanismus[1]

Felix Heidenreich

Die Debatte über Politik und Emotionen steht bekanntlich unter dem Vorzeichen einer Überwindung dualistischer Konzeptionen von Vernunft und Emotionen.[2] Als roter Faden durch die zahlreichen Beiträge und Analysen zieht sich das Argument, dass Gefühle weder aus dem demokratischen Willensbildungsprozess ausgeschlossen werden *können* noch *sollten.* Auch der Anspruch an eine durch den „zwanglosen Zwang des besseren Arguments" begründete Rationalität (Habermas), die dem Paradigma deliberativer Demokratie zu Grunde liegt, kann das Faktum der Verschränkung von Rationalität und Emotionalität nicht abweisen. Deliberation in der Wirklichkeit ist eine Diskussion mehr oder weniger leidenschaftlicher Bürger, keine wissenschaftliche Erörterung platonischer Philosophenkönige. Diesem Umstand versucht die neuere Deliberationsforschung durch Anerkennung von Deliberationsformen wie die des „story-telling" gerecht zu werden.[3]

1 Der Aufsatz greift Überlegungen und Argumentationen auf, die bereits andernorts zur Diskussion gestellt wurden. Obwohl sich Dopplungen nicht völlig verhindern ließen, hoffe ich, hier eine weiterführende Perspektive zu meinen bisherigen Beiträgen zu liefern. Vgl. Heidenreich, Felix 2012: Versuch eines Überblicks: Politische Theorie und Emotionen. In: Heidenreich, Felix/Schaal, Gary S. (Hrsg.): *Politische Theorie und Emotionen*, Baden-Baden: Nomos, S. 9-26; ders. 2013: Gefühle ins Recht setzen. Wann sind politische Emotionen (noch) demokratisch?, in: *Zeitschrift für Politikwissenschaft* 23(4), S. 575-583. Schaal, Gary S./Heidenreich, Felix 2013: Politik der Gefühle. Zur Rolle von Emotionen in der Demokratie. In: Aus Politik und Zeitgeschichte 63(32-33), S. 3-11.

2 Vgl. stellvertretend für die umfangreiche Literatur: Hoggett, Paul/Thompson, Simon (Hrsg.) 2012: *Politics and the Emotions: The Affective Turn in Contemporary Political Studies*, New York/London: Continuum; Nussbaum, Martha 2014: *Politische Emotionen – warum Liebe für Gerechtigkeit wichtig ist*, Berlin: Suhrkamp.

3 So schlagen beispielsweise Bächtiger et al. vor, *story-telling* als Element eines erweiterten Diskurses zu verstehen. Vgl. Bächtiger, André/ Pedrini, Seraina/ Ryser, Mirjam 2010: Prozessanalyse politischer Entscheidungen: Deliberative

Doch die Ambivalenz dieser Diagnose ist damit nicht ausgeräumt: Emotionen in der Politik und der politischen Willensbildung sind nicht allein deshalb unproblematisch, weil sie unvermeidlich sind. Offenbar bedarf es einer präzisen Vorstellung davon, welche Rolle Emotionen im demokratischen Willensbildungsprozess und in der demokratischen Politik sinnvollerweise zukommen soll. Eine solche Konzeption lässt sich nicht ohne einen Rückgriff auf normativ gehaltvolle Vorstellungen von Demokratie entfalten; je nachdem, ob man demokratische Politik in republikanischer oder liberaler „Grammatik" beschreibt, wird man zu konkurrierenden Ergebnissen kommen.[4]

Im Folgenden will ich zunächst eine solche Konzeption der möglichen Rolle politischer Emotionen vorstellen, die ich unter Rückgriff auf Überlegungen von Marcus Llanque als „dynamischen Republikanismus" bezeichne. Damit ist eine Vorstellung von Demokratie gemeint, die Emotionen als *Ausgangspunkt* der Willensbildung anerkennt, ohne sie dogmatisch als unhinterfragbare Äquivalente von Argumenten gelten zu lassen. Emotionen können nach dieser Vorstellung als Katalysatoren und motivierende Elemente in demokratische Prozesse integriert werden, müssen sich jedoch wie Argumente dem Anspruch auf Rechtfertigung stellen. Auch politische Emotionen – Empörung, Wut, Begeisterung, „verletzte religiöse Gefühle" – können sich aus dieser Sicht im Laufe einer Auseinandersetzung als „falsch", das heißt *unangemessen* erweisen (1.). Während das Idealbild eines dynamischen Republikanismus von der Hoffnung auf eine emotionale Autonomie getragen ist, lässt der Blick auf die Wirklichkeit eher Prozesse heteronomer Emotionalisierung erkennen: Bürgerinnen und Bürger sind meist weniger *Subjekte* eines emotionalen *bottom-up-inputs* ins politische System, als vielmehr *Objekte* einer von nicht-politischen Akteuren unsystematisch betriebenen emotionalen Bewirtschaftung mit ökonomischer Zielsetzung. In einem zweiten Abschnitt werde ich vier Tendenzen unterscheiden, die einer dem dynamischen Republikanismus entgegenlaufenden Emotionalisierung politischer Kommunikation strukturell Vorschub leisten. Die *Personalisierung* politischer Kommunikation

Standards, Diskurstypen und Sequenzialisierung, in: Behnke, Joachim/Bräuninger, Thomas/Shikano, Susumu (Hrsg.): *Jahrbuch für Handlungs- und Entscheidungstheorie*, Wiesbaden: VS Verlag, S. 201f.

4 Diese habe ich mit Gary S. Schaal andernorts ausgeführt: Schaal/Heidenreich (2013) a.a.O. Den Begriff der Grammatik verwende ich in diesem Zusammenhang im Sinne des späten Wittgenstein; er bezeichnet dann das (dynamische) Regelsystem eines Sprachspiels und dessen Reflexion. Vgl. Wittgenstein, Ludwig 1984: *Philosophische Grammatik*, Frankfurt a.M.: Suhrkamp.

verkürzt auf bisweilen verzerrende Weise komplexe Inhalte auf die Auseinandersetzung zwischen Personen (2.1.). *Dramatisierung, Skandalisierung* und *Boulevardisierung* verschieben den Fokus der Aufmerksamkeit von Strukturen auf emotionalisierende Ereignisse (2.2.). Der epochale Shift zur *Dominanz von Bildern* impliziert nach einem medientheoretischen Argument eine Tendenz zum emotionalisierenden Konkretismus und einen Rückgang des Abstraktionsniveaus in der Debatte (2.3). Und schließlich impliziert die Beschleunigung politischer Prozesse eine strukturelle Bevorteilung der emotiven vor der kognitiven Verarbeitung von Inhalten (2.4). Alle vier Trends zusammen können verständlich machen, warum wir statt eines dynamischen Republikanismus eher eine postdemokratische Emotionalisierung von politischer Kommunikation erleben. Alle vier Trends sind jedoch – wie der Schlussabschnitt zu zeigen versucht – nicht einfach als unvermeidliches Schicksal hinzunehmen. Das Zentrum politischer Institutionen kann auf seine Umwelt aus zivilgesellschaftlicher Peripherie durchaus auch einwirken, ohne Grundsätze eines liberalen Pluralismus zu verraten. Es gilt daher, Perspektiven möglicher Antworten zu entwickeln, die dazu beitragen können, politische Emotionen als Katalysatoren einer politisch lebendigen Gesellschaft gegen die postdemokratische Emotionalisierung zu verteidigen (3.).

1. Gefühle im dynamischen Republikanismus

Die Überwindung einer dualistischen Konzeption von Rationalität und Emotionalität stellt für bestimmte Grundintuitionen liberaler Theoriebildung ein Problem dar. Denn zumindest tendenziell gehört die Leitunterscheidung zwischen einer öffentlich-politisch-rationalen und einer emotional-privaten Sphäre zu den Kerngedanken der liberalen Denktradition. Bei aller notwendigen Differenzierung scheint sich in der Debatte ein Konsens dahingehend feststellen zu lassen, dass der Liberalismus bezüglich der Emotionen eine ungeklärte Frage, bzw. eine „offene Flanke"[5] aufweist. Feministische Kritikerinnen und Kritiker haben zudem eingewandt, dass diese Unterscheidung auch eine mögliche Exklusion von Frauen in die emotional-private Sphäre impliziert und diese Gefahr auch

5 Llanque, Marcus 2012: Liebe in der Politik und der Liberalismus, in: Heidenreich/Schaal (2012) a.a.O., S. S. 127. So auch – allerdings in der Absicht einer abschließenden Verteidigung des Liberalismus – Nussbaum (2014) a.a.O., S. 11f.

in der Rationalitätsorientierung der deliberativen Theorien potenziell angelegt ist.[6]

Dass eine republikanische Theorie demokratischer Legitimität mit der Einheit von Rationalität und Emotionalität konzeptionell einfacher umgehen kann, scheint einleuchtend: Werden die Bürger in erster Linie als *citoyens* im starken Sinne verstanden, die sich nicht primär durch Abwehrrechte gegenüber dem Staat, sondern durch Beteiligungsrechte auszeichnen, so lässt sich auch ihr emotionaler Input in politische Willensbildungsprozesse als legitim ansehen. Doch diese Grundentscheidung macht den Republikanismus noch nicht automatisch zur politischen Grammatik der Wahl. Stark und nicht unbegründet sind die Einwände, die Orientierung am Input gefährde die individuellen Entfaltungsmöglichkeiten, die Rede vom *Gemeinwohl* werde zur Ideologie, es drohe die – auch emotionale – Diktatur der Mehrheit.

Marcus Llanque hat eine hilfreiche Unterscheidung vorgeschlagen, die dazu beitragen kann, eine plausible Konzeption demokratischer Gefühle zu skizzieren. Llanque unterscheidet zwei Traditionslinien des republikanischen Denkens: (a) Der „statische Pfad des Republikanismus“[7] versteht das Gemeinwohl als gegeben; Rousseaus Modell einer Totalintegration der Gesellschaft kann hierfür als Paradigma gelten. Deliberative Prozesse im Vorfeld von Abstimmungen sind in seinem Modell des *Contrat social* bekanntlich explizit ausgeschlossen. Der Gemeinwille soll sich sozusagen *une fois pour toute* ergeben und alle durch Evidenz überzeugen. (b) In der *dynamischen* Traditionslinie des republikanischen Denkens wird die *res publica* hingegen als eine von Spannungen, Prozessen und Widersprüchen durchzogene Entität gedacht: „Hier ist nicht die Einheit das oberste Ziel der politischen Ordnung, es ist das dynamische Zusammenspiel der Vielheit, die immer wieder neu zu einer Einheit organisiert, nicht aber formiert werden muss.“[8] Montesquieus Ideal einer internen Differenzierung des sozialen Körpers kann als geradezu idealtypischer Fall einer solchen Konzeption gelten. Wie lässt sich vor dem Hintergrund dieser Unterscheidung eine plausible Konzeption der Integration politischer Gefühle in den demokratischen Willensbildungsprozess innerhalb dieses Paradigmas fassen? Aus dem breiten Spektrum der Literatur lassen sich Elemente zusammentragen, die ein kohärentes Gesamtbild ergeben.

6 Vgl. hierzu Young, Iris Marion 2001: Activist Challenges to Deliberative Democracy, in: *Political Theory* 29(5), S. 670–690.

7 Llanque (2012) a.a.O., S. 119.

8 Ebd.; S. 117.

Der dynamische Republikanismus kann *erstens* Gefühle als legitimen Ausgangspunkt politischer Willensbildung anerkennen. Es ist immer wieder darauf hingewiesen worden, dass politische Partizipation ihren Ausgangspunkt oft in einem zunächst diffusen Gefühl der Empörung nimmt. Dieses Gefühl hat zwar noch nicht den Status eines rationalen Arguments und wird oft ästhetisch ausgedrückt: Lärm, Performance, Karikaturen, ja selbst Beschimpfungen können am Anfang dieses Prozesses stehen. Aber der Kampf um Anerkennung setzt meist mit derart unscharfen Unmutsäußerungen ein.[9]

Zweitens lässt der dynamische Republikanismus politische Gefühle – anders als der Populismus – nicht als unhinterfragbare Tatsachen gelten. Denn auch die Artikulation von Angst oder Sorge muss sich die Frage nach ihrer Berechtigung stets gefallen lassen. Politische Emotionen können auf ihre Gründe befragt und gegebenenfalls als unbegründet zurückgewiesen werden. Politische Gefühle können zur Artikulation von Argumenten oder Interessen motivieren oder anleiten, aber sie können diese nicht ersetzen. Der *citoyen* des dynamischen Republikanismus muss sich deshalb nicht nur für seine Interessen rechtfertigen und seine Vorschläge bezüglich des Gemeinwohls erläutern, sondern auch bezüglich seiner Gefühlsäußerungen Rede und Antwort stehen. Damit wird die Vorstellung „authentischer", intimer, gänzlich vorsozialer und daher unhinterfragbarer Emotionen explizit zurückgewiesen.

Während der Liberalismus primär Interessen und Argumente gelten lassen kann und die Frage nach dem „guten Leben" tendenziell privatisiert, vermag der dynamische Republikanismus durch symbolische Repräsentation *drittens* auch die Spannungen und Widersprüche in einer politischen Gemeinschaft bezüglich konkurrierender Wertvorstellungen zu thematisieren. Anders als der statische Republikanismus strebt er keine emotionale Synchronisierung der Bürger durch eine *top-down* organisierte „Gefühlspolitik" an, wie sie beispielsweise Rousseaus Konzeption der „religion civile" andeutet. Vielmehr erweisen sich hier politische Symbole gerade als *vieldeutige* und daher *auslegungsbedürftige* Medien der Integration konfligierender Wertvorstellungen und sich widersprechender Emotionslagen. Gerhard Göhler hat auf die Stärke symbolischer Repräsentation in dieser

9 Zur Analogie zwischen einem diffusen „So nicht!" (man denke bspw. an die Losung der tunesischen Revolution „Dégage!" – „Hau ab!") und Hegels abstrakter Negation. Vgl. dazu Heidenreich, Felix 2014: Was ist und wie entsteht demokratische Identität?, in: Wendel, Saskia (Hrsg.): *Was ist und wie entsteht demokratische Identität?*, Göttingen: Wallstein, S. 15-31.

Beziehung mit Nachdruck hingewiesen und gezeigt, inwiefern politische Symbole auch widersprüchliche Perspektiven in eine (scheinbare) Deckung bringen können.[10] In analoger Weise zeigt Martha Nussbaum, dass sich die reflektierte „Liebe“ im Patriotismus nicht auf ein idealisiertes Einheitskonstrukt richtet, sondern ihre Spannungen und Widersprüche mitzudenken vermag. Sie vergleicht die vielschichtige Symbolik der indischen Flagge, die mit drei Farben (die für drei Werte stehen) und einem hochgradig vieldeutigen Symbol (das Rad kann sowohl als Hinweis auf die hinduistische Metaphysik ewiger Wiederkehr als auch als Symbol für Gandhis Politik der durch den Gebrauch des Spinnrads beschleunigten ökonomischen Autonomie gelesen werden) zahlreiche Widersprüche zu vereinen sucht, mit der einfarbig-gelben Flagge der Hindu-Nationalisten, die für nationale Homogenität steht.[11] Obwohl Nussbaums Vergleich nach ihrer Eigenbeschreibung das Element eines genuin liberalen theoretischen Projekts darstellt, führt er vor Augen, inwiefern die symbolische Repräsentation im dynamischen Republikanismus immer auch die Repräsentation von unaufhebbaren Spannungen darstellt: Auch politische Emotionen richten sich auf mehrdeutige Objekte und müssen als ambivalent gedacht werden.[12]

Aus diesen Charakteristika ergibt sich *viertens* das Bild eines dynamischen Prozesses, in dem politische Emotionen auch durch zivilreligiöse Prozesse gefördert werden können – insofern diese Prozesse durch input-Legitimation begründet sind und dem strengen Blick der kritischen Öffentlichkeit ausgesetzt bleiben. Die in den vergangenen Jahren breit diskutierte Frage neuer möglicher Indizes zur Messung von Lebensqualität und Lebenszufriedenheit lässt sich aus der Perspektive des dynamischen Republikanismus klar beantworten: „Glück“ kann ein Ziel demokratischer Politik sein, so lange und insofern die Auseinandersetzung über die inhaltliche Bestimmung der Lebensformen und die Definition kollektiver Ziele offen, frei und fair erfolgt.[13] Emotionale Neutralität (wie sie nach verbreiteter Lesart der liberale Minimalstaat verspricht) ist aus dieser Sicht keine

10 Göhler, Gerhard 2012: Die affektive Dimension der Demokratie. Überlegungen zum Verhältnis von Deliberation und Symbolizität, in: Heidenreich/Schaal (2012) a.a.O., S. 244f.

11 Nussbaum (2014) a.a.O., S. 264-366.

12 Entsprechend wird ja auch die Devise „Freiheit. Gleichheit, Brüderlichkeit“ meist als Ausdruck einer inhärenten Spannung gelesen, wobei der Zielkonflikt zwischen Freiheit und Gleichheit durch den Unschärfefilter der Brüderlichkeit deeskaliert wird.

13 Vgl. hierzu Heidenreich (2012) a.a.O.

überzeugende Option mehr. Da es, wie die Verhaltensökonomie zeigt, keine neutralen Anreizstrukturen gibt, bedarf demokratische Legitimität der expliziten und reflektierten politischen Willensbildung bezüglich kollektiver Entscheidungsarchitekturen und Infrastrukturen.

2. Emotionalisierung in der Mediendemokratie

Das soeben skizzierte Idealbild eines dynamischen Republikanismus ist weniger, wie sonst in der kontinental-europäischen Strömung des Republikanismus üblich, rekonstruktiv aus der Wirklichkeit gewonnen, sondern scheint eher als bloße Kontrastfolie der Wirklichkeit unvermittelt gegenüber zu stehen. Denn ganz offenbar ist die politische Willensbildung vor allem durch Prozesse der Emotionalisierung geprägt, die der Konzeption demokratischer Selbstregierung zuwiderlaufen, weil und insofern sie die Bürgerinnen und Bürger von *außen* oder *oben*, aus anderen Funktionssystemen oder durch Eliten, beeinflussen, ja bisweilen sogar systematisch manipulieren. Der Terminus der „Emotionalisierung“, der in diesem Kontext meist Verwendung findet[14], deutet (ähnlich wie die in den 1960er Jahren formulierte These von der „Kolonialisierung der Lebenswelt“) eine Grenzüberschreitung an, die sich zwischen zwei oder mehreren Akteuren vollzieht. Eine solche Sichtweise mag auf Phänomene gezielter Propaganda nach wie vor zuzutreffen. Aber es ist nicht zu erwarten, dass selbstbewusste Bürgerinnen und Bürgern sich unreflektiert solchen Manipulationsversuchen aussetzen.

Selbstverständlich gibt es nach wie vor systematische emotionale Manipulationen durch hochprofessionelle Akteure. Das Internet bietet etwa eine technisch erleichterte Möglichkeit zur massenhaften Verbreitung von emotionalisierenden Schock-Videos durch Terrorgruppen oder von mehr oder weniger geschickt gestreuten Verschwörungstheorien. Sehr viel bedeutsamer für die Emotionalisierung von Öffentlichkeit als die systematische Emotionalisierung durch identifizierbare *Akteure* ist jedoch der Einfluss von *Strukturen* und *Mechanismen* auf Prozesse der Emotionalisierung, die sich gerade nicht auf einzelne Akteure zurückrechnen lassen. Diese Beobachtung mag zunächst wie eine poststrukturalistische Paratheo-

14 Vgl. z.B. Wolf, Reinhard 2013: Emotionalisierung der Außenpolitik?, in: *Zeitschrift für Politikwissenschaft* 23(4), S. 595-603; Süsselbeck, Jan 2013: War Sells, But Who’s Buying?. Zur Emotionalisierung durch Kriegsdarstellungen in den Medien, in: *Aus Politik und Zeitgeschichte* 63(33-34), S. 34-40.

rie von anonymen Machtstrukturen klingen. Gemeint sind hier indes handfeste ökonomische und mediale Mechanismen.

Im folgenden Abschnitt sollen vier derartige Trends kurz rekonstruiert werden – allesamt Phänomene die andernorts ausführlich beschrieben und in weiten Teilen auch empirisch nachgewiesen sind.[15] Während sie in der Regel als Elemente einer Theorie der Postdemokratie, der Mediendemokratie oder (im Falle der Beschleunigung) der Moderne insgesamt entwickelt werden, sollen sie in diesem Kontext als Mechanismen rekonstruiert werden, die der emotionalen Autonomie im dynamischen Republikanismus zuwiderlaufen. Rahmenvoraussetzung dieser Analyse ist die These, dass auch und vor allem im Bezug auf die Regulierung des emotionalen Haushalts das ökomische Symbolsystem in den westlich-demokratischen Staaten die Möglichkeiten politischer Kommunikation übertrumpft. Nicht mehr die Politik definiert in erster Linie unser emotionales Schicksal, so könnte man in loser Anlehnung an jenes Diktum formulieren, das Napoleon gegenüber Goethe geäußert haben soll, sondern die Ökonomie prägt – gerade aufgrund der politischen Zurückhaltung unter den Vorzeichen eines strukturellen Liberalismus – über die Massenmedien die Ängste und Hoffnungen der Bürgerinnen und Bürger. Die Leitthese für die folgende Rekonstruktion lautet, dass die ökonomisch operierenden Massenmedien der politischen Kommunikation genau diese Logik der Emotionalisierung aufzwingen: Es ist der Anpassungsdruck an die mediale Umwelt, der die politische Kommunikation in die Emotionalisierung treibt. Im globalen Konkurrenzkampf um Aufmerksamkeit, der mit den Mitteln der Emotionalisierung ausgefochten wird, stehen die strukturellen Weichen folglich zu Ungunsten eines *bottom-up* operierenden dynamischen Republikanismus.

2.1 Personalisierung: Akteure statt Strukturen

Der Mechanismus der Personalisierung ist ein intuitiv einleuchtendes Beispiel für die Emotionalisierung von Kommunikation. Paradigmatisch verwendet die Werbeindustrie diesen Mechanismus, wenn sie mit Prominenten für abstrakte Produkte wie Versicherungspolicen oder Investmentfonds wirbt. Da die komplexen Inhalte nicht gleichermaßen ansprechen, muss

15 Aufgrund dieser spezifischen Zielsetzung werde ich in der Rekonstruktion auf erschöpfende Nachweise der entsprechenden Forschungsliteratur verzichten und nur einige wenige beispielhafte Verweise geben.

der Mechanismus des kognitiven Shortcuts genutzt werden, der das Vertrauen in eine Person auf ein Produkt überträgt. Wie sehr die Marketingindustrie von diesem Schema Gebrauch macht, zeigt der Blick in jede beliebige Zeitschrift. Die Qualität eines Parfums lässt sich besonders gut durch Schauspielerinnen bezeugen, wogegen die Vertrauenswürdigkeit von Genossenschaftsbanken durch ehemalige Nachrichtensprecher beglaubigt wird. Wie dieser Mechanismus auch in die Politik übergreift, lässt sich einerseits abstrakt erklären und verstehen, andererseits aber auch an Beispielen vorführen.

Auf der theoretischen Ebene kann man zunächst die beinahe klassische These in Erinnerung rufen, nach der die symbolische Repräsentation des kollektiven Handelns immer schon in der Personalisierung. Bzw. Personifizierung kulminiert. Carl Schmitt hat schon in seinen ersten Schriften die These vertreten, nur Personen könnten „in einem eminenten Sinne"[16] repräsentieren. Die symbolische Repräsentation kollektiven Handelns kommt ohne Personalisierung kaum aus, denn zu verführerisch ist die Analogie von kollektivem Subjekt und Einzelperson, für das die Geschichte des politischen Denkens zahllose Beispiele bereithält; beginnend mit Platons *Politeia* über Machiavellis *Fürsten* bis zu Hobbes' *Leviathan* und Rousseaus *corps social*. Von dieser prinzipiellen Notwendigkeit der Repräsentation des Ganzen in Personen, die ja in demokratischer Form auch ein Bundespräsident noch zu leisten vermag, ist jedoch eine Tendenz zu unterscheiden, die beispielsweise eine *verzerrende* Reduktion von Komplexität durch Personalisierung darstellt. Zwei Beispiele können zeigen, was hiermit gemeint ist.

Im Wahlkampf zur Bundestagswahl 2013 wurde am 1. September desselben Jahres ein „Fernsehduell" zwischen der amtierenden Bundeskanzlerin Angela Merkel und dem Spitzenkandidaten der SPD Peer Steinbrück organisiert. Dass Personen den Inhalt von Parteiprogrammen vertreten und zu einem gewissen Grade „repräsentieren" scheint dabei unproblematisch. Völlig zu Recht ist jedoch im Vorfeld des „Kanzlerduells" kritisiert worden, dass die direkte Konfrontation zweier Personen dem parlamentarischen System der Bundesrepublik nicht entspricht und den falschen Eindruck erweckt, in der Bundesrepublik würde wie in den USA der Chef der Exekutive (mehr oder weniger) direkt gewählt. Die in der Kooperation

16 Schmitt, Carl 2008 [1923]: *Römischer Katholizismus und politische Form*, 5. Auflage, Stuttgart: Klett Cotta, S. 36. Die These wird in zahlreichen Schriften Schmitts wieder aufgegriffen. Auf die demokratietheoretisch bekanntlich fatalen Folgen dieser These bei Schmitt kann ich hier nicht eingehen.

zwischen öffentlich-rechtlichen und privaten Sendern aus der Systemlogik des Massenmediums beinahe erzwungene Zuspitzung auf zwei Personen setzte die CDU und die SPD im Kampf um Aufmerksamkeit in einen klaren Vorteil gegenüber den kleineren Parteien. Es ist unbestreitbar, dass eine Diskussionsrunde der Spitzenkandidaten aller im Bundestag vertretenen Parteien dem deutschen Wahlsystem sehr viel angemessener gewesen wäre. Dass Angela Merkel ausgerechnet in diesem Format den legendären Satz aussprach „Sie kennen mich.“, kann als weiteres Indiz für die These genommen werden, dass die Personalisierung in diesem Fall nicht etwa die inhaltliche Auseinandersetzung befeuerte oder anleitete, sondern in weiten Teilen ersetzte. Die analogen Prozesse in negativer Richtung auf der Seite Peer Steinbrücks dokumentiert die eindrückliche Reportage von Nils Minkmar aus dem Innenraum der SPD-Wahlkampfmaschine.[17] Die Konfrontation von Personen überlagerte hier die Auseinandersetzung um politische Programme.

Ein zweites Beispiel stellt der Wahlkampf im Vorfeld der Wahlen zum Europäischen Parlament 2014 dar. Das hier explizit erklärte Ziel lautete, durch die Wahl von gesamteuropäischen Spitzenkandidaten der Auseinandersetzung über die Zukunft der EU „ein Gesicht“ zu geben. Auch hier ließe sich fragen, ob diese Marketing-Strategie zum tatsächlichen Wahlmodus des EP passt, denn auch in diesem Fall wurden die kleineren Parteien durch die entsprechenden Fernsehformate strukturell benachteiligt. Schwerer wiegt jedoch die Beobachtung, dass die Strategie einer Zuspitzung auf Jean-Claude Juncker und Martin Schulz zudem durch nationale Personalisierungen konterkariert wurde. Die CDU warb mit Plakaten, auf denen die Bundeskanzlerin Merkel zu sehen war – eine Person, die wohlgemerkt gar nicht für das Europäische Parlament kandidierte. In diesem Fall verzerrte die Personalisierung die tatsächlichen Legitimationsverhältnisse folglich bis zur Unkenntlichkeit und suggerierte falsche Tatsachen.

2.2 Skandalisierung, Dramatisierung, Boulevardisierung

Verwandt mit dem Mechanismus der Personalisierung, aber dennoch analytisch unterscheidbar ist die Tendenz zur Skandalisierung, Dramatisierung und Boulevardisierung. Gemeint ist damit primär eine Verschiebung der Aufmerksamkeit von Strukturen zu Ereignissen. Bisweilen werden

17 Minkmar, Nils 2013: *Der Zirkus: Ein Jahr im Innersten der Politik*, Frankfurt a.M.: S. Fischer.

entsprechende Tendenzen auch als Boulevardisierung beschrieben, was sowohl eine Angleichung der Kommunikationsformen an die Welt der Promis und Stars als auch die Aspekte der Dramatisierung und Skandalisierung beinhaltet. Empirisch lässt sich die Tendenz in der vergleichenden Analyse von Nachrichtensendungen nachweisen.[18] Ihre trivialste Form ist der berühmte „szenische Einstieg", den die Journalistenschulen ihren Abgängern systematisch antrainieren. Ein Bericht über die Staatsverschuldung in der Euro-Zone hat a priori mit einer anschaulichen Szene aus einer Pressekonferenz oder einem besonders anschaulichen Einzelschicksal zu beginnen. Nachrichtenwert haben aus dieser Sicht primär *Ereignisse*.[19]

Aus Sicht des dynamischen Republikanismus wäre diese Strategie der Leitung von Aufmerksamkeit unbedenklich, so lange emotionalisierende Ereignisse als Ausgangspunkt zur kognitiven Bearbeitung von Strukturen dienten. Doch in vielen Fällen scheint es sich eher um ein Nullsummenspiel zu handeln. Aus ökonomischen Erwägungen leiten Medien die Aufmerksamkeit auf wenig bedeutende Ereignisse zu Ungunsten einer Behandlung von Strukturen. Genau darin wird denn auch die Gefahr dieses Mechanismus der Mediendemokratie in der Regel gesehen: Der Kampf um Aufmerksamkeit zwingt die politische Öffentlichkeit in eine Logik des ad hoc-Abarbeitens von Ereignissen, die im Modus der Einzelfallbearbeitung nicht mehr als komplexere Zusammenhänge adressiert werden. Die diskursive Aufmerksamkeit springt dann von Thema zu Thema; an Stelle eines Diskurses, der das Rationalitätsniveau nach Habermasscher Vorstel-

18 Vgl. z.B. Leidenberger, Jacob 2012: Boulevardisierung von Fernseh-Nachrichten? Ein deutsch-französischer Vergleich, in: Felix Heidenreich/Daniel Schönpflug (Hrsg.): *Politische Kommunikation. Von der klassischen Rhetorik zur Mediendemokratie. La communication politique. De la rhétorique classique à la démocratie des médias*, Münster: LIT, S. 91-113.

19 Vielsagend scheint folgende Eigenwerbung eines privaten Radiosenders: „Wo immer irgendetwas geschieht – bei uns erfahren Sie es zuerst!". Die kommerziellen Massenmedien scheinen aus dieser Sicht strukturell dazu verdammt, das Weltbild eines Kosmos aus unzusammenhängenden Ereignis-Monaden entwerfen zu *müssen*. Der Terminus „Ereignis", der in Anlehnung an die Spekulationen des späten Heidegger bei Autoren wie Alain Badiou bekanntlich eine ganz und gar positive Konnotation erhält – insofern er „unvordenkliche" politische Entwicklungen bezeichnen soll (als Beispiel für nicht-vorhersehbare Effekte sozialer Emergenz wird oft der Fall der Berliner Mauer 1989 genannt) –, wird dabei wohlgemerkt umcodiert: Auch mediale Ereignisse wirken unverknüpft und unvorhersehbar – aber gerade das ist das Problem. Die mediale Welt aus Ereignissen mag emotional stimulierend sein – kognitiv unterfordert sie und wird daher nur bedingt diskursiv bearbeitbar.

lung anheben könnte, erfolgt ein reaktives Verhalten ohne Konsistenz. Narrative Strukturen können als Versuche gelten, Ereignisse auf vorläufige Weise zu einer Geschichte zu verknüpfen. Als solche mögen sie – wie viele Autoren innerhalb der Deliberationsforschung betont haben – durchaus wichtige Hilfen bei der Strukturierung von Welterfahrung darstellen. Die in der Formel von der Mediendemokratie verdichtete Vermutung lautet jedoch, dass diese Narrative primär nach ökonomischen und nur sekundär nach politischen Hinsichten codiert sind. In der Konkurrenz konkurrierenden „Story-tellings" werden sich ökonomisch gut verkäufliche, nicht politisch überzeugende Geschichten durchsetzen, so die Befürchtung.

2.3 „Veranschaulichung" – die Macht der Bilder

Eine dritte Tendenz rückt aus einer medientheoretischen Perspektive in den Fokus. Mit dem Sammelbegriff der „medientheoretischen Perspektive" sind hier pauschalisierend all jene Ansätze zusammengefasst, die Verbreitungsmedien nicht als neutrale Kanäle eines Informationstransports betrachten, sondern – ganz im Sinne der legendären Formel Marshall McLuhans – die Medien als strukturierende Elemente der Botschaft betrachten. Zu dieser theoretischen Hypothese tritt nun eine empirische Beobachtung. Der geradezu kontinentale Drift, der bezüglich des Gebrauchs verschiedener Massenmedien zu konstatieren ist, lässt sich auf die Formel bringen: Vom Text zum Bild, vom Bild zum Film(-clip). Die breite Diskussion über die empirische Validität dieser These kann hier nicht referiert werden. Es kann jedoch kaum bezweifelt werden, dass gerade im intergenerationellen Vergleich eine klare Verschiebung von Texten (aus Zeitungen oder Büchern) zu Bildern oder Videoclips (vor allem via Internet) stattfindet: Treue Leser von Qualitätszeitungen finden sich selbst unter den Studierenden der Politikwissenschaft kaum noch; Nachrichten werden in der Regel im Netz „ersurft."

Eine wichtige Folge dieser Umstellung liegt in einer Tendenz zur „Veranschaulichung." Colin Crouch hat sehr eindrücklich beschrieben wie das öffentlich rechtliche Fernsehen der BBC in den 1960er Jahren noch am Modell der Schule orientiert war. Das legendäre Schulfernsehen war nur der deutlichste Ausdruck einer sich pädagogisch verstehenden Institution.[20] Crouch zeigt nun, wie in Reaktion auf den Aufstieg kommerzieller Fernsehsender die Schule gezwungen wurde, sich am Medium des Privatfernsehens zu orientieren, in dem sie Inhalte „schmackhaft" zu machen versuchte, auf Veranschaulichung hinarbeitete etc. All diese Anforderungen sind deutliche Anzeichen einer Umkehrung des Anpassungsdrucks im osmotischen Verhältnis von Schule und Medienlandschaft. Die privatwirtschaftliche Medienwelt bestimmt nun die Aufmerksamkeitsspannen und Takt- und Schnittfrequenzen, die öffentlichen Schulen passen sich an.

Ein zentrales Signum des Übergangs von einer textlastigen zu einer bildlastigen Medienwelt ist die Tendenz zur „Veranschaulichung" in Graphiken, Schaubildern oder Illustrationen. Selbst die abstraktesten Themen werden von findigen Graphikdesignern in Bilder gepresst – besonders deutlich vielleicht in den legendären und mehrfach ausgezeichneten Schaubildern der ZEIT. Welche Blüten diese Tendenz hervorbringt zeigt ein Blick in die Nachrichtensendung des ZDF-Jugendsenders NEO. Hier wird ein gesprochener Text regelmäßig auf konkretistische Weise mit Graphiken von Männchen und Pfeilen unterlegt, ganz so als seien die Zuschauer nicht in der Lage, drei zusammenhängenden Sätzen zu folgen, ohne dabei durch infantile Bilder unterstützt zu werden. Der Grenzbegriff der in dieser Tendenz enthaltenden Reduktion von Komplexität durch Bildhaftigkeit stellt jene berühmt gewordene Graphik mit dem Titel „The situation in Afghanistan and Pakistan" dar, die seit 2010 im Netz kursierte. Die Graphik entstammte angeblich einer PowerPoint-Präsentation des U.S. Army; sie versucht mit zahllosen Pfeilen die komplexe Gemengelage von Allianzen und Konflikten zwischen den verschiedensten Gruppen in der als „AfPak" apostrophierten Region „übersichtlich" darzustellen – mit dem Ergebnis, dass im Wirrwarr hunderter Pfeile nur der impressionistische Eindruck eines großen Durcheinanders entsteht. Es ist der „Visualismus", die Sehnsucht danach, auch komplexes und Abstraktes zur Anschauung zu bringen, die dann doch eher Verwirrung stiftet.[21]

Veranschaulichung und Bildorientierung, so könnte man schließen, mögen unter Umständen gelungene Formen symbolischer Integration un-

20 Vgl. Crouch, Colin 2008: *Postdemokratie*, Frankfurt a.M.: Suhrkamp, S. 65f.

21 Petra Gehring hat den Begriff des *Visualismus* in die metapherntheoretische Debatte eingeführt. Mir scheinen die von ihr in diesem Zusammenhang beschriebenen Phänomene auch über dieses enge Feld hinaus einschlägig. Vgl. Gehring, Petra 2011: Metapherntheoretischer Visualismus, in: Matthias Kroß/Rüdiger Zill (Hrsg.): *Metapherngeschichten. Perspektiven einer Theorie der Unbegrifflichkeit*, Berlin: Parerga, S. 15-31.

terstützen, wie Göhler argumentiert. Entscheidend scheint jedoch zu sein, wer welche Veranschaulichung zu welchem Zweck betreibt. Wo sie durch sekundäre Motive wie kommerzielle Interessen oder propagandistische Absichten erfolgt, betreibt sie einen „Krieg der Bilder“, der durch Emotionalisierung kognitive Verwirrung verbreitet. Insofern Bilder (und in anderem Maße Metaphern[22]) auf unmittelbare Weise wirken, bedürfen sie einer Einbettung in begriffliche Argumentationen, wenn sie tatsächlich zur Anhebung des Rationalitätsniveaus in Willensbildungsprozessen dienen sollen. Die Bilderflut der Gegenwart macht folglich eine auf die Erkenntnisse der Bildwissenschaften rekurrierende Analyse der bildrhetorischen Mittel in zunehmendem Maße notwendig.

2.4 Beschleunigung als Motor der Emotionalisierung

Eine vierte strukturelle Tendenz lässt sich mit Verweis auf die Arbeiten von Hartmut Rosa sehr kurz referieren.[23] Die Beschleunigung auch politischer Prozesse impliziert eine Tendenz zur Emotionalisierung von Entscheidungen und Kommunikationsformen. Folgt man dem klassischen Modell dreier Schichten der menschlichen Geistes-, Seelen- und Körperphysiologie (Neocortex – limbisches System – Rückenmark/Vagusnerv), so korreliert diese Schichtung mit einer Staffelung der jeweiligen Geschwindigkeit in der Reizbearbeitung. Die Panikreaktionen des Vagusnervs (Herzrasen, Schweißausbruch) erfolgen unmittelbar („aus dem Bauch heraus“); die Reaktionen des limbischen Systems wie Angst oder Beklemmung ergeben sich verzögert, aber intuitiv und spontan; doch die kognitive Bearbeitung des Cortex bedarf größerer Zeitressourcen, denn man muss sich „die Dinge durch den Kopf gehen lassen“, wie schon die Umgangssprache verrät.

Folgt man Rosas einleuchtender und empirisch belegbarer Diagnose einer technisch induzierten Beschleunigung unserer Lebenswelt, so ergibt sich die Emotionalisierung automatisch: Wer auf ein politisches Ereignis mit einer binnen Sekunden getippten Twitter-Nachricht reagiert, wird ei-

22 Vgl. die z.B. die Anwendung kognitionswissenschaftlicher Arbeiten auf politische Kommunikation bei: Lakoff, George/Wehling, Elisabeth 2012: *The Little Blue Book: The Essential Guide to Thinking and Talking Democratic*, New York: Free Press.

23 Rosa, Hartmut 2005: *Beschleunigung. Die Veränderung der Zeitstrukturen in der Moderne*, Frankfurt a.M.: Suhrkamp.

nen anderen Bearbeitungsmodus anwenden als der Autor eines politischen Pamphlets aus dem 19. oder eines Leserbriefs aus dem 20. Jahrhundert. Beschleunigung bedeutet Emotionalisierung – und wiederum scheint es sich dabei um eine Tendenz zu handeln, die gerade nicht katalytisch auf den Diskurs wirkt, sondern gefährdend. Die Emotionalisierung der politischen Kommunikation wäre aus dieser Sicht Ergebnis eines Synchronisierungsproblems zwischen ökonomisch-technischer Sphäre und politischem System.

3. Ausblick: Emotionale Autonomie politischer Gemeinschaften

Die kurz skizzierten Tendenzen von Personalisierung, Ereignisorientierung, Bilddominanz und Beschleunigung ergeben in der Summe ein Bild, in dem sich die Wirklichkeit eher auf die Dystopie einer postdemokratischen Öffentlichkeit hinbewegt, in der genuine politische Inhalte und Argumentation in einer strukturellen Defensive gegenüber massenmedialen Mechanismen der emotionalen Lenkung von Aufmerksamkeit bleiben. Das Ideal eines dynamischen Republikanismus scheint vor diesem Hintergrund nur noch als Kontrastfolie zur Ausleuchtung einer eher finsteren Wirklichkeit zu dienen, kaum mehr als „regulative Idee“ für die Gestaltung der politischen Wirklichkeit. Doch die Reflexion über politische Gefühle muss nicht aporetisch enden und die politische Theorie sollte den Versuchungen einer pessimistischen Kulturkritik widerstehen.

Zunächst ließen sich die beschriebenen vier Tendenzen als Ergebnis der liberalen Verdrängung von Emotionen deuten. Aus liberaler Perspektive konnte die Ökonomisierung der Massenmedien (beginnend mit dem Rundfunk und sich beschleunigend mit der Einführung des Privatfernsehens in den 1980er Jahren) eine demokratische Öffentlichkeit nur begünstigen und fördern: Sollten nutzenmaximierende Bürger nicht schon aus Eigeninteresse qualitativ hochwertige Informationen nachfragen und damit den Qualitätsjournalismus als marktgängiges Konsumobjekt fördern? Und falls diese Nachfrage nicht eintrat: Müsste dann nicht das politische Desinteresse der Bürger als wohlkalkulierter Ausdruck einer generellen Zufriedenheit zu lesen sein? Aus dieser Perspektive wäre die gegenwärtige Krise des Qualitätsjournalismus nur die notwendige Anpassung an eine offenbar sinkende Nachfrage.

Diesen Hoffnungen und Deutungen widerspricht der dynamische Republikanismus; die liberale Angleichung von Forum und Markt verkennt aus seiner Perspektive die grundlegende Differenz zwischen nutzenmaximierendem Handeln in der Sphäre der Ökonomie und Gemeinwohlorientierung in der Sphäre der Politik. Als *citoyens* im anspruchsvollen Sinne können und sollen die Bürgerinnen und Bürger die Verwaltung ihrer gemeinsamen Angelegenheiten eben nicht pareto-optimal an Eliten „outsourcen." Vielmehr verteidigt der dynamische Republikanismus das Ideal einer Sphäre der Öffentlichkeit, in der Markt und Forum getrennt bleiben. Der dynamische Republikanismus muss daher die Affektökonomien auf Märkten als grundsätzlich regelungsbedürftig betrachten: Es kann dem politischen System nicht gleichgültig sein, wenn andere Funktionssysteme die reflexive Regulierung von Emotionen quasi monopolisieren. Historisch hatte die Politik vor allem in der Auseinandersetzung mit dem Symbolsystem der Religion die Frage zu klären, in welcher Sprache beispielsweise Fragen der Schuld zu verhandeln sind: In der moralischen Sprache der Theologie oder in der Sprache des politisch gesetzten Rechts. Wer mag, kann auch heute zur emotionalen Selbstregulierung den Kontakt mit dem religiösen Symbolsystem suchen. Aber er ist diesem – durch den Schutz des demokratischen Rechtsstaates – auch emotional nicht mehr schutzlos ausgeliefert.

Analog hierzu gilt es für den demokratischen Rechtsstaat, der Emotionalisierung von Bürgerinnen und Bürger durch primär ökonomisch motivierte Akteure entgegenzutreten. Dabei geht es gerade nicht – wie im Modell des statischen Republikanismus – um eine top-down-Emotionalisierung der Bürger durch den Staat. Diese Variante eines antiliberalen Republikanismus würde in eine Gefühlspolitik führen, wie sie die neuen nationalistischen Regierungen in der Russischen Föderation oder in Ungarn derzeit betreiben. Vielmehr besteht die Herausforderung einer angemessenen Gefühlspolitik darin, den Tendenzen der Emotionalisierung entgegenzutreten. Ganz im Sinne der republikanischen Tradition kann der „Ecole républicaine" dabei eine Schlüsselrolle zukommen: Strategien und Mechanismen der Emotionalisierung müssen zum zentralen Bestandteil auch der politischen Bildung werden. Die gilt besonders für die kurz skizzierten Tendenzen, gegen die sich nicht nur durch Regulierung, sondern vor allem durch Aufklärung der Bürgerinnen und Bürger anarbeiten lässt. Während bezüglich der politischen Bildung das Rad keineswegs neu erfunden werden muss, scheinen vor allem bezüglich der Regulierung gewisse Denkblockaden vorzuliegen. Aber muss beispielsweise die Belagerung des öffentlichen Raums mit Werbung tatsächlich klaglos hingenommen werden? Sollte demokratisch legitimierte Politik im Kampf um die Aufmerksamkeit der Bürger vor dem Konflikt mit ökonomischen Akteuren einfach zurückschrecken? Die Stadt Grenoble beschloss 2014, Werbetafeln im öffentlichen Raum zu verbieten und so eine Umgestaltung eines marktförmigen öffentlichen Raumes hin zu einer am Ideal des Forums orientierten Stadt zu betreiben. Dieses Beispiel soll zeigen, dass der dynamische Republikanismus durchaus Strategien entwickeln kann, sich gegen die Tendenzen der Emotionalisierung zu wehren und den politischen bottom-up-Prozess zu schützen.

Politik der Gefühle

Gary S. Schaal und Rebekka Fleiner

Anhand einer Gegenüberstellung von drei Ansätzen der Lebenswissenschaften (kognitiv, physiologisch-affektiv und phänomenologisch) wird verdeutlicht, warum sowohl Emotionalität als auch Rationalität gleichermaßen als fester Bestandteil menschlichen Denkens zu gelten haben und warum Liberalismus, Republikanismus und Deliberation dahingehend bisher blinde Flecken aufwiesen. Insbesondere komplexe Emotionen waren ideengeschichtlichen Deutungskämpfen und Naturalisierungsstrategien unterworfen. Anhand von drei Objektbereichen (Emotionsmanagement, Emotional Mainstreaming, Emotionen als Inputs) diskutieren wir abschließend, inwiefern eine Politische Theorie der Emotionen sinnvoll dazu beitragen kann, Politik nicht nur unter ökonomischen Kriterien zu bewerten, sondern vielmehr anhand von emotionalen Zuständen der Bürgerinnen und Bürger.

1. Die Politikwissenschaftliche Forschungsagenda

Die 1990 von George H. W. Bush ausgerufene Dekade des Gehirns und die damit verbundene Intensivierung der neurowissenschaftlichen Forschung haben auch in den Geistes- und Sozialwissenschaften eine dezidierte akademische Auseinandersetzung mit Emotionen ausgelöst, die auch nach dem Ende der *Decade of the Brain* anhält.[1] Die Neurowissenschaften und die experimentelle Psychologie haben in den letzten 20 Jahren maßgeblich dazu beigetragen, dass wir *Basisemotionen*[2] auf der *individuellen* Ebene zunehmend besser verstehen. Die noch Anfang der 2000er Jahre artikulierten Hoffnungen auf den Explikationsgehalt von

1 Wir danken Kelly Lancaster für ihre fundierte konstruktive Kritik an diesem Aufsatz, Taylan Yildiz für wertvolle Hinweise sowie Björn Ewert für seine redaktionelle Unterstützung.

2 Basis- oder Primäremotionen sind angeborene und kulturunabhängige Grundgefühle, die mit einer der jeweiligen Basisemotion charakteristischen Mimik und Gestik sowie physischer Reaktion einhergehen und aus denen alle sekundären bzw. komplexen Affekte abgeleitet werden (s. 2.).

Gehirnscans und bildgebenden Verfahren sind inzwischen moderater geworden und die Angst der Geistes- und Sozialwissenschaften, von der Faktizität der empirischen Neurowissenschaften in die Bedeutungslosigkeit gedrängt zu werden, hat sich – zumindest in mittelfristiger Perspektive – als unbegründet erwiesen. Denn auch wenn neuartige bildgebende Verfahren einen faszinierenden Blick auf das Gehirn „bei der Arbeit" ermöglichen, sind sie noch weit davon entfernt, menschliches Denken und Fühlen entschlüsselt zu haben. Nichtsdestoweniger haben gesicherte Forschungsergebnisse bereits dazu geführt, dass kanonische Differenzierungen, Dualismen und Hierarchisierungen in den Geistes- und Sozialwissenschaften in Frage gestellt werden. Hierzu gehört insbesondere jene zwischen Rationalität und Emotionalität, die für die abendländische Philosophie seit Platon maßgeblich ist.

Diese Entwicklungen haben in den Geistes- und Sozialwissenschaften kritische Fragen angestoßen. Steht die Politikwissenschaft – pointiert formuliert – in Gefahr, zu einer Getriebenen der Lebenswissenschaften zu werden? Droht sie die Hoheit über ihre politikwissenschaftlichen Konzepte zu verlieren – und zwar im Takt der wissenschaftlichen Erkenntnisse aus den Neurowissenschaften? Wir sehen diese Gefahr dann nicht, wenn eine *Politische Theorie der Emotionen* vorgelegt wird, die spezifische Anforderungen, auf die wir später näher eingehen werden, erfüllt. Eine solche Politische Theorie der Emotionen rekurriert auf vorhandene ideengeschichtliche Ansätze und Forschungen – die auch bereits intensiv diskutiert werden –, sie erschöpft sich darin aber nicht. Denn um einen relevanten Beitrag zu aktuellen Forschungen in anderen politikwissenschaftlichen Subdisziplinen zu leisten, muss sie beides: sowohl eine *empirisch durch die Lebenswissenschaften untermauerte* als auch eine *ideengeschichtlich informierte* Perspektive einnehmen.

Eine *Politische Theorie der Emotionen* ermöglicht es, eine fundiertere Bestimmung des Verhältnisses von Emotionen und Politik vorzunehmen. Wir schlagen hierzu vor, drei Objektbereiche für die politikwissenschaftliche Analyse zu differenzieren: Emotionsmanagement (d. h. Emotionen als Gegenstand demokratischer Politik), *Emotional Mainstreaming* (d. h. Emotionen als (Neben-)Produkt demokratischer Politik) und Emotionen als Input von demokratischer Politik.

Diese Überlegungen motivieren den weiteren Aufbau unseres Aufsatzes. In einem ersten Schritt soll *stocktaking* betrieben und die Erkenntnisse der Lebenswissenschaften im Bereich der Emotionsforschung zusammengestellt werden. Im zweiten Schritt wird die Bedeutung von Emotionen im Liberalismus, Republikanismus und der Deliberation skizziert. Im Anschluss werden erste Konturen einer Politischen Theorie der Emotionen präsentiert, welche die Erkenntnisse aus den Lebenswissenschaften konstitutiv berücksichtigt. In stärker empirisch orientierter Perspektive werden dann die drei Objektbereiche einer politikwissenschaftlichen Emotionsanalyse exemplarisch näher betrachtet. Wir schließen mit einigen abschließenden Überlegungen zum Thema.

2. *Stand der Emotionsforschung in den Lebenswissenschaften*

Emotionen haben in den letzten Jahren in vielen Disziplinen zunehmend an Bedeutung gewonnen. Jahrzehntelang desavouiert, als etwas Animalisches, Unkultiviertes, das es der Rationalität zu unterwerfen galt, wird spätestens seit Anfang der 1990er Jahre eine intensive Debatte über den Umgang mit Emotionen geführt. Zu deutlich hatten Forschungen aus den Neurowissenschaften die traditionelle Trennung von Rationalität und Emotionalität radikal in Frage gestellt und bisherige Prämissen der Geistes- und Sozialwissenschaften ins Wanken gebracht.

Besonders großen Einfluss in der öffentlichen Wahrnehmung ist dabei der Arbeit des Hirnforschers Antonio Damasio[3] zuzuschreiben, der die These des „Somatischen Markers“ formulierte und behauptete, dass jeder rationalen Entscheidung bereits eine emotionale Wertung zugrunde liege. Seiner Theorie nach ist kein rationales Entscheiden mehr möglich, wenn das emotionale Zentrum, das limbische System, im Gehirn zerstört ist. Heute wissen wir: „Emotionen sind allgegenwärtig“ und sie können bei der Reflexion über menschliches Handeln und Interagieren nicht mehr außer Acht gelassen werden. Eine aktuelle Theorie der Politik, die als realistische Wirklichkeitswissenschaft weiterhin ernst genommen werden will, muss daher auch eine angemessene Theorie der Emotionen beinhalten.

Dabei ist die größte Schwierigkeit bei der Formulierung einer solchen Theorie derzeit immer noch, ein allgemein gültiges Verständnis von Emotionen zu etablieren, das sich einerseits von rein körperlichen Empfindungen wie zum Beispiel einem Schmerz und andererseits von Kognition, im Sinne eines genuinen Denkprozess, abzugrenzen weiß. Einen universalen Begriff zu finden, scheiterte in der Vergangenheit meist schon deshalb, weil rund um das Wortfeld Emotionen große Unklarheit herrschte: Oft wurde zwischen Begriffen wie „Trieb“, „Emotion“, „Gefühl“, „Affekt“,

3 Damasio, Antonio 1994: *Descartes' Error. Emotion, Reason, and the Human Brain*. New York: Penguin Books.

„Laune“, „Motivation“, „Stimmung“ etc. eine Abgrenzung vorgenommen, die letztlich mehr zur Verwirrung als zur Klärung beitrug. Wir folgen hier daher zunächst Wolfgang Rost, der die Einsicht vieler Emotionstheoretiker lobt, dass aktuell zunehmend all diese Begriffe als „untrennbar miteinander verbunden“[4] wahrgenommen werden. Das heißt: Auch wir werden hier keine Definitionen vornehmen, sondern vielmehr wollen wir jenseits von den jeweiligen Begriffsverständnissen untersuchen, inwiefern Erkenntnisse aus anderen Disziplinen, wie zum Beispiel der Philosophie, aber auch den Neurowissenschaften und der Psychologie für eine politiktheoretische Anwendung fruchtbar sein können.

Für einen ersten Überblick bietet sich Martin Hartmanns Beobachtung an, dass aus allen Disziplinen drei verschieden Erklärungsansätze zu erkennen sind:[5] der kognitive, der physiologisch-affektive und der phänomenologische. Diesen drei Ansätzen können jeweils unterschiedliche Theoretiker zugeordnet werden. Gemein ist ihnen zunächst, dass sie die Frage nach der substanziellen Beschaffenheit von Emotionen in den Vordergrund stellen. Was sie trennt, ist eine einheitliche Begriffsklärung von Emotionen.

Im kognitiven Ansatz werden dabei besonders die Gemeinsamkeit von Emotionen und Kognitionen in den Vordergrund gestellt. Zu dieser Richtung zählt Hartmann zum Beispiel den englischen Philosophen Charlie Dunbar Broad[6], der die Verbindung zwischen Emotionen und Kognition darin sieht, dass beide auf ein Objekt bezogen seien, oder auch Robert C. Solomon, der Gefühle mit Urteilen gleichsetzt.[7] Bei Martha Nussbaum wiederum, die als moderne Verfechterin des kognitiven Ansatzes betrachtet werden kann[8], werden Emotionen mit Werturteilen oder auch Wünschen gleichgesetzt und isoliert von ihren physischen Auswirkungen, also der körperlichen Dimension, betrachtet.

4 Rost, Wolfgang 2005: *Emotionen. Elixiere des Lebens*, Heidelberg: Springer.

5 Hartmann, Martin 2010: *Gefühle. Wie die Wissenschaften sie erklären*, 2., aktualisierte Auflage. Frankfurt: Campus Verlag.

6 Broad, Charlie Dunbar 1954: Emotion and Sentiment, in: *The Journal of Aesthetics and Art Criticism* 13(2), S. 2013–214.

7 Solomon, Robert C. 2003: Emotions, Thoughts and Feelings: What is a Cognitive Theory of Emotions and does it neglect Affectivity?, in: Anthony Hatzimoysis (Hrsg.): *Philosophy and the Emotions*, Cambridge: Cambridge University Press, S. 1–18.

8 Nussbaum, Martha 2001: *Upheaval of Thought. The Intelligence of Emotion*, Cambridge: Cambridge University Press.

In der physiologisch-affektiven Strömung, für die William James [9] und Carl Lange[10] (James-Lange-Theorie)[11] wichtige Vertreter sind, gelten Emotionen hingegen als ein primär physisches, körperliches Phänomen, wie es ein Zittern oder auch ein erhöhter Herzschlag ist, die durch die Wahrnehmung eines äußeren Reizes hervorgerufen werden. Diesem Ansatz zufolge fürchtet ein Mensch sich also nicht, weil er etwas erkennt, das er als furchterregend einordnet, sondern er fürchtet sich, weil er etwas wahrnimmt, das ihn zum Zittern bringt, den Herzschlag beschleunigt. Furcht ist damit eine Folge, die durch das physische Phänomen des Zitterns ausgelöst wird.

Eine dritte Strömung ist der phänomenologische Ansatz, den wir hier – obwohl er Gefühle ebenfalls im Denken ansiedelt – dennoch getrennt vom kognitiven vorstellen, da er eine Besonderheit aufweist und Emotionen, wie zum Beispiel bei Peter Goldie[12], als eine Spezies sui generis, als „eine eigene Art" betrachtet. Für Goldie sind Gefühle zum Beispiel „ein Denken, das von Empfindungen begleitet wird (thinking of with feeling)." Er bezeichnet diese Empfindungsseite als „phänomenale Seite der Gefühle." Dieses gefühlsbestimmte Denken unterscheidet sich von einem Wunsch oder auch einem Urteil und bezeichnet eine ganz eigene Art des Denkens.[13]

Alle drei Positionen müssen sich mittlerweile von einer radikalen Verteidigung ihrer Prämissen verabschieden und vielerorts setzen sich Ansätze durch, die das Phänomen nicht einseitig, sondern als eine „Mischung" zwischen Physis und Kognition erklären. Ein derartiger „Mittelweg" geht dabei besonders auf Forschungen wie jenen von Stanley Schachter in den 1960er Jahren zurück, der die James-Lange-Theorie erweiterte und bei der Entstehung von Emotionen der „Großhirnrinde eine aktive Rolle" bei Reaktionen aus der Peripherie zuschrieb und zudem den sozialen Kontext

9 James, William 1884. What is an Emotion, in: *Mind* 9(34), S. 188–205; James, Williams 1881. *The Principles of Psychology*, in 3 Bänden, Cambridge/Mass: Harvard University Press.

10 Lange, Carl 1887: *Über Gemütsbewegungen. Ihr Wesen und ihr Einfluß auf körperliche, besonders auf krankhafte Lebenserscheinungen. Ein medizinisch-psychologische Studie*, Leipzig: Thomas.

11 Die James-Lange-Theorie, d. h. die Korrelation von Gefühlen mit körperlichen Zuständen, deckt nur Basisemotionen ab.

12 Goldie, Peter 2000: *The Emotions. A Philosophical Exploration*, Oxford: Oxford University Press; Goldie, Peter 2009: Getting Feelings into Emotional Experience in the Right Way, in: *Emotion Review* 1(3), S. 232–239.

13 Vgl. Hartmann (2010) a.a.O., S. 84.

ebenfalls als wichtige Komponente auswies.[14] Auch die Forschungen von Antonio Damasio bestätigen die Grundannahmen dieses Ansatzes, denn auch Damasio konnte eine enge Verbindung zwischen emotionalem Zentrum und kognitiver Großhirnrinde nachweisen. Der Begriff einer emotionalen Rationalität stellt seither also keinen Widerspruch mehr dar.

Wir werden daher im weiteren Verlauf des Artikels ebenfalls, wenn auch verkürzt, voraussetzen, dass es für Emotionen keine kategoriale Trennung von kognitiven Denkprozessen und körperlichen Empfindungen gibt – sie also Teil der Rationalität menschlichen Denkens sind. Mit diesem Verständnis von Emotionen können wir die weitere Frage nach der substanziellen Beschaffenheit dann zunächst hintenan stellen und untersuchen, wie Emotionen entstehen und wie sie möglicherweise im sozialen Kontext gesteuert oder provoziert werden können? Dabei orientieren wir uns weiterhin an den Neurowissenschaften, denn aktuell wird die Entstehung hier oft wie folgt erklärt: Die Mehrheit der Forscher geht von einem emotionalen Zentrum, dem limbischen System, im Gehirn aus, das unter anderem auch den Mandelkern (Amygdala) enthält, welcher zum Beispiel speziell für die Entstehung von Angst zuständig ist. Das limbische System steht in regem Austausch mit der Großhirnrinde, genauer: dem Neocortex, in dem unser kognitives und damit auch traditionell unser als rational betrachtetes Wissen gespeichert ist. Emotionen entstehen also als Reaktion auf eine Wahrnehmung, das heißt einen äußerlichen Reiz, der direkt im limbischen System „verarbeitet“ und „bewertet“ wird und zum Beispiel als Angst (oder auch spontane Wut, Zorn) identifiziert wird. Derartige direkt und unreflektiert zustande kommende Emotionen nennen wir hier in Anlehnung an Damasio primäre Emotionen. Komplexere – oder auch sekundäre – Emotionen, wie es zum Beispiel Vertrauen oder Enttäuschung sind, entstehen hingegen, wenn auf einen äußeren Reiz neben einer emotionalen Bewertung im limbischen System eine noch umfassendere kognitive Reflexion über die Großhirnrinde hinzukommt, die die persönliche Erfahrung und den sozialen Kontext berücksichtigt. Diese wollen wir hier, nach Damasio, sekundäre Emotionen nennen.

Im weiteren Verlauf des Artikels soll nun untersucht werden, welcher „Gewinn“ bei der Analyse von (sozialen) Interaktionen, speziell politischen Prozessen, durch die Berücksichtigung von Emotionen erzielt werden kann. Dafür muss aber zunächst noch eine Topographie der Emotions-

14 Kandel, Eric R./Schwarz, James H./Jessel, Thomas M. (Hrsg) 2011: *Neurowissenschaften. Eine Einführung*, Heidelberg: Spektrum, S. 609.

forschung skizziert werden, die hilft, den jeweiligen Erkenntnisgewinn für die Politikwissenschaft zu verdeutlichen. Hierzu sollen zwei Dimensionen der Emotionsforschung genutzt werden. Die erste Dimension erstreckt sich entlang der Qualität der Emotionen. Hier kann zwischen primären und komplexen bzw. sekundären Emotionen differenziert werden. Sowohl die Verhaltensökonomie als auch die Neurowissenschaften sind – zumindest zum aktuellen Stand der Forschung – hauptsächlich mit primären Emotionen beschäftigt. Die experimentelle Analyse sekundärer Emotionen fällt im direkten Vergleich dazu deutlich ab. Die zweite Dimension entfaltet sich entlang des Ortes, des Bereiches oder der Sphäre, in der Emotionen ihre Wirkung entfalten, bzw. sie generiert werden. Hier kann zwischen einer eher individualistischen und einer eher sozialen Perspektive differenziert werden. Die Neurowissenschaften nehmen einen stark individualistischen Blickwinkel ein, während die Emotionsforschung, wie sie z. B. von Ute Frevert in der Zeitgeschichte betrieben wird, eine eher soziale Perspektive einnimmt. Die *Verhaltensökonomie*, insb. der Ansatz des Nudging von Thaler und Sunstein, versucht vor diesem Hintergrund die Erkenntnisse der Verhaltenspsychologie auf individueller Ebene in einen sozialen/politischen Kontext einzubetten, und zwar über ihr Konzept der Entscheidungsstruktur. Im Kern stehen jedoch weiterhin individuelle, primäre Emotionen.

Die folgende Abbildung soll die so charakterisierte Forschungslandschaft kartographieren:

Abbildung 1: Matrix von Emotionskonzepten

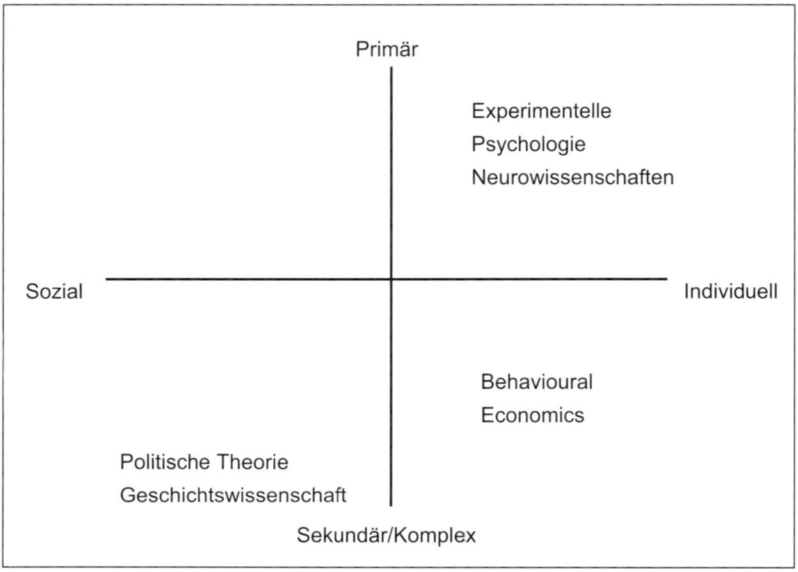

Quelle: eigene Darstellung

3. *Emotionen in drei kanonischen Ansätzen der Politischen Theorie*

Wie verortet sich die Politische Theorie in dieser Matrix?[15] Eine kanonische Differenzierung der Politischen Theorien der Moderne ist jene in liberale, republikanische und – zeitgenössisch – deliberative Ansätze. Alle drei unterscheiden sich signifikant hinsichtlich der Fragen, welche Bedeutung Emotionen innerhalb einer Konzeptualisierung des Staatsbürgers zugeschrieben wird.

Eine zentrale Frage moderner staatlicher Steuerungstheorien lautet, ob Emotionen regierbar sind oder nicht und somit einen Garanten oder eine Bedrohung staatlicher Ordnung darstellen. Im hegemonialen Liberalismus dominiert seit jeher die Furcht vor den Emotionen und der Irrationalität

15 Vgl. für eine ausführlichere Darstellung des Verhältnisses der großen Theorieparadigmen zu Emotionen: Schaal, Gary S./Heidenreich, Felix 2013: Politik der Gefühle. Zur Rolle von Emotionen in der Demokratie, in: *Aus Politik Und Zeitgeschichte* 32-33, S. 3-11.

der Massen.[16] Entsprechend entfaltet sich das institutionentheoretische Programm des Liberalismus – so z. B. in den *Federalist Papers* – als ein Versuch, Emotionen aus dem öffentlichen politischen Leben zu verdrängen, da sie für nicht regierbar gehalten werden.[17] Seine Emotionsaversion konnte der Liberalismus durch einen theoretisch-konzeptionellen Coup realisieren, den Hirschman[18] in *The Passions and the Interests* aus dem Jahr 1977 paradigmatisch analysiert hat. Ihm zufolge nahm der Liberalismus eine für die Moderne nachhaltig bedeutsame Transformation vor, indem er Emotionen und Leidenschaften in (ökonomisch) rationale Interessen transformierte und den Bürger so im Sinne Foucaults zum Homo oeconomicus subjektivierte.[19] Der Homo oeconomicus fungiert als Schnittstelle zwischen Regierung und Individuum, denn erst die Subjektivierung des Bürgers in der Moderne zum freigesetzten und autonomen Homo oeconomicus macht ihn für Foucault staatlich regierbar.[20] Regierung und Steuerung wird im Liberalismus und im Neoliberalismus[21] – deren Unterschiede zwar fraglos existieren, aber für das Erkenntnisinteresse dieses Aufsatz vernachlässigt werden können – durch die Strategie der Entemotionalisierung der ökonomischen und der politischen Sphäre und die rechtliche Absicherung der Freiheitsrechte – verstanden als die zumeist konstitutionelle Sicherung eines Kontingenzraumes individuellen Handelns – überhaupt erst ermöglicht.[22]

16 Robin, Corey 2006: *Fear: The History of a Political Idea*, Oxford: Oxford University Press.

17 Holmes, Stephen 1997: *Passions and Constraints. On The Theory Of Liberal Democracy*, Chicago: Chicago University Press.

18 Hirschman, Albert O. 1997: *The Passions and the Interests: Political Arguments for Capitalism Before Its Triumph*, 20th Aniversary Edition, Princeton: Princeton University Press.

19 Foucault, Michel 2004. *Naissance de la biopolitique: cours au Collège de France, 1978–1979*, Paris: Gallimard.

20 An anderer Stelle führen wir detaillierter aus, wie die (ideen-)historische Entwicklung verlief (Schaal, Gary S./Lemke, Matthias/Ritzi, Claudia 2014: Ökonomischer und ideologischer Neoliberalismus, in: *GWP* 4, S. 529-539). Der klassische Liberalismus subjektivierte die Bürger zu rationalen Akteuren in der Sphäre der Ökonomie während der Neoliberalismus diese Subjektivierung und Appellation für alle Sphären des menschlichen Lebens vornimmt.

21 Vgl. Foucault (2004) a.a.O.

22 Fraglos spielen Emotionen sowohl in der Theorie als auch in der politischen Praxis eine größere Rolle als in der Skizze ausgeführt. Vgl. die Beiträge in: Heidenreich, Felix/Schaal, Gary S. (Hrsg.) 2012: *Emotionen in der Politischen Theorie*, Baden-Baden: Nomos.

Obwohl die zeitgenössische deliberative Demokratietheorie sich sowohl auf das liberale als auch auf das republikanische Paradigma bezieht, übernimmt sie doch vom Liberalismus die Emotionsaversion.[23] Anders als im Liberalismus ist diese – zumindest bei der Habermasschule – nicht der Angst vor der Unregierbarkeit der Emotionen geschuldet, sondern dem Fokus auf die kognitive Dimension kommunikativer Rationalität. Gerade linke Feministinnen haben jedoch wiederholt kritisiert, dass durch die Verabsolutierung des rationalen Diskurses all jene Personen systematisch ausgeschlossen werden, die engagiert und leidenschaftlich diskutieren oder die den weißen, bürgerlichen Kommunikationsstil nur schlecht beherrschen. Es existieren zwar Ansätze, die deliberative Demokratietheorie emotional zu erweitern, so u. a. Young.[24] Diese werden im Mainstream jedoch derzeit kognitivistisch verkürzt.

Weitaus mehr Wert legen republikanische Theorien auf die Emotionen der Bürgerinnen und Bürger. Da staatliche Steuerung in diesem Paradigma weniger über Institutionen als über den Appell an Tugenden erfolgt, hängt der Erfolg staatlicher Steuerung maßgeblich von der Existenz eines tugendhaften Resonanzbodens bei den Bürgerinnen und Bürgern ab. Appelle an Patriotismus und andere bürgerliche Tugenden setzen jedoch eine demokratietheoretische Adelung genau jener Emotionen voraus, die der Liberalismus so argwöhnisch beäugt.

Betrachtet man die drei großen Ansätze in der Politischen Theorie – Liberalismus, Republikanismus und Deliberation – vor dem Hintergrund der aktuellen neurowissenschaftlichen Forschung zu Emotionen, muss Folgendes festgehalten werden:

Die strikte Trennung von Rationalität und Emotionalität, wie sie im Liberalismus und der Deliberation vollzogen wird, ist kontrafaktisch. Und selbst als *analytische* Differenzierung trennt sie, was eigentlich eines ist: Rationalität und Emotionen sind konstitutiv aufeinander bezogen. Das logozentrische Rationalitätskonzept, das die Deliberation vertritt, ist ebenfalls verkürzend. In der Ideengeschichte ist die Emotionstheorie des Republikanismus am weitesten ausgearbeitet. Allen Ansätzen gemein ist jedoch, dass sie bislang nicht hinreichend an einem inter- oder transdisziplinären Emotionskonzept gearbeitet haben.

23 Weber, Florian 2012: Unterkühlter Diskurs. Zum Verhältnis von Emotion und Deliberation bei Jürgen Habermas, in: Heidenreich/Schaal (Hrsg.) a.a.O., S. 199-216.

24 Young, Iris Marion 2001: Activist Challenges to Deliberative Democracy, in: *Political Theory* 29(5), S. 670-690.

4. Eine Politische Theorie der Emotionen

Die deutsche Politikwissenschaft hat sich seit ihrer Neugründung nach dem zweiten Weltkrieg nicht nur als Demokratie-, sondern auch und gerade als Integrationswissenschaft verstanden. Dieses Selbstverständnis ist in jüngerer Zeit von der amerikanischen Politikwissenschaftlerin Wendy Brown wieder in Erinnerung gerufen worden.[25] Da das Politische, wie sie argumentiert, in vielen Disziplinen aufscheint, muss auch die Politikwissenschaft eine integrative Perspektive einnehmen[26] und die empirischen Arbeiten anderer Disziplinen in Form von Sekundäranalysen zur Kenntnis nehmen.

Eine Politische Theorie der Emotionen muss folglich konstitutiv auf die Emotionsforschung in anderen Disziplinen, insbesondere in den Lebenswissenschaften, Bezug nehmen und die Kompetenz ausbilden, die Erkenntnisse dieser Forschungen kritisch zu bewerten.[27] Die kritische Evaluationskompetenz bezieht sich dabei einerseits auf eine methodenkritische Kompetenz, mittels derer die Erkenntnisgrenzen z. B. bildgebender Verfahren eingeschätzt werden können. Andererseits – und für das Erkenntnisinteresse der Politikwissenschaft – von höherer Bedeutung ist die Reflexion auf die Art der Emotion, die in den Lebenswissenschaften dominant empirisch erforscht wird. Greift man auf die Matrix der Abbildung 1 zurück, wird deutlich, dass es sich dort v. a. um primäre Emotionen auf der individuellen Ebene handelt. Die soziale und politische Sphäre wird ohne Frage auch von primären Emotionen geprägt und Theoretiker wie Danilo Zolo[28] haben sogar eine gesamte Demokratietheorie auf den Konzepten von Angst und Furcht gegründet.[29] Es ist jedoch wichtig im Blick zu behalten, dass viele der politikwissenschaftlich relevanten Emotionen *komplex* und gesellschaftlich überwölbt sind. Vertrauen, Legitimitätsglauben, Patriotismus etc. sind keine Basisemotionen; ihre Orientierung, in-

25 Brown, Wendy 2006: American Nightmare: Neoliberalism, Neoconservatism, and De-Democratization, in: *Political Theory* 34(6), S. 690-714.

26 Brown bezieht sich spezifischer auf die Politische Theorie, aber ihr Argument lässt sich ohne Frage auch auf die Politikwissenschaft generalisieren.

27 Schaper-Rinkel, Petra 2012: Auf dem Weg zu einer neurowissenschaftlichen Gouvernementalität? Zu den Konturen einer neuen Emotionen-Politik, in: Heidenreich/Schaal (Hrsg.) a.a.O., S.255-270.

28 Zolo, Danilo 1992: *Democracy and Complexity*, Oxford: Polity Press.

29 Schaal, Gary S./Fleiner, Rebekka 2012: Gegründet auf Furcht und Angst. Demokratietheoretische Überlegungen zur Angstpolitik der Gegenwart, in: Heidenreich/Schaal (Hrsg.) a.a.O., S. 177-198.

haltliche Bestimmung und normative Bewertung ändert sich im historischen Verlauf, d. h., dass sie kulturell geformt sind.[30] Dies impliziert zugleich, dass (ideen-)historisch Kämpfe um die Ausdeutung komplexer Emotionen geführt wurden. Die Literaturgeschichte liefert nicht nur anschauliche Beispiele dafür, wie im Medium der Erzählung oder des Romans komplexe Emotionen generiert wurden, sondern auch, wie wirkungsmächtig diese „neuen" komplexen Gefühle in der sozialen Sphäre waren. Erinnert sei u. a. an die Welle von Selbstmorden, die Johann Wolfgang von Goethe mit der Veröffentlichung des *Werther* (mit-)ausgelöst hat.

Das Wissen um die gesellschaftliche Konstruktion von komplexen Emotionen verweist u. a. auf die Notwendigkeit von Analysen zur diskursiven Genese hegemonialer komplexer Emotionen. In zeithistorischer Perspektive hat Ute Frevert in diesem Feld ausgesprochen kluge Analysen vorgelegt.[31] Aus politiktheoretischer Perspektive steht außer Frage, dass auch der politische Raum durch Emotionen beeinflusst wird. Bedeutsam ist hier u. a. die Dominanz des Liberalismus und seiner grundlegenden Emotionsaversion. Die Ideengeschichte kann im Modus der Diskurs- oder Hegemonieanalyse genau jene Kämpfe um die Konfiguration von Emotionen im öffentlichen Raum rekonstruieren, die unsere politischen Gemeinwesen geprägt haben und sie auch heute noch prägen. Aus anderen Zusammenhängen[32] wissen wir, das ein Indikator erfolgreicher Deutungsmacht ihre Invisibilisierung ist, d. h. im vorliegenden Fall die Invisibilisierung der Konstruiertheit komplexer Emotionen. Die komplexe Emotion „Patriotismus" ist z. B. historisch-gesellschaftlich auf spezifische Weise situiert. Diese Tatsache zu invisibilisieren führt zu einer *Naturalisierung* dieser Emotion im gesellschaftlichen Selbstverständnis. Dies motiviert – in der Terminologie der Cambridge School – die Frage, was der

30 Frevert, Ute 2013a: *Vergängliche Gefühle*, Göttingen: Wallstein; dies. 2014b: Die Natur und Kultur der Gefühle, in: Risi Clemens/Bettina Brandl-Risi/Anna Papenburg/Robert Sollich (Hrsg.): *Tannhäuser: Werkstatt der Gefühle. Wagner-„Concil" Bayreuther Festspiele 2011*, Freiburg i. Br.: Rombach, S. 13-28.

31 Frevert, Ute 2013b: *Vertrauensfragen: Eine Obsession der Moderne*, München: Beck.; dies. 2014a: Über Vertrauen reden: Historisch-kritische Beobachtungen, in: Jürgen Baberowski (Hrsg.): *Was ist Vertrauen? Ein interdisziplinäres Gespräch*, Frankfurt: Campus Verlag, S. 31-47.

32 Schaal, Gary 2006: Verfassungsgerichtliche Deutungsmacht und rationale Selbstbindung, in: Hans Vorländer (Hrsg.): *Die Deutungsmacht der Verfassungsgerichtsbarkeit*, Wiesbaden: VS Verlag, S. 121-137.; Brodocz, André 2009: *Die Macht der Judikative*, Wiesbaden: VS Verlag; Schaal/Lemke/Ritzi (2014) a.a.O.

point der Naturalisierung von Emotionen ist. Wir vertreten die These, dass im Rekurs auf Emotionen Politik „gemacht" und begründet wird. In (Vor-) Kriegszeiten ist es z. B. die „Pflicht" des guten Bürgers, patriotisch zu sein; die Naturalisierung des Konzeptes ermöglicht es, einen Mangel an Patriotismus nicht nur als motivationales Defizit zu kritisieren, sondern als „unnatürlich" oder anomisch, als Grundlage der Konstruktion einer Ingroup-Outgroup-Differenz, die im schlimmsten Fall der Outgroup das Menschliche ihrer Emotionen abspricht. Naturalisierung transformiert somit den Begründungs- und Motivationscharakter des politischen Rekurses auf komplexe Emotionen; je stärker ein komplexes Gefühl gesellschaftlich als naturalisiert wahrgenommen wird, desto potenter ist seine normative Geltungskraft. Eine Politische Theorie der Emotionen erschließt oder erweitert somit – im konzeptionellen Rekurs auf Überlegungen der Cambridge School in Verbindung mit Konzeptionalisierungen der Dresdner Schule der Institutionentheorie[33] zum Kampf um Deutungsmacht und hegemonietheoretischen Überlegungen im Anschluss an Gramcsi – ein (neues) Feld in der Analyse des Politischen.[34]

Die Bewertung der normativen Dimension von Emotionen in der politischen Sphäre, insbesondere in Demokratien und ihrer Begründungsqualität, können ohne ein angemessenes Verständnis von Emotionen nicht erfolgen. Wie stehen Emotionen und Rationalität im Verhältnis? Wie hoch ist ihr kognitiver Gehalt? Wie können Emotionen manipuliert werden – auch ohne subjektiv bewusste Wahrnehmung dieses Vorgangs? Diese und viele artverwandte Fragen gewinnen an Bedeutung, wenn über die empirische oder normative Bedeutung von Emotionen in der Sphäre des Politischen gesprochen wird. In dieser Perspektive wird es notwendig, die empirischen Erkenntnisse der Lebenswissenschaften über Emotionen *konstitutiv* zu berücksichtigen und so zu einer *empirisch gesättigten Politischen Theorie der Emotionen* zu gelangen. Eine solche Theorie wird immer unter empirischem Vorbehalt stehen – der Modus ihrer Genese geht jedoch aus dem Anspruch der Politikwissenschaft, wirklichkeitsrelevant zu sein, genuin hervor.

33 Vgl. u.a. Vorländer (2006) a.a.O.

34 Nonhoff, Martin 2006: *Politischer Diskurs und Hegemonie,* Bielefeld: [transcript].

5. *Objektbereiche einer politikwissenschaftlichen Analyse von Emotionen in der Politik*

Mit Hilfe dieser Überlegungen ist es uns möglich, drei Objektbereiche der politikwissenschaftlichen Analyse von Emotionen in der Politik bzw. der Sphäre des Politischen zu identifizieren. Hierbei erscheint uns eine Differenzierung in folgende drei Objektbereiche sinnvoll:

1. Emotionen als Gegenstand demokratischer Politik (Emotionsmanagement)
2. Emotionen als Nebenprodukt demokratischer Politik (Emotional Mainstreaming)
3. Emotionen als Input des demokratischen Prozesses (Inputs)

Diese drei Perspektivierungen sollen im Folgenden exemplarisch diskutiert werden.[35]

5.1 Emotionsmanagement

Staatliches Emotionsmanagement kann sich auf unterschiedlichste Emotionen erstrecken – Vertrauen, Zufriedenheit, Glück, um nur eine relevante Auswahl zu nennen; die Emotion, die politik-historisch und politiktheoretisch die größte Aufmerksamkeit erhielt, ist jedoch die Angst.[36] Daher werden wir die demokratischen Herausforderungen und legitimatorischen Probleme des Emotionsmanagements exemplarisch für diese Emotion betrachten.[37]

Das Bemerkenswerte ist nicht, dass die Politik die Ängste ihrer Bürgerinnen und Bürger aufgreift – schließlich besteht die normativ berechtigte Erwartung, dass demokratische Politik responsiv auf die Wünsche der Bürgerinnen und Bürger eingeht (vgl. 3.4) –, sondern vielmehr, dass und wie ihre Ängste *transformiert* werden. Greift man auf die Unterscheidung zwischen Angst und Furcht zurück, wie sie von Kierkegaard im *Begriff der Angst* oder von Heidegger in *Sein und Zeit* vorgenommen wird, so besteht *demokratisches Angstmanagement* maßgeblich in dem Bemü-

35 Felix Heidenreich hat die Konzepte des Emotionsmanagements und des *Emotional Mainstreaming* im deutschen Diskurs eingeführt: Heidenreich, Felix 2013: Gefühle ins Recht setzen: Wann sind politische Emotionen (noch) demokratisch?, in: *Zeitschrift für Politikwissenschaft* 23(4), S. 575-583.

36 Robin (2004) a.a.O.

37 Vgl. weitergehend Schaal/Fleiner (2012) a.a.O.

hen, ungerichtete *Angst* in gerichtete *Furcht* zu transformieren,[38] und damit für die Bürgerinnen und Bürger psychisch handhabbarer werden zu lassen.

Dass der Staat – und nicht erst der *demokratische* Staat – immer die Aufgabe hatte, Angstmanagement zu betreiben, zeigt sich bereits in Hobbes' *Leviathan.* Seine Implementation transformiert die unbestimmte Angst vor der unbestimmten Bedrohung durch unbestimmte Andere in die bestimmte Furcht vor einem bestimmten Anderen: dem Furchtverbreitungsmonopolisten Leviathan. Doch hat bereits Locke in seinem *Second Treatise* die Angsttransformationsmaschine Leviathan mit beißendem Spott überzogen: „Das heißt die Menschen für solche Narren zu halten, dass sie sich zwar bemühen, den Schaden zu verhüten, der ihnen durch Marder und Füchse entstehen kann, aber glücklich sind, ja, es für Sicherheit halten, vom Löwen verschlungen zu werden."[39]

Vor diesem Hintergrund stellt sich die Frage, ob, und wenn ja, welche Formen des demokratischen Angstmanagements normativ wünschenswert, welche Emotionen legitime Objekte von Angstmanagement sind und welche Eingriffstiefe vertretbar ist. Hinter diesen Fragen werden die Konturen des Paradoxons *demokratischen* Angstmanagements deutlich, denn diffuse Angst in konkrete Furcht zu transformieren, impliziert, einen Adressaten für eine zuvor unadressierte Angst zu generieren. Dieser Prozess kann auf Seiten der Furchtadressaten u. a. zu Stigmatisierung, Ausgrenzung, moralischer Entwertung führen und sogar in antidemokratischer Kanalisierung von negativen Gefühlen gipfeln. Denn unbekannte, angsteinflößende Situationen, in denen diffuse Ängste nur lähmend wirken, müssen durch die Politik geframed werden. Erst hierdurch wird Angst in Furcht transformiert, die wiederum handlungsermächtigend wirken kann. Das Framing selbst ist jedoch normativ problematisch, schließlich benötigt die Transformation von Angst in Furcht eine konkrete Adresse, einen Bezugspunkt, der stereotypisieren, generalisieren und marginalisieren kann. So bestand ein Ziel der amerikanischen Politik unter Bush darin, die diffuse Angst vor dem Terror in die konkrete Furcht vor Osama bin Laden zu transformieren. Diese Transformation besaß jedoch die nicht zu verdrängende Konsequenz, dass Bürgerinnen und Bürger islamischen Glaubens in den USA

38 Auch Diktaturen betreiben Emotionsmanagement. Hier ist die Richtung der Transformation typischerweise genau umgekehrt: Sie versuchen nicht nur Furcht, sondern lähmende, alles durchdringende Angst zu verbreiten.

39 Locke, John 1977: *Zwei Abhandlungen über die Regierung*, Frankfurt a.M.: Suhrkamp, S. 258.

stärkeren generalisierten Vorurteilen ausgesetzt wurden. Im Kontext der Wirtschafts- und Finanzkrise sollte die Angst vor der Eigensinnigkeit und den damit verbundenen negativen Externalitäten eines komplexen und politisch scheinbar nicht mehr zu regulierenden ökonomischen Systems durch Personalisierung in Furcht transformiert werden: Die Gefahr resultiere nicht aus der Eigensinnigkeit des Systems, sondern aus der Gier der „Heuschrecken" – so lautete die Angsttransformationsrhetorik deutscher (SPD-)Politikerinnen und Politiker. Diese Angsttransformationsstrategie konnte zwar Furcht erzeugen, war jedoch politisch unterkomplex und konnte daher nur wenig dazu beitragen, problemadäquate politische Lösungsstrategien für die Wirtschafts- und Finanzkrise bereitzustellen – zumindest solche Lösungen, die den Bürgerinnen und Bürgern politisch kommuniziert werden können.

Andererseits bedarf der Prozess demokratischen Angstmanagements staatlicher Macht, die selbst Objekt diffuser Angst oder konkreter Furcht sein kann. Dieser Sachverhalt wird gerade im Kontext des Ringens um mehr staatlich produzierte Sicherheit im Angesicht zunehmender terroristischer Bedrohungen deutlich.

Das Angst-Framing ist somit sehr ambivalent. Einerseits ist es notwendig, andererseits ist es inhärent (normativ) prekär und zudem aus der Perspektive der Problemlösungskapazität häufig suboptimal, da unterkomplex. Eine substanzielle Antwort auf die Frage nach einem funktional und normativ befriedigendem Angstmanagement kann nicht geliefert werden, sehr wohl jedoch eine prozedurale. Hilfreich sind hierbei die Ansätze von Shklar[40] und Zolo[41], wenn sie demokratietheoretisch so gewendet werden, dass sie die zivilgesellschaftliche Dimension des Angstmanagements adressieren.[42]

Eine Alternative zur staatlichen Steuerung *von* Emotionen ist die Steuerung *durch* Emotionen, wie sie prototypisch beim *Nudging* erfolgt. Von herausragender Bedeutung ist in diesem Kontext die Monographie *Nudge* von Thaler und Sunstein[43] die auf Basis der Verhaltensökonomie[44] *politi-*

40 Shklar, Judith 1998: Liberalism of Fear, in: Stanley Hoffmann (Hrsg.): *Political Thought and Political Thinkers*, Chicago, IL: University of Chicago Press, S. 3-21.

41 Vgl. Zolo (1992) a.a.O.

42 Einen ganz herzlichen Dank an Felix Heidenreich für dieses Argument.

43 Thaler, Richard/Sunstein, Cass R. 2009: *Nudge: Wie man kluge Entscheidungen anstößt*, Berlin: Econ Verlag.

44 Kahneman, Daniel 2012: *Schnelles Denken, langsames Denken*, München: Siedler Verlag.

sche Strategien entwickeln, wie trotz individuell suboptimaler Entscheidungsrationalität individuell „bessere" Entscheidungen getroffen werden können.[45] Hierfür benötigen Menschen „Stupser" (Nudges), die ihre institutionelle Konkretisierung in Form von *Entscheidungsstrukturen* annehmen.

Ausgangspunkt der *Nudge*-Argumentation ist die Diagnose, dass Menschen nicht immer „best judge of their own interest" sind. Häufig treffen Menschen individuell suboptimale Entscheidungen – was entsprechend suboptimale Effekte auf der Aggregatebene nach sich zieht – und begehen zudem *systematisch* Fehler bei der Bewertung von Handlungsalternativen. Thaler und Sunstein identifizieren folgende Gründe, warum Menschen *systematisch* nicht das tun, was sie wirklich wollen oder was in ihrem besten eigenen Interesse liegt. Erstens existiert ein *Aufmerksamkeitsproblem*: um viele Dinge, die unser Leben besser machen würden, kümmern wir uns nicht (Bsp: Stromverbrauch von Haushaltsgeräten). Zweitens existiert das Problem der *„stickyness of decisions"*, d. h. ein individueller Konservatismus zugunsten bereits eingeschlagener Entscheidungspfade (Bsp.: Bestehende Versicherungen werden nicht gegen kostengünstigere ersetzt; Vorentscheidungen in Entscheidungsverfahren werden unreflektiert übernommen). Drittens existiert ein *Informationsdefizit* bezüglich a) der Dinge, die wir wollen, b) der Konsequenzen bekannter Handlungsalternativen bzw. c) neuer Optionen. Schließlich begehen Menschen systematische Fehler bei der Bewertung von Handlungsalternativen, die aus Entscheidungen anhand hoch fehleranfälliger Urteilsheuristiken resultieren[46], da sie sich einer *Verfügbarkeitsheuristik* bedienen, die nur das mental Präsente und Verfügbare bei ihrer statistischen Wahrscheinlichkeitsberechnung berücksichtigt. So wird die statistische Wahrscheinlichkeit von Flugzeugabstürzen oder terroristischen Anschlägen systematisch *extrem* zu hoch bewertet, wenn entsprechende Ereignisse gerade stattgefunden haben, sodass die Gefahr droht, politisch knappe Ressourcen falsch zu allozieren.[47]

45 Vgl. für eine der bislang wenigen politiktheoretischen Auseinandersetzungen mit dem Konzept aus Deutschland: Flügel-Martinsen, Oliver 2010: Libertärer Paternalismus? Bemerkungen zu Richard H. Thalers und Cass R. Sunsteins Nudge, in: *der moderne staat – Zeitschrift für Public Policy, Recht und Management* 3(1), S. 235-244.

46 Vgl. Kahneman (2012) a.a.O.

47 Ein Beispiel aus der FAZ vom 6.2.2015: „Nach den Anschlägen in Paris befürchten 60 Prozent der Bundesbürger, dass es auch in Deutschland in absehbarer Zeit zu einem ähnlichen Terrorakt kommen könnte. [...] Fast jeder Zweite (48 Prozent) ist dafür, die strengen Regeln für Bundeswehreinsätze im Innern angesichts

Ein weiterer Fehler basiert auf falschen, vorschnellen Generalisierungen vom Einzelfall in der Anwendung von *Repräsentativheuristiken*.

Schließlich ist die Art der Informationsvermittlung entscheidend für ihre kognitive Verarbeitung und ihre Auswirkung auf eine Handlungsveränderung. Die beiden folgenden Sätze stellen denselben Sachverhalt dar:

1. Von 100 Patienten, die sich der Operation unterziehen, sind 10 Patienten nach fünf Jahren tot.
2. Von 100 Patienten, die sich der Operation unterziehen, sind 90 Patienten nach fünf Jahren noch am Leben.

Der erste Satz reduziert die individuelle Motivation, sich einer Operation zu unterziehen, der zweite erhöht sie. Abstrakt formuliert: Es existiert keine neutrale Form der Vermittlung von Information. Jede Variation in der kommunikativen Präsentation von Entscheidungsalternativen verändert ihre Eintrittswahrscheinlichkeit.

Hier setzt der Nudge-Ansatz an und will über Veränderungen der Entscheidungsstruktur dazu betragen, dass Menschen das tun, was sie eigentlich tun wollen – oder das, was die Politik für ihr Bestes erachtet. Paternalismus besitzt aufgrund seiner antiegalitären Grundorientierung eine große Affinität zu allen Herrschaftsformen, die die politische Gleichheit in Frage stellen, also monarchische, aristokratische, autoritäre oder totalitäre Herrschaftsformen. Gleichwohl kann sich auch ein demokratischer Staat paternalistisch verhalten; wie die Tatsache zeigt, dass das Prinzip des Nudging bereits von der amerikanischen und der britischen Regierung genutzt wird und die deutsche Bundesregierung eine Expertenkommission eingesetzt hat, die die Erkenntnisse der Verhaltensökonomie für die Regierung nutzbar machen soll.[48]

Wie erfolgt staatliche Steuerung durch Nudges? Thaler und Sunstein differenzieren vier Gruppen von Maßnahmen, die Nudging-Charakter besitzen und durch unterschiedliche „Eingriffstiefen“ unterschieden werden können. Unproblematisch ist die Forderung, Bürgerinnen und Bürgern hinreichend viele und hinreichend hochwertige Informationen zu geben,

der Terrorgefahr zu lockern. [...] In Frankreich waren nach den Anschlägen auf das Satiremagazin „Charlie Hebdo“ und einen jüdischen Supermarkt in Paris tausende Soldaten bei der Fahndung und zur Sicherung von Gebäuden im Einsatz.“ (http://www.faz.net/aktuell/politik/umfrage-60-prozent-befuerchten-baldigen-terroranschlag-in-deutschland-13412956.html; 6.2.2015)

48 Vgl. Neubacher, Alexander 2014: Alchemie im Kanzleramt, in: *Der Spiegel* 36/2014, S. 34-35; Plickert, Philip/Beck, Hanno 2014: Kanzlerin sucht Verhaltensforscher, in: *FAZ* vom 7.9.2014 (http://www.faz.net/-gqg-7t66h, 8.9.2014).

wenn sie politische Entscheidungen zu treffen haben. Einen stärker steuernden Effekt hat die „selection of default rules“, d. h. die Entscheidung darüber, was die Standardoption in einer Entscheidungssituation ist. Dies kann anhand der politischen Regelung der Organspende verdeutlicht werden: Ist das Spenden von Organen die „Standardeinstellung“, die greift, wenn man keine Entscheidung trifft, so wird die Zahl der gespendeten Organe weitaus höher liegen, als wenn die Standardeinstellung „Organspende muss individuell bewusst und aktiv gewählt werden“ ist. Das politisch Gebotene soll die kostengünstige Defaulteinstellung sein. Ein anderes Beispiel wäre Ökostrom als Defaultoption bei Neuverträgen. Die *„stickyness of decisions“* würde dazu führen, dass über eine kluge Wahl der Defaultoption gesellschaftlicher Wandel möglich wird, ohne dass zuvor ein Einstellungswandel auf individueller Ebene notwendig ist. Schließlich plädieren Thaler und Sunstein für eine „Alternation of Decision Frames“ wie die leichte Zugänglichkeit ungesunder Waren – Süßspeisen, Zigaretten – in der Nähe der Kasse, während gesündere schwerer zugänglich sind. Vor diesem Hintergrund kann staatliche Gesundheitspolitik à la Nudge darin bestehen, Süßigkeiten schwerer zugänglich zu machen und die Auslage von Obst und Gemüse im Kassenbereich qua Gesetz vorzuschreiben und so den Entscheidungskontext für den Warenkauf zu verändern. Ein ähnliches Kalkül steht auch hinter der Vorgabe, dass in Discotheken ein nichtalkoholisches Getränk das günstige im Angebot sein muss.

In diesen Fällen erfolgt staatliche Steuerung über das „Ausnutzen“ von systematischen Schwächen beim Treffen von Entscheidungen. Dieser staatliche Paternalismus kann positiv bewertet – wenn eine politische Gemeinschaft z. B. auf sich selbst einwirken will – oder als Manipulation kritisiert werden. Damit stellt Nudging eine alternative Form politischer Steuerung dar, die weder über Einsicht in die moralische Richtigkeit eines Gesetzes oder Angst vor Bestrafung noch über Änderungen von Einstellungen (Lernen!) erfolgt, sondern direkt auf der individuellen Handlungsebene wirkt. Dies stellt ein neues Paradigma in der staatlichen Steuerungstheorie dar.

5.2 Emotional Mainstreaming

Den Erfolg demokratischen Regierens anhand harter Kennzahlen zu messen, besitzt eine lange Ahnenreihe im 20. Jahrhundert. Clintons Einsicht „It´s the economy, stupid!“ ist in diesem Kontext ebenso zu nennen wie die Empfehlung Schroeders, den Erfolg seiner Regierung an der Entwicklung der Arbeitslosenzahlen zu messen. Das Bruttoinlandsprodukt oder das Wachstum der Wirtschaft gehören ebenso zum festen Set an Evaluationskriterien der Performanz demokratischer Regierungen. Aus unterschiedlichen Richtungen wurde Kritik an der Angemessenheit harter ökonomischer Kriterien artikuliert: Der Club of Rome kritisierte die Idee stetigen Wachstums vor dem Hintergrund der Endlichkeit natürlicher Ressourcen und der damit (notwendigerweise?) einhergehenden Umweltverschmutzung.[49] Anderer Natur sind aktuelle Kritiken, die darauf hinweisen, dass ein gutes Leben sich ideell nicht in zunehmendem materiellem Wachstum erschöpft und Konsumismus nicht jene Sinnlücken zu schließen vermag, die u. a. durch die Säkularisierung des Westens gerissen wurden.[50] In diesem Bereich ist auch die empirische Glücks- oder Happinessforschung zu verorten.[51] Sie weisen u. a. darauf hin, dass wachsender materieller Wohlstand einen abnehmenden Grenznutzen besitzt und auf psychologischer Ebene materielle Sicherheit auf niedrigerem Niveau positivere Effekte besitzt, als abnehmender materieller Wohlstand auf höherem Niveau (d. h. Unsicherheit). Dies sind nur kleine Puzzlesteine, die eine gemeinsame Message tragen: Der Erfolg demokratischer Politik besteht nicht nur in der Optimierung abstrakter ökonomischer Kriterien wie Wirtschaftswachstum oder BIP. Im Gegenteil: Die forcierte Transformation des Staatsbürgers in ein primär auf Selbstoptimierung orientiertes Marktsubjekt – die Hand in Hand mit den wirtschaftlichen Erfolgen der letzten drei Jahrzehnte einhergeht – produziert emotionale Nebenprodukte, die durch wachsenden materiellen Wohlstand nicht kompensiert werden können.[52] Alain Ehrenberg etwa spricht von dem „erschöpften Selbst"[53] und Hartmut Rosa polemisiert, dass nur noch der Kauf und nicht mehr die Nutzung von Gütern Freude bereitet, da die Marktsubjekte zu wenig Zeit besitzen, ihre neu erworbenen Güter faktisch zu nutzen. Die Zahl der psychischen Erkrankungen hat zugenommen – in Hamburg waren 2014 psy-

49 Meadows, Dennis et al. *1994: Club Of Rome: Die Grenzen des Wachstums: Bericht des Club of Rome zur Lage der Menschheit*, Stuttgart: Dt. Verlag Anst.

50 Sandel, Michael J. 2012: *Was man für Geld nicht kaufen kann. Die moralischen Grenzen des Marktes*, Berlin: Suhrkamp.

51 Heidenreich, Felix 2012: Glück als Ziel der Politik? Neue Argumente für eine Gefühlspolitik, in: Heidenreich/Schaal (Hrsg.) a.a.O.

52 Bröckling, Ulrich/Krasmann, Susanne/Lemke, Thomas (Hrsg.) 2000: *Gouvernementalität der Gegenwart. Studien zur Ökonomisierung des Sozialen*, 5. Auflage, Frankfurt a.M.: Suhrkamp.

53 Ehrenberg, Alain 2008: *Das erschöpfte Selbst: Depression und Gesellschaft in der Gegenwart*, Berlin: Suhrkamp.

chische Erkrankungen der häufigste Grund für Krankschreibungen[54] – und die Annahme ist nicht völlig unplausibel, dass gesteigerte Flexibilitätsanforderungen in der Arbeitswelt in Verbindung mit sinkender Arbeitsplatzsicherheit damit in Verbindung stehen. Das grundlegende Argument lautet, das jede Politik *immer* auch emotionale Reaktionen auf der individuellen Ebene wachruft. Diese können besorgniserregend sein – so stieg die Zahl der Suizide in Griechenland nach Beginn der Austeritätspolitik um mehr als 30 %[55] – oder positiv – das Gefühl ihrer gesellschaftlichen Anerkennung stieg an der Einführung der gleichgeschlechtlichen Lebenspartnerschaft in der gay-lesbian community.

Das Konzept des *Emotional Mainstreaming* basiert erstens auf der Einsicht, dass jede Politik emotionale Korrelate bei den Bürgerinnen und Bürgern besitzt und keine neutrale, sachorientierte Politik existiert. Zweitens geht es davon aus, dass die emotionalen Nebenprodukte staatlicher Politik nicht zufällig oder kontingent sind. Sie variieren zwar nach Bevölkerungsgruppen, Schichten, Milieus, sachlicher Betroffenheit etc.; nichtsdestoweniger sind innerhalb dieser systematischen Bezugseinheiten systematische, gleichgerichtete emotionale Effekte hochwahrscheinlich. Aus dieser – empirisch noch zu testenden, aber theoretisch plausiblen – Hypothese folgt, dass nicht nur die materiellen, sondern auch die *emotionalen* Effekte staatlicher Politik bereits auf der Throughput-Seite des demokratischen Prozesses systematisch analysiert und als Grund für oder gegen die Implementation einer Politik berücksichtigt werden müssen. Dies impliziert viertens, dass Politik emotionale Zustände ihrer Bürgerinnen und Bürger als Ziel demokratischer Politik deklarieren sollte und auch als Begründung für Politiken nutzen kann. Dem sollte ein gesamtgesellschaftlicher Diskurs über das Gute Leben (Kollektivsingular) vorangehen, in dem auch unvermeidliche trade-offs (z. B. sinkender kollektiver Wohlstand versus steigendes Glücksniveau) öffentlich diskutiert werden.

54 Ten Have, Jessica 2014: *DAK Gesundheitsreport für Hamburg 2014*, online unter: www.dak.de/dak/regionale_themen/Gesundheitsreport_fuer_Hamburg_2014-1389722.html (eingesehen am 6.2.2015).

55 Funk, Victor 2015: *Suizid in Griechenland. Der Pres der Sparprogramme*, online unter: http://www.fr-online.de/politik/suizid-in-griechenland-der-preis-der-spar programme,1472596,29650948.html (eingesehen am 6.2.2015).

5.3 Emotionen als Input des demokratischen Prozesses

In der langen Tradition des emotionsaversen Liberalismus stehend werden bis heute Bürgerinnen und Bürger, die emotional aufgeladen politisch partizipieren, häufig wegen dieser Motivation diskreditiert und damit aus dem politischen Diskurs ausgeschlossen. Dies spiegelt sich beispielhaft in dem Begriff des Wutbürgers wider. Eine journalistische Erfindung des Spiegel-Autors Dirk Kurbjuweit (SPIEGEL 41/2010), die ursprünglich dazu gedacht war, die Bürgerbewegung gegen Stuttgart 21 zu diskreditieren, wurde später generalisiert und dient heute häufig dazu, politische Forderungen nicht wegen ihrer Substanz, sondern wegen der Motivation ihrer Artikulation aus dem demokratischen Prozess zu exkludieren. Dies ist aus einer Vielzahl von Gründen problematisch:

Das liberale Ideal der Responsivität bezieht sich auf die Präferenzen der Bürgerinnen und Bürger, unabhängig von ihrer Begründung („best judge principle“) und ihrer Motivation. Die Exklusion von Präferenzen aufgrund der Handlungsmotivation ihrer personalen Träger ist diskriminierend. Und selbst unvernünftige Präferenzen müssen in der politischen Öffentlichkeit artikuliert werden können; das „Recht auf Rechtfertigung“ (Forst) impliziert jedoch auch, dass von diesen Bürgerinnen und Bürgern Begründungen für ihre Präferenzen gefordert werden können, die sich nicht allein im Rekurs auf emotionale Zustände erschöpfen dürfen. Das diskreditierende Beispiel des Wutbürgers verstellt jedoch den Blick auf Bürgerbewegungen, deren Handlungsmotivation z. B. Unrechtserfahrungen, Gefühle der Missachtung und der Diskriminierung sind.[56] Auch wenn hier Handlungsmotivation und politische Präferenz häufig Hand in Hand gehen, bleiben es Emotionen, die handlungsanleitend sind.[57]

Aus Beteiligungsperspektive ist es dementsprechend hochproblematisch, Bürgerbewegungen aufgrund ihrer Handlungsmotivation generell zu kritisieren. Emotionen differenzieren zwischen Wichtigem und Unwichtigem in unserer äußeren und inneren Welt und ermöglichen es uns somit überhaupt erst, handlungsfähig zu sein. Und innerhalb der Sphäre des Be-

56 Mit Sternberger kann argumentiert werden, dass nicht alle Emotionen in einer Demokratie normativ gleich wertvoll sind (vgl. Fleiner, Rebekka 2013: Die drei Dimensionen des Verfassungspatriotismus. Sternberger Revisited, in: *Österreichische Zeitschrift für Politikwissenschaft* 42(4), S. 407-442). Die amerikanische Diskussion über das Spannungsverhältnis von *hate speech* und Meinungsfreiheit kann ebenfalls instruktiv sein für die Frage der normativen Bewertung von Emotionen in demokratietheoretischer Perspektive.

57 Fleiner (2013) a.a.O.

deutsamen differenzieren Emotionen unterschiedliche Intensitäten des Bedeutsamen und motivieren zu faktischem Handeln. Politische Partizipation ist auf Emotionen als handlungsaktivierende Ressource angewiesen.

Sind Emotionen nicht nur handlungsmotivierend, sondern selbst Gegenstand politischer Forderungen (Stichwort: Angst), wird der Bereich des Emotionsmanagements betreten, der anderen Anforderungen unterliegt.

6. Schlussbemerkung

Ausgangspunkt der vorliegenden Überlegungen war der Bedeutungsgewinn der Emotionen in den Lebenswissenschaften, den Geistes- und Sozialwissenschaften und der Politik. Vor dem Hintergrund dieser Entwicklungen wurden zwei Argumente vertreten, die – obwohl sie auf unterschiedlichen Ebenen verortet sind – eng miteinander verwoben sind.

Erstens plädierten wir für die Entwicklung einer Politischen Theorie der Emotionen, die sich ihrer ideengeschichtlichen Quellen bewusst, aber zugleich interdisziplinär orientiert ist und die aktuellen Forschungsstände der Lebenswissenschaften zu Emotionen konstitutiv verarbeitet. In diesem Sinne sprechen wir uns für eine *empirisch fundierte Politische Theorie der Emotionen* aus.

Es wurden zweitens drei Objektbereiche einer Politischen Theorie der Emotionen identifiziert, d. h. Emotionsmanagement, Emotional Mainstreaming, Emotionen als Inputs, die auch für die empirische Forschung instruktiv sein können:

Innovativ erscheint uns v. a. der zweite Bereich, *Emotional Mainstreaming.* Hier plädieren wir – im Anschluss an Überlegungen von Felix Heidenreich – dafür, dass im Throughput-Bereich des demokratischen Prozesses Politiken konstitutiv auf ihre emotionalen Korrelate bei den Bürgerinnen und Bürgern hin bewertet werden. Perspektivisch zielt dieser Vorschlag darauf, den Erfolg von Politik nicht nur an objektiven, zumeist ökonomischen, Kennzahlen zu bewerten (BIP, Wachstum, Arbeitslosenquote), sondern auch an den emotionalen Zuständen der Bürgerinnen und Bürger.

Leidenschaft, Affekt und Gefühl bei Max Weber – eine politiktheoretische Skizze

Oliver Lembcke und Florian Weber

1. Einleitung: Webers „inoffizielle" Ordnungstheorie

Max Weber gilt als Theoretiker der Moderne, speziell der modernen Rationalität.[1] Seine Klärung soziologischer Grundbegriffe hat für Emotionen kaum Platz. Entsprechend „emotionslos" stellt sich noch Webers handlungstheoretisch grundierte Ordnungstheorie dar. Emotionen werden hier nur als ein Subtypus der Vergemeinschaftung (im Gegensatz zu Vergesellschaftung) eingeführt, wozu allgemein jede soziale Beziehung zählt, in der „die Einstellung des sozialen Handelns [...] auf subjektiv gefühlter (affektueller oder traditionaler) Zusammengehörigkeit der Beteiligten beruht."[2] In diesem Zusammenhang benennt Weber die „affektuelle Vergemeinschaftung" als eigenständigen Koordinationstypus.[3] Aufgrund der starken inter-personalen Bindungen besitzen solche Vergemeinschaftungen eine hohe Kohäsionskraft; sie sind jedoch zugleich von begrenzter Reichweite und daher als „Konstruktionsgrundlage umfassender Ordnungen untauglich."[4]

Übergreifende Formen des gesellschaftlichen Zusammenhalts scheinen hingegen in der „offiziellen" Ordnungstheorie Webers eine nicht-emotionale Grundlage zu haben und fallen somit unter den Typus der Vergesellschaftung. Hier dominieren rationale Handlungsorientierungen. Zusam-

1 Der folgende Aufsatz führt Überlegungen der Autoren zu Max Weber zusammen und entwickelt diese weiter: Weber, Florian 2013: *Emotionen und Politische Ordnung. Ansätze zu einer emotionssoziologischen Fundierung der Demokratietheorie*. Dissertation Universität Jena, insbes. S. 110-168; Lembcke, Oliver W. 2008: The Dynamics of Legitimacy – A Critical Reconstruction of Max Weber's Concept, in: *Recht der Werkelijkheid* 29(3), S. 33-46.

2 Weber, Max 1980: *Wirtschaft und Gesellschaft. Grundriss der verstehenden Soziologie*, hrsg. von Johannes Winckelmann, 5. Aufl., Tübingen: Mohr, S. 21.

3 Ebd., S. 14f. Der wichtigste Fall affektueller Vergemeinschaftung ist die auf Liebesbeziehungen basierende Familiengemeinschaft.

4 Schwinn, Thomas 1993: Max Webers Konzeption des Mikro-Makro-Problems, in: *Kölner Zeitschrift für Soziologie und Sozialpsychologie* 45(2), S. 234.

menhalt aufgrund gemeinsamen (Wert-)Glaubens ordnet Weber dementsprechend als „Gesinnungsverein" dem Typus der Vergesellschaftung zu. Allerdings gibt er zu, dass der Gesinnungsverein als „reiner Typus" unter Absehung „emotionaler und affektueller Interessen" praktisch kaum anzutreffen sei.[5] In dieser Äußerung zeigt sich jedoch, wie Integrationsprozesse, die über den Nahbereich hinausgehen, emotionstheoretisch einzuordnen sind.

In seiner Religionssoziologie räumt Weber Formen affektueller Vergemeinschaftung eine größere Kohäsionskraft ein als in seinen Grundbegriffen. Hier versteht er auch die „Gemeinde" als eine Form von „emotionaler Vergemeinschaftung"[6], wenn er diese auch von der Jüngerschaft abgrenzt, die unmittelbar durch persönliche Erlebnisse an den Charisma-Träger gebunden ist.

Diese vermeintliche Unstimmigkeit lässt sich erklären, wenn man sich vergegenwärtigt, dass der Typus des wertrationalen Handelns einen Doppelstatus besitzt. Einerseits zählt er zu den rationalen Handlungstypen, die eine teleologische Struktur aufweisen. Andererseits haben Emotionen bei der Erfassung des Telos wertrationaler Handlungen eine konstitutive Bedeutung. Emotionen sind gewissermaßen die Sensoren für Werteigenschaften.

Vor diesem Hintergrund deutet sich bereits die emotionsbasierte – wenn man will: „inoffizielle" – Dimension der Weberschen Ordnungstheorie an, deren politikwissenschaftliche Relevanz im Folgenden skizziert werden soll.[7] Der Kern dieser Skizze besteht darin, dass Webers Überlegungen zum Problem sozialer und politischer Ordnung in der Fluchtlinie seiner Handlungstheorie bzw. seiner Handlungstypenlehre konstruiert sind. Ordnung ist für Weber im Gegensatz zu strukturalistischen oder funktionalistischen Ansätzen stets prekär und umkämpft, die Machtpotentiale der Akteure sind Funktionen historisch zu analysierender Ordnungskonstellatio-

5 Weber (1980) a.a.O., S. 22.

6 Ebd., S. 141.

7 Zur Emotionssoziologie Webers vgl. Gerhards, Jürgen 1989: Affektuelles Handeln – der Stellenwert von Emotionen in der Soziologie Max Webers, in: Johannes Weiß (Hrsg.): *Max Weber heute. Erträge und Probleme der Forschung*, Frankfurt a.M.: Suhrkamp, S. 335-357; Heins, Volker 1999: Demokratie als Nervensache. Zum Verhältnis von Politik und Emotion bei Max Weber, in: Ansgar Klein/Frank Nullmeier (Hrsg.): *Masse – Macht – Emotionen. Zu einer politischen Soziologie der Emotionen*, Opladen/Wiesbaden: Westdeutscher Verlag, S. 89-101; ders. 2002: Politik und Emotionen: Von Max Weber zur Zweiten Moderne, in: *Zeitschrift für Politik* 49(4), S. 424-448.

nen (hier besteht eine gewisse Nähe zum Post-Strukturalismus). Besonderes Augenmerk legt Weber auf die Historizität von Ordnungen. Diese entstehen aus der Konkretisierung und Institutionalisierung von Ideen, die wiederum die Interessen und Präferenzen der Akteure formen. Welche Rolle spielen dabei Emotionen? Sie sind ideativ innovativ. Ideen bilden sich nach Weber nicht spontan heraus, sondern werden durch Akte der Charismatisierung von Werten politisch gestiftet. Ordnungen gründen auf Ideen, die von Charisma-Trägern verbreitet und in ihrem Wertcharakter dargestellt und zur Nachfolge angesonnen werden. Leidenschaften sind konstituierende Momente dieser Stiftungsakte, durch sie werden Werte erschlossen, dargestellt, (rituell) verstetigt und tradiert. Diese Verbindung zwischen Emotionen und Institutionen gilt es näher auszuführen und auf ihre demokratietheoretische Valenz zu prüfen, zuvor ist jedoch Webers Emotionstheorie zu rekonstruieren.

2. *Webers Emotionsbegrifflichkeit*

Weber steht in der Tradition des (Neu-)Kantianismus[8] und übernimmt dessen differenziertes, in der Tradition der „klassischen Affektenlehren"[9] seit der Antike stehendes Emotionsvokabular. Gegenüber psychologischen Ansätzen verfügt die Tradition der Affektenlehre über eine reichhaltigere Terminologie. Hellmuth Plessners These, dass die Durchsetzung der Psychologie als wissenschaftliche Leitdisziplin im 19. Jahrhundert zu einer Reduzierung des Seelischen aufs Psychische geführt hat,[10] lässt sich deutlich an der Emotionssemantik ablesen: Während die Affektenlehren zwischen „Begierden", „Leidenschaften", „Affekten", „Empfindungen" und „Gefühlen" unterschieden hatten, begnügt sich die Psychologie mit dem generischen Emotionsbegriff.[11]

8 Vgl. hierzu Schnädelbach, Herbert 1983: *Philosophie in Deutschland. 1831-1933*, Frankfurt a.M.: Suhrkamp, S. 199ff.

9 Vgl. Weber, Florian 2008: Von den klassischen Affektenlehren zur Neurowissenschaft und zurück. Wege der Emotionsforschung in den Geistes- und Sozialwissenschaften, in: *Neue Politische Literatur* 53(1), S. 21-42.

10 Plessner, Hellmuth 1983: Über den Begriff der Leidenschaft, in: ders., *Gesammelte Schriften VIII. Conditio Humana*, Frankfurt a.M.: Suhrkamp, S. 66-76.

11 Durch die psychologische Reduzierung auf den Emotionsbegriff gehen interne Differenzierungen verloren, so die These von Dixon, die beispielsweise eine komplexe Beantwortung der Frage nach dem Verhältnis von Emotion und Rationalität ermöglichen. Vgl. Dixon, Thomas 2006: *From Passions to Emotions. The*

2.1 Kant und Nietzsche

Die klassischen Affektenlehren vertreten ein *kognitivistisches* Emotionskonzept, wie es im Zuge der sog. „emotiven Wende“[12] seit den 1960er Jahren wiederentdeckt worden ist.[13] Emotionen haben danach (im Gegensatz zu rein körperlichen Empfindungen wie etwa Schmerzen) kognitive Gehalte. Sie sind Begleiterscheinung bzw. Grundlage von Werturteilen. Jede emotionale Reaktion ist eine wertende Stellungnahme zur Welt bzw. einem Sachverhalt. Emotionen sind somit in einem deskriptiven Sinne rational, d. h. prinzipiell Gegenstand hermeneutischen Verstehens. Allerdings können sie irrational in dem Sinne sein, dass sie einen Wert bzw. einen Sachverhalt nicht angemessen repräsentieren, also metaphorisch gesprochen die „Wertoptik“ verfälschen.

Die vom Neukantianismus übernommene Terminologie der Affektenlehre bildet aber nur einen allgemeinen Hintergrund für Webers Emotionsverständnis. Ein weiterer bedeutender Einflussfaktor ist Friedrich Nietzsche, dessen Dekonstruktion des Subjektbegriffs deutliche Spuren bei Weber hinterlassen hat,[14] ablesbar insbesondere an seinem Begriff der Leidenschaft. Nietzsche versteht Leidenschaft als eine (im wertfreien Sinne) rationale Verfügungsform über Affekte, die zugleich selbst affektive Qualität besitzt: In einem nietzscheanischen Universum gibt es keine Vernunft jenseits des Affektiven. Rationalität muss daher emotionstheoretisch rekonstruiert werden. Weber übernimmt diese nietzscheanische Perspektive, wodurch das begriffliche Erbe des Neukantianismus transformiert wird. Für Weber gibt es keine Sphäre des Dings an sich, keine reine Vernunft, keinen aus Vernunft allein bestimmten Willen. Es gibt, in Anlehnung an Nietzsche, nur empirische Willen (zur Macht). Was die (Neu-) Kantianer Vernunft nannten, ist vielmehr eine Inzuchtnahme der Affekte,

Creation of a Secular Psychological Category, Cambridge [u.a.]: Cambridge University Press. Aus diesem Grund beziehen sich innerhalb des philosophischen Emotionsdiskurses zentrale Theoretiker eines kognitiven Emotionsverständnisses auf antike Quellen, v.a. Aristoteles und die Stoa, vgl. etwa Nussbaum, Martha 2001: *Upheavals of Thought. The Intelligence of Emotions*, Cambridge [u.a.]: Cambridge University Press.

12 Zum Begriff der „emotiven Wende“: Weber, Florian (2008) a.a.O., S. 21f.

13 Die in letzter Zeit von der Neurowissenschaft betonte Überlappung bzw. Integration von Emotionalität und Rationalität ist in diesem allgemeinen Sinne keine neue Erkenntnis.

14 Hennis, Wilhelm 1985: Nietzsches Genius im Werk Max Webers, in: *Frankfurter Allgemeine Zeitung* vom 7.12.1985.

die Ausbildung eines kontrollierten Habitus. Dadurch wird eine ethische Neubewertung der Leidenschaft möglich.[15]

2.2 Begriffliche Binnendifferenzierungen

Weber unterscheidet in der Tradition Kants zwei Typen von Emotionen, nämlich „Affekte" und „Leidenschaften." Grundlegend für beide Typen ist das emotionale, subjektive Erleben, das Weber – ebenfalls in Anlehnung an Kant – „Gefühl" nennt.[16]

Als *Gefühl* bezeichnet Weber die subjektive Erlebniskomponente von Affekten und Leidenschaften, die sich auf einer Lust-/Unlust-Skala bewegen. Gefühle bezeichnen somit die nur introspektiv wahrnehmbare Erlebniskomponente einer Emotion, die darüber hinaus weitere Momente besitzt wie etwa den beobachtbaren gestisch-mimischen Ausdruck oder die wissenschaftlich messbare physiologisch-hormonelle Erregung. In systemtheoretischer Diktion könnte man sagen, dass Gefühle „feedback-Schleifen" der Informationsverarbeitung sind. Sie brechen die Unmittelbarkeit einer Stimulus-Response-Reaktion auf und ermöglichen somit die Variation eines automatisch abrufbaren Verhaltensprogramms. In Webers Diktion: Gefühle brechen die „Hemmungslosigkeit" des affektuellen Reagierens und ermöglichen eine „Sublimierung" der Affektabfuhr.[17]

Terminologisch schließt Weber an den Neukantianer Wilhelm Windelband an, der in seinen Vorlesungen *Über Willensfreiheit* den „Wahlvorgang" analysiert, durch den festgelegt wird, welche der im Wettstreit befindlichen Begierden bzw. Wünsche zum handlungswirksamen bestimmt

15 Die Konturen einer emotionstheoretisch fundierten Rationalitätstheorie hat Weber in seiner Protestantismusstudie gezeichnet: Seine Genealogie des modernen Wirtschaftslebens dechiffriert die Rationalität der methodischen Lebensführung als Frucht einer strukturell verstetigten „qualvolle[n] Angst vor dem Tod" (Weber, Max 1988a: *Gesammelte Aufsätze zur Religionssoziologie*, Bd. 1, hrsg. von Marianne Weber, 9. Aufl., Tübingen: Mohr, S. 98). Als „Gefühl einer unerhörten inneren Vereinsamung des einzelnen Individuums" (ebd., S. 93), das einzig durch die „Exklusivität des Gottvertrauens" beruhigt werden könne, führe sie zu einer Vereinzelung der Individuen. Da das Übel der Verdammnis stets noch voraus liege und nicht bereits unmittelbar im Hier und Jetzt bedrohlich sei, lähme die Angst nicht, sondern setze eine rastlose Tätigkeit in Gang als einziges „Mittel zum Abreagieren der religiösen Angstaffekte" (ebd., S. 106) – die Triebkraft des modernen Kapitalismus, so Weber.

16 Zum Folgenden, vgl. ebd., S. 134-152.

17 Weber, Max (1980) a.a.O., S. 12.

wird.[18] Eine solche Abwägung setzt die Metrisierung der verschiedenen Wünsche hinsichtlich ihrer Intensität voraus – genau diese Funktion erfüllt in Windelbands System der Gefühlsbegriff. Gefühle repräsentieren, welchen „Wert für den Wählenden"[19] die mit der Realisierung eines Motivs verbundene Handlung hat.

In diesem weiten Sinne einer subjektiven Bewertung der Wünsche und Handlungsoptionen sind Gefühle in ihrer Bedeutung nicht auf den Typus des affektuellen Handelns eingeschränkt. Sie sind keine subjektiven Faktoren der Handlungswahl, die zu den von Weber beschriebenen harten Faktoren der Zweck- und Mittelkalkulation einfach hinzutreten; vielmehr sind sie die „Brille", durch die Zweck- und Mittelerwägungen erst handlungsleitende Kraft erhalten.

Windelband definiert *Affekte* als Störung des gefühlsmäßigen Abwägungsvorgangs durch die Dominanz der „unmittelbaren Erlebnisgefühle" über die „Vorstellungsgefühle", also solche Gefühle, die mit der rückblickenden Erinnerung bzw. der zukunftsgerichteten Vorschau verbunden sind. Durch die Überbewertung des Gegenwärtigen bewirkten Affekte eine „Lockerung zwischen den Vorstellungserinnerungen und den Gefühlserinnerungen. [...]: die normale Beurteilung der Gegenstände hört auf."[20]

Aus soziologischer Perspektive ist für Weber v. a. die strukturelle Beschreibung der Affekte und weniger ihre normative Einordnung als „Störung" des Abwägungsvorgangs von Motiven bedeutsam. Strukturell lassen sich an der Bestimmung Windelbands zwei Punkte herausstellen: Affekte sind, erstens, keine rein physiologisch oder psychologisch erklärbaren Phänomene,[21] die sich entweder unter Rekurs auf biologische Parameter wie das hormonelle Erregungsniveau, Pulskurven usw. oder mit Blick auf psychologische Zustandsbeschreibungen qua Introspektion hinreichend bestimmen lassen. Selbst wenn diese Parameter exakt bestimmt und kausal mit der Entstehung von Affekten verbunden werden könnten, ergebe sich daraus noch kein soziologischer (sinnverstehender oder erklärender) Zugang zu den Emotionen. Dafür ist nämlich, zweitens, der Wertbezug der Affekte zu beachten. Gegen das physiologische Modell der Emotionsentstehung repräsentiert der Wertbezug die kognitive Dimension der Emo-

18 Windelband, Wilhelm 1905: *Über Willensfreiheit. Zwölf Vorlesungen*, 2. Aufl., Tübingen: Mohr, S. 32

19 Windelband (1905) a.a.O., S. 55.

20 Windelband (1905) a.a.O., S. 75.

21 Weber, Max 1988b: *Gesammelte Aufsätze zur Wissenschaftslehre*, hrsg. von Johannes Winckelmann, 7. Aufl., Tübingen: Mohr, S. 430ff.

tionen, gegen das psychologisch-introspektive Modell repräsentiert er einen Welt-/Außenbezug der Emotion.

Im Gegensatz zu den kurzlebigen, heftigen und durch einen externen Stimulus ausgelösten Affekten sind *Leidenschaften* reizunabhängige, zu stabilen Charaktereigenschaften verstetigte und somit übersituative Dispositionen. Sie besitzen die Eigenschaft, Sinn zu hierarchisieren und somit Affekte gezielt zu mobilisieren.[22] Leidenschaften sind somit gewissermaßen eine intra-personale Institutionalisierung des Affekts, eine höherstufige Ordnung von Affekten, wie Windelband ausführt: „Unter Leidenschaften verstehen wir nämlich nicht sowohl einzelne und überraschende Gefühle, wie es die Affekte sind, sondern vielmehr dauernde und dominierende Willensrichtungen von ungewöhnlicher Stärke", die so stark ausgeprägt sein können, „dass dagegen das gesamte übrige System von Gefühlen, Überzeugungen und Willensrichtungen machtlos bleibt."[23]

Im Gegensatz zu Affekten als intensiven, durch momentane Stimuli evozierten *Erlebnis*gefühlen, stehen Leidenschaften im Dienst der *Erinnerungs*gefühle. Sie sorgen dafür, dass „bei dem Wählenden in seiner Reaktion auf die momentanen Motive die ganze Energie der konstanten Motive, d. h. seines dauernden Wesens, seines Charakters zur Geltung kommt."[24]

Leidenschaften sind „Selbstaffektionen des handelnden Akteurs"[25]. Vor dem Hintergrund von Webers nietzscheanischer Sicht auf Subjektivität ist dies ein entscheidender Punkt: Leidenschaften stärken im Gegensatz zu reizabhängigen Affekten die Akteurskausalität. In einer post-kantianischen Welt sind sie geradezu Bedingungen für autonomes Handeln: „Leidenschaften stärken und stabilisieren unseren Willen, sie verleihen ihm Dauerhaftigkeit, sie begünstigen die Durchsetzung unserer Interessen, sie drücken die Lebendigkeit des Subjekts aus und versorgen das politische wie auch das sonstige Handeln mit der notwendigen Energie und Durchsetzungsfähigkeit."[26]

22 Paris, Rainer 2001: Leidenschaft – eine Skizze, in: *Berliner Debatte/Initial* 12(1), S. 135-138.

23 Windelband (1905) a.a.O., S. 81.

24 Ebd., S. 69.

25 Schützeichel, Rainer 2010: Der Wert der politischen Leidenschaft – Über Max Webers „Affektenlehre", in: *Tel Aviver Jahrbuch für deutsche Geschichte* 38, S. 107.

26 Ebd., S. 109.

3. Ordnungsbezüge der Emotionen

Für Weber gibt es keine emotional neutrale Wertwahrnehmung – wenn ein Wert uns nicht ergreift, stellt er für uns keinen solchen dar. Wird ein Akteur von einem Wert emotional angesprochen, so sucht er ihn durch sein Handeln zu verwirklichen, und zwar oftmals gegen hohe Widerstände. Diese Widerständigkeit der Werte lässt sich mit Weber unter Verweis auf die hohe Gefühlsladung erklären, die der Wert besitzt, die jedoch zugleich, sofern sie nicht vollständig ausagiert werden kann, nach innen abgeleitet wird und sich potentialiter zur Leidenschaft verstetigt. Aus dieser emotionstheoretischen Deutung des wertrationalen Handlungstypus speist sich die bereits angesprochene „inoffizielle" Webersche Ordnungstheorie, die Emotionen eine strukturierende Wirkung über den sozialen Nahraum hinaus zuspricht, sofern diese nämlich Momente des „Legitimitätsglaubens" sind. Die Stabilität einer Ordnung beruht nach Weber maßgeblich auf der wertbezogenen Bejahung dieser Ordnung. Sie wird gestützt durch solche Handlungen, die „an der Vorstellung vom Bestehen einer legitimen Ordnung orientiert werden."[27] Institutionalisierung ist ohne das Vorliegen stabiler wertrationaler Orientierungen undenkbar, diese machen die empirische Geltung der Legitimität aus. Legitimität ist für Weber nicht allein und nicht in erster Linie ein Ergebnis diskursiver Rechtfertigung, sondern wird auch „kraft *affektuellen* Glaubens" gestärkt.[28]

Dieser Glaube unterscheidet sich von verfestigter Gewohnheit, bloßer emotionaler Hingabe oder berechnender Strategien, weil es in ihm um eine Verbindung von innerlicher Zustimmung mit der äußerlichen Richtigkeit einer Ordnung geht. Eine solche Verbindung generiert mehr (Selbst-) Verbindlichkeit als die verschiedenen Akzeptanzformen oder Interessenkalküle.

Die Exklusivität der Wertrationalität für die Konstitution legitimer Ordnungen bei gleichzeitig anderen Möglichkeiten der subjektiven Handlungsorientierung leistet einen Beitrag zu Webers Kernanliegen im Rahmen seiner Legitimitätskonzeption, das er selbst wie folgt formuliert: „[…] für ihre soziologische Analyse kommt es entscheidend auf die verschiedenen möglichen, subjektiv sinnhaften, Grundlagen jenes „Legitimitäts"-Einverständnisses an, welches überall da, wo nicht nackte Furcht vor

27 Weber (1980) a.a.O., S. 16.
28 Weber (1980) a.a.O., S. 19.

direkt drohender Gewalt die Fügsamkeit bedingt, in grundlegend wichtiger Art ihren spezifischen Charakter bestimmt."[29]

Der emotionale Wertbezug im Rahmen eines affektuellen Glaubens an die Legitimität der Ordnung kann durch Routinen überlagert (Traditionalisierung) und durch rationale Orientierung daran verzweckt werden (Rationalisierung). Eine wertrationale Motivation bleibt jedoch so lange bestehen, wie Verletzungen der (Werte-)Standards durch emotionale Reaktionen sanktioniert werden – sei es durch Empörung beim Verstoß anderer gegen die Regeln einer legitimen Ordnung oder durch Scham als Reaktion auf die eigene Verletzung dieser Regeln. Im Gegensatz zu einer rein traditionalen Ordnung und einer rein zweckrationalen Ordnung (oder Mischformen) ist nur die wertrational fundierte Ordnung sich selbst Thema und Zweck. In ihr wird die Ordnung zum Motiv, weil die der Ordnung zugrunde liegenden Werte zu leidenschaftlich gebundenen Handlungsmotiven werden.

Die Beharrlichkeit und Stetigkeit wertbezogener Motive ist aber für sich betrachtet noch kein Garant für die Stabilität von Ordnungen. Entscheidend hierfür ist vielmehr, wie die prägenden Wertungsmuster sozial verteilt sind. Webers Wertbegriff ist für eine solche soziale Strukturierung aber offen. Werte sind keine idiosynkratischen Präferenzen, es sind auf Ideen bezogene Wertungen bzw. „Wünsche zweiter Ordnung" (Taylor), die auf geteilten Standards der Angemessenheit beruhen. In dieser Form tragen sie als kulturell überformte individuelle Wahrnehmungsmuster und Motivbündel zur sozialen Ordnung bei, die durch Regelmäßigkeiten des Handelns konstituiert wird.[30]

4. Dynamische Legitimität

Wenn Legitimität so eng mit dem faktischen Bestehen eines Legitimitätsglaubens verbunden wird wie bei Weber, dann stellt sich die Frage, ob sich die Normativität einer legitimen Ordnung überhaupt noch ausweisen lässt.[31] Kann sie überhaupt noch eine eigene Kraft gegenüber der Ordnung

29 Weber (1988b), S. 470.

30 Weber (1980) a.a.O., S. 14-16.

31 Titunik, Regina F. 2005: Democracy, Domination and Legitimacy in Max Weber's Political Thought, in: Charles Camic/Philip S. Gorski/David M. Trubek (Hrsg.): *Max Weber's Economy and Society: A Critical Companion*, Stanford: Stanford University Press, S. 144.

entfalten, wenn Legitimität nicht – wie beispielsweise in der Vertragstheorie – an moralische Kriterien zurückgebunden wird und damit die Politik nicht mehr mit einem externen kritischen Maßstab versorgen kann. Legitimation und Limitation sind bei Weber nicht miteinander verschwistert; die Legitimität steht funktional betrachtet ganz im Dienst der jeweiligen Ordnung, die – wie jede Ordnung – „nach Selbstrechtfertigung" strebt.[32]

Es scheint sich an dieser Stelle das Vorurteil zu bewahrheiten, das in der politischen Theorie gegenüber Emotionen gehegt wird: Dass diese zwar bei der Beschreibung *faktischer* Politik zu berücksichtigen sind, jedoch nichts zur *normativen* Bestimmung des Politischen beitragen können. Diese Dichotomie ist jedoch zu holzschnittartig, um Webers Ansatz zur Analyse demokratischer Ordnungen adäquat einzuordnen. Weber geht es nämlich einerseits durchaus darum, durch institutionelles Design eine Rationalität des politischen Prozesses zu garantieren. Andererseits darf diese Rationalität nicht – wie etwa in diskurstheoretischen Demokratiemodellen – von der machtdurchsetzten Praxis politischer Willensbildung und Entscheidungsfindung abgekoppelt werden.[33] Für Weber sind es nicht die (guten) Zwecke des Staates oder die (demokratischen) Ideale und auch nicht die (vernünftigen) Verfahren, die den Glauben an die Legitimität einer Ordnung lebendig halten. Vielmehr sind es die realen Formen der politischen Auseinandersetzung. Im pluralistischen Kräftefeld der Politik werden nicht nur die eigenen Überzeugungen sichtbar, für die zu streiten es sich lohnt; die erzeugten Spannungen veranschaulichen überdies den Wert einer Ordnung, die einen solchen Kampf auszuhalten vermag, ohne sich selbst aufzulösen – in der modernen Welt der demokratische Verfassungsstaat, für den Weber fraglos zu jeder Zeit eingetreten ist.

Hinsichtlich der Organisation eines solchen politischen Systems lassen sich innerhalb des Weberschen Werkes unterschiedliche, zum Teil auch widersprüchliche Äußerungen finden.[34] Klar scheint zu sein, dass für ihn die demokratische Regierungsform selbst nicht hinreicht, um jene Kräfte

32 Weber (1980) a.a.O., S. 549.

33 Weiterführend in diesem Zusammenhang Stachura, Mateusz 2006: Rationale Demokratie – Demokratietheoretische Überlegungen in Anschluss an Max Weber, in: *Zeitschrift für Politik* 53(4), S. 393-410.

34 Mommsen, Wolfgang J. 2001: Politik im Vorfeld der Hörigkeit der Zukunft. Politische Aspekte der Herrschaftssoziologie Max Webers, in: Edith Hanke/Wolfgang Mommsen (Hrsg.): *Max Webers Herrschaftssoziologie. Studien zur Entstehung und Wirkung*, Tübingen: Mohr, S. 313-319.

zu bändigen, die den Prozess der Bürokratisierung entfesselt haben;[35] weshalb Weber sein Augenmerk vor allem auf die Auswahl und die Führungskraft des politischen Personals legt. Aber ebenso klar ist, dass man von einem Politiker anderes und mehr erwarten kann als von einem Beamten. Der entscheidende Unterschied liegt Weber zufolge in der politischen „Verantwortung"[36], die über die rechtliche Verantwortlichkeit hinausgeht und vor allem die Eigenständigkeit umfasst, sich als Politiker für die Belange des Gemeinwohls einzusetzen. Und dieser Einsatz, so wird man Webers Anliegen wohl verstehen können, ist die Quelle, aus der sich auch die Lebendigkeit des Legitimitätsglaubens speist. In diesem Kontext wird besonders der dynamische Grundzug der Legitimität anschaulich; sie ist in Webers Konzeption als ein Prozess zu begreifen,[37] in dem sich die innere Haltung der Legitimitätsgläubigen entweder verfestigen oder verändern kann, und zwar in Abhängigkeit der Performance der politischen Institutionen, die sich an ihrem eigenen Herrschaftsanspruch und dem Glauben daran messen lassen müssen. Vor diesem Hintergrund lassen sich idealtypisch drei Beziehungsebenen unterscheiden:[38]

Regelvertrauen: Politische Institutionen bestätigen bestehende Regeln mit der Folge einer Stärkung des Legalitätsglaubens (Legitimität) oder sie verletzen diese Regeln um den Preis eines Glaubwürdigkeitsverlustes (Illegitimität).

Performanzakzeptanz: Die Rechtsunterworfenen stimmen dem Handeln der politischen Institutionen zu (Legitimierung) oder sie verweigern ihre Zustimmung (Delegitimierung).

Herrschaftsbegründung: Zwischen Regierenden und Regierten herrscht über die Regierungsform, über den Kurs der Politik etc. entweder Übereinstimmung (Herrschaftsrechtfertigung) oder Diskrepanz (Legitimationsdefizit).

35 Zum Verhältnis von Bürokratie und Demokratie: u.a. Schluchter, Wolfgang 1979: *Die Entwicklung des okzidentalen Rationalismus*, Tübingen: Mohr, S. 75-133; Breuer, Stefan 1998: *Der Staat. Entstehung, Typen, Organisationsstadien*, Reinbek bei Hamburg: Rowohlt, S. 168-175.

36 Weber (1980) a.a.O., S. 837; siehe außerdem Webers Aufsatz *Politik als Beruf* (1988c: *Gesammelte Politische Schriften*, hrsg. von Johannes Winckelmann, 5. Aufl. Tübingen: Mohr, hier insbes. S. 551).

37 Collins, Randall 1990: *Weberian Sociological Theory*, Cambridge: Cambridge University Press, S. 155.

38 Beetham, David 1991: *The Legitimation of Power*, Hampshire/New York: Palgrave Macmillan, S. 18ff.

Eine solche Rekonstruktion des Weberschen Konzepts betont sowohl den dynamischen Charakter als auch die Wechselseitigkeit von subjektiven Einstellungen und objektiven Faktoren im Prozess der Legitimation politischer Herrschaft. Sie verdeutlicht darüber hinaus einerseits die prinzipielle Normbezogenheit der Politik, weil sich andernfalls kein Legalitätsglauben auf Seiten der Bevölkerung festigen kann; sie hebt aber andererseits auch die Notwendigkeit einer lebendigen Auseinandersetzung hervor, in dem die Güte der Politik maßgeblich über die Qualität der gesetzlichen Herrschaft entscheidet. Weber würde es für eine Illusion halten, den modernen Leviathan in einen liberalen Nachtwächterstaat zurückverwandeln zu können. Aber das macht die evolutionären Errungenschaften der Verfassungsgeschichte wie etwa die Gewaltenteilung oder die Menschenrechte nicht überflüssig, sondern gibt ihnen ihre Funktion – eingebettet in eine lebendige politische Kultur (Vitalität), in der die Herrschaft um ihre Grenzen weiß (Zivilität). Mit anderen Worten: Politische Ordnungen lassen sich danach unterscheiden, ob es ihnen gelingt, eine Balance zwischen der Vitalität und der Zivilität des politischen Prozesses herzustellen. Grundsätzlich hat jede Politik vom Faktum der Pluralität (von Werten) auszugehen. Ob es gelingt, den potentiellen Antagonismus aufgrund der stets möglichen „Tyrannei der Werte" (Schmitt) in einen „gehegten" Kampf zu überführen, hängt maßgeblich von der Fähigkeit der Akteure ab, ihre Emotionen zu moderieren, um auf diese Weise im Prozess ihre eigene Zivilität gegenüber dem Gegner zu generieren. In den Worten von Chantal Mouffe: aus (illegitimen) Feinden werden (legitime) Gegner.[39]

5. Realistische Demokratie

Wie bereits oben ausgeführt, ist die Verschränkung von Emotionalität und Rationalität für Weber im Typus des wertrationalen Handelns besonders ausgeprägt. Vor dem Hintergrund des kognitiven Emotionsverständnisses, das Weber in der Tradition der klassischen Affektenlehren zugrunde legt, lassen sich die emotionalen und rationalen Anteile des Handelns hier allenfalls noch analytisch unterscheiden. Die Rationalisierung des Handelns ist eine Folge der leidenschaftlichen Wertgebundenheit der Motivstruktur, die eine Stetigkeit und Verlässlichkeit verbürgt. Woher aber bezieht diese

39 Mouffe, Chantal 2005: *The Democratic Paradox*, London/NY: Verso, S. 98-105.

deskriptive Rationalität im Sinne von Verlässlichkeit, Berechenbarkeit usw. des wertbestimmten Handelns ihre Normativität?

Auf den ersten Blick bestimmt Weber die Normativität von wertrationalen Motiven auf kantianische Weise, d. h. im Rückgang auf die Gültigkeit von Regeln mit Gebotscharakter: „Nur soweit menschliches Handeln sich an [...] Forderungen orientiert, [...] wollen wir von Wertrationalität reden."[40] Wertbestimmtes Handeln wäre dieser Sichtweise zufolge nur insofern rational, als es Geboten bzw. Regeln folgt, die die Rationalität des Handelns verbürgen. Das Muster, an dem Weber sich orientiert, ist Kants kategorischer Imperativ,[41] der die Handlungsinhalte vom Sollen her bestimmt.

Diese Beschreibung in den Grundbegriffen eignet sich aber nicht als Grundlage für die Erklärung jener Formen des wertrationalen Handelns, die Weber in seinen historischen Studien zur Religionssoziologie und zur politischen Soziologie beschreibt. Wertrationales Handeln wird hier – am Beispiel jüdischer Propheten oder charismatischer politischer Führer – durch eine (im platonischen Sinne) erotische Bezugnahme auf letzte Werte gekennzeichnet. Herbert Schnädelbach schließt daraus, dass sich der „unbedingte Eigenwert einer wertrationalen Handlung [...] nicht nur aus der normativen Quelle eines unbedingten Verpflichtetseins speisen [kann]: Wir tun oder unterlassen Dinge, ohne dass wir dies sollten, auch aus Selbstachtung oder Achtung vor anderen Personen, aus Mitgefühl, ästhetischem Widerwillen oder religiösen Überzeugungen, und es wäre eine Verkürzung der Phänomene, wollte man all dies in den Idealtypus „affektuelles Handeln" abschieben; immer sind hier bewusste Gründe im Spiel, und dies begründet nach Weber den Unterschied."[42]

Die historische Wirkmächtigkeit wertrationaler Motivbindung, die durch charismatisches „leadership" auf die „follower" übertragen werden kann, verdankt sich dieser Transformation des Sollens in ein Wollen, das den Pflichtcharakter einer Forderung in eine erotische Strebensbewegung überführt. An die Stelle des kantischen tritt ein nietzscheanischen Verständnis von Persönlichkeit: Nicht die Forderung der Gebote der Vernunft, sondern die Inkorporierung einer Wertbindung durch die Ausbildung eines

40 Weber (1980) a.a.O., S. 12f.

41 Baurmann, Michael 1996: *Der Markt der Tugend. Recht und Moral in der liberalen Gesellschaft. Eine soziologische Untersuchung*, Tübingen: Mohr, S. 284ff.

42 Schnädelbach, Herbert 2005: Die Sprache der Werte, in: Gert Albert/Agathe Bienfait/Steffen Siegmund/Claus Wendt (Hrsg.): *Das Weber-Paradigma*, Tübingen: Mohr, S. 107.

leidenschaftlichen Habitus bildet ihren Kern. Die Persönlichkeit hat nach Weber keine außerweltliche (noumenale) „Substanz"[43], ihre Einheit wird erst durch eine „Wertbeziehung künstlich hergestellt."[44] Die Persönlichkeit findet „ihr „Wesen" in der Konstanz ihres inneren Verhältnisses zu bestimmten letzten „Werten" und Lebens-„Bedeutungen.""[45]

Webers Fokus auf die großen charismatischen Führungsfiguren hat dazu geführt, dass er in der demokratietheoretischen Diskussion einseitig als Vorläufer „realistischer" Demokratietheorien rezipiert worden ist. In diesem Sinne präziser wäre die in der Literatur gleichermaßen verbreitete Betitelung als Theorie der „elitistischen" Demokratie. Denn diesem maßgeblich von Schumpeter (unter Rekurs auf Weber) begründeten Ansatz zufolge soll die Partizipation der Bürger an der Politik auf den Wahlakt beschränkt sein. Sie besitzt die Funktion, das politische Führungspersonal auszuwählen und zu kontrollieren. Eine darüber hinausgehende Beteiligung der Bürger ist für das Funktionieren der Demokratie nicht erforderlich und kann es sogar untergraben.

Weber würde einem solch restriktiven Verständnis von Partizipation jedoch nicht zugestimmt haben. Denn es beruht auf einer Dichotomisierung von rationaler Führung und (blinder) emotionaler Gefolgschaft der Masse,[46] die weit hinter die Komplexität seiner Analyse der Verwobenheit von Emotionalität und Rationalität zurückfällt. Ein Realismus, der Webers Verständnis des Politischen entspricht, rechnet nicht nur empirisch mit der Macht der Emotionalität, um diese in den institutionellen Bahnen einer Elite-Herrschaft zu kanalisieren und in den Dienst rationaler Zwecksetzung durch aufgeklärte „leader" zu stellen. Er baut auch auf die Kreativität und Vitalität von Emotionen. Realistisch in Webers Sinne ist eine Politik, die mit der Permanenz politischer Auseinandersetzung auf allen Ebenen des Politischen rechnet und die sie tragende Emotionalität nicht institutionell stilllegen, sondern hegen will – und zwar mit den Mitteln eines komplexen Institutionendesigns. Eine Hegung von Emotionalität verlangt deren Zivilisierung. Dies aber ist nicht im klassischen Sinne einer „Affektkontrolle" (Norbert Elias) als Verinnerlichung von Zwang zu verstehen, sondern wird durch das Reflexivwerden von Emotionalität erreicht.

Der politische Ordnungstypus, der diese Hegung politischer Emotionalität leisten kann, ist charakterisiert durch institutionelle Mechanismen,

43 Weber (1988b) a.a.O., S. 143.
44 Weber (1988b) a.a.O., S. 124.
45 Weber (1988b) a.a.O., S. 132.
46 Heins (1999) a.a.O., S. 89ff.

welche die Offenheit des politischen Prozesses verbürgen sollen, der seinerseits dazu beitragen kann, die Vitalität emotionsdurchsetzter politischer Willensbildung mit der Zivilität rationaler politischer Entscheidung auszugleichen. Eine Demokratietheorie ist im Sinne Webers dann realistisch, wenn sie zeigen kann, wie das normative Sollen zu einem Wollen der realen empirischen Akteure werden kann. Im Rahmen der Demokratietheorie ist dies die Aufgabe eines komplexen Institutionendesigns.

6. Vitalität und Zivilität

Die Chancen für einen zivilen politischen Kampf erhöhen sich durch die Institutionalisierung eines demokratischen, d. h. für Weber vor allem offenen Prozesses, der die Pluralität zu bewahren und gleichzeitig zu hegen erlaubt. Ansatzpunkte für eine solche Rekonstruktion lassen sich Stachura zufolge bei Weber in seinen Grundlagen der sozialen Beziehungen finden. Denn dort werden diese nach zwei Kriterien unterschieden: Zum einen danach, ob es sich um offene oder geschlossene Beziehungen handelt, zum anderen, ob diese Offenheit/Geschlossenheit sich „nach außen" oder „nach innen" richtet.[47] Aus dieser begrifflichen Grundlage ergeben sich die folgenden allgemeinen Kombinationsmöglichkeiten: Nach *außen geschlossene* Beziehungen mit der Folge der Abschottung und nach *außen offene* Beziehungen, die Teilnahmechancen eröffnen. Nach *innen geschlossene* Beziehungen finden ihren Ausdruck in Monopolstellungen einer bestimmten Elite, während nach *innen offene* Beziehungen tendenziell Konkurrenzverhältnisse befördern. Diese Differenzierungen lassen sich auf den politischen Kontext übertragen und mit einigen Elementen der Herrschaftssoziologie Webers verbinden, um auf diese Weise eine Grundlage für eine Typenbildung von Ordnungsstrukturen zu erhalten (siehe Tabelle 1).

47 Weber (1980) a.a.O., S. 23-25; im Folgenden ausführlich dazu Stachura (2006) a.a.O., S. 400f.

Tabelle 1: Kriterien politischer Ordnungsstrukturen

	...Offenheit	...Geschlossenheit
Nach außen gerichtete...	Chancengleichheit beim Zugang zu politischen Ämtern; Einfluss der öffentlichen Meinung auf Regierungsgeschäfte	Abschottung der Herrschaft durch politische Elite (Verwaltungsstab)
Nach innen gerichtete...	Konkurrenz innerhalb der politischen Elite (Verwaltungsstab); Einfluss auf Auswahl der politischen Führung	Ausschluss politischer Konkurrenz innerhalb politischen Elite (Verwaltungsstab)

Der erste Typus entsteht aus der Kombination der *Geschlossenheit nach außen und innen* – und dem daraus resultierenden *Repräsentationsproblem.* Ein Anschauungsbeispiel bietet Weber zufolge das „monarchische Regiment“[48], das sich auf eine „kontrollfreie Beamtenherrschaft“ stützt und aufgrund der daraus resultierenden strukturellen Entkopplung zur Gesellschaft stets Gefahr läuft, die Macht zum Selbstzweck der Politik zu erheben. Beim zweiten Typus, der sich historisch etwa an der Ständegesellschaft festmachen ließe, verhindert die bestehende *innere Offenheit* zwar eine Monopolisierung politischer Macht. Die politische Ordnung bleibt jedoch aufgrund der nach *außen gerichteten Geschlossenheit* statisch. Politik beschränkt sich auf die Verwaltung von Besitzständen, die sich gegenüber neuen Interessen abzuschirmen versuchen. Soweit man im Sinne Webers der politischen Führung die hauptsächliche Funktion der innovativen Zwecksetzung und programmatischen Durchsetzung zuschreibt, ist dieser Typus mit einem strukturellen Führungsproblem verbunden:[49] Die Verselbständigung und Festschreibung politischer Ziele gegenüber ihren Mitteln (der Macht) lässt im Grunde die Führung als „zwecklos“ erscheinen. Anders im Falle einer *nach außen offen, nach innen jedoch geschlossen* Politikformation, dem dritten Typus, den man mit Webers griffiger Formel von der „Demokratie der Straße“[50] in Verbindung bringen kann.

48 Weber (1988c) a.a.O., S. 396.
49 Stachura (2006) a.a.O., S. 401.
50 Weber (1980) a.a.O., S. 867.

Diese Art der Massendemokratie sei, so Weber, „am mächtigsten in Ländern mit einem entweder machtlosen oder mit einem politisch diskreditierten Parlament, und das heißt vor allem: beim Fehlen *rational organisierter Parteien*."[51] Eine verbindliche Zurechnung politischer Macht ist dadurch weitgehend oder gänzlich außer Kraft gesetzt. Das charakteristische Manko dieses Typus ist daher das Problem politischer Verantwortung.

Zusammen mit den beiden anderen Problemen der Führung und der Repräsentation zählt jenes der Verantwortung zu den zentralen Herausforderungen, vor denen die Politik sich zu bewähren hat, und zwar nicht nur die „Politik als Beruf", sondern ebenso die Ordnungsstrukturen der Polity, die zu diesem Zweck *sowohl nach innen als auch nach außen offene* Beziehungen ermöglichen sollten, um „idealtypisch besonders den kompetitiven Charakter der Führungsauslese, die getreue Interessenabbildung der Herrschaftsunterworfenen und die Unabhängigkeit der Öffentlichkeit [zu] fördern, ohne zugleich auf die Irrwege einer einseitigen Institutionalisierung zu geraten."[52]

Ziel ist die Einbindung politisch relevanter Affekte und Leidenschaften in das demokratische Institutionendesign, und zwar durch eine grundsätzliche Kombination aus den bipolaren Elementen der plebiszitären und repräsentativen Logik, die ihrerseits für eine produktive Spannung bei der Bewältigung der drei grundsätzlichen Herausforderungen des politischen Prozesses sorgen sollen.[53]

(1) Die Gewährleistung *effektiver* politischer Führung dokumentiert sich für Weber vor allem in der Handlungsfähigkeit der Exekutive, die sich vor zwei Herausforderungen zu bewähren hat: Nämlich einerseits vor den – in modernen Gesellschaften typischerweise wachsenden – Steuerungsproblemen sowie andererseits vor den Gefahren einer Verselbständigung politischer Ziele (gegenüber den politischen Mitteln), die eine Politik allzu schnell als „alternativlos" erscheinen lässt. Vor diesem Hintergrund lassen sich bei Weber drei institutionelle Elemente identifizieren, mit denen im Ergebnis nicht nur die Durchsetzungskraft der Regierung, sondern auch die exekutive Verantwortungsbindung gestärkt werden kann.

51 Ebd.

52 Stachura (2006) a.a.O., S. 408.

53 Hinweise auf die produktive Bipolarität der Ordnungstheorie Max Webers finden sich u.a. in seiner Rollensoziologie politischer Akteure und die dortigen Gegenüberstellungen von Berufspolitikern vs. Honoratioren, politischen Führern vs. Beamten; Gesinnungspolitikern vs. Verantwortungspolitikern.

Das *erste* Element bezieht sich auf die demokratische Führerauslese: Ein plebiszitärer Auswahlakt bietet in Webers Augen durch Personalisierung und die in ihr liegende Zuspitzung der Entscheidung eine Chance zur Emotionalisierung auf Seiten des Wahlvolks. Dadurch werden die Bürger nicht nur selbst in ihrer Wahlmöglichkeit unmittelbar angesprochen (Mobilisierung), sie erhalten überdies eine reale Wirkmöglichkeit, auf die politischen Führungskräfte Einfluss zu nehmen und durch eine Art „Affektkontrolle" das potentielle Band zwischen demokratischen Führern und Wahlvolk zu festigen, zu lockern oder zu zerreißen, jeweils durch eine effektive Affektabfuhr (etwa durch enttäuschte Wähler), auf die sich die Führung einzustellen hat, will sie wiedergewählt werden. Eine gewisse Rationalisierung der Emotionalisierung im Sinne einer Dämpfung kann das plurale Angebot an Programmen und Personen im Wahlkampf leisten; möglich ist gleichwohl auch der gegenteilige Effekt, nämlich eine durch die massenmediale Inszenierung erzeugte Privilegierung einer cäsaristischen Führungsauslese. Nicht der Wahlkampf, sondern die innerparteiliche Kandidatenkür, stellt daher das eigentliche Gegengewicht zur plebiszitären Führerauswahl eigener Güte dar – Webers *zweites* Element. Insoweit Parteien als rationale Organisationen begriffen werden können, fällt ihnen maßgeblich die Verantwortung zu, „vorzeigbare" Kandidaten und Kandidateninnen zu sondieren und aufs Schild zu heben. Dabei wirkt die Rationalität in zwei Richtungen, die eben nicht nur die Mobilisierung der eigenen Wählerschaft umfasst, sondern auch die Wählbarkeit für die Mehrheit der Bevölkerung – eine Unterscheidung, die manch einem Parteifunktionär (bis hin zum Parteivorsitzenden) um den „Zugriff" auf die Kandidatur gebracht hat. Die Tauglichkeit der Kandidaten erweist sich nicht zuletzt anhand des *dritten* Elements, nämlich der Fähigkeit, im argumentativen Diskurs der (parlamentarischen) Fachöffentlichkeit zu bestehen.[54] Hier können die Kandidaten ihre Reputation erwerben oder verspielen,[55] indem sie sich mit ihrer „peer group" darüber auseinandersetzen, ob sie in der Lage sind, die jeweils gesteckten politischen Ziele mit Leidenschaft und Augenmaß durchzusetzen.

54 Weber (1988c) a.a.O., S. 403.

55 Am Beispiel des amerikanischen politischen Systems siehe Lembcke, Oliver W. 2000: Die innenpolitischen Voraussetzungen der U.S.-Politik im Nahen Osten, in: Helmut Hubel/Markus Kaim/Oliver W. Lembcke (Hrsg.): *Pax Americana im Nahen Osten. Eine Studie zur Transformation regionaler Ordnungen*, Baden-Baden: Nomos, S. 139-150.

(2) Neben der politischen Führung gilt Webers Augenmerk der Repräsentation, d. h. der *effizienten* politischen Willensbildung angesichts der Gefahr einer Verselbständigung der Mittel, namentlich der politischen Macht, gegenüber den politischen Zwecken. Historisch betrachtet ist dieses Problem, wie bereits angedeutet, mit der korporatistischen Ständegesellschaft verbunden. Aber auch die moderne Gesellschaft ist keineswegs davor gefeit. Repräsentationsdefizite im beschriebenen Sinne entstehen hier typischerweise infolge der Entkopplung exekutiver Entscheidungen von demokratischer Willensbildung (Gouvernementalisierung), hervorgerufen etwa durch exekutives Krisenmanagement und strukturell befördert durch die „Verlängerung" demokratischer Legitimationsketten in komplexe Mehrebenensysteme wie der Europäischen Union. Mair hat zudem auf die Strukturveränderungen in modernen Regierungssystemen aufmerksam gemacht, die dazu führen, dass politische Parteien ihre Rolle verändern und sich im verstärkten Maße die Regierungsfunktion als „Governor" wahrnehmen, zulasten der Repräsentationsfunktion, d. h. der Interessenvertretung ihrer Wählerschaft.[56] In ähnlicher Weise erfasst bereits Weber die Schwierigkeiten einer ausbalancierten politischen Repräsentation, in der sowohl die Interessen der Wähler als auch die des Staates zum Zuge kommen müssen. Ihm erscheint dafür eine Kombination aus parlamentarischer Repräsentation und Interessenvertretung durch gesellschaftliche Gruppierungen notwendig zu sein: Diese versteht er als Quelle interessengeleiteter Leidenschaften, jene als eigenständige Koordination politischer Programme. Zusammengenommen bilden sie beide ein gehaltvolles Gegengewicht gegen die bürokratische Herrschaft der Sachlichkeit, in der die Rationalität der Verwaltung ohne politischen Input zum Selbstzweck verkommt.[57]

(3) Der Blick auf die emotionale Grundlage der Politik eröffnet Weber zufolge überdies ein realistischeres Verständnis der prinzipiellen Tragik politischer Entscheidungen, die es auszuhalten gilt. Webers Dreiklang aus Leidenschaft, Verantwortungsgefühl und Augenmaß bezieht sich auf die

56 Mair, Peter 2009: *Representative versus Responsible Government*, (MPIfG Working Paper 09/8), Köln, S. 6.

57 Weber (1980) a.a.O., S. 176. Vgl. in diesem Zusammenhang die an Webers Charisma-Konzept anschließende organisationssoziologische Unterscheidung zwischen zwei Typen von Führung: „transactional leadership", die auf einer ungleichen Verteilung von Ressourcen oder von Macht beruht und „transformational leadership", die eine Autoritätsbeziehung bezeichnet. Vgl. Bass, Bernard M 1985: *Leadership and performance: Beyond expectations*, New York: The Free Press.

genuin politische Aufgabe, Werte zu verwirklichen, ohne die Folgen letztlich hinreichend absehen zu können – und gerade deswegen für diese Folgen einstehen zu müssen. Werte sind besondere Zwecke kollektiven Handelns; sie entfachen Leidenschaften und binden Loyalitäten. Indem die Politik die Aufgabe der Werteverwirklichung annimmt, tritt sie historisch betrachtet die Nachfolge der (Welt-)Religionen an, ohne jedoch über deren Pazifizierungspotential zu verfügen. Politik als Werteverwirklichung kann daher nicht auf ihre ureigene Grundlage der Gesinnung verzichten,[58] sie kann sich aber daher auch nicht ihres immanenten Kampfcharakters entledigen. Weber hat diesen Zusammenhang klar gesehen und etwa in seiner Formel von den Werten als „polytheistische Götter" zum Ausdruck gebracht, deren Unversöhnlichkeit sich nicht ohne weiteres „wegrationalisieren" lässt.

Gesinnung und Leidenschaft zwingen der Politik den eigentümlichen Entscheidungscharakter auf, der die Gewinner und Verlierer des politischen Kampfes produziert. Da sich die Folgen von politischen Entscheidungen in der Regel nur unzureichend kontrollieren lassen, sind auch die Härte- und Schicksalsfälle kaum zu vermeiden; auch dieser Umstand trägt in Webers Sicht zur Tragik der Politik bei.[59] Demokratische Politik kann zumindest erreichen, dass die Verlierer von heute die Gewinner von morgen sein können. Für eine demokratische Zivilisierung des Kampfes genügt aber die Strukturoffenheit nicht. Sie bedarf einer Zurechnung, die auf Seiten der Politik ein Verantwortungsgefühl voraussetzt. Dieses begleitet und bestimmt den politischen Prozess, richtet sich jedoch weniger an die Politik (und deren Institutionalisierung) als an den Politiker (und dessen Sozialisierung).

Diese Bereitschaft und Fähigkeit zur Verantwortung darf auch nicht voreilig aus der Brille seiner Unterscheidung von Verantwortungsethik und Gesinnungsethik betrachtet werden. Vielmehr sind nach Webers Überzeugung beide Ethiken in der Politik relevant, denn nur im Wechselspiel kann diese Zurechnung erzeugt werden, aus der sich nicht nur die Vitalität, sondern eben auch die Zivilität speisen kann. Dementsprechend lassen sich unterschiedliche Momente der Rationalität und Emotionalität rekonstruieren, auf deren Verweisungszusammenhang es Weber gerade im

58 Eine Ordnung, die keine leidenschaftlichen Bindung erzeugt, hat ihren Wertkern verloren, sie wird nur noch durch sekundäre, angelagerte Zwecke aufrecht erhalten und ist anfällig für den Umsturz durch heterodoxes Charisma.

59 Weber (1988c) a.a.O., S. 547.

Kontext einer politischen Entscheidung ankommt: Dabei umfasst die kognitive Dimension das realistische Zweck-Mittel-Kalkül, die evaluative Dimension den Zusammenhang von Werten (Gesinnung) und Folgen (Rechtfertigung) sowie die expressive Dimension die Performanz des Politikers in seiner Rolle. Alle drei Dimensionen können dazu beitragen, Zurechnung zu erzeugen, um auf dieser Grundlage zu verdeutlichen, ob und in welcher Weise Politik einen Unterschied macht. Dazu genügt Verantwortungsgefühl allein keinesfalls, ohne Leidenschaft bleibt es blutleer und ohne Augenmaß erfolglos. Allerdings dürfte Webers Analyse zugleich veranschaulichen, dass Prozesse der Verantwortungsdiffusion tendenziell destruktive Folgen für eine (demokratische) Politik haben können. Besteht der tragische Zug jeder Politik darin, Verantwortung für Entscheidungen übernehmen zu müssen, deren Folgen man erst im Nachhinein überblickt, so mag die Alternative individuell reizvoll erscheinen, sich vor eben dieser Verantwortung zu drücken. Strukturell wäre dies für Weber jedoch gleichbedeutend mit der Selbstaufgabe der Politik, die nicht mehr für sich in Anspruch nehmen könnte, für etwas zu stehen und dieses Ziel auch durchsetzen zu wollen. In seinen Augen haben sich Politiker in ideologisch verminten Gebieten, das sich aus dem Querschnitt von Wertepluralismus und Machtstreben ergibt, zu bewähren.

7. *Schluss*

Aus dieser Warte wird die Eigenart der Politik deutlich, die in Webers Worten im Machtstreben besteht. Aber diese Eigenart der Politik kann nach Weber gerade nicht den Sinn der Politik erschöpfen: „Denn obwohl, oder vielmehr: gerade *weil* Macht das unvermeidliche Mittel und Machtstreben daher eine der treibenden Kräfte aller Politik ist, gibt es keine verderblichere Verzerrung der politischen Kraft, als das parvenümäßige Bramarbasieren mit Macht und die eitle Selbstbespiegelung in dem Gefühl der Macht, überhaupt jede Anbetung der Macht rein als solcher."[60]

Emotionen sind elementarer Bestandteil der politischen Machtpotentiale, sie erneuern Legitimitätsunterstellungen und beglaubigen Gefolgschaft. Ihre Mobilisierung ist deshalb integraler Teil des politischen (Wett-) Kampfes, auch und gerade in demokratischen Systemen. Demagogie und Demokratisierung gehören für Weber zusammen, man könnte sogar sagen,

60 Weber (1988c) a.a.O., S. 547.

dass Demokratie mehr als jede andere Herrschaftsform einer spezifischen öffentlichen Emotionalität bedarf. Emotionalisierung bildet ein Gegengewicht gegen „Überbürokratisierung und administrative Versteinerung.“[61] Um nicht ihrerseits zu einer Gefährdung der Rationalität von Politik zu werden, muss sie allerdings pluralistisch gebrochen werden: Es bedarf einer „institutionell noch unbestimmten, stets riskanten politischen Chemie balancierender Emotionen“, die ein politisches Klima schafft, in dem „verantwortungsvoll demagogische Politiker und öffentliche Repräsentanten, „Zufallsdemagogen“ mit hoher street credibility, eine von geschulten Journalisten getragene „Pressedemagogie“ sowie prophetische Intellektuelle ein halbwegs stabiles Gleichgewicht öffentlicher Emotionen und den daraus resultierenden Machtwirkungen herstellen.“[62]

61 Heins (1999) a.a.O, S. 95.
62 Ebd., S. 96.

Das Politische Fühlen. Der Poststrukturalismus, das Politische und die Wende zum Gefühl

Benjamin C. Seyd

1. Einleitung: Mit Warren Zevon im Hollywood Hawaiian Hotel

Eine Anekdote zum Einstieg: 1975 findet der angehende Rockstar Warren Zevon, seinerzeit völlig abgerissen und schwer alkoholkrank, Unterschlupf im Hollywood Hawaiian Hotel, wo er nicht auschecken kann, weil er kein Geld für die Rechnung hat.[1] Diese scheinbar ausweglose Situation inspiriert Zevon zu dem Song *Desperadoes under the Eaves,* der in eindrücklichen Bildern seine Beklemmung schildert: Von einer Sonne, die „wütend durch die Bäume schaut", ist die Rede und Zevon fragt: „Sehen die Bäume nicht aus wie gekreuzigte Diebe?" Er fühle sich „wie ein Verbrecher" und erklärt: „Ich suche noch immer nach einem Mädchen, das mich versteht." (Tatsächlich fuhr nach zwei Wochen seine Frau in einem Auto vor, Zevon sprang aus dem Fenster und sie fuhren davon.) Vor allem aber enthält das Stück die denkwürdigen Zeilen:

> If California slides into the ocean
> as the mystics and statistics say it will
> I predict this motel will be standing
> until I pay my bill.[2]

Man mag diese Zeilen einfach als bitteren Sarkasmus lesen, mit dem der Exzentriker Zevon seine Not beklagt. Ich aber möchte sie hier als Metapher verstehen, um damit das Argument bildhaft zu machen, um das es mir im Folgenden geht und das das Verhältnis des Politischen zu den Gefühlen betrifft.

Als genau so einen Raum nämlich, der sich jeder Gewissheit entzieht (und zwar egal, ob damit die neuzeitliche Gewissheit der Wissenschaft oder die vermeintlich vormoderne des Glaubens gemeint ist) und der statt-

1 Vgl. Zevon, Crystal 2007: *I'll Sleep When I'm Dead. The Dirty Life and Times of Warren Zevon,* New York: Harper, S. 40.

2 Zevon, Warren 1976: Desperadoes under the Eaves. Auf: ders.: *Warren Zevon.* Asylum Records, Track 11.

dessen dem vermeintlich vorbestimmten Lauf der Dinge eine Gegenwart abtrotzt, in der weder Mystik noch Statistik Zuflucht bieten (sondern, mit Lukacs gesprochen, „transzendentale Obdachlosigkeit" droht) – als einen solchen Raum, aus dessen Elend uns kein höheres Wesen rettet, sondern allenfalls wir selbst mit Hilfe unserer Freunde, schlage ich vor, können wir uns *das Politische* vorstellen.

Hat sich doch dieser Terminus, in Abgrenzung zu „der Politik" und rationalistischen Verständnissen von Politik und Gesellschaft, in den letzten zwei Jahrzehnten als Bezeichnung jener Dimension des Sozialen etabliert, die sich kühler Berechnung und damit dem Zugriff technokratischer Expertise entzieht. Bar eines letzten biologischen, ökonomischen oder kulturellen Fundaments sind moderne Gesellschaften diesem Verständnis nach sozusagen auf Treibsand gebaut, so dass ihre Gründung stets aufs Neue gestiftet und zum Gegenstand grund-legender Streitigkeiten werden muss. Damit ist die Bezugnahme auf das Politische der Kern jener theoretischen „Wasserscheide"[3], die gegenüber jedwedem Fundierungsdenken auf der Kontingenz des Sozialen besteht. Diese Position wird typischerweise mit dem Poststrukturalismus und dabei vor allem mit dessen französischen Vertretern identifiziert, lässt sich aber keineswegs auf diese(n) reduzieren. Vielmehr lässt sich umgekehrt „poststrukturalistisch" in einem weiten Sinne verstehen als jene Bewegung, die die „Gewissheitsungewissheit" der Moderne – wonach das Soziale gewissen Regeln folgt, die erst noch verstanden werden müssen – durch die „Ungewissheitsgewissheit" der Postmoderne ersetzt, die einsieht, dass der Versuch, das Soziale zu verstehen, dessen Regeln fortwährend verschiebt und mithin erst hervorbringt.[4]

Ein Aspekt, dem dabei lange Zeit nur vergleichsweise geringe Aufmerksamkeit zuteil wurde, ist der des Zusammenhangs des Politischen mit dem Affektiven. Das überrascht nicht nur, weil das Politische nicht selten in leidenschaftlichen Auseinandersetzungen verortet wird, sondern auch,

3 Giddens, Anthony 1996: *Konsequenzen der Moderne,* Frankfurt a.M.: Suhrkamp, S. 66.

4 Den Ausdruck „Ungewissheitsgewissheit" übernehme ich von Oliver Marchart (2010: *Die politische Differenz*. Frankfurt a.M.: Suhrkamp, S. 17). Marchart plädiert weiter dafür, den Begriff des Post-Strukturalismus durch den weiteren des „Postfundamentalismus" zu ersetzen, um ein derartiges Denken nicht auf die Filiationslinie des Strukturalismus zu reduzieren und stattdessen den gemeinsamen „theoretischen Raum" zu betonen, den der Poststrukturalismus mit phänomenologischen, analytischen, sprachpragmatischen und systemtheoretischen Ansätzen teilt (ders. 2013: *Das unmögliche Objekt. Eine post-fundamentalistische Theorie der Gesellschaft,* Berlin: Suhrkamp, S. 49f.)

weil die Ablehnung rationalistischer Entwürfe auch eine Neubewertung des Gefühls als klassischem Gegenbegriff zur Vernunft nahelegt – zumal vor dem Hintergrund der Gefühlsrenaissance („emotional turn“, „affective turn“), die zur gleichen Zeit (und womöglich aus ähnlichen Gründen) verschiedenste Wissenschaften erfasst hat.[5] Dabei ist dieser Zusammenhang meines Erachtens von besonderem Interesse: Zum einen, weil die Entwicklung seiner affektiven Dimension die Figur des Politischen zu konkretisieren, plausibilisieren und zu substanzialisieren und somit gegen typische Einwände zu verteidigen vermag; zum anderen, weil erst so klar wird, was beim Fühlen auf dem Spiel steht.

Das Bild vom Politischen im Hollywood Hawaiian Hotel soll dagegen verdeutlichen, dass die Figur des Politischen keineswegs, wie manche sagen, einen abstrakten Raum völliger Beliebigkeit skizziert, in dem nicht mehr klar ist, wozu man wie und warum Stellung beziehen kann – sondern vielmehr einen Raum der Bedrängnis (in dem es einem vorkommen kann, dass sogar die Sonne wütend durch die Bäume scheint)! Wir sollten uns den Raum des Politischen vorstellen als gesättigt mit komplexen und durchaus auch widerstreitenden und widersprüchlichen Gefühlen, die ihm eine sehr konkrete Präsenz und Wirksamkeit verleihen.

Sich auf diese Weise die affektive Struktur des unzureichend Bestimmten bewusst zu machen, kann davor schützen, mit der poststrukturalistischen Einführung des Politischen Spielräume politischer Veränderbarkeit zu überschätzen und sozialen Wandel – d.h. auch tatsächliche politische Entscheidungen – miss- oder gar nicht mehr zu verstehen. Umgekehrt kann es aber auch deutlich machen, dass Gefühle im Raum des Politischen zuhause sind und sich somit keineswegs auf Formen alternativer Gewissheit reduzieren lassen (wie sich gegenwärtig nicht wenige, oft unter Verweis auf Erkenntnisse der Hirnforschung, zu erhoffen scheinen). Auf diese Weise kann die Vereinigung des Politischen mit den Gefühlen beidseitig erhellend wirken, indem einerseits Gefühle in ihrer sozialen Funktion, andererseits sozialer Wandel in seiner affektiven Mikrostruktur verständlich werden. Davon kann die Politikwissenschaft in dreifacher Weise profitieren: *theoretisch* durch ein realistischeres Verständnis sozialen Wandels und damit der Möglichkeiten und Bedingungen politischen Handelns zwischen Sachzwang- und Müssen-nur-wollen-Rhetorik; *empirisch*, indem sie durch Gefühle auf jene Wegscheiden des Sozialen verwiesen wird, an denen sich die Probleme, Erfahrungen und Optionen untersuchen lassen, um

5 Vgl. exempl. *Berliner Debatte Initial* j. 24: n. 3.

die politisch gerungen wird; und *kritisch*, indem ihr ein Blick hinter die jeweiligen Akteursperspektiven ermöglicht wird.

Um dieses Programm abzuarbeiten, wende ich mich zunächst der Unterscheidung von Politik und Politischem zu (1.), um im Anschluss daran die Probleme, die sich aus ihr ergeben und die ich unter dem Titel des „Panpolitizismus" zusammenfasse, zu diskutieren (2.). Auf dieser Grundlage wende ich mich schließlich der gefühlstheoretischen Debatte zu, um einen eigenen konzeptionellen Vorschlag zu erarbeiten, der zwischen Affekten und Emotionen unterscheidet und eine intime Verbindung von Politischem und Affektivem, von Politik und Gefühl konstatiert (3.). Abschließend greife ich dann die Frage wieder auf, was die Politikwissenschaft davon hat, das Politische im Anschluss an Warren Zevon als Affektraum zu verstehen.

2. Die Wiederentdeckung des Politischen

Das Politische beginnt sein Comeback 1981 in einem kurzen Text von Jean-Luc Nancy und Philippe Lacloue-Labarthe, die erklären: „Mit dem Zusammenbruch der Sicherheiten, mit dem Verfall ihrer Fundamente und der Auslöschung ihrer Horizonte wird es möglich – ja sogar notwendig und dringlich, die Frage dessen wieder aufzunehmen, was ‚die Essenz des Politischen' genannt wurde."[6] Damit sind Kontext und Intention dieser terminologischen Innovation umrissen: Es geht darum, der evident werdenden Kontingenz des Sozialen als Möglichkeitsbedingung von Politik begrifflich Rechnung zu tragen. Politik lässt sich, das ist das Argument, nicht einfach aus den tatsächlichen Verhältnissen *ableiten*, sondern hat mit deren (logischer) *Unentscheidbarkeit* zu rechnen. Diese Unentscheidbarkeit entscheiden zu müssen, ist das Wesen („die Essenz") von Politik, für Nancy und Lacoue-Labarthe „das Politische" an der Politik.

Damit nehmen Nancy und Lacoue-Labarthe aus poststrukturalistischer Perspektive den Faden Hannah Arendts oder Carl Schmitts auf, die auf je verschiedene Weise die Eigenständigkeit von Politik betonen.[7] So beharrt Schmitt in seiner Begriffsbestimmung des Politischen auf dessen „seins-

6 Nancy, Jean-Luc/Lacaoue-Labarthe, Philippe 1981: Ouverture, in: Balibar, Etienne et al. (Hrsg.): *Rejouer la politique*, Paris: Galilée, S. 12.

7 Vgl. dazu etwa Bedorf, Thomas 2010: Das Politische und die Politik. Konturen einer Differenz, in: Thomas Bedorf/Kurt Röttgers (Hrsg.): *Das Politische und die Politik,* Berlin: Suhrkamp, S. 13-37; Marchart (2010) a.a.O, S. 16-23.

mäßiger Sachlichkeit und Selbständigkeit",[8] womit er meint, dass Politik nicht aufgehe in den Grundunterscheidungen des Moralischen, Ästhetischen oder Ökonomischen, sondern – in der Freund/Feind Unterscheidung – seine „eigenen Kriterien" hat.[9] Und so ist für Arendt Politik nicht „Realisierung eines vorgefassten Zweckes", sondern erwächst dem „Zwischen", dem Miteinander Unterschiedlicher, die sich gemeinsam der offenen Frage ausgesetzt sehen, „wie wir leben wollen." Politik geht deshalb nicht darin auf, Bestehendes fortzuschreiben, sondern agiert selbst zwecksetzend; sie besteht für Arendt darin, einen neuen Anfang zu machen.[10]

Jeweils geht es (unter Absehung von allen sonstigen Unterschieden) darum, die Politik aus der Umklammerung des Bestehenden zu befreien und ihr die Aufgabe und die Möglichkeit zuzuweisen, die Verhältnisse zu gestalten, d.h. in Abwesenheit eines festen Grundes neu zu gründen. Mit der expliziten Unterscheidung „des Politischen" von „der Politik" (bzw. im französischen von le und la politique) betonen Nancy und Lacoue-Labarthe diese Dimension der Stiftung, d.h. der (zumindest potenziell) strittigen Entscheidung einer Uneindeutigkeit, nun als das, was Politik in ihrem Kern ausmacht, was eine Handlung zu einer politischen werden lässt. *Das Politische* bezeichnet also das sozial Problematische, Strittige, das die Selbstverständlichkeit sozialer Reproduktion unterbricht und darum nach einer Reaktion verlangt; und *Politik* bedeutet genau diese Reaktion, als der Versuch, eine Antwort zu geben, die diese Selbstverständlichkeit wieder herstellt.

Mit der Figur des Politischen nimmt der bis dahin eher philosophisch ausgerichtete Poststrukturalismus in den 80er Jahren eine explizit *sozial*theoretische Wendung, in deren Zuge er sich neuen Themen und Anschlüssen öffnet und seine Begrifflichkeit erheblich erweitert. Die Bewegung betrifft dabei sowohl die Generation der Gründer wie Derrida oder Lyotard, deren Texte nun stärker sozialtheoretisch interessiert sind, als auch eine folgende Generation nicht mehr nur französischer Autoren, zu der neben Nancy etwa auch Judith Butler, Ernesto Laclau, Chantal Mouffe

8 Schmitt, Carl 2009: *Der Begriff des Politischen: Text von 1932 mit einem Vorwort und drei Corollarien,* Berlin: Duncker & Humblot, S. 28.

9 Ebd., S. 26. Es ist vielfach bemerkt worden, inwiefern die Freund/Feind-Unterscheidung in ihrer essenzialisierenden Metaphorik auf folgenreiche Weise in die Irre führt. Zu einer differenzierten Kritik vgl. exempl. Röttgers, Kurt 2010: Flexionen des Politischen, in: Thomas Bedorf/Kurt Röttgers (Hrsg.): *Das Politische und die Politik,* Berlin: Suhrkamp. S. 38-67.

10 Vgl. Arendt, Hannah 1992: *Vita activa oder Vom tätigen Leben*, München & Zürich: Piper, bes. S. 165ff.

oder Jacques Rancière zu zählen sind.[11] Im Zuge einer damit einhergehenden Emanzipation von seinen strukturalistischen Wurzeln öffnet sich das vormals sprachtheoretisch dominierte Vokabular sozialwissenschaftlichen Grundbegriffen wie Gemeinschaft, Gesellschaft, Konflikt, Hegemonie, Demokratie oder Geschlecht und unterzieht sie im Anschluss an die klassischen, rationalitätskritischen Reflexionen einer gründlichen Dekonstruktion.

In der Folge wird *das Politische* zu einem häufig gebuchten Gast auf den Bühnen politischer Theoriebildung – in verschiedenen Rollen und Maskeraden, dazu verschiedentlich zitiert, imitiert, variiert oder parodiert. Es tritt auf in den Figuren des Ereignisses,[12] der Unterbrechung,[13] des Widerstreits[14] oder des Antagonismus,[15] wird aufgenommen, verändert oder verschoben.[16] Entscheidend dabei ist, dass in jedem Fall jene Dimension benannt wird, die sich der Positivität sozialer Ordnung entzieht, seine Unabgeschlossenheit und Aufgeschobenheit markiert und sich damit schlichter Berechnung verweigert. Im Rückzug auf das Politische bezieht die Theorie Stellung gegen jede Spielart postulierter Alternativlosigkeit, gegen Sachzwangrhetorik, Ökonomismus und Marktgläubigkeit, gegen religiösen wie säkularen Fundamentalismus, szientistischen Rationalismus und alle Vorstellungen eines „Endes der Geschichte". Indem Politik nicht umstandslos an das Soziale anschließen kann, sondern erst den Umweg

11 Einschlägig hier sind mindestens Lyotard, Jean-Francois 1989: *Der Widerstreit,* Paderborn: Wilhelm Fink Verlag; Derrida, Jacques 2002: *Politik der Freundschaft*, Frankfurt a.M.: Suhrkamp; ders. 2005: *Marx' Gespenster: der verschuldete Staat, die Trauerarbeit und die neue Internationale,* Frankfurt a.M.: Suhrkamp; Nancy, Jean-Luc 1988: *Die undarstellbare Gemeinschaft,* Stuttgart: Edition Patricia Schwarz; Butler, Judith 1991: *Das Unbehagen der Geschlechter,* Frankfurt a.M.: Suhrkamp; Rancière, Jacques 2002: *Das Unvernehmen*, Frankfurt a.M.: Suhrkamp; Laclau, Ernesto/Mouffe, Chantal 2006: *Hegemonie und radikale Demokratie,* Wien: Passagen.

12 Vgl. Badiou, Alain 2003: *Ethik. Versuch über das Böse*, Wien: Turia + Kant.

13 Vgl. Rancière (2002) a.a.O.

14 Vgl. Lyotard (1989) a.a.O.

15 Vgl. Laclau/Mouffe (2006) a.a.O.

16 Übernommen wird die Unterscheidung etwa von Chantal Mouffe (2007: *Über das Politische. Wider die kosmopolitische Illusion*, Frankfurt a.M.: Suhrkamp). Jacques Rancière ersetzt sie durch die Unterscheidung von Polizei als der Verwaltung der Ordnung und Politik als ihrem Aufbrechen (Rancière (2002) a.a.O). Für Nancy bedeutet das Politische die „Erfahrung der (Mit-)Teilung der *Gemeinschaft*", also den Moment, wo das Soziale zugleich infrage steht und seine Unverzichtbarkeit anmahnt, Nancy, Jean-Luc 1988: *L'expérience de la liberté*, Paris: Galilée, S. 105.

über das Politische nehmen muss, kann sie nie irgendeine Art von Zwangsläufigkeit für sich reklamieren. Ihre Unterscheidung vom Politischen weist Politik einerseits als *kontingente* Entscheidung, als Entscheidung des *Unentscheidbaren*, andererseits als kontingente *Entscheidung*, als *Entscheidung* des Unentscheidbaren aus. Also so oder so als etwas, das immer auch anders sein könnte: Diese Welt könnte anders sein, aber das gilt genauso für jede andere, der Möglichkeitsraum des Politischen geht in keiner konkreten Politik auf. Weder entgeht Politik (die Entscheidung) dem Politischen (der Unentscheidbarkeit), noch das Politische (die Unentscheidbarkeit) der Politik (der Entscheidung).

Damit wird *das Politische* zum begrifflichen Mittelpunkt einer Verschiebung, die man mit einigem Recht als Paradigmenwechsel bezeichnen kann und die weit über die disziplinären Wurzeln des Poststrukturalismus hinausreicht. Der Gegenstand sozialtheoretischer Reflexion verschiebt sich von der Ordnung bzw. Entwicklung des Sozialen zu seiner Offenheit und deren Voraussetzungen. Statt grundlegende Funktionsgesetze des Sozialen zu ‚entdecken', gilt es, ihre Konstruktion nachzuvollziehen, wobei das Politische als Anfangs- und Endpunkt der Analyse fungiert – als Prämisse und als Telos der Problematisierung sozialer Konstruktionen. Wissen wird von einer Frage der Erkenntnis zu einer Frage der Macht, was Lacoue-Labarthe und Nancy dazu bringt zu erklären: „Was uns zu denken bleibt (...) ist nicht eine neue Stiftung (oder Lehre) der Politik durch das Denken, sondern die politische Stiftung des sogenannten westlichen Denkens."[17] In diesem Sinne stellt die Einführung des Politischen die Hierarchie aus Wirklichkeit, Erkenntnis und Politik auf den Kopf, indem sie auf die Brüchigkeit aller Fundamente und damit auf die Notwendigkeit ihrer laufenden Erneuerung im politischen Prozess verweist.

3. *Panpolitische Gefahren*

Den Verdienst der neuen Unterscheidung, der sogenannten „politischen Differenz", kann man in der umfassenden Problematisierung sozialer Strukturen ausmachen. Denn wo die Ausweisung des Politischen der Reproduktion sozialer Verhältnisse einen Spielraum eröffnet (dessen Gestaltung Sache von Politik ist), werden diese – in Vergangenheit, Gegenwart und Zukunft – prinzipiell frag-würdig. Auf Seiten sozialwissenschaftlicher

17 Nancy/Lacoue-Labarthe (1981) a.a.O., S. 15.

Analyse bedingt das eine gesteigerte Aufmerksamkeit für vergessene, verborgene oder verrufene Alternativen, auf Seiten politischer Praxis eine gesteigerte Rechenschaftspflicht.

Doch zugleich wirft eine solche radikale Rückführung des Sozialen aufs Politische – des Denkens auf seine „politische Stiftung" – neue Fragen auf. Insbesondere drohe, so Kritiker, der Versuch, Politik mithilfe des Politischen den Fängen des Bestehenden zu entreißen, das Kind mit dem Bade auszuschütten.

Auf den Punkt bringen lässt sich dieser Vorwurf unter dem Titel des „Panpolitizismus":[18] Wenn schlechthin alles politisch sei, lautet der, lasse sich zwar verstehen, *dass* Entscheidungen getroffen werden, aber nicht mehr, wann, wie und weshalb das geschieht. Indem die Bedingungen von Politik reduziert werden auf ihre Unbedingtheit wird zwar die *Tatsache* sozialen Wandels verständlich (d.h. seine Diskontinuität und die Offenheit gesellschaftlicher Entwicklung), nicht aber dessen tatsächlicher Verlauf und seine augenscheinliche Kontinuität. Von ihren nietzscheanischen Anfängen an sieht sich eine „post-fundamentalistische" Position so der Kritik ausgesetzt, dass sie, indem sie sich von der Hoffnung auf Wahrheit verabschiede, einen „Irrationalismus" übrig lasse, der mit der Frage „Wie wir leben wollen" die Frage „Wie wir leben können" ganz und gar an den Rand dränge. Wenn das Politische darauf verweist, dass „eine andere Welt möglich ist",[19] so bleibt doch – darauf läuft die Kritik an dieser Stelle hinaus – offen, was an der existierenden das Problem ist, wie man sie verändern kann und wie eine bessere Alternative aussähe.[20]

Entlang der drei genannten Fragen hinsichtlich des Wanns, des Wies und des Wozu politischer Entscheidungen lässt sich der Panpolitizismus-Vorwurf differenzieren und zugleich wiederfinden in anderen, wiederkehrenden Unterstellungen, die nicht nur gegen die Figur des Politischen, sondern gegen poststrukturalistische Perspektiven insgesamt erhoben werden. Anhand der Arbeiten Ernesto Laclaus und der Kritik daran habe ich an anderer Stelle beispielhaft nachzuvollziehen versucht, wie sich auf diese Weise verschiedene Einwände – nämlich die des Abstraktizismus/ Theoretizismus; des Dezisionismus; sowie des Relativismus – zusammenführen lassen als Frage nach der Substanz und dem Maßstab von Ent-

18 Reitz, Tilman 2013: *Das zerstreute Gemeinwesen. Politische Semantik im Zeitalter der Gesellschaft.* Habilitationsschrift, vorgelegt dem Rat für Sozial- und Verhaltenswissenschaften der Friedrich-Schiller-Universität Jena, S. 9.

19 Vgl. Marchart (2010) a.a.O., bes. Kap. 1 & 5.

20 Vgl. Reitz (2013) a.a.O., S. 8.

scheidungen sowie dem Mechanismus, der beide verbindet: Welche Dinge sind es, über deren Deutung wir uns streiten; wie kommen wir zu bestimmten Auffassungen darüber; und worum geht es uns dabei?[21]

Genauer wird *erstens* der Einwand erhoben, der abstrakte Verweis auf die politische Stiftung sozialer Tatsachen lasse offen, warum bestimmte Zustände zu einem bestimmten Zeitpunkt zum Problem werden, während Anderes gleichzeitig als völlig unproblematisch erscheint. Auf diese Weise werde der je konkrete materielle Gehalt der Probleme, mit denen sich Politik zu befassen hat, zugunsten einer abstraktizistischen oder theoretizistischen Catch-all-Perspektive verpasst, die stets nur auf der Kontingenz subjektiver Perspektiven beharrt. Als beispielhaft für diese Art der Kritik kann etwa Richard Rortys Polemik gelten, Laclaus Kategoriensystem sei „so nutzlos für politische Deliberation [...] wie die Cantor-Diagonalisierung für Bauingenieure":[22] „Das Abstraktionsniveau, auf das sich Laclau begibt, um von dort auf gegenwärtige Politik herunterzulinsen, ist zu hoch – und erinnert zu sehr an ‚erste Philosophie'."[23]

Zweitens kommt die Frage auf, wie, wenn im Moment des Politischen alle Gewissheiten eingeklammert sind, überhaupt eine Entscheidung getroffen werden kann. Klar ist, *dass* Entscheidungen getroffen werden, doch anhand welcher Mechanismen das passiert, bleibt unklar. Wie kommt es vom Strukturbruch des Politischen zum Neuanfang im politischen Handeln? Wie erklärt sich die *Richtung* sozialen Wandels? Und worin besteht seine „Qualität"?[24] Der Vorwurf hier lautet, dass, wo die politische Gründung den Grund ersetzt, der tatsächliche Verlauf gesellschaftlichen Wandels nurmehr grundlos erscheinen muss.

Womit sich schließlich *drittens* zwangsläufig die Frage nach dem Maßstab dieser Entscheidungen stellt: Welchen Unterschied macht es, ob so oder so entschieden wird, wenn die Kriterien dafür selbst Gegenstand politischen Streits sind? Die Frage ist dabei weniger die nach einer universellen Patentlösung, als vielmehr die, in welchem Sinne eine Entscheidung in Anbetracht der *politischen* Konstitution von Identitäten, Werten und Interessen überhaupt als besser erscheinen kann als eine andere – weniger die

21 Vgl. Seyd, Benjamin C.: *An Absence that Makes Itself Felt. On the Place of Affect in the Theory of Hegemony,* (im Reviewverfahren), Bes. Kap. 2.

22 Rorty, Richard 1996: Response to Ernesto Laclau, in: Mouffe, Chantal (Hrsg.): *Deconstruction and Pragmatism,* London: Routledge, S. 71 (Übersetzung B.S.).

23 Ebd., S. 75.

24 Vgl. Massumi, Brian 2002: *Parables for the Virtual. Movement, Affect, Sensation,* London & Durham: Duke University Press, S. 1-4.

Frage nach dem *Inhalt* als nach der *Quelle* von Normativität. Gewiss, in jedem Kontext herrschen unterschiedliche Werthaltungen vor und konkurrieren um die richtige Definition des Guten: die eine plädiert für Fleischgenuss, die andere für eine vegane Lebensform, die eine ersehnt sich eine intakte Gemeinschaft, die andere will möglichst autonom sein, die eine wünscht sich kosmische Geborgenheit, die andere vollständige digitale Vernetzung. Aber was steht dabei auf dem Spiel, *weshalb* ist es von subjektiver Wichtigkeit, ob diesen Werten entsprochen wird oder nicht – was macht, wenn man so will, den Wert der Werte aus, wenn diese allein politisch konstituiert werden?

Häufig werden im Rahmen solcher Kritiken an der poststrukturalistischen Figur des „Politischen" allerlei Feinheiten außer Acht gelassen – gern zugunsten des Strohmanns eines „Anything-Goes-Postmodernismus", den niemand (oder wenigstens kaum jemand) ernsthaft vertritt. So ist es falsch, die Figur der politischen Gründung sozialer Verhältnisse mit deren beliebiger Veränderbarkeit gleichzusetzen. Vergangene Entscheidungen setzen sich, „Sedimenten" gleich, in den Identitäten der Subjekte ab und kristallieren zu Gewohnheiten.[25] Und erst, wenn diese auf Widerstand stoßen, werden sie überhaupt als problematisch – und damit zugleich als problematisierbar – erlebt. Insofern ist das Politische keine bloß theoretische Kategorie, sondern beschreibt die *Ereignishaftigkeit* sozialen Wandels. Und in dieser Ereignishaftigkeit offenbart sich die Materialität der Welt, die nicht in ihren symbolischen Konstruktionen aufgeht.[26] Zudem sind niemals sämtliche Identitäten, Überzeugungen, Diskurspartikel zugleich betroffen, so dass stets eine Ebene des Unstrittigen bleibt, in denen Subjekte in konkreten Situationen argumentativen Halt finden können.[27] Vor diesem Hintergrund lässt sich dann zwar nicht mit allumfassender Gewissheit urteilen, was zu tun ist, aber doch mit Gründen darüber streiten.

Und doch sind die aufgeworfenen Fragen damit nicht restlos beantwortet, bleibt (wie immer im Politischen) etwas hängen von den genannten Einwänden. Denn die entscheidende Frage, wie das Ereignis des Politi-

25 Vgl. Laclau, Ernesto 1990: *New Reflections on the Revolution of our Time,* London: Verso, bes. § 15.

26 Vgl. Mouffe, Chantal/Laclau, Ernesto 1990: Post-Marxism without Apologies, in: Ernesto Laclau: *New Reflections on the Revolution of our Time.* London: Verso, S. 105-112.

27 Vgl. Laclau, Ernesto 2000: Identity and Hegemony: The Role of Universality in the Constitution of Political Logics, in: Judith Butler et al.: *Contingency, Hegemony, Universality. Contemporary Dialogues on the Left*, London: Verso, S. 82f.

schen sich zur Geltung bringt, was eine Entscheidung *jenseits* der intakt gebliebenen Strukturen zu strukturieren vermag und *wonach* mögliche Alternativen abgewogen werden, bleibt offen. Zugestanden wird, dass Entscheidungen eine Materialität haben, dass sie nicht grundlos getroffen werden, dass sie für die Subjekte eine Bedeutung haben. Aber was das heißt, bleibt allzu unbestimmt. Das „dass" – die Materialität der Probleme, ihre Dynamik, ihr Wert – wird eingestanden, bleibt aber rätselhaft, weil das Vokabular fehlt, um es näher zu bestimmen. Wenn dann auch noch Kierkegaard zitiert wird, wonach die Entscheidung ein „Akt des Wahnsinns" ist,[28] dann ist das zwar konsequent, bleibt aber für jemanden, der sozialen Wandel verstehen will, mitunter ein schwacher Trost. Indem die innere Struktur des Politischen enigmatisch bleibt, wird der Vorwurf des Panpolitizismus – ebenso wie die zugehörigen des Theoretizismus, des Dezisionismus und des Relativismus – insofern nurmehr eingeschränkt, aber nicht entkräftet.

Diese Konstellation hat dazu geführt, dass auch Autoren, die dem Denken des Politischen grundsätzlich wohlwollend gegenüberstehen, skeptisch geworden sind, ob sich die Probleme innerhalb des Rahmens, den das poststrukturalistische Vokabular vorgibt, lösen lassen. So wird gewarnt, der Fokus auf signifikatorische Verschiebungen gehe auf Kosten eines Begriffs von deren Qualität;[29] wird vor einer „Metaphysik des Mangels" gewarnt, gegen die es einer „Positivierung der Negativität" bedürfe;[30] wird beklagt, dass alles Mögliche – Sprache, Diskurs, Kultur – materielle Konsequenzen zu haben scheint außer der Materie selbst[31]; wird die „kulturalistische und sprachtheoretische Verengung" konstruktivistischer Positionen bemängelt[32]; und wird dagegen eine „symmetrische Anthropologie" vorgeschlagen, die Natur und Kultur *prima facie* das gleiche Ge-

28 Vgl. Derrida, Jacques 1992: Force of Law: The „Mystical Foundation of Authority", in: Drucilla Cornell et al. (Hrsg.): *Deconstruction and the Possibility of Justice,* London/New York: Routledge, S. 26; Laclau (1996) a.a.O., S. 55.

29 Massumi (2002) a.a.O., S. 1-4.

30 Hetzel, Andreas 2010: Vertrauen als Affekt der radikalen Demokratie, in: Thomas Bedorf/Kurt Röttgers (Hrsg.): *Das Politische und die Politik,* Berlin: Suhrkamp, S. 244.

31 Vgl. Barad, Karen 2003: Posthumanist Performativity. Toward an Understanding of How Matter Comes to Matter, in: *Journal of Women in Culture and Society* 28(3), S. 801-831.

32 Vgl. Gertenbach, Lars 2012: *Entgrenzungen der Soziologie.* Dissertation, eingereicht an der Fakultät für Sozial- und Verhaltenswissenschaften der Friedrich-Schiller-Universität Jena, S. 90ff.

wicht bei der Konstitution sozialer Wirklichkeit einräumt.[33] Zusammengenommen ergeben diese Interventionen eine Bewegung in Richtung eines neuen *Realismus*[34], der sich aufs Neue der *Materialität* des Sozialen zuwendet,[35] und zwar auch und insofern das ein Bekenntnis zum *Spekulativen* impliziert.[36] In diesem Sinne lassen sich die verschiedenen „Wenden“, die derzeit um theoretische Marktanteile konkurrieren – „realist turn“, „material turn“, „speculative turn“, aber auch „spatial“ oder „biopolitical turn“ und, nicht zu vergessen, „emotional“ und „affective“ turn –, als Teil einer umfassenden Neugewichtung der Dinghaftigkeit im Sozialen interpretieren.

Die Absetzbewegung gegenüber poststrukturalistischen und im weiteren Sinne konstruktivistischen Positionen zielt dabei allerdings weniger, wie die früherer Kritikergenerationen, auf den Aufweis logischer Widersprüche oder argumentativer Mängel, sondern vielmehr auf eine Erweiterung des begrifflichen Instrumentariums – mit dem Ziel, *neben* der Deutungsoffenheit der Welt auch ihre Deutungs*widerständigkeit* in den Blick zu bekommen.[37] Es geht um eine vermittelnde, nicht um eine alternative Perspektive, um eine Position also, die mehr über die Materialität des Politischen zu sagen vermag, ohne dabei gleich in einen naiven Positivismus oder in alte Dualismen zurückzufallen. Um diesen Anspruch auf Synthese aber einzulösen, muss er Materialität nicht als eine *zusätzliche* Dimension des Politischen explizieren, sondern als eine, die im Politischen bereits angelegt, aber nur unzureichend entwickelt ist.

Die entscheidende Frage lautet deshalb: *Worin* besteht die Materialität des Politischen (die Materialität des wann, wie und wozu von Entscheidungen)? Und die Antwort, die ich hier vorschlagen möchte: in seiner Affektivität. Denn Negativität und Unbestimmtheit sind nur aus der Perspektive (sicheren) Wissens bzw. vollkommener Identitäten leer, nicht aber in

33 Latour, Bruno 2008: *Wir sind nie modern gewesen. Versuch einer symmetrischen Anthropologie*, Frankfurt a.M.: Suhrkamp.

34 Vgl. etwa Gabriel, Markus (Hrsg.) 2014: *Der neue Realismus,* Berlin: Suhrkamp.

35 Vgl. etwa Coole, Diana/Frost, Samantha (Hrsg.) 2010: *New Materialisms. Ontology, Agency, and Politics,* Durham/London: Duke University Press.

36 Vgl. Bryant, Levi et al. (Hrsg.) 2011: *The Speculative Turn. Continental Materialism and Realism,* Melbourne: re.press.

37 So schreibt Jason Glynos, der große Vorzug des neuen Materialismus sei „its attempt to re-engage the topic by invoking new languages by which to better grasp these thorns [of the thorny issue of the boundary between matter and meaning].“ Glynos, Jason 2012: Body, Discourse and the Turn to Matter, in: Bahun, Sanja/Radunović, Dušan (Hrsg.): *Language, Ideology and the Human. New Interventions*, London: Ashgate, S. 173. Vgl. auch Gertenbach (2012) a.a.O., S. 96.

der Erfahrung der teilnehmenden Subjekte. Für diese ist das Politische keine abstrakte Unentscheidbarkeit, sondern eine gefühlte Krise, die eine konkrete Qualität hat und die Neuausrichtung von Handlungsabsichten zu motivieren vermag. Dem Vorwurf des Panpolitizismus ist deshalb die Affektivität des Politischen entgegenzuhalten.

4. Die Spur des Affekts

Auf den ersten Blick muss es überraschen, dass das Politische als Moment der Problematik gesellschaftlicher Rationalität nicht von vornherein stärker mit Gefühlen in Verbindung gebracht wurde – liegt es doch nahe, mit der Vernunft auch ihr traditionelles Anderes einer Neubewertung zu unterziehen und ist diese Verbindung doch schon in Schmitts Definition des Politischen als „Intensitätsgrad einer Assoziation oder Dissoziation von Menschen“[38] angelegt. Und tatsächlich kommt es *zeitgleich* mit der Wiederentdeckung des Politischen auch zu einer Wiederentdeckung der Gefühle, die sich explizit der Infragestellung der Vernunft verdankt.[39] Doch laufen die beiden Wiederentdeckungen des Gefühls und des Politischen überwiegend parallel, ohne aufeinander Bezug zu nehmen, so dass die Chance auf eine Konkretisierung des Politischen durch das Affektive einerseits, auf eine sozialtheoretische Einordnung der Gefühle andererseits zunächst überwiegend verschenkt wird.[40]

Für diese wechselseitige Sprachlosigkeit gibt es Gründe. Wie ich bereits an anderer Stelle gezeigt habe, schwankt die Gefühlstheorie zwischen naturalistischen und kognitivistischen Gefühlskonzeptionen.[41] Erstere konzipieren ihren Gegenstand als Wahrnehmung eines evolutionär verankerten Reaktionsmusters, als in erster Linie *körperlichen* Vorgang, der lediglich in zweiter Linie kultureller Überformung unterliegt. In diesem

38 Schmitt (2009) a.a.O., S. 38.

39 Vgl. exempl. *Berliner Debatte Initial* j. 24: n. 3.

40 Die zentrale Ausnahme bilden die – für den *affective turn* grundlegenden – Arbeiten von Raymond Williams und Lawrence Grossberg, die aus der Perspektive der Cultural Studies bereits frühzeitig für eine Einbeziehung des Affektiven plädieren (vgl. Williams, Raymond 1977: *Marxism and Literature,* Oxford/New York: Oxford University Press; Grossberg, Lawrence 1997: *Dancing in Spite of Myself. Essays on Popular Culture,* Durham/London: Duke University Press).

41 Seyd, Benjamin C. 2013: „How does it feel?“ Zur sozial- und gefühlstheoretischen Problematik einer heiklen Frage, in: *Berliner Debatte initial* j. 24, n. 3, S. 77-88, hier: S. 82ff.

Sinne erklärt etwa der Hirnforscher Joseph LeDoux, „Hirnzustände und körperliche Reaktionen sind die grundlegenden Tatsachen einer Emotion“, die bewussten Gefühle dagegen nur der „Zuckerguss“;[42] oder identifiziert der Psychologe Paul Ekman eine (schwankende) Zahl kulturinvarianter „Basisemotionen“.[43] Auf der anderen Seite bestehen kognitivistische Gefühlstheorien darauf, dass Gefühle stets ein Urteil über die Welt implizieren und insofern eine besondere Klasse von Urteilen bilden, nämlich leiblich gespürte.[44] Für eine detaillierte Auseinandersetzung ist hier kaum die Zeit, entscheidend ist aber, dass *beide* Positionen (inklusive ihrer Fortschreibung im emotions*soziologischen* Streit zwischen konstruktivistischen und positivistischen Ansätzen) Gefühle tendenziell sozialer Positivität zuordnen, indem sie sie als *bestimmte* Situationseinschätzungen verstehen – sei es in Form eines kognitiven Urteils, sei es als „Situationseinschätzung durch den Organismus.“[45] Insofern im *Politischen* aber die Notwendigkeit geteilter Situationsverständnisse gerade infrage steht, kann es scheinen, als stünde dieses mit seiner Betonung der Deutungs*offenheit* der Welt dem Fühlen geradezu entgegen, als ginge es dem Politischen um eine Dekonstruktion der Gefühle. Infolgedessen bleibt die Affektivität des Politischen ebenso ungedacht wie die Politizität der Gefühle.

Dieses konzeptionelle Angebot der Gefühlstheorie lässt allerdings nicht nur das Politische allzu unbestimmt zurück, sondern es wird auch seinem eigenen Gegenstand nicht gerecht. Denn weder lassen sich Gefühle in jedem Fall ohne gedankliche Bezugnahme auf einen Gegenstand denken (man denke etwa an komplexe Schamgefühle), noch gehen sie im Denken auf (etwa im Fall von Höhenangst[46]). Verpasst die eine Seite die kognitive Komponente am Gefühl, verpasst die andere die affektive. Zwar hat sich daraufhin die Erkenntnis durchgesetzt, dass Gefühle Kombinationen von

42 Le Doux, Joseph 2001: *Das Netz der Gefühle*, München: dtv, S. 325.

43 Vgl. Ekman, Paul 1999: Basic Emotions, in: Tim Dalgleish/Mick J. Power (Hrsg.): *Handbook of Cognition and Emotion*, Chichester: John Wiley and Sons, S. 45-60.

44 Grundlegend hier Solomon, Robert C. 1993: *The Passions. Emotions and the Meaning of Life,* 2nd revised edition, Indianapolis/Cambridge: Hackett. Für eine Übersicht vgl. Voss, Christiane 2004: *Narrative Emotionen. Eine Untersuchung über Möglichkeiten und Grenzen philosophischer Emotionstheorien*, Berlin: de Gruyter.

45 Damasio, Antonio 2004: *Der Spinoza-Effekt. Wie Gefühle unser Leben bestimmen*, München: List, S. 69.

46 Vgl. Deigh, John 1994: Cognitivism in the Theory of Emotions, in: *Ethics* 104(4), S. 842.

Körper- und Denkvorgängen „eigener Art" sind,[47] doch der genaue Vollzug dieser Verbindung ähnelt zumeist einer Black Box. Dabei bleibt die entscheidende Frage die nach dem *Reiz*, der die Gefühle ausmacht: Worauf reagieren wir, wenn wir fühlen? Unter welchen Umständen werden Gedanken körperlich spürbar, und welche Bedeutung haben unsere Empfindungen?

Ein möglicher Ausweg besteht nun darin, die Tatsache, dass Gefühle scheinbar jede Bestimmung sprengen, nicht länger als das Problem, sondern vielmehr als Ausgangspunkt für ihre Konzeptualisierung zu behandeln. Demnach entsteht ein Gefühl nicht etwa dann, wenn wir eine Situation in *bestimmter* Weise beurteilen oder wenn ein *bestimmter* Reiz eine bestimmte Reaktion auslöst. Sondern vielmehr dann, wenn wir eine Situation als *unzureichend bestimmt* erleben, d.h., wenn wir nicht wissen, wie wir mit ihr umgehen sollen. Das heißt, Gefühle markieren die Spannung zwischen Situationswahrnehmung und -erwartung: Negative Gefühle entstehen nicht, wenn wir eine Situation als schlecht *verstehen*, sondern wenn sie unser Verständnis sprengt: wenn sie unsere Erwartungen *enttäuscht*, wir also von der Entwicklung böse überrascht werden und zunächst einmal nicht sicher sind, wie wir sie zu verstehen haben und mit ihr umgehen sollen. Vergleichen wir etwa Sokrates' Gelassenheit im Angesicht des Todes, den er vermutlich sehr negativ beurteilte, aber selbstbewusst wählte, mit der Panik eines Soldaten im Schützengraben. Und positive Gefühle, auf der anderen Seite, entstehen nicht, wenn unsere Erwartungen *erfüllt*, sondern, wenn sie *übertroffen* werden. Denken wir etwa an zwei identische Geschenke, die wir uns gleichermaßen gewünscht haben: Den Picasso, den mir meine Tante vermacht, werde ich möglicherweise genauso zu schätzen *wissen*, wenn sie mir die edle Gabe jahrzehntelang angekündigt hat, wie, wenn es mich völlig überraschend trifft. Aber *gefühlt* wird die Freude eine andere sein. Statt Gefühlen also eine *bestimmte* Bedeutung zuzuweisen (sei sie kulturell konstruiert oder evolutionär vorgegeben oder die Summe aus beiden), gilt es, sie mit Unbestimmtheit in Verbindung zu bringen; sie nicht im Körper *oder* im Denken, nicht in Natur *oder* Kultur, nicht in (objektiver) Welt *oder* Subjekt anzusiedeln, und auch nicht in einer bloßen Addition von beiden – sondern in der Spannung *zwischen* den Polen. Gefühle sind Denken, das an der Welt scheitert; und Welt, die das Denken überrascht.[48]

47 Vgl. Goldie, Peter 2000. *The Emotions. A Philosophical Exploration*, Oxford: Oxford University Press.

48 In diesem Sinne sind Gefühle nicht das Gegenteil von Vernunft, sondern, wie

Es ist dieses Bestehen auf Fühlen als dem körperlich spürbaren Korrelat situativer Unbestimmtheit, das sich als Quintessenz des „affective turn" – im Unterschied zum „emotional turn" – ausmachen lässt. Der Wende zum Affekt geht es um die Frage, was bleibt, wo die Bedeutung der Welt unsicher ist und diese doch gerade in ihrer Unsicherheit *erfahren* wird. Es geht, mit Brian Massumi gesprochen, um die körperlich spürbare Realität („corporeality") jenseits feststehender Bedeutung – des „Virtuellen"[49] – oder auch, mit Eve Sedgwick und Adam Frank, um die analogen Grenzen digitaler Berechenbarkeit.[50] Oder, wie Lawrence Grossberg mit Verweis auf Raymond Williams Konzept der „Structure of Feeling" erklärt,

> „um die Grenzen von Bedeutung, von Repräsentation, [...] jenen Überschuss, den diskursive Produktion immer erzeugt und der durch Konzepte wie Bedeutung und Repräsentation nicht erfasst wird. [...] Deshalb ist die Idee eines Abstands zwischen dem, was zu verstehen oder zu wissen ist, und dem, was nichtsdestotrotz erfahrbar [„liveable"] ist, ein interessanterer Ausgangspunkt."[51]

Affekt ist dabei die autonome Körperreaktion, die in die Lücke tritt, die sich zwischen subjektiver Vorstellung und objektiver Welt auftut, wo die Routinen, in denen beide verschmolzen sind, fraglich werden.[52] Sie ist, wie bereits Dewey erklärt, der körperliche Effekt, der die Erweiterung (positive Affekte) oder Begrenzung (negative Affekte) von Handlungsmöglichkeiten begleitet – oder, mit Spinozas berühmter Definition, die „Affektionen des Körpers, durch die die Wirkungskraft des Körpers vermehrt oder vermindert, gefördert oder gehemmt wird."[53] Im Affekt, heißt das, schaltet der Körper gewissermaßen auf Autopilot, weil unsere Erwar-

Jack Katz argumentiert, von Routine (vgl. Katz, Jack 1999: *How Emotions Work,* Chicago: University of Chicago Press).

49 Vgl. Massumi (2002) a.a.O., S. 5.

50 Sedgwick, Eve/Frank, Adam 1995: Reading Sylvan Tomkins, in: dies. (Hrsg.): *Shame and Its Sisters. A Sylvan Tomkins Reader,* Durham/London: Duke University Press, S. 1-27.

51 Grossberg, Lawrence 2010: Affect's Future. Rediscovering the Virtual in the Actual, in: Melissa Gregg/Gregory J. Seighworth (Hrsg.): *The Affect Theory Reader*, Durham/London: Duke University Press, S. 318.

52 Wie Jack Katz erklärt: „Everyday emotions, such as the expression of humor and embarassing slips, embody and address ongoing, hidden provocations in life even as they respond to observable situational exigencies" (Katz (1999) a.a.O., S. 311, meine Hervorh. Zum Unterschied zwischen Affekt und Emotion s.u.

53 Spinoza, Baruch de 1994: *Die Ethik, nach geometrischer Methode dargestellt*, Hamburg: Felix Meiner Verlag, S. 110. Vgl. auch Dewey, der von der Stauung oder Freisetzung von Handlungsenergie spricht: Dewey, John 1984: The Theory of Emotion, in: Craig Calhoun/Robert Solomon (Hrsg.): *What Is an Emotion?*, Oxford: Oxford University Press, S. 154-171.

tungen an die Welt ihre Orientierungsfunktion eingebüßt haben; etwa, wie Helmut Plessner beispielhaft zeigt, wenn wir (vor Verzweiflung oder vor Freude) lachen oder weinen müssen.[54]

Demgegenüber bezeichnet *Emotion* plausiblerweise die subjektive Wahrnehmung dieser Körperprozesse samt ihrer Reintegration in ein erneuertes Situationsverständnis.[55] In der Emotion wird die Situation im Angesicht des Affekts neu interpretiert, d.h. Affekt und (überholte) Situationswahrnehmung werden aufeinander bezogen. Dabei verändert sich beides: Auf der einen Seite werden die Erwartungen an die Situation überprüft, auf der anderen Seite der Affekt eingegrenzt und beherrschbar gemacht, indem er benannt, attribuiert und erklärt wird. So wird aus blanker Panik, die das ganze Selbst okkupiert und die ganze Welt bedrohlich erscheinen lässt, etwa die schlichte *Furcht* vor dem *Hund*, der mich *beißen will.* In Emotionen bewältigen wir Handlungsunsicherheit; und rekonstruieren das soziale Gewebe der Welt, nachdem es gerissen ist.

Entscheidend ist nun, dass ein solches Verständnis menschlichen Fühlens nicht nur an eine Vielzahl von Vorläufern anschließen kann, sondern auch, dass es sich als ein Gefühlsverständnis rekonstruieren lässt, das dem Theorem des *Politischen* inhärent ist. Angefangen mit Schmitts Verbindung des Politischen mit der „Intensität" einer Beziehung, die jede herkömmliche, auch die grundlegendste signifikatorische Unterscheidung übersteigt und somit zum Ausgangspunkt konfligierender Neubestimmungen wird;[56] über Arendt, bei der die Spannung des „Zwischen" in das „öffentliche Glück" des gemeinsamen Handelns mündet, das die kollektive Neudefinition der Situation begleitet;[57] bis hin zu den aktuellen Proponenten des Politischen. So geht für Nancy, den Wiederentdecker des Politischen, die unüberwindliche Negativität aller Bedeutung, die die Grundvoraussetzung für deren politischen Verhandelbarkeit darstellt, einher mit einem Zittern:

> „Die Negativität lässt alle Bestimmtheit, alles Bei-sich-Sein erzittern. Es durchdringt sie mit einem Schaudern und einer unruhigen Aufregung. Was sich so beunruhigt, ist die Befreiung der Bestimmtheit für dasjenige, was sie nicht ist – für

54 Vgl. Plessner, Helmut 2003: Lachen und Weinen. Eine Untersuchung der Grenzen menschlichen Verhaltens, in: ders.: *Ausdruck und menschliche Natur. Gesammelte Schriften VII.* Franfurt a.M.: Suhrkamp, S. 201-387.

55 Massumi spricht von „qualified intensity" (vgl. Massumi (2002) a.a.O., S. 28.

56 Vgl. Schmitt (2009) a.a.O., S. 26ff.

57 Vgl. Arendt, Hannah 1993: *Macht und Gewalt.* München/Zürich: Piper, S. 108.

> das andere und für das Unendliche –, dessen Sein aber selbst bereits in sich die essentielle Teilung und Mitteilung ist."[58]

Nancy bestimmt das Zittern weiter, ganz im Sinne der eben vorgeschlagenen Affektdefinition, als „Akt des Affiziertwerdens",[59] als entweder Schmerz oder Freude: „Man kann sagen: Der Schmerz öffnet, und die Freude versöhnt. Aber die Versöhnung liegt einzig in einem Punkt, im Übergang."[60] Und das Zittern, das den Übergang markiert und das entweder als Schmerz oder als Freude empfunden wird, ist für Nancy nicht nur Ausgangspunkt des Denkens – „das Denken kann die Sache nicht durchdringen, ohne zu zittern"[61] –, sondern zugleich wird von ihm das „Denken des Subjekts als Emotion charakterisiert."[62] Denken setzt also an mit der Sinnhaftmachung des Affekts als Emotion, mit der Besinnung auf den Affekt.

Darüber hinaus wird – wie etwa Rei Terada in einer bemerkenswerten Studie zeigt – der Poststrukturalismus insgesamt missverstanden, wenn ihm unterstellt wird, er habe mit dem klassischen Subjektbegriff auch das Interesse an Gefühlen verworfen.[63] Das gilt offensichtlich für Deleuze, der, selbst eine zentrale Figur des *affective turn*, Affekt im Intervall zwischen Ereigniswahrnehmung und Handlung verortet.[64] Ebenso wäre es für Laclau[65] und Mouffe festzuhalten – so erklärt Mouffe unmissverständlich: „Theoretiker, die die Leidenschaften aus der Politik verbannen wollen (...) stellen damit nur ihr mangelhaftes Verständnis des Politischen unter Be-

58 Nancy, Jean Luc 2011: Die Unruhe des Negativen, in: ders.: *Hegel*, Zürich: diaphanes, S. 204.

59 Ebd. S. 203.

60 Ebd., S. 200.

61 Ebd., S. 205.

62 Ebd., S. 205.

63 Terada, Rei 2001: *Feeling in Theory. Emotion after the ‚Death of the Subject'*, Cambridge/London: Harvard University Press.

64 Vgl. Deleuze, Gilles 1997: *Das Bewegungs-Bild. Kino 1.* Frankfurt a.M.: Suhrkamp, S. 96.

65 Laclau geht explizit auf die Bedeutung von Affekt ein (Laclau, Ernesto 2004: Glimpsing the Future, in: Oliver Marchart/Simon Critchley (Hrsg.): *Laclau: A Critical Reader*, London: Routledge, S. 299-304; Laclau, Ernesto 2005: *On Populist Reason,* London: Verso, S. 110-119). Er spricht dabei u.a. von Affekt als der „Force", die den Diskurs als „Form" antreibt (ebd. S. 110). Weiter habe ich argumentiert, dass die *Erfahrung* der Dislokation für Laclau nichts anderes fasst als den Einbruch des lacanianischen Realen, dass heißt den nackten Affekt, der dann – als Emotion – in den Diskurs „reinvestiert" werden muss.

weis."[66] Doch es gilt auch, wie Terada zeigt, für die nur vermeintlich „gletscherhafte" Dekonstruktion Derridas und de Mans, der sie anrechnet, „ein glaubwürdiges Emotionsverständnis von einem weniger glaubwürdigen Subjektverständnis [zu befreien]."[67] Statt einer Engführung der Sozialtheorie auf Sprache und das Spiel der Zeichen, so ist Terada zu verstehen, geht es dem Poststrukturalismus um deren Problematisierung, um in den Zwischenräumen etwas sichtbar zu machen, was klassischen Begrifflichkeiten entgeht; und insofern sind poststrukturalistische Theorien immer Gefühlstheorien, und umgekehrt letztere *in nuce* poststrukturalistisch:

> „Es ist Zeit, die Möglichkeit in Erwägung zu ziehen, dass Poststrukturalismus direkt mit Emotionen befasst ist. [...] Denn weit davon entfernt, dem ‚Tod des Subjekts' zu widersprechen, setzen Emotionen diesen voraus. [...] Die Zweck und die bloße Existenz von Emotionen sind traditionell in Verbindung gebracht worden mit bleibenden Schwierigkeiten der Philosophie des Geistes. Gefürchtet als Bedrohung oder gepriesen als mysteriöse Segnung, indizieren Emotionen Spannungen in der Philosophie – die gleichen Spannungen, die poststrukturalistischer Theorie zufolge den klassischen Modus der Subjektivität zum Einsturz bringen. Daher erscheint ‚poststrukturalistische' Unzufriedenheit mit dem Subjekt in klassischem Denken über Emotionen: Emotionstheorien sind immer poststrukturalistische Theorien."[68]

So wird deutlich, wie Gefühle genau jenes Feld der Unentscheidbarkeit bespielen, das der Begriff des Politischen markiert – genau jenen Spalt in der Bestimmtheit einer Situation und der Notwendigkeit ihrer Entwicklung – und was dabei ihre Funktionalität ausmacht. Gefühle be- und verarbeiten Unentscheidbarkeit! Sie tun das *erstens*, indem sie – als Affekt – einen Mangel an Bestimmtheit (=das Politische) spürbar machen, d.h. diesen erfahrbar machen, obwohl er die Grenzen des Wissbaren gerade übersteigt. Dabei konzentrieren sie *zweitens* – als Affekt – Aufmerksamkeit, indem sie andere Handlungsvollzüge unterbrechen, und richten diese auf das aktuelle Problem aus. *Drittens* kommunizieren sie – als Affekt – die Betroffenheit ihres Trägers an seine Umgebung. *Viertens* erzeugen sie – als Affekt – Handlungs*bereitschaft*. Und *fünftens* stellen sie – als Affekt – dieser Handlungsbereitschaft gewisse instinktive Ausgangsoptionen zur Verfügung (Flucht, Kampf, Erstarren), an der sich der kognitive Apparat dann abarbeiten kann, so er unter den je konkreten Umständen über die Zeit und die Mittel dafür verfügt. Dieser Prozess, den die Affekte *sechs-*

66 Mouffe, Chantal 2007: *Über das Politische. Wider die kosmopolitische Illusion.* Frankfurt a.M.: Suhrkamp, S. 40.

67 Terada (2001) a.a.O., S. 4, vgl. auch Kap 1 & 2.

68 Ebd., S. 3.

tens aktivieren und motivieren, vollzieht, wie beschrieben, eine Neubeschreibung der Situation, die den Affekt in die vormals durch ihn selbst gesprengte, nun erweiterte Situationswahrnehmung zu integrieren sucht. Dabei ermöglichen Gefühle – nun als Emotionen – eine zunächst provisorische, d.h. unvollständige Bestimmung der Situation, die die Verunsicherung nicht gänzlich beseitigt, sondern sie begrenzt – indem sie sie soweit benennt, attribuiert und erklärt, dass ein Anschlusshandeln möglich wird.

Im Normalfall handelt es sich bei derartigen Reartikulationen um alltägliche Routinevorgänge, die sich in jedem Handlungsvollzug mehr oder wenig deutlich aufweisen lassen. Doch statt diese als gänzlich unpolitisch zu verstehen, sind sie präziser als Mikropolitik zu fassen – als Serie von Reiterationen, die in erster Linie Kontinuität garantieren, die aber, indem sie soziale Ordnung (mit Derrida gesprochen) unablässig reiterieren, auch unmerkliche Verschiebungen vornehmen, sich durchaus zu gravierenden Verschiebungen aggregieren können – und jederzeit zum Ausgangs- und Mittelpunkt weitergehender Problematisierung werden können. Denken wir etwa an Rosa Parks Weigerung, ihren Sitzplatz für einen weißen Fahrgast zu räumen, die 1955 den Anlass für den Montgomery Bus Boycott und im weiteren den Startschuss für die amerikanische Bürgerrechtsbewegung der 50er und 60er Jahre gab. Somit unterliegt der Prozess der Benennung, Attribuierung und Erklärung von Affekten zwar starken Normierungen,[69] bleibt aber ein potenziell kommunikativer und damit auch kollektiver Prozess. Insbesondere dort, wo Affekte mehr als einen Augenblick unverständlich bleiben und sich zu ganzen Affektlagen bündeln oder bestimmte Erklärungen auf Widerstand stoßen, kommt es dann zum Streit über die „richtige" Deutung der Affekte (und zugleich der Situation) und tritt die politische Relevanz der Affekte ebenso zutage wie der emotionale Charakter der Politik. Oder anders gesagt: das Politische hat seine Gegenwart in der Körperlichkeit der Affekte, während Politik ihr Geschäft darin hat, Affekte verständlich zu machen. Das Politische muss affektiv, Politik muss emotional gedacht werden.

Bildlich gesprochen formen Gefühle somit eine Art Bindegewebe, dass die Brüche und Risse der Struktur – des Sozialen – ausfüllt und so dessen kontinuierliche Reorganisation im sozialen *Handeln* ermöglicht. Wo – im Moment des Politischen – sozialer Sinn infrage steht, ist also keineswegs Nichts, sondern eher eine Art Nacktheit, die nach Bedeckung verlangt:

69 Einschlägig zu Gefühlsregeln noch immer: Hochschild, Arlie 2006: *Das gekaufte Herz. Die Kommerzialisierung der Gefühle* (erweiterte Neuausgabe). Frankfurt/New York: Campus.

kein Flirt mit dem Nichts, sondern vielmehr ein tête-á-tête mit der ungezähmten Körperlichkeit menschlicher Existenz, die es im folgenden erst wieder zu zügeln gilt.

Somit vermag die Rekonstruktion der affektiven Dimension des Politischen schließlich eine umfassende Antwort auf den im vorigen Abschnitt skizzierten dreifachen Vorwurf des Panpolitizismus geben. Insofern Affekte dem Politischen eine konkrete Präsenz geben, ist es *erstens* weder abstrakt noch omnipräsent, sondern tritt dort hervor, wo Handlungsvollzüge ihre Selbstverständlichkeit verlieren und Gefühle entstehen. Gewiss, Gefühle sind beinahe allgegenwärtig, weshalb das Politische schwer zu fassen bleibt und wir uns ihm vor allem niemals *sicher* sein können und seine Fassung vielmehr Sache von Politik ist. Gleichwohl sind Affekte nicht überall gleich stark und sie beziehen sich nicht auf alles. Politik hat nur dort eine Chance, wo sie Affekte zu fassen bekommt und es ihr gelingt, auf ihren Zug aufzuspringen. *Zweitens* wird deutlich, wie das „Unentscheidbare" trotzdem entschieden wird. Indem Affekte die Abwesenheit von (Handlungs-)Sinn spürbar werden lassen als Mangel (der behoben werden muss), lässt sich verstehen, wie Gefühle die Lücke zwischen dislozierter Struktur und Handeln überbrücken, ohne dabei in ein mechanistisches Verständnis sozialen Wandels zu verfallen. Affekte ver*langen* eine Entscheidung, sie verordnen sie nicht – Emotionen gehen in Affekten nicht auf, sie sind, mit Arendt, ein neuer Anfang ohne deshalb eine *creatio ex nihilo* zu sein. Und *drittens* schließlich wird so deutlich, worum es bei Entscheidungen geht, nämlich schlicht um ein besseres Gefühl. Was das aber im Einzelfall heißt, ist nicht ein für allemal zu beantworten. Selbst wenn es gelänge, einen verlässlichen Index zu entwickeln, der das positive oder negative Affekterleben verlässlich zu quantifizieren vermag, würde das keine Antwort darauf liefern, *was* es demzufolge zu tun gilt, nur, *dass* es etwas zu tun gilt. Affekte machen offenbar, *dass* es einen Unterschied macht, wie wir entscheiden – aber *welchen*, dass lässt sich nicht aus ihnen *ableiten*. Denn Emotionen gehen nicht in Affekten auf, sie sind Sache des Nachdenkens über Affekte – und der Politik.

5. *Ausblick*

Im Voranstehenden habe ich das Politische rekonstruiert als ein Konzept, das eine Lücke in der Notwendigkeit sozialer Prozesse markiert, die kein Expertengremium – ob säkular oder religiös – schließen kann; keine Wirtschaftsweisen, kein Zentralkomitee, kein Revolutionsrat und kein Papst.

Dagegen wird zum Teil mit großer Polemik und mit wechselnden Betitelungen wie Abstraktizismus, Relativismus, Dezisionismus usw. der Einwand erhoben, dass unter solchen Umständen nicht mehr verständlich ist, wie Entscheidungen getroffen werden, worauf sie sich beziehen und worauf sie sich gründen. Gegen diese Einwände gilt es, so mein zentrales Argument, die affektive Dimension des Politischen zu entwickeln. Denn das Politische ist nicht nur die Abwesenheit sicheren Sinns; sondern gleichbedeutend mit der Anwesenheit von Affekten. Deren Funktion ist die Bewältigung der Ungewissheit – sie lokalisieren, motivieren und orientieren Entscheidungen, die aus der Verarbeitung von Affekten zu Emotionen resultieren. Im Ergebnis heißt das: Politik ist gefühlvoller und Gefühle sind politischer als gemeinhin in Rechnung gestellt wird. Gefühle sind der Stoff von Politik.

Mit der Affektivität lässt sich das Politische demnach in seiner konkreten Erscheinungsweise, seinen motivationalen Ressourcen und sogar seinem ethischen Telos verstehen – als ein besseres Gefühl, welcher Politik auch immer es bedarf, damit sich dieses erreichen lässt. So lässt sich dem Vorwurf des Panpolitizismus effektiv begegnen. Gleichzeitig lassen sich zentrale Theoriefiguren des hier besprochenen Paradigmas – etwa das Messianische bei Derrida, das Reale bei Lacan, die Dislokation bei Laclau, die Unterbrechung bei Rancière, das Ereignis bei Badiou – plausibilisieren und in ihren Formulierungsnuancen greifbar machen. Wenn etwa, um nur ein Beispiel zu nennen, Laclau davon spricht, dass die abwesende Ganzheit des Sozialen in ihrer Abwesenheit anwesend ist, dann ist das eben nicht als krumme Metapher zu verstehen – sondern als Affekt, der der Abwesenheit (d.h. dem Politischen) Form, Wirkung und Wert verleiht.

Auf der anderen Seite kann die Politizität der Gefühle davor bewahren, diesen eine Durchsichtigkeit zu unterstellen, die sie nicht haben und die deshalb weder im Sprachgebrauch noch im Kernspintomographen kenntlich gemacht werden kann. Denn Gefühle speisen sich nicht aus Kohärenz, weder kultureller noch biologischer Art, sondern aus Uneindeutigkeit. Sie bedeuten, so meine These, *per definitionem* Überforderung, die es dann – im Übergang von Affekten zu Emotionen, d.h. im Versuch, sie zu verstehen – mühsam kleinzuarbeiten gilt. Politik entspricht diesem mühevollen und nicht selten kontroversen Prozess, unserem Fühlen einen Sinn zu geben.

Im Ergebnis kann die begriffliche Kopplung des Politischen mit dem Affektiven einen wesentlichen Beitrag zur politischen Theorie leisten. Indem sie die Lücke zwischen einem Problem und seiner Entscheidung mit

Gefühlen besetzt und diese somit als unverzichtbare Bindeglieder zwischen (problematisch gewordener) Struktur und Handeln ausweist, liefert sie eine Antwort auf die Gretchenfrage soziologischer Theorie und ermöglicht ein realistischeres, konkreteres und differenzierteres Verständnis sozialen Wandels zwischen Sachzwang- und Müssen-Nur-Wollen-Rhetorik.[70]

Dabei spricht nichts dagegen, dass diese *theoretische* Einsicht auch in *empirischer* Weise fruchtbar zu machen ist. So können Gefühle als Wegweiser zu den Brennpunkten des Sozialen dienen, anhand derer sich dann zielgenauer nach Problemursachen, -dynamiken und -lösungen fragen lässt. Dazu lassen sich verschiedene Methoden nutzbar machen, um (z.B. durch vergleichende Biografie-Forschung) die Vorgeschichte von Gefühlen zu rekonstruieren, um (z.B. in Fallstudien) ihre Erfahrungsqualität und die damit verbundenen Vorentscheidungen zu rekonstruieren oder um (z.B. mit diskursanalytischen Mitteln) die Deutungsmuster zu isolieren, die um die richtige Problemdefinition ringen.

Dabei ist die Beschreibung, Deutung und Herleitung von Gefühlen zweifellos vermintes Terrain, das einen gewissen Mut zur Spekulation verlangt. Aber es ist ein Terrain, auf dem wir uns als soziale Subjekte ohnehin immer schon bewegen. Machen wir uns das bewusst, ergibt sich schließlich die Möglichkeit einer *kritischen* Perspektive: Diese träte, indem sie Probleme von ihrer affektiven Dimension – ihrem Rohstoff, wenn man will – aus denkt, hinter die Akteursperspektiven zurück, mit der Aussicht, zu einem sensibleren, differenzierteren und umfassenderen Verständnis der Gegenwart und ihrer Gefühle beizutragen.[71]

70 Dazu formuliert Barbalet: „Emotionen [verbinden] Struktur und Handeln. Dies ist für die Soziologie eine absolut entscheidende Einsicht, selten formuliert und unterschätzt, offensichtlich wahr und heuristisch von unschätzbarem Wert.“ Barbalet, Jack 2002: Introduction: Why Emotions Are Crucial, in: Jack Barbalet (Hrsg.): *Emotions and Sociology,* Oxford: Blackwell, S. 4. (Übersetzung B.S.)

71 In diesem Sinne lässt sich sagen, dass kritische Zeitdiagnosen zwangsläufig auf eine affektive Dimension zielen müssen, die von den Akteuren nicht erfasst wird. Das gilt für Webers „Entzauberung“ ebenso wie für Marx „Entfremdung“ oder Freuds „Unbehagen“, vgl. dazu Seyd, Benjamin C. 2013: Gegenwart des Unbehagens, in: *Aus Politik und Zeitgeschichte* 32-33, S. 21.

Teil II

Politikwissenschaftliche Perspektiven

Populisten verstehen. Ein Versuch zur Politik der Gefühle

Claus Leggewie

> „Die Gefühle sind die wahren Einwohner der menschlichen Lebensläufe. Von ihnen kann man sagen, was man von den Kelten (mehrheitlich unsere Vorfahren) gesagt hat: Sie sind überall, man sieht sie nur nicht."[1]

Politik ist nach allgemeiner Auffassung öffentlich, Emotion privat. Politik wirkt rational, Gefühle werden als irrational eingestuft. Politik wird mit Strategie und Verstellung gleichgesetzt, Emotionen gelten als spontan und authentisch. Politik tritt in Erscheinung, Gefühle blühen im Verborgenen. So einfach, wie es diese Dichotomie suggeriert, ist es wohl nicht, doch dem Empirieprogramm „Politische Emotionen" mangelt es an konzeptioneller Untermauerung, der Theorie an alltagsweltlicher Überzeugungskraft. Dabei darf man aus neurophysiologischer und kognitionspsychologischer Sicht weder „negative" Gefühle wie Gier, Hass und Scham von „positiven" wie Mitgefühl und Altruismus trennen, noch im Lichte der abendländischen Ideengeschichte unterschätzen, dass in modernen Gesellschaften private Laster öffentliche Tugenden hervorbringen können (vgl. de Mandevilles Bienenfabel)[2] und Angst Grundlage des Gesellschaftsvertrags ist (vgl. Hobbes' Leviathan).[3] Was aus Enttäuschung und Ressentiment, den Antriebsmotiven populistischer Bewegungen heute, werden kann, beantwortet der folgende Essay.

1 Alexander Kluge 2000: *Chronik der Gefühle,* Frankfurt a.M.: Suhrkamp, hier aus dem Vorwort (ohne Seitenangabe).

2 Bernard Mandeville 1924*: The Fable of the Bees: or, Private Vices, Publick Benefits.* With a Commentary Critical, Historical, and Explanatory by F. B. Kaye, 2 vol. Oxford: Clarendon Press.

3 Thomas Hobbes 2009: *Leviathan*, Oxford: Oxford University Press.

1. Augenmaß und Leidenschaft: Emotionen in der politischen Kultur

In Dresden erhob sich zur Jahreswende 2014/15 ein eingetragener Verein mit dem Namen „Patriotische Europäer gegen die Islamisierung des Abendlandes“ (Pegida), der mit mehreren Tausend Unterstützern in der sächsischen Landeshauptstadt und in einigen anderen Orten der Bundesrepublik Deutschland zu einer beachtlichen Protestbewegung anschwoll. Über mehrere Wochen hinweg vermochten die zumeist an Montagabenden stattfindenden „Spaziergänge“ Medienaufmerksamkeit zu erlangen und die innenpolitische Diskussion zu dominieren. Erste sozialwissenschaftliche Erkenntnisse[4] belegen, dass die von dubiosen Persönlichkeiten angeführte Bewegung nicht durchweg (aber auch) rechtsradikal getragen und gesteuert war, das (überwiegend männliche, zum Teil formal gut qualifizierte) Bürgertum ansprach und weniger von der Furcht vor einer islamischen Majorisierung Dresdens oder Deutschlands auf die Straße getrieben wurde als vielmehr durch die aggressiv artikulierte Distanz zu „der Politik“ und zu den (elektronischen) Massenmedien („Lügenpresse“). Die von Beobachtern und Interviewteams eingefangenen Statements der Pegida-Anhänger ließen tiefe Enttäuschung, aufgestaute Wut und blanke Aggression erkennen, abgetönt durch die Selbstbekundung von ideologischer Harmlosigkeit („keine Nazis“) und der Inanspruchnahme von bürgerlichen Rechte („Demonstrations- und Meinungsfreiheit“).[5]

Aus unterschiedlicher Warte kam die Reaktion, derartiger Bürgerprotest dürfe nicht „verteufelt“ werden. Vielmehr solle man ihn als Ausdruck echter Entfremdung zwischen dem Volk und seinen Vertretern ernst nehmen. Er rate, Menschen wie Kathrin Oertel (mit deren Meinung er nicht einverstanden sei) zuzuhören, bekundete etwa Frank Richter, der Mediator der Sächsischen Landeszentrale für Politische Bildung. Eine Dialog-Veran-

4 Vgl. die noch mit Vorsicht zu genießenden Studien von Patzelt, Werner 2015: Edel sei der Volkswille, in: *Frankfurter Allgemeine* vom 21.01.2015; Vorländer, Hans 2015: *Wer geht zu PEGIDA und warum?* (www.spiegel.de/media/media-35641.pdf, abgerufen am 18.2.2015); auch die WZB-Studie von Daphie, Priska [u.a.] 2015: Protestforschung am Limit. Eine soziologische Annäherung an Pegida (www.wzb.eu/sites/default/files/u6/pegida-report_berlin_2015.pdf, abgerufen am 18.2.2015).

5 Vgl. die angeblich „ungeschnittenen“ O-Töne aus dem NDR-Magazin Panorama, http://www.ardmediathek.de/tv/Panorama/Pegida-Die-Interviews-in-voller-L%C3%A4nge-/Das-Erste/Video?documentId=25442126. Der Verfasser erhielt ähnliche Statements in einem Shitstorm nach einem Interview in der Westdeutschen Allgemeinen am 17.12.2014.

staltung der Landeszentrale suchte der SPD-Vorsitzende Sigmar Gabriel als „Privatperson" auf und kommentierte sein Erscheinen mit dem Appell, „nicht zu glauben, dass die Elitendialoge, die wir in der Politik und in der Wirtschaft führen, dass die identisch sind mit dem Alltagsdialog von Menschen."[6] Und das, nachdem die Bundeskanzlerin Merkel in ihrer Neujahrsansprache deutlich vom Besuch von Pegida-Demonstrationen abgeraten und die SPD-Generalsekretärin Yasmin Fahimi noch klarer gemacht hatte, sie möchte „in keinen Dialog treten mit Leuten, die Stimmung schüren gegen Migranten, gegen Ausländer und gegen Andersdenkende."[7] Das Abschmelzen der Beteiligung auf einen harten Kern von Demonstranten mit deutlich fremden- und menschenfeindlicher Ausrichtung und rechtsradikalen Neigungen im Lauf des Frühjahres 2015 hat diese Einschätzung bestätigt.

Die Episode zeigt, dass „Populisten verstehen" nicht missverstanden werden darf als diese indirekt gutzuheißen oder gar zu unterstützen. Besser verstehen muss man allerdings, was der Populismus darstellt beziehungsweise transportiert: Den scharfen, vom Ressentiment getragenen Antagonismus des „Volkes" gegen „die da oben". Im Populismus angelegt ist ein Muster illiberaler Demokratie, das in Ungarn und Russland schon Regierungsprogramm ist: Die plebiszitäre Aushöhlung der repräsentativen Demokratie, die im Namen des gesunden Volksempfindens Minderheiten anprangert und Bürgerrechte stutzt.[8]

In Deutschland ist diese Strömung in der Wählerschaft der *Alternative für Deutschland* (AfD) repräsentiert.[9] Sie hat 2014 aus dem Stand den Einzug in einige ostdeutsche Landtage, 2015 in die Hamburger Bürgerschaft geschafft und visiert 2017 den Bundestag an, um sich mittelfristig als Kraft rechts von der Union zu etablieren, möglicherweise auch als Koalitionspartner. Die AfD beerbt Strömungen, die im etablierten Parteiensystem heimatlos geworden beziehungsweise unrepräsentiert geblieben sind. Erstens beerbt sie die FDP, die als Programmpartei an der Ubiquität liberaler Positionen wie als Funktionspartei im Mehr-Parteien-System der Berliner Republik „überflüssig" geworden und als neoliberale Interessen-

6 Zit. nach *Frankfurter Allgemeine Zeitung* vom 26.01.2015.

7 Ebd.

8 Vgl. dazu schon Zakariya, Fareed 1997: The Rise of Illiberal Democracy, in: *Foreign Affiars* 76(6), S. 22–43; Merkel, Wolfgang [u.a.] 2003/2006: Defekte Demokratie, 2 Bde., Wiesbaden: VS Verlag.

9 Vgl. Korte, Karl-Rudolf/Leggewie, Claus/Lewandowsky, Marcel 2015: Die Alternativen der AfD. Eine Partei am und die Sehnsucht nach Gefühlen in der Politik, in: *Blätter für deutsche und internationale Politik* X/2015, S. 130-137.

partei nicht beliebt war. Die AfD knüpft dort an, wo der FDP-Vorsitzende Jürgen Möllemann zehn Jahre früher gescheitert war: an der Renaissance des Nationalliberalismus. Gestürzt war Möllemann über seine zu Recht als antisemitisch empfundenen „antizionistischen" Äußerungen; attraktiv daran war genau die bei AfD und Pegida notorische Unterstellung, man dürfe „in Deutschland nicht alles sagen."[10] Dabei war der Markenkern der AfD, deutsche Wirtschaftsinteressen vor einer Kettenreaktion aus dem Ausverkauf des Euro zu schützen; sie versieht dies mit dem Gütesiegel des Professorenstandes und TV-bekannter Wirtschaftslobbyisten. Programmatisch-ideologisch können hier Mittelständler eine politische Heimat finden, die sich von der CDU steuerpolitisch schlecht behandelt fühlen.

Zweitens profiliert sich die AfD „euro(pa)skeptisch", d.h. als einzige Partei, die sich gegen eine weitere politische und ökonomische Supranationalisierung wendet. Damit stärkt sie die vor allem bei Europa-Wahlen zutage tretende Aversion gegen „Brüssel", die sich dort und in Straßburg in eine breitere anti-europäische Allianz einfügt. Hier zieht die AfD nachweislich der Wählerwanderungsbilanzen bei der Europawahl und den Landtagswahlen in Sachsen und Brandenburg 2014 auch Protest-Potenzial von der Linken ab.[11]

Drittens beerbt die AfD den in der späten Kohl- und heutigen Merkel-CDU an den Rand gedrängten Konservatismus, der auf Law & Order (Stichwort: Grenzkriminalität) und Nation setzt, aber auch auf traditionelle, Status quo wahrende Familienwerte, Geschlechterordnungen und Sexualvorstellungen. Mit anderen Worten: Auf das Christliche, das im Vereinsnamen der Union ziemlich verblasst ist. Die AfD verstärkt eine für moderne Gesellschaften konstitutive Spaltungslinie – nämlich die Konfliktlinie religiös vs. säkular –, die in Deutschland niemals untergegangen

10 Leggewie, Claus 2002: Die Möllemann-Debatte und der europäische Nationalpopulismus, in: *arch+* 162, S. 36-41.

11 Vgl. Hebel, Christina/Meiritz, Annett/Sayami, Hanz 2014: *Wählerwanderung. AfD holt fast 900.000 Stimmen von der Konkurrenz* (www.spiegel.de/politik/deutschland/afd-waehlerwanderung-alternative-fuer-deutschland-saugt-stimmen-ab-a-971022.html, abgerufen am 18.02.2015); Knaack, Benjamin/Hebel, Christina 2014: Wählerwanderung. *SPD klettert dank der Stimmen von CDU und FDP.* (www.spiegel.de/politik/deutschland/landtagswahl-in-sachsen-afd-jagt-cdu-stimmen-ab-a-988680.html, abgerufen am 18.02.2015); Hebel, Christina/Kurt, Chris/Trempler, Alexander 2014: *Wählerwanderung in Thüringen und Brandenburg. Eurokritiker wildern bei allen Parteien.* (www.spiegel.de/politik/deutschland/waehlerwanderung-in-thueringen-und-brandenburg-afd-wildert-bei-allen-a-990951.html, abgerufen am 18.2.2015).

war. Eventuell ist sie sogar die stärkste geblieben, konnte sich aber nicht in der Weise ausbilden, wie es der Evangelikalismus in den USA konnte Wie mobilisierungsfähig dieses „verborgene" Konfliktpotenzial ist, zeigte sich im laizistischen Frankreich, wo 1984 Zigtausende gegen die Auflösung katholischer Privatschulen und 2013/14 noch mehr Menschen gegen die rechtliche Gleichstellung von Homosexuellen auf die Straßen gingen.

Viertens bedient die AfD eine fremdenfeindliche und islamopobe Strömung, die bisher weder die alt- und neonationalsozialistische NPD noch die REPs oder die PRO-Parteien in Westdeutschland fest etablieren konnten. Das rechtsradikale Einstellungspotenzial von rund 10 bis 15 Prozent ist auch in Deutschland vorhanden, doch weder NPD noch REPs noch die PRO-Parteien konnten es in Wählerstimmen ummünzen.

Die AfD rekrutiert fünftens vor allem bei bisherigen Nicht-Wählern ein populistisches Potenzial, das starke Zweifel an den etablierten Parteien empfindet, einen generellen Anti-Parteien-Affekt bedient und dabei auch oft auf Widerstand gegen das System der repräsentativen Demokratie allgemein setzt.

Die AfD reflektiert damit einen europaweiten Trend. Gegen das vermeintliche Parteienkartell der linken und rechten Mitte haben Euroskeptiker die Parteiensysteme von Stockholm bis Athen, von Antwerpen bis Bratislava durcheinander geschüttelt, in Frankreich und Österreich könnten sie in absehbarer Zeit das Präsidentenamt besetzen und Regierungschefs stellen. Brisant ist vor allem die anti-islamische Strömung, die den nie überwundenen und jüngst auch wieder zunehmenden Antisemitismus überlagert. Aus der festen Überzeugung heraus, das Volk sei klüger als die Eliten, verteilen populistische Bewegungen Denkzettel und revanchieren sich für die ihnen entgegen gebrachte Geringschätzung und Verachtung. In diversen Umfragen bekundet auch eine Mehrheit der AfD-Unterstützer, mit dem Programm der Partei nicht wirklich vertraut und einverstanden zu sein, andernfalls aber selbst nicht an die Umsetzung des Programms in praktische Politik zu glauben. Die Unterstützung der AfD richtet sich also vornehmlich darauf, es den etablierten Parteien „einmal zu zeigen" und so den Zustand der Entfremdung der politischen Eliten vom Volk zu dokumentieren. Erfüllt ist die Mission der „Alternative für Deutschland" in den Augen der meisten ihrer Wähler schon, wenn Sprecher der Etablierten an Wahlabenden in eine unkomfortable Lage geraten und ihre Ratlosigkeit ausstellen.

2. Ein starkes Gefühl: Ressentiment

Es bringt erfahrungsgemäß wenig, Wählern und Anhängern rechtspopulistischer Parteien und Protestbewegungen „Irrationalität“ vorzuwerfen, da sie hochgradige Emotionalität gerade als Wesensmerkmal ihres politischen Tuns begreifen. Wenn sie politische Aktivität überhaupt mit Leidenschaft konnotieren, sind sie realistischer als die Anhänger rationaler Politikmodelle, die Max Webers klassische Frage, „wie heiße Leidenschaft und kühles Augenmaß miteinander in derselben Seele zusammengezwungen werden können“[12], auf die Bändigung der Unvernunft verkürzen. Politisches Handeln ist im Republikanismus affekt- *und* vernunftbasiert. Dem „unvernünftigen“ Populismus kann höchstens eine Affektkontrolle entgegenwirken, eine Art Gefühlsmanagement, das Ambivalenzen ausgleicht und aus „Wutbürgern“ oder „Frustbürgern“ bestenfalls „Mutbürger“ macht.[13]

In einem jüngeren Werk zu „Politischen Emotionen“[14] ist unter anderem von Neid und Angst die Rede, kaum aber von jener politischen Emotion, die den hier in Rede stehenden Parteien und Bewegungen Antrieb verleiht: dem Ressentiment. Dessen Ingredienzien hat Nils Minkmar, ein kundiger Beobachter der französischen Gesellschaft, am Aufstieg des Front National beobachtet:

> „So kann sich eine für den Front National günstige Gesamtnostalgie ausbreiten, die das Land kulturell fest im Griff hat. Man schwärmt von früher, von der besonderen Güte des ‚Terroir‘, verachtet die amerikanische Kultur ebenso wie die Bürokraten aus Brüssel, ohne die es in Wahrheit gar keine Landwirtschaft mehr gäbe in Frankreich - es ist ein echter Camembert-Faschismus. Daran ist nichts folkloristisch: Was sich in den Stimmen für eine rechtsextreme, verzweifelt hassende Partei wie den Front National äußert, ist nichts anderes als die entsprechende Gesinnung, wie wir sie aus der Geschichte kennen: von der eigenen Überlegenheit überzeugt, bösartig, hasserfüllt und ohne jede langfristige Perspektive.“[15]

Verwandte Gefühlslagen diagnostiziert der in New York tätige Historiker Michael Jampolsky auch in Putins Russland:

12 Weber, Max 1992: *Politik als Beruf*, Tübingen: Mohr Siebeck, S. 228.

13 Leggewie, Claus 2011: *Mut statt Wut. Aufbruch in eine neue Demokratie*, Hamburg: edition Körber Stiftung.

14 Nussbaum, Martha C. 2014: *Politische Emotionen. Warum Liebe für Gerechtigkeit wichtig ist*, Berlin: Suhrkamp.

15 Minkmar, Nils 2014: Der Camembert-Faschismus, in: *Frankfurter Allgemeine Zeitung* vom 27.5.2014

„Die Realitätsverweigerung im gegenwärtigen Russland steht meiner Ansicht nach in direktem Zusammenhang mit der Hilflosigkeit von Menschen, die unfähig sind, auch nur die kleinste Veränderung in ihrem Land oder wenigstens in ihrer Familie zu bewirken. Die Medien haben lediglich den Content für diese Explosion ‚sklavischer' Negativität geliefert, die den Menschen hilft, Gefühle von Entfremdung und Erniedrigung zu bewältigen. Die gesamte russische Gesellschaft, von Putin bis zum letzten Straßenkehrer, ist gleichermaßen vom Ressentiment infiziert. Bei Putin liegt es daran, dass Russland und sein Präsident nicht als gleichberechtigte Akteure in der globalen Arena akzeptiert werden, für den Straßenkehrer an seiner Hilflosigkeit gegenüber Polizisten, Beamten, Richtern und Kriminellen. Ich glaube, die Ressentiment-Phantasien der Staatsmacht fanden in einem bestimmten Moment bei den Ressentiment-Phantasien der Bevölkerung ein eigentümliches Echo - woraufhin die Welt sich transformierte: Aus der Destabilisierung der Ukraine wurde ein ehrenhafter Krieg gegen imaginäre Faschisten; aus Russlands Isolation seine Selbstbehauptung als Großmacht; aus Wirtschaftskrise und verringerten Staatseinnahmen das Wachstum von Lebensstandard und Wohlbefinden. Und selbst Menschen, die die Phantasmen des Ressentiments nicht teilen, aber vom Sturm der Ereignisse, die sie nicht verhindern können, verstört sind, versuchen, die Realität des Geschehens zu leugnen oder wenigstens die Augen davor zu verschließen." [16]

Jampolsky bezieht sich auf die klassische Skizze Friedrich Nietzsches zum Ressentiment, in dem er die psychologischen Voraussetzungen von Moralvorstellungen nicht normativ, sondern empirisch klären wollte.[17] Das Ressentiment ordnet Nietzsche in den Dualismus von Herren- und Sklavenmoral ein, der von Sigmund Freud, Max Scheler und Max Weber aufgegriffen wurde und sich auch mit dem Klassenantagonismus des Historischen Materialismus verbinden lässt:

Schaubild 1: Das Ressentimentsyndrom bei Nietzsche

Herrenmoral	**Sklavenmoral**
Privilegierte (Adel, hohe Beamte, gehobenes Bürgertum)	Arme, Niedrige, Kranke (Pöbel, Proletariat, Pariahs)
vornehm, gut, edel	niedrig, schlecht, böse
intrinsische Werte	reaktives Ressentiment

16 Jampolsky, Michael 2014: Die Russen verlieren den Bezug zur Realität, in: *Frankfurter Allgemeine Zeitung* vom 12.11.2014

17 Nietzsche, Friedrich 1887: *Genealogie der Moral. Eine Streitschrift*, Leipzig: Verlag von C. G. Naumann.

Plastisch beschreibt Nietzsche die negativ schöpferische Disposition der „Sklaven“:

> „Der Sklavenaufstand in der Moral beginnt damit, dass das *Ressentiment* selbst schöpferisch wird und Werthe gebiert: das Ressentiment solcher Wesen, denen die eigentliche Reaktion, die der That versagt ist, die sich nur durch eine imaginäre Rache schadlos halten. Während alle vornehme Moral aus einem triumphirenden Ja-sagen zu sich selber herauswächst, sagt die Sklaven-Moral von vornherein Nein zu einem »Ausserhalb«, zu einem »Anders«, zu einem »Nicht-selbst«: und *dies* Nein ist ihre schöpferische That. Diese Umkehrung des werthesetzenden Blicks – diese *nothwendige* Richtung nach Aussen statt zurück auf sich selber – gehört eben zum Ressentiment: die Sklaven-Moral bedarf, um zu entstehn, immer zuerst einer Gegen- und Aussenwelt, sie bedarf, physiologisch gesprochen, äusserer Reize, um überhaupt zu agiren, – ihre Aktion ist von Grund aus Reaktion.“[18]

Nietzsche arbeitet das für den ressentimentgeladenen Menschen konstitutive Ohnmachtsfühl heraus:

> „...Alles sehr im Gegensatz zu dem »Glück« auf der Stufe der Ohnmächtigen, Gedrückten, an giftigen und feindseligen Gefühlen Schwärenden, bei denen es wesentlich als Narcose, Betäubung, Ruhe, Frieden, ‚Sabbat‘, Gemüths-Ausspannung und Gliederstrecken, kurz *passivisch* auftritt. Während der vornehme Mensch vor sich selbst mit Vertrauen und Offenheit lebt (γενναιος ‚edelbürtig‘ unterstreicht die nuance ‚aufrichtig‘ und auch wohl ‚naiv‘), so ist der Mensch des Ressentiment weder aufrichtig, noch naiv, noch mit sich selber ehrlich und geradezu. Seine Seele *schielt*; sein Geist liebt Schlupfwinkel, Schleichwege und Hinterthüren, alles Versteckte muthet ihn an als *seine* Welt, *seine* Sicherheit, *sein* Labsal; er versteht sich auf das Schweigen, das Nicht-Vergessen, das Warten, das vorläufige Sich-verkleinern, Sich-demüthigen.“

Die Ohnmachtserfahrung beruht auf einem untröstlichen Gefühl des Zurückgesetztseins, einer Ungerechtigkeitserfahrung, die ihren konkreten Anlass längst verdrängt hat, aber als Filter der Weltbeobachtung und Maxime sozialer Interaktion dient.

Eine sozialpsychologische Ausarbeitung nahm Max Scheler 1912 in der Schrift *Das Ressentiment im Aufbau der Moralen* vor. Ressentiment, am

18 Nietzsche (a.a.O.: S. 271) fährt hier typisierend fort: „Das Umgekehrte ist bei der vornehmen Werthungsweise der Fall: sie agirt und wächst spontan, sie sucht ihren Gegensatz nur auf, um zu sich selber noch dankbarer, noch frohlockender Ja zu sagen, – ihr negativer Begriff ‚niedrig‘ ‚gemein‘ ‚schlecht‘ ist nur ein nachgebornes blasses Contrastbild im Verhältniss zu ihrem positiven, durch und durch mit Leben und Leidenschaft durchtränkten Grundbegriff »wir Vornehmen, wir Guten, wir Schönen, wir Glücklichen!“

besten noch mit dem deutschen Wort „(heimlicher) Groll" zu übersetzen, definiert er als „dauernde psychische Einstellung, die durch systematisch geübte Zurückdrängung von Entladungen gewisser Gemütsbewegungen und Affekte entsteht, welche an sich normal sind und zum Grundbestande der menschlichen Natur gehören."[19] Beim Ressentiment handelt es sich also (deshalb Re-Sentiment) um „das wiederholte Durch- und Nachleben einer bestimmten [feindseligen] emotionalen Antwortreaktion gegen einen anderen", die den Kern der Persönlichkeit affiziert und die Umwelt als grundsätzlich feindlich eingestellt wahrnimmt.

Das Ressentiment ist somit kein einzelnes, isolierbares Gefühl, eher eine Zusammenballung von Anti-Gefühlen. Akute Anfälle von Rachegefühl, Hass, Bosheit, Neid, Missgunst und Häme verdichten sich zu einem Syndrom. Die Aversionen graben sich ein, der Ressentiment-Mensch „verbeißt sich" in sein eigenes Unwohlsein. Scheler spricht wie schon Nietzsche von seelischer Vergiftung. So zielt auch „Ressentimentkritik" nicht auf die Verbesserung eines missliebigen Zustands, also weder auf Reform noch Revolution, sie gibt sich vielmehr zufrieden im „Hochgefühl der grundsätzlichen Opposition", die durch wild herangezogene Erfahrungspartikel immer wieder bestätigt wird. Zu vermuten ist, worauf schon Nietzsche hingewiesen hat, dass diese Struktur im Prinzip auch bei den „vornehmen" Emotionen anzutreffen ist und, wie die Emotionsforschung deutlich gemacht hat, man stets von ambivalenten Gefühlskonstellationen auszugehen hat. So wenig es den strengen Dualismus von „Vernunft" und „Gefühl" gibt, so wenig lassen sich „positive" von „negativen" Gefühlen trennen, was für die politische Emotionsforschung von erheblicher Bedeutung ist.

3. *Kollektives Ressentiment*

Die Nähe der Ressentimentkritik zum Verschwörungsdenken ist evident, das – wie Richard Hofstaedter früh erkannt hat[20] – einen paranoiden Politik-Stil kreieren kann. Die Frage im Bezug auf die erwähnten Bewegungen

19 Scheler, Max 2004: *Das Ressentiment im Aufbau der Moralen*. 2. Aufl., Frankfurt am Main: Vittorio Klostermann, S. 4.

20 Hofstaedter, Richard 1964: The Paranoid Style in American Politics, in: *Harper's Magazine* (November Issue), S. 77-86. Vgl. auch Leggewie, Claus 1996: Fed up with the Feds. Neues über die amerikanische Paranoia, in: *Kursbuch* 124, Rowohlt: Berlin, S. 115–128.

ist nämlich: Wie formiert und skaliert sich eine auf den ersten, therapeutischen Blick ganz individuelle Disposition zu einer kollektiven Mentalität und welche sozialstrukturellen Voraussetzungen begünstigen sie? Schelers Ausführungen dazu bleiben blass und bruchstückhaft. Sein Interesse richtete sich wie bei Nietzsche und Weber eher auf religionssoziologische Fragen. Eine zeitgemäße politische Soziologie populistischer Parteien und Bewegungen in Massen- und Postdemokratien fehlt noch. Wie kann, ist in einem anderen, aber verwandten Zusammenhang gefragt worden, „die mit einer spezifischen Ohnmachtserfahrung verbundene objektive Klassenlage von strukturell benachteiligten sozialen Schichten als Voraussetzung für eine Sinnkonstruktion gedeutet werden ..., in der sich ein spezifisches „Rachebedürfnis" der vom Schicksal Benachteiligten gegenüber den diesbezüglich „positiv Privilegierten" widerspiegelt"?[21] Wie übersetzen sich diffuse Rachebedürfnisse, in einer Art verschobenem Klassenkampf, in stringentere xenophobe und menschenfeindliche Denk- und Handlungsmuster? Was bedeutet es, wenn sich Ressentiments auf den Straßen und in Wahlkabinen in politisch quantifizierbare Größen übersetzen und diese sich wiederum in Parlamenten zu Sperrminoritäten formieren?

An diesem Punkt haben in den 1980 und 1990er Jahren politische Unternehmer wie Jean-Marie Le Pen und Jörg Haider (oder auch Franz Schönhuber) angesetzt, die ihre individuellen Lebensläufe und politischen Aufstiege ebenfalls als eine Verkettung von Zurücksetzungen präsentierten und sich damit als Projektionsfiguren für analoge Gefühle in ihrer Anhängerschaft anboten. Hier artikuliert sich „endlich einmal" die sonst schweigende Mehrheit, hier kann auch der Nicht-Wähler zur Wahl gehen, und eventuell der friedfertige Bürger „Amok laufen".

21 Lichtblau, Klaus 2001: Ressentiment – negative Privilegierung – Parias, in: Hans G. Kippenberg/Martin Riesebrodt (Hrsg.): *Max Webers "Religionssystematik"*, Tübingen: J.C.B. Mohr, S. 280.

Schaubild 2: (a) Emotionale Basis, (b) Feindbilder und (c) Politisierungschancen des Ressentiments

(c) Demonstration	Wahlzettel	Gewaltattacke	Online_Forum
Silent Majority	Nicht-Wähler	Friedwertige Bürger	Stammtisch
Ressentimentkritik RESSENTIMENT *Ressentimentsyndrom*			
(a) Angst – Neid – Frustration – Nicht-Anerkennung – Zorn/Wut „Die anderen" **(b) Politiker – Manager – Journalisten – Intellektuelle – Fremde**			

Ohnmacht und Opferduktus kommen deutlich zum Ausdruck. Da ist viel gefühlter Niedergang, sei es der individuellen Berufskarriere ins Dasein als Renten- oder Transferempfänger mit kleinem Portemonnaie, als abstiegsängstlicher Mittelständler oder als gut gefüllter Wohlstandsbauch, der nicht abspecken will. Die kollektive Dekadenz, die artikuliert oder fantasiert wird, ist eine höchst relative, weil sie kaum Maß nimmt am Zustand anderer oder anderswo, sondern einen Zustand („Abendland", „D-Mark") imaginiert, in dem alles noch besser war. Es dürfte kein Zufall sein, wenn sich das *Enragement* in Städten wie Dresden äußert, dessen Opfer- und Verlustgeschichte auch Neubürger vor sich her tragen, obwohl es durch öffentliche Investitionen nach 1990 reichlich entschädigt worden ist.

Frankreich kann hier als Beispiel für eine Verdichtung zum kollektiven Ressentiment und ihrer Ausformung als politische Spaltungs- und Konfliktlinie genommen werden. Der *Front National* ist eine in großen Teilen antiarabische, antisemitische und xenophobe Bewegung, der vom beklagenswerten Zustand der etablierten Parteien genau wie vom objektiven Niedergang Frankreichs als Weltmacht und europäische Führungsnation profitiert und hier vor allem bei solchen Schichten der Bevölkerung Anklang findet, die sozial isoliert sind und von republikanischen Integrationsinstanzen wie Nachbarschaften, Schulen und Gewerkschaften nicht mehr erreicht werden.

Schaubild 3: Das dichotomisch-paranoide Weltbild des Nationalpopulismus

Positiv	***Negativ***
Wir da unten (*peuple*)	Ihr da oben (*classe politique*)
Heimat, Nation, Staat	Globalisierung (USA, EU)
Peripherie (*pays réel*)	Zentrum (Hauptstadt)
Identifikationsfähige Geschichte	Kritische Aufarbeitung der Geschichte
Volkes Stimme	Medien (staatlich, kommerziell)
Nationalökonomie	Weltmarkt, Freihandel
Nationalwährung	Euro (Dollar)
Gebürtiges (christliches) Volk	Einwanderer, Muslime, Juden

Populismus ist insofern verschobener Klassenkampf, als er in der Regel nicht die möglichen Verursacher der eigenen, stets relativen Deprivation ins Visier nimmt, sondern erstens Minderheiten, die noch weit unter einem stehen, zweitens politische Repräsentanten, drittens die veröffentlichte Meinung und viertens eine Projektionsfläche wie „Brüssel“. Enragement (In-Wut-sein) transformiert sich nicht zu Engagement (Sich-Einbringen), die kollektive Aktion bleibt destruktiv, ihre „schöpferische Tat“ ist Nietzsches blankes Nein. Und man mag sich das angesichts der xenophoben Neigung oder Latenz auch gar nicht wünschen, dass sich das emotionale Magma in eine rationale Strategie transformiert und Populisten regierungsfähig werden wie in Budapest, Antwerpen und Moskau, vielleicht auch in Paris und Wien.

Man muss aber begreifen, woher die Enttäuschung kommt. Albert O. Hirschman hat 1982 ein klassisch gewordenes Buch über „das Schwanken der Bürger zwischen Privatwohl und Gemeinwohl“ geschrieben. Nach der Mai-Revolte 1968 konnte man den Eindruck gewinnen, dass es eine Art Zyklus zwischen dem Engagement für öffentliche Belange und dem Rückzug auf die vorrangige Verfolgung privater Interessen gebe. Mit der zweiten Ölkrise, den Wahlsiegen von Thatcher und Reagan und ihrem Verdikt, es gebe nicht „so etwas wie Gesellschaft“ (sondern nur gierige Individuen) und der Wohlfahrtsstaat sei nicht die Lösung (sondern das Problem), konnte man den Eindruck gewinnen, ein Zyklus öffentlicher politischer Aktion sei definitiv beendet. In dieser Situation versuchte Hirschman „eine Phänomenologie der Begeisterung und der Enttäuschung zu entwerfen, um das Überwechseln von privater Interessenverfolgung zu politischem Handeln und zurück erklären zu können“, und zwar in der erklärten „Absicht, Enttäuschung als treibende Kraft der menschlichen Geschichte herauszustellen.“ Sein Ziel war es

> „eine Welt zu verstehen, in der die Menschen überzeugt sind, sie wollten etwas ganz Bestimmtes, um dann, wenn sie es erreicht haben, zu ihrer Bestürzung festzustellen, daß dieser Wunsch keineswegs so groß war wie sie angenommen hatten, oder daß sie das Gewünschte gar nicht wirklich haben wollen und daß sie, ohne es vorher gewußt zu haben, eigentlich etwas völlig anderes wollen.“[22]

Hirschmans Referenz war der von der politischen Linken attackierte Konsument, sein Ausgangspunkt die komplexen Entscheidungen der Verbraucher. Er stellte sich den Käufer eines Autos vor, der sein Gefährt mit größter Begeisterung erwirbt und einige Wochen umhegt wie eine neue Geliebte, dann aber immer häufiger im Stau steht und die Werkstatt aufsuchen muss – und enttäuscht feststellt, dass eigentlich alle ein ähnliches Auto haben. In den USA, wo die Konsumgesellschaft ideologisch besonders aufgeladen ist, würde man dem Konsumenten dann neue Reize bieten, damit er die Lust am Konsumieren nicht verliert. Hirschman hielt dagegen, dass eine durchgemachte Enttäuschung dem Verbraucher gewissermaßen eine Leiter bietet, „auf deren Sprossen er aus dem privaten Bereich heraus in die politische Arena steigt“ (S. 73). Er wandte sich damit gegen die Vorstellung der Ökonomen, die Menschen hätten eine feststehende Präferenzordnung, aber auch gegen politische Utopisten, die den Menschen zum dauerengagierten *Homo politicus* stilisierten. Doch zeitweilig entwickelt er Wünsche zweiter Ordnung, also Wünsche über Wünsche, die seine Bestrebungen leiten, dürstet er nach Gerechtigkeit, verteidigt er seine Freiheit und die anderer, beteiligt er sich an Politik, weil er mit Gleichgesinnten etwas bewirken will.

Enttäuschung kann einerseits dadurch hervorgerufen werden, dass das Engagement erfolglos bleibt, oder aber nur scheinbar erfolgreich ist, da sich das Ergebnis als wenig wertvoll entpuppt. Im zweiten Fall liegt die Entscheidung des Rückzugs zwar nahe, entweder aufgrund von „Desillusionierung“ oder aber weil „an einer Fortsetzung der politischen Aktion kein Bedarf mehr besteht.“ In jedem Fall ist die Entscheidung für das Ab-

22 Hirschman, Albert O. 1988: *Engagement und Enttäuschung. Über das Schwanken. der Bürger zwischen Privatwohl und Gemeinwohl.* Frankfurt a.M.: Suhrkamp, S. 29; die folgenden Zitate S. 73 und 103.

wenden vom politischen Engagement jedoch schwieriger und komplizierter als im privaten Bereich und nicht selbstverständlich, auch weil sich „das Ergebnis politischen Handelns gar nicht eindeutig als Erfolg oder Mißerfolg klassifizieren [läßt].“

4. *Anti-Populismus*

Minkmar hat im Bezug auf den aufhaltsamen Aufstieg des *Front National* zur Aufklärung aufgerufen:

> „Aber wo ist der Politiker, die Politikerin, die den Front frontal angeht und erklärt, dass die Abkehr von Europa auch den sofortigen Kollaps der französischen Landwirtschaft zur Folge hätte? Dass ein abgewerteter Franc und eine protektionistische Handelspolitik nicht zu mehr Kaufkraft führen? Dass die Kriminalität langfristig gesunken ist? Dass das Vorhaben, in Schulkantinen Schweinefleisch zu servieren, um Juden, Muslime und Vegetarier zu ärgern, nichts mit Politik zu tun hat?“[23]

Theodor Mommsen hat 1894 im Bezug auf den Antisemitismus – ein klassisch „aufklärungsresistentes“ Ressentiment – hingegen festgehalten:

> „Sie täuschen sich, wenn Sie glauben, daß man da überhaupt mit Vernunft etwas machen kann. Ich habe das früher auch gemeint und immer wieder gegen die ungeheure Schmach protestiert, welche Antisemitismus heißt. Aber es nutzt nichts. Es ist alles umsonst. Was ich Ihnen sagen könnte, was man überhaupt in dieser Sache sagen kann, das sind doch immer nur Gründe, logische und sittliche Argumente. Darauf hört doch kein Antisemit. Die hören nur auf den eigenen Haß und den eigenen Neid, auf die schändlichen Instinkte. Alles andere ist ihnen gleich.“[24]

In diesem Sinne hat Jean-Paul Sartre den Antisemitismus nicht als „Meinung“, sondern als kriminelle Leidenschaft bezeichnet:

> "Der Antisemit [...] ist ein Mensch, der Angst hat. Nicht vor den Juden natürlich: vor sich selbst, vor seinem Bewußtsein, vor seiner Freiheit, vor seinen Trieben, vor seinen Verantwortlichkeiten, vor der Einsamkeit, vor der Veränderung, vor der Gesellschaft und vor der Welt; vor allem, außer vor den Juden. Er ist ein Feigling, der sich seine Feigheit nicht eingestehen will; ein Mörder, der seine Mordlust verdrängt oder zensiert, ohne sie zügeln zu können, und der trotzdem nur in effigie

23 Minkmar, a.a.O.

24 Interview mit dem Schriftsteller und Journalisten Hermann Bahr 1894, zit. in: Berding, Helmut 1988: *Moderner Antisemitismus in Deutschland.* Frankfurt a.M.: Suhrkamp, S. 156.

> oder in der Anonymität einer Menge zu töten wagt; ein Unzufriedener, der sich nicht aufzulehnen wagt aus Angst vor den Folgen seiner Auflehnung." [25]

Politische Ressentiments zu bekämpfen, gelingt kaum, indem man ihnen eine öffentliche Tribüne verleiht. Sie müssen in den gesellschaftlichen Räumen bleiben, die dafür vorgesehen sind: „das Kneipengespräch, das Schimpfen an der Straßenecke. Das Grölen im Stadion. Dort genau gehört das Vorurteil hin, dort können die es pflegen, die es brauchen. Es zum Gegenstand einer öffentlichen Debatte aufzuwerten, ist grundfalsch.“[26] Zu lernen ist aus dem weltweiten Vordringen der populistischen Herausforderung freilich, welche Macht politische Emotionen haben, wie sehr sich Politisches aus ihnen formt. Dies gilt auch und gerade für Demokratien. Sloterdijks zu wenig beachtetes Buch zu „Zorn und Zeit“ handelt davon, wie zu Tage tretende Gefühlsbanken und vagabundierende Gefühlslagen unterschiedlich „verwaltet“ und kanalisiert werden können. Es ist ganz offensichtlich, dass sich auch eine „rationale Politik“ auf das Terrain politischer Leidenschaften begeben und neue Gefühlsenergien für alles mobilisieren muss, was AfD und Pegida, LePen und Putin bekämpfen: das europäische Projekt, die politische Kultur des Westens, eine weltoffene Republik, die freiheitliche Demokratie. Gegenstände, die in der aktuellen Debatte als „abstrakt“, „nicht bürgernah“ und unemotional gelten. Politisches Engagement kann in Überengagement münden, aber auch im Gefühl der Unter-Beanspruchung: „Das Problem des politischen Lebens ist also, kurz gesagt, daß es entweder zu viel fordert oder zu zahm und belanglos ist.“ [27]

Auf die heutige Situation übertragen, wo der vorherrschende Politikstil auf ein Management vermeintlich alternativloser Handlungszwänge geschrumpft ist,[28] wo demokratische Beteiligung also nicht ernst genommen wird und wo sich gegen diese Vernachlässigung dann ambivalente Protestbewegungen im Typenspektrum zwischen „Stuttgart 21“ und „Pegida“ erheben. Ihre auch emotionale Ambivalenz zeigt sich darin, dass sie „Wut-Bürgern“ Gelegenheit zum Vorbringen konstruktiver Alternativen ebenso

25 Sartre, Jean Paul 1994: *Überlegungen zur Judenfrage*. Reinbek bei Hamburg: Rowohlt, hier aus dem Vorwort (ohne Seitenangabe).

26 Welzer, Harald 2015: Jedem sein Vorurteil, in: *Frankfurter Allgemeine Sonntagszeitung* vom 25. 01.2015.

27 Hirschman a.a.O., S. 130.

28 Vgl. Krastev, Ivan 2007: *Die Stunde des Populismus*, in: www.eurozine.com/articles/article_2007-09-18-krastev-de.html; ders. 2014: *The global politics of protest*, in: www.eurozine.com/articles/2014-08-18-krastev-en.html (beide abgerufen am 18.2.2015); ders. 2014: *Democracy Disrupted: The Politics of Global Protest*, Philadelphia: University of Pennsylvania Press.

verschaffen wie zum bloßen „Dampfablassen". Von daher ist es offenbar erforderlich, „Wut" in „Mut" umzuwandeln und dieser Mutation eine institutionelle Grundlage zu geben.[29] Nicht „Stimmungen in der Bevölkerung", wohl aber demokratische Experimente in der Bürgergesellschaft müssen dazu vom etablierten Politikbetrieb erkannt, unterstützt und auf Dauer gestellt werden. Das viel gescholtene „Establishment" kann eben damit seine Existenzberechtigung einer repräsentativen Parteiendemokratie unter Beweis stellen.

29 Vgl. Leggewie, Claus/Nanz, Patrizia (i.E.): *Die Konsultative*, Berlin: Wagenbach.

Emotionen und Politik: Wie emotionslos kann und soll politisches Entscheiden sein?

Friedbert W. Rüb

Emotionen in der Politik seien – so viele Autorinnen und Autoren der Sozial- und Politikwissenschaft – der Marginalisierung erlegen, doch heute könne man von einer „emotiven Wende" oder von einer „Politik der Gefühle" in der politischen Theorie sprechen.[1] Scheinbar haben wir es mit einer Rückkehr oder gar Neueinkehr der Emotionen in die Politik- und Sozialwissenschaften zu tun. Diese Position kann man allerdings nur vertreten, wenn man die Frage nach den Emotionen theoretisch und empirisch zweifach eng führt. Zum einen, indem man an der Dichotomie von Rationalität und Gefühlen festhält, die in der traditionellen politischen Philosophie seit der Aufklärung dominant ist. Hier werden Gefühle als negativer *Gegenpol* zu Rationalität betrachtet und deshalb aus der (rationalen) Politik zurückgedrängt. Gefühle infizieren die Vernunft negativ und sind aus dieser Sicht aus Politik und Vernunft zu verdrängen. Zum anderen, wenn man Emotionen zu eng mit dem Massediskurs verbindet, der vor allem zu Beginn des 20. Jahrhunderts relevant war und in den psychologisierten und emotionalisierten Massen eine Gefahr für die bürgerliche Gesellschaft allgemein und die Politik im Besonderen sah.[2]

1 So Demertzis, Nicolas 2013: *Emotions in Politics. The Affect Dimension in Political Tension*, Basingstoke: Palgrave Macmillan; Diehl, Paula 2012: Über Emotionen, Affekte und Affizierung in der Politik. In: Heidenreich, Felix/Schaal, Gary S. (Hg.), *Politische Theorie und Emotionen*. Baden-Baden: Nomos, hier S. 155-176.; Hoggett, Paul/Thompson, Simon (Hrsg.) 2012: *Politics and the Emotions. The Affective Turn in Contemporary Political Studies*, London: Bloomsbury Publishing; Klein, Ansgar/Nullmeier, Frank (Hrsg.) 1999: *Masse – Macht – Emotionen. Zu einer politischen Soziologie der Emotionen*, Wiesbaden: Westdeutscher Verlag; Lembcke, Oliver W./Weber, Florian 2010: Emotion und Revolution. Spurenlese zu einer Theorie der affektiven Grundlagen politischer Ordnungen, in: *Österreichische Zeitschrift für Politikwissenschaft* 39 (2), S. 171-186.

2 König, Helmut 1992: *Zivilisation und Leidenschaft. Die Masse im bürgerlichen Zeitalter*, Reinbek bei Hamburg: Rowohlt.

Aber in *allen* wichtigen Texten der Politischen Theorien und der Ideengeschichte, die wir kennen und aus denen wir einen Großteil unseres Wissens über die Politik und die Gestaltung politischer Ordnungen beziehen, stehen Emotionen im Zentrum. „Passions and constraint"[3] – dieses Begriffspaar bildet den Kern allen politischen und liberal-demokratischen Denkens, wobei die Einhegung der Leidenschaften immer auch eine *ermöglichende* Bedeutung hat. Durch kluge Einschränkungen, durch *checks* und *balances* verschiedenster Art kann man – gerade wegen der Emotionen – das Potential der Politik für eine gute Selbstregierung von Menschen und die positive Gestaltung von Ordnungen steigern.

Einer der umstrittensten Autoren der letzten Jahre, Francis Fukuyama, hat mit „Das Ende der Geschichte" eine Theorie der Universalgeschichte vorgelegt, die explizit auf Emotionen aufbaut und im von Stolz, Beherztheit und Ehre getriebenen Kampf um Anerkennung den Motor der Weltgeschichte erblickt.[4] Es ist erstaunlich, dass in fast keinem der in letzter Zeit erschienenen politiktheoretischen Texte Bezug zum hegelianisch inspirierten Kampf um Anerkennung und den damit zu Grunde gelegten Emotionen bei Fukuyama genommen wird.[5] Die wichtigste Emotion ist hier der *thymós*, also Beherztheit, der Stolz, die Empörung oder auch die Freiheit, sich kämpfend für seine Rechte und für ein freies Leben einzusetzen und hierbei viel, im Extremfall sein Leben, zu riskieren. Stattdessen dominiert die Ablehnung der grundlegenden These vom hegelianisch gedachten Ende der Geschichte, während die emotionale Dimension des Buches völlig in den Hintergrund getreten ist. Als ob die Aufstände und Revolutionen in den letzten Jahren oder Jahrzehnten, von den osteuropäischen Transformationen bis hin zu den Aufständen im arabischen Raum oder den Protesten in Lateinamerika nicht mit Emotionen zu tun gehabt hätten. Man konnte die Empörung unschwer in den Gesichtern der beteiligten Menschen „sehen" und der *thymós* als politische Kraft ist nach wie vor höchst aktuell.

Erstaunlich ist auch, dass das „Zeitalter der Extreme"[6] von den neueren (politischen) Theorien der Emotionen nicht systematisch reflektiert wird,

3 Holmes, Stephen 1995: *Passions and Constraint: On the Theory of Liberal Democracy*, Chicago: University of Chicago Press.

4 Fukuyama, Francis 2006 [1992]: *The End of History and the Last Man*, New York [u.a.]: Free Press.

5 Die große Ausnahme und Fukuyamas Theorie weitertreibend ist allerdings Sloterdijk, Peter 2006: *Zorn und Zeit*, Frankfurt a.M.: Suhrkamp.

6 Hobsbawm, Eric 1995: *Das Zeitalter der Extreme: Weltgeschichte des 20. Jahrhunderts*, Darmstadt: Wiss. Buchgesellschaft.

so als hätte es diesen Ausbruch an – wenn auch irrationalen – Emotionen nie gegeben. Hier kann man wie in einem Brennglas beobachten, wie nicht nur vor und im 1. Weltkrieg, sondern auch in den beiden großen Totalitarismen Emotionen politisiert wurden, sei es durch rassistische, antisemitische, nationalistische oder klassenkämpferische Ideologien bzw. Weltanschauungen und wie sie im Grauen der beiden Weltkriege, den Konzentrationslagern der Nazis und im Gulag der Stalinisten, ihren Niederschlag fanden. Ähnliches, wenn auch nicht so drastisch, können wir auch an den gegenwärtigen gewaltsamen Konflikten beobachten, seien es die mehr oder weniger geglückten Demokratisierungsversuche in einigen der Maghreb-Staaten bzw. in Ägypten, seien es der kriegerische Konflikt in der Ukraine oder die gegenwärtigen Kriege im Nahen Osten.

Ich will in den folgenden Überlegungen ein starkes Argument für eine Re-Emotionalisierung der Politikwissenschaft machen. Allerdings nicht als „Politische Psychologie", als „Psychologie der Emotionen", als „(politische) Soziologie der Emotionen", oder auch „Neuropsychologie der Emotionen", also als eine vom Kern der Politikwissenschaft getrennte und ausgelagert Subdisziplin. Vielmehr kommt es mir darauf an, den tradierten Begriffen, mit denen wir analysieren und forschen, ihren alten Gehalt zurückzugeben. Die Politikwissenschaft ist in ihrer Tradition sehr viel mehr Emotionswissenschaft, als dies in der einseitigen Rezeption ihrer zentralen ideengeschichtlichen Texte sichtbar wird. Zudem haben verschiedene Theorien, die die Disziplin lange dominiert haben und noch heute dominieren, zu ihrer weiteren Bedeutungslosigkeit geführt: Die mehr oder weniger dogmatischen Rational-Choice-Theorien ebenso wie die Luhmann'sche (oder auch nicht Luhmann'sche) Systemtheorie und auch die sich um Habermas gruppierende Frankfurter Schule der Diskurs- und Deliberationstheorie: Sie alle haben sich systematisch von emotionsverdächtigen Wegbegleitern, Begriffen und Konzepten verabschiedet. Auch ist die Beschränkung des Emotionsbegriffs auf eher harmlose Varianten politischer Phänomene unübersehbar, man denkt eher über das emotionale Potential von Schweigeminuten, von Männerfreundschaften von Politikern, o. ä., als über radikalere Leidenschaften nach. Aber die Rolle von Emotionen umfasst weit relevantere Dimensionen der Politik, die zwar nicht ausschließlich, aber dennoch im Mittelpunkt einer Emotionspolitik stehen sollten.

Max Weber hat zwar in „Politik als Beruf" formuliert, dass Politik mit dem Kopf und nicht mit anderen Teilen des Körpers oder der Seele gemacht wird, aber zugleich hat er gesehen, dass Politik etwas außerordentlich Gefährliches umfasst:

> „Auch die alten Christen wußten sehr genau, daß die Welt von Dämonen regiert sei, und daß, wer mit der Politik, das heißt: mit Macht und Gewaltsamkeit als Mitteln, sich einläßt, mit diabolischen Mächten einen Pakt schließt, und daß für sein Handeln es nicht wahr ist: daß aus Gutem nur Gutes, aus Bösem nur Böses kommen könne, sondern oft das Gegenteil. Wer das nicht sieht, ist in der Tat politisch ein Kind."[7]

Und Weber bekräftigt – geradezu beschwörend am Ende seiner kleinen Schrift „Politik als Beruf" – noch zwei weitere Male, dass das Einlassen auf „diabolische Mächte" zum ‚Wesen' der Politik gehöre.[8] Dolf Sternberger hat diesen „diabolischen Mächten" einen systematischen, ja enigmatischen Platz in seinen Politikbegriffen eingeräumt und damit das dämonologische Moment aller Politik betont, es aber – mit normativer Absicht der Abwertung – als nicht-politisches Phänomen, als Dämonologik in Abgrenzung zur Politologik bezeichnet.[9]

Zu den diabolischen Mächten gehören die Emotionen – im Guten wie im Bösen. Aber der Begriff der Emotionen bleibt unklar und wird außerordentlich unterschiedlich verwendet. In einem kleinen Streifzug durch die politische Ideengeschichte will ich die überragende Rolle der Emotionen, insbesondere des Zorns und der Leidenschaft als spezifische Ausprägungen von Emotionen, nachzeichnen und mich dabei auf ausgewählte „Klassiker" der Ideengeschichte beziehen (1.). Ich werde dann den Begriff der (politischen) Emotionen zu klären versuchen und ihn zu diesem Zweck in Leidenschaften und Affekte aufspalten (2.). Welche Rolle Emotionen bei der Verfassunggebung und Institutionenbildung spielen, wird ebenso diskutiert (3.) wie beim Kampf um Anteile an der politischen Macht, also der Politics- im Gegensatz zur zuvor erwähnten Polity-Dimension. Hierbei konzentriere ich mich unter anderem auf den Komplex der politischen Parteien und Emotionen, die vor allem in Wahlkämpfen als Zorn- und Empörungsmaschinerien agieren und frage zudem, wie Massen bzw. soziale Bewegungen und Emotionen zusammenhängen (4.). Anschließend diskutiere ich Emotionen in der sogenannten „Realpolitik", also der Policy-Dimension (5.), bevor ich mit Überlegungen über Konturen einer psycho- und emotionsinspirierten Politikwissenschaft schließe, die der Auslagerung dieser Fragen in verschiedenste Subdisziplinen der Politikwissenschaft entgegenwirken soll (6). Politikwissenschaft – dies ist meine These – ist Emotionswissenschaft qua Politikwissenschaft.

7 Weber, Max 1992: *Politik als Beruf*, Stuttgart: Reclam, S. 74.
8 Ebd., S. 78f.
9 Sternberger, Dolf 1978: *Drei Wurzeln der Politik*, Frankfurt a.M.: Suhrkamp.

1. Emotionen in der politischen Ideengeschichte und das ABC des politischen Handelns

Im Folgenden will ich nicht den Versuch riskieren, den Begriff der Emotion mit Hilfe von Emotionsliteratur oder neuro-physiologischen Forschungen zu untermauern. Stattdessen will ich demonstrieren, dass es in der Ideengeschichte der politischen Theorien eine lange Tradition der Emotionen gibt, an die man begrifflich anknüpfen und für weitere Überlegungen und Forschungen fruchtbar machen kann.

Beginnen wir bei Platon, so finden wir in seinem „Der Staat" im IV. Buch[10] eine zentrale Prämisse des menschlichen Vermögens und auch des politischen Handelns, nämlich die *Dreiteilung* der Seele in Vernunft, Interessen und Leidenschaften, die man mit anderen Begrifflichkeiten in verschiedenen Theorien wiederfindet.[11] Man kann diese drei Dimensionen durch Abwandlung der platonischen Begriffsbildung in das ABC des politischen Handelns übersetzen, wobei alle drei Konstellationen Gegner- bzw. Konfliktkonstellationen sind: *Arguing* steht für die Vernunft und für einen Prozess der Diskussion und Deliberation, indem Gegner ihre wahrheitsorientierten Argumente gegeneinander richten, aber nur der zwanglose Zwang des besseren Arguments sticht – um J. Habermas zu paraphrasieren. *Bargaining* als der Prozess, indem mit Drohungen, richtigen und falschen Versprechen, mit unterschiedlichen Ressourcen u.a. versucht wird, sein Interesse gegen einen Gegner durchzusetzen. Interessen sind teilbar und dem Kompromiss zugänglich, ohne dass man sein Interesse dabei aufgeben muss. Man muss sich allein einem Kompromiss beugen. *Confrontation* dagegen zielt auf Identitäten oder andere fundamentale Überzeugungen ab, die nicht verhandelbar sind, sondern von Individuen oder Gruppen absolut gesetzt werden. Säkulare fundamentalistische Positionen gehören ebenso dazu wie dogmatische weltliche oder auch politi-

10 Platon 1982: *Der Staat*, Stuttgart: Reclam.

11 Anatol Rapoport (1974: *Fights, Games, and Debates*, Ann Arbor: University of Michigan Press) hat drei andere Begriffe (*Fights, Games, and Debates*) verwendet, um dasselbe zu bezeichnen; Jon Elster (1991: *Arguing and Bargaining in Two Constituent Assemblies*, Yale Law School: The Storrs Lectures) hat in verschiedenen Schriften über die Verfassungsgebung in der amerikanischen und französischen Revolution nur die ersten beiden Begriffe expliziert (grundlegender dazu Saretzki, Thomas 1996: Wie unterscheidet sich Argumentieren und Verhandeln? Definitionsprobleme, funktionale Bezüge und strukturelle Differenzen von zwei verschiedenen Kommunikationsmodi, in: Prittwitz, Volker von (Hrsg.): *Verhandeln und Argumentieren*, Leske+Budrich: Opladen, S. 19-39).

sche Religionen, von denen Eric Voegelin gesprochen hat.[12] Die thymotischen Kämpfe, die überall auf der Welt stattfinden, gehören hier ebenso dazu. Ziel des Kampfes ist hier die Verletzung, Unterwerfung, Vertreibung oder im Extremfall die (systematische) Tötung bis hin zur völligen Ausrottung des Gegners.

1.1. Emotionen in der religiösen Überlieferung Europas: Der Zorn

Wenn man die Geistesgeschichte und Geschichte der politischen Theorien verfolgt, so ist sie – überspitzt formuliert – vorwiegend von der Frage geprägt, wie man die Affekte und Leidenschaften, wie etwa den Zorn, derart bändigen und in produktive Bahnen lenken kann, dass es nicht zur Selbstzerstörung politischer Ordnungen kommt, sondern – ausgestattet mit den wichtigsten Rechten und geleitet von Gerechtigkeitsvorstellungen – dazu beiträgt, dass ein geordneter Staat als politische Gesellschaft friedlich überleben kann. Bereits Homers Ilias, der erste Baustein aller abendländischen Kultur, beginnt mit einem Vers, der eine der wichtigsten Leidenschaften in den Mittelpunkt stellt:

> „Den Zorn, singe, Göttin, des Peleussohns Achilles,
> den unheilbringenden Zorn,
> der tausend Leid den Archäern schuf und
> viele stattliche Seelen zum Hades hinabstieß."

Zieht man die Bibel – v.a. das Alte Testament – hinzu, so ist der Normalzustand Gottes, ebenso wie bei den Göttern der Griechen, nicht die Gnädigkeit, sondern der Zorn. Gott ist ununterbrochen zornig, er zürnt den Menschen und sein Zorn reicht so weit, dass er verschiedene Male die Vernichtung der Menschen ins Auge fasst bzw. ins Werk setzt. Gottes Zorn über die Verderbtheit der Menschen war die Ursache für die Sintflut ebenso wie für die Vernichtung von Sodom und Gomorra. Auch bei Augustinus sind es Emotionen, die Menschen zu sündigen Wesen machen. Er sieht drei Hauptgründe der gefallenen Menschen: Die Begierde nach Geld und Besitz, das Streben nach Macht und schließlich die Gier nach sexueller Lust.[13] Diese unheilvolle Trinität der Emotionen findet sich in vielen klassischen Texten der europäischen Geschichte wieder, unter anderem bei Immanuel Kant, der analog zwischen Ehrsucht, Herrschsucht und Hab-

12 Voegelin, Eric 2007: *Die politischen Religionen*, München: Fink Verlag.
13 Augustinus 1989: *Bekenntnisse*, Stuttgart: Reclam.

sucht unterscheidet.[14] Bei Thomas Hobbes stößt man erneut auf eine Dreiteilung, die begrifflich jedoch etwas anders gelagert ist.

1.2. Emotionen in der politischen Ideengeschichte: Staat und Institutionen als Gegenkräfte

Zu den Emotionen, die nach Hobbes im Naturzustand herrschen und die er als „natürliche Leidenschaften“ bezeichnet, gehören „(e)rstens Konkurrenz, zweitens Mißtrauen, drittens Ruhmsucht. Die erstere führt zu Übergriffen der Menschen des Gewinnes wegen, die zweite wegen der Sicherheit und die dritte des Ansehens wegen.“[15] Aber während bei Augustinus und Kant Moral und Vernunft die großen Gegenspieler zu den Emotionen sind, sieht Hobbes die Vernunft immer im Hintertreffen, weil sie die Leidenschaften nicht dauerhaft und grundlegend im Zaum halten kann. Sein Gegenmittel gegen den daraus entspringenden Krieg aller gegen aller ist die allgemeine Gewalt des Staates. Zwar wird der Vertrag auf horizontaler Ebene, also zwischen den beteiligten Individuen geschlossen, aber wenn hinter ihm nicht das Schwert bzw. die souveräne Gewalt des Herrschers steht, würde der Vertrag gerade wegen der Leidenschaften der Menschen gebrochen werden und die Gesellschaft in den Naturzustand zurück fallen. Aber bei Hobbes sind die Leidenschaft nicht moralisch verwerflich, wie in den Moralphilosophien, sondern er hält fest, dass die „Begierden und andere menschliche Leidenschaften an sich keine Sünde (sind)“, solange sie im Rahmen der (bürgerlichen) Gesetze ausgelebt werden.[16] Um diesen Rahmen zu bewahren ist die Gewalt des Staates nötig, weil sie den Menschen Furcht einflößt und Furcht der große Gegenspieler der Leidenschaften ist.

> “Die Leidenschaft, die die Menschen am wenigsten Gesetze übertreten lässt, ist die Furcht. Ja sie ist – edelmütige Menschen ausgenommen – die einzige Kraft, die die Menschen zu ihrer Einhaltung bringt, wenn ein Vorteil oder Vergnügen durch Gesetzesübertretung in Aussicht steht. [...] Die Leidenschaft, auf die man zählen kann, ist die Furcht.“[17]

14 Kant, Immanuel 1908 [1790]: *Kritik der Urteilskraft*, Berlin: Königlich Preußischen Akademie der Wissenschaften, S. 269.

15 Hobbes, Thomas 1984: *Leviathan oder Stoff, Form und Gewalt eines kirchlichen und bürgerlichen Staates*, Frankfurt a.M.: Suhrkamp, S. 95f.

16 Ebd., S. 107f.

17 Ebd., S. 228, 108.

Hier kann man unschwer eine Denkfigur erkennen, die sich in der politischen Ideengeschichte immer wieder findet: Eine Kraft bzw. Leidenschaft kann nur durch eine Gegenkraft mit mindestens gleicher Intensität in Schach gehalten werden.[18] Und da Furcht auch eine Leidenschaft ist, ist der Begriff weit ausgedehnt und umfasst bei Hobbes (zu) viele Aspekte: Neugier, Niedergeschlagenheit, Freude, Hass, Kummer, Verlangen, Scham u. ä.[19], manchmal auch Habgier, Ehrgeiz, Hass, Sinneslust[20] und dann wieder Parteilichkeit, Hochmut, Rachsucht und Selbstliebe.[21] Und Menschen ohne Leidenschaft sind träge, gleichgültig, ohne Urteilskraft[22], die wenig Erfolgreiches hervorbringen.

Es sind also nicht oder nicht ausschließlich die individuellen Interessen der Menschen, wie eine utilitaristische Lesart von Hobbes nahelegt, die den Naturzustand so unmenschlich machen, sondern Emotionen, die zur menschlichen Grundausstattung gehören und verschiedenste Ausprägungen, von der Konkurrenz, Missgunst und Ruhmsucht bis zu Sinneslust annehmen und sie zu Übergriffen gegen Andere wegen des Gewinnes, der Sicherheit und des Ansehens transformieren können.[23] Daraus entspringt der allseits bekannte Krieg aller gegen alle, der sich im Naturzustand nicht allein aus rationaler Kalkulation ergibt und sich präventiv gegen Andere durch Gewaltanwendung richtet. Es sind die Leidenschaften verschiedenster Art, die den Staat notwendig machen. Der Leviathan ist die einzige Instanz, die aus dem Chaos und der Gewaltförmigkeit des Naturzustandes eine politische Gesellschaft konstituieren kann: Die durch den Staat künstlich geschaffene Furcht, also eine Leidenschaft, hält alle anderen Leidenschaften in Schach.

Eine ähnliche Denkfigur liegt den gewaltenteilenden Verfassungen zugrunde. Verfassungen sind – das wissen wir seit Montesquieu – *Verfas-*

18 Die Grundidee geht angeblich auf Francis Bacon zurück, der davon ausgeht, dass Affekte positiv eingesetzt werden können, wenn man „Affekt gegen Affekt einsetzt und den einen durch den anderen beherrscht." Spinoza hat das ebenso gesehen, wenn er schreibt: „Ein Affekt kann nur gehemmt oder aufgehoben werden durch einen Affekt, der entgegengesetzt und der stärker ist als der zu hemmende Affekt." (beide zit. n. Hirschman Albert O. 1987: *Leidenschaften und Interessen. Politische Begründungen des Kapitalismus vor seinem Sieg*, Frankfurt a.M.: Suhrkamp, S. 31).

19 Hobbes a.a.O., S. 43-45.

20 Ebd., S. 108, 195, 228.

21 Ebd., S. 131, 211.

22 Ebd., S. 56.

23 Ebd., S. 106.

sungen der Mäßigung[24], aber das ist die abgeleitete Erkenntnis einer anderen, grundlegenden Frage: Was hält Gesellschaften zusammen, was stiftet politische Ordnungen? Es sind der Geist der Gesetze und die Prinzipien. Nicht mehr ein höchstes Gut, Staatsräson oder göttliche Offenbarung, sondern „Leidenschaften und Gesinnungen" halten Gesellschaften zusammen und zerstören sie zugleich.[25] Wie kann man mit diesem Sachverhalt umgehen? Montesquieu antwortet strukturell ähnlich wie Hobbes, aber inhaltlich sehr anders. Er sieht klar, dass zwei „Bremsen" der Leidenschaften nicht mehr wirken: Die Religion und die Moral.

> „Als vernünftiges Wesen tut er unaufhörlich den von Gott gegebenen Gesetzen Gewalt an und ändert die von ihm selbst aufgestellten Gesetze. Er muß sich selbst lenken und ist doch nur ein beschränktes Wesen. Wie alle beschränkten Geister ist er der Unwissenheit und dem Irrtum ausgesetzt Die geringen Kenntnisse, die er hat, büßt er noch ein: als Sinnenwesen wird er zur Beute tausenderlei Leidenschaften."[26]

Sobald Menschen in Gesellschaft leben und vergesellschaftet werden, verlieren sie ihre Angst und Furcht vor den Anderen und der Kriegszustand setzt ein.[27] Er entsteht – anders als bei Hobbes, der ihn in den vorgesellschaftlichen Zustand des Naturzustandes verlegt – durch den Zustand der Vergesellschaftung. Um ihn zu bändigen oder zu beenden bedarf es der Gesetze. Aber diese müssen den jeweiligen Umständen, dem Klima, der geographischen Lage, der Mentalitäten, Sitten etc., entsprechen, sonst bleiben sie wirkungslos. Und dies nennt er den „Geist der Gesetze." Nachdem Moral und Religion in einem Europa der Umwandlung keine die Leidenschaften zügelnden Kräfte mehr sind, sieht er allein in einem institutionellen Arrangement einen Ausweg: Die Verteilung der Gewalten auf verschiedene Institutionen und auf verschiedene soziale Kräfte, die Leidenschaften ausbremsen und zur Mäßigung führen. Mäßigung durch Institutionen baut auf dem Prinzip auf, dass nicht nur Macht durch Macht gebremst werde, um die Freiheiten der Menschen vor zu viel (autoritärer oder tyrannischer Macht) zu schützen; sondern zusätzlich darauf, dass diese Institutionen zu einer Entemotionalisierung und damit Rationalisierung des ganzen Politikprozesses führen. Untrennbar damit verbunden ist die Verlangsamung des politischen Entscheidungsprozesses, um durch Mäßigung neue Argumente, neue Gesichtspunkte, neue Ideen in den politischen

24 Montesquieu, Charles de 1965: *Vom Geist der Gesetze*, Stuttgart: Reclam.
25 Hereth, Michael 1995: *Montesquieu zur Einführung*, Hamburg: Junius, S. 22
26 Montesquieu a.a.O., S. 100.
27 Ebd., S. 102.

Prozess einzuführen und somit Entscheidungen zu rationalisieren. Die Grundidee ist Entemotionalisierung durch institutionelle Verschränkungen und dadurch Rationalisierung des politischen Entscheidens – bei gleichzeitiger Anerkennung der Unhintergehbarkeit von Emotionen in allen politischen Prozessen.

Auch in den Federalist Papers, den Grundlagentexten der amerikanischen Verfassungsgebung, ist der Versuch unübersehbar, die Leidenschaften zu mäßigen, aber hier treten bereits verstärkt die Interessen in den Mittelpunkt. Aber auch sie haben – neben den Leidenschaften – ein destruktives Potential, das durch gute Institutionenbildung in ein produktives Potential der demokratischen Selbstregierung umgewandelt werden kann.[28]

Mit dem Aufstieg des Interesses nimmt die Säkularisierung und Zivilisierung der Emotionen und Affekte ihren Fortgang. Die eindrucksvollsten Untersuchungen verdanken wir Albert O. Hirschmans kleiner Schrift „The Passions and the Interests“ aus dem Jahr 1977[29] und Norbert Elias‘ „Prozess der Zivilisation.“[30] Während ersterer den Wandel von den Leidenschaften zum Interesse in der Ideengeschichte beschreibt, zeichnet Elias die empirisch-geschichtlichen Dynamiken nach, die zur Zivilisierung der Emotionen führten und wie Staatsbildung und individuell-kulturelle Zivilisation unmittelbar zusammenhängen. Der Interessenbegriff war zu diesem Zeitpunkt noch nicht ökonomisch verkürzt, sondern umfasste „die Gesamtheit menschlichen Strebens, enthielt jedoch auch ein Element der Reflexion und Kalkulation hinsichtlich der Art, wie diesem Streben nachzukommen sei.“[31] Zentral aber war, dass eine Spaltung der Leidenschaften in ‚gute‘ und ‚böse‘ stattfand. Es kam dazu, dass „eine Gruppe von Leidenschaften, die bisher verschiedentlich als Gier, Habsucht oder Gewinnsucht bezeichnet wurden, nutzbringend eingesetzt werden könnten, um andere, wie Ehrgeiz, Machtgier oder sexuelle Begierde zu zügeln oder zu bekämpfen.“[32]

Eine vom Interesse regierte Welt schien nicht nur überlebensfähiger, sondern ihr wurden zusätzliche Eigenschaften zugeschrieben: Zunächst (a)

28 Ostrom, Vincent 1987: *The Political Theory of a Compound Republic. Designing the American Experiment*, London: University of Nebraska Press; Grofman, Bernard/Witman, Donald 1989: *The Federalist Papers and the New Institutionalism*, New York: Agathon Press.

29 Hirschman a.a.O.

30 Elias, Norbert 1976: *Über den Prozess der Zivilisation*, Frankfurt a.M.: Suhrkamp.

31 Hirschman a.a.O, S. 41.

32 Ebd., S. 49.

die *Voraussagbarkeit* des menschlichen Handelns generell, die sich an Interessen im Sinne der Verbesserung einer gegebenen Situation orientiert. Zudem wurde (b) die Unbeständigkeit und Launenhaftigkeit der Leidenschaft durch die *Beständigkeit* des Interesses ersetzt und machte alles menschliche Handeln in der Zeit stabil und kalkulierbar. Hinzu kommt (c) die *Rationalisierung* des Handelns, weil Interessen und die Mittel zu ihrer Verfolgung rational kalkuliert werden. Rationalisierung der Begierden durch Interessen war die Zauberformel und dadurch die Reduktion von schlechten Eigenschaften, wie Ruhmsucht, Leidenschaft, Habgier etc. Und schließlich ermöglichen Interessen (d) eine bessere *Regierbarkeit* von Menschen. Zunächst in der Außenpolitik, weil durch die Staatsräson Staaten und ihren Repräsentanten ein Interesse zugeschrieben werden konnte, das ihre Handlungen in der internationalen Politik bestimmte. Und schließlich auch in der Innenpolitik, in dem sich unterschiedliche Interessen in der Gesellschaft durch Kompromissbildungen gegenseitig ausbalancieren können und somit nicht zu fundamentalistischen, unlösbaren Konflikten führen wie etwa in den Religionskriegen in Großbritannien. Unter der Prämisse der Nutzenmaximierung konnten ökonomische Anreize zudem direkt das Verhalten von Menschen erwartbar steuern. Durch Interessen wurde schließlich (e) im Bereich der Ökonomie aus hitziger Habgier die „ruhige Leidenschaft" des Gelderwerbs, die sich durch Kalkulation und Rationalität auszeichnet und andere in Schach hält.[33]

Dieser – selektive und unvollständige – Rückgriff auf einige politische Theoretiker macht jedoch deutlich, dass im Prinzip alle Überlegungen über die Grundlagen *politischer* Ordnungsbildung immer mit dem Sachverhalt konfrontiert waren, wie man mit den für Menschen konstitutiven Leidenschaften so umgehen kann, dass sie konterkariert, in Schach gehalten oder produktiv umgelenkt werden können. Die Antworten fielen verschieden aus, aber der Ausgangspunkt war – nach historischer Situation je unterschiedlich – die Unhintergehbarkeit von Leidenschaften und Emotionen und deren produktive Nutzung oder Zähmung beim Aufbau und der Stabilisierung von politischen Ordnungen.

33 Ebd., S. 72.

2. Affekte und Leidenschaften: Versuch einer definitorischen Annäherung

Was sind Emotionen? Emotionen[34] sind ein komplexes Muster von neurophysiologischen und psychologischen Prozessen, die Veränderungen im Menschen auslösen und physiologische Erregungen, Gefühle, kognitive Prozesse und Verhaltensweisen berühren. Sie treten meist als Reaktion auf eine Situation auf, die ein Individuum oder auch eine soziale Gruppe als persönlich bedeutsam erfährt, positiv oder negativ bewertet und sich dadurch einer bestimmten Handlungsstimulation unterzieht. Sie zählen zu den bewussten, verbalisierbaren und damit zu den politischen (und privaten) Diskussionen zugänglichen Gefühlen. Für die folgenden Überlegungen unterteile ich Emotionen in zwei Untertypen, die für meinen Zusammenhang relevant sind.[35]

Die zwei Untertypen, die ich nach Immanuel Kant unterscheide, sind Affekte und Leidenschaften, die sich beide hinsichtlich des zeitlichen Effekts, des Grades der Erregung und schließlich in ihrem Verhältnis zur Vernunft unterscheiden.[36]

(i) *Affekte* sind meist Erregungen von kurzer Dauer, die sich in manchen Situationen auf einen extrem kurzen Zeitpunkt zusammenziehen können, wie etwa eine spontane Gewaltanwendung oder gar Tötung im Affekt. Der Grad der Erregung ist intensiv, er entspricht manchmal einer Art Rausch und setzt deshalb die Fähigkeit zur vernünftigen Abschätzung von Reaktionen oder Handlungen außer Kraft. Affekte beeinflussen fundamental die Fähigkeit zur Vernunft, der im Affekt Handelnde handelt „unbesonnen" und „wie im Rausch."[37] Typisch für Affekte sind beispielsweise – wie Elias Canetti in „Masse und Macht" festgestellt hat –

34 Diese Definition kann als kleinster gemeinsamer Nenner von den (zu) vielen Definitionen gelten, die ich aus der vielschichtigen und unübersichtlichen Literatur herausgelesen habe (vgl. statt vieler Solomon, Robert 1976: *The Passions. Emotions and the Meaning of Life*, Garden City/NY: Anchor Press/Doubleday; Wollheim, Richard 2001: *Emotionen. Eine Philosophie der Gefühle*, München: C.H. Beck; De Sousa, Ronald 1987: *The Rationality of Emotion*, Cambridge, MA: MIT Press; Hilgers, Micha 2012: *Scham - Gesichter eines Affekts*. Göttingen: Vandenhoeck & Ruprecht).

35 Es versteht sich von selbst, dass diese Zweiteilung nicht als erschöpfend im Sinne von umfassend und vollständig gemeint ist. Sie soll allein ein kategoriales Gerüst liefern, mit dem ich im Folgenden arbeite und das für meinen begrenzten Kontext ausreichend ist.

36 Kant a.a.O.

37 Ebd., S. 580, 599.

Entladungen, die sich in Akten der Zerstörung, des Feuerlegens, des Ausbruchs aus der Ruhe zur Bewegung u. ä. ihren Ausdruck finden.[38] Auch nach der modernen Psychoanalyse arbeiten Affekte weitgehend ohne bewusste Inhalte.[39]

(ii) Im Gegensatz zu Affekten sind *Leidenschaften* emotionale Dispositionen, die dauerhafter sind und sich über einen längeren Zeitraum verfestigen. Sie sind eine auf relative Dauer gestellte Emotion. Der Grad der Erregung kann verschiedene Intensitätsstufen erfassen und Affekte und Leidenschaft unterscheiden sich hier kaum. Sie reichen von eher geringer Intensität bis hin zu radikalen Ausbrüchen von Leidenschaften, wie etwa dem Sturm auf die Bastille in der Französischen Revolution. Groß dagegen ist die Differenz in Bezug auf die Vernunft. Leidenschaften sind nach Kant zwar auch eine „Krankheit der Seele“[40], die eine Korrumpierung des Willens ausdrückt und sich an seine Stelle setzt. „Die durch die Vernunft des Subjekts schwer oder gar nicht bezwingliche Neigung ist Leidenschaft.“[41] Aber sie richtet ein Individuum (oder eine soziale Gruppe) dauerhaft auf einen bestimmten Gegenstand aus und zeichnet sich durch starken Objektbezug und teleologische Ausrichtung aus.[42] Kant stellt lakonisch fest, dass sich die Leidenschaft „Zeit (lässt), und überlegend (ist), so heftig sie auch sein mag, um ihre Zwecke zu erreichen.“[43] Aufgrund ihrer relativen Dauer und ihrem möglichen Zusammengehen mit der Vernunft hält Kant sie für bedeutend gefährlicher als Affekte.

Zu den politisch relevanten Leidenschaften gehört sicherlich auch der *thymós*, der seit der griechischen Antike in der politischen Philosophie eine überragende Rolle spielt und in Bruno Snells Buch „Die Entdeckung des Geistes“[44] hervorsticht, das von der Homerischen Welt der Ilias handelt. In der homerischen Welt fehlten den Subjekten die wichtigsten Merkmale der säkularisierten Welt, insbesondere die reflektierende Innerlichkeit, das intime Selbstgespräch und die von der Vernunft oder den Interessen beeinflusste Affektkontrolle. Der Zorn ist noch unregierbar, er kommt vielmehr ungelenkt und unmodifiziert zum Ausdruck bzw. zum

38 Canetti, Elias 1980: *Masse und Macht*, Frankfurt a.M.: Fischer.

39 Hilgers a.a.O.

40 Kant a.a.O., S. 599.

41 Ebd., S. 251.

42 Paris, Rainer 2001: Leidenschaft – eine Skizze, in: *Berliner Debatte Initial* 12 (1), S. 135-138

43 Kant a.a.O., S. 581.

44 Snell, Bruno 1948: *Die Entdeckung des Geistes. Studien zur Entstehung des europäischen Denkens bei den Griechen,* Hamburg: Claassen & Goverts.

Ausbruch. „Nicht die Menschen haben ihre Leidenschaften, sondern die Leidenschaften haben ihre Menschen", kommentiert Peter Sloterdijk die thymotische Welt des Altertums.[45] Der *thymós*, den man wie eingangs erwähnt, auch mit Beherztheit, Empörung oder Stolz übersetzen könnte, regiert diese Welt und kommt zum Ausbruch, wenn sich Menschen ungerecht behandelt und nicht anerkannt fühlen.

Zwei Ausdrucksformen des *thymós* sind zentral. Zum einen *Isothymia* als die Bereitschaft zum Kampf, um als Gleicher anerkannt zu werden. Diese Emotion richtet sich fast immer gegen unterdrückerische Regime, die Menschen keine politische und/oder soziale Gleichheit zugestehen; aber sie richtet sich auch gegen den Abbau von Rechten in liberalen Demokratien. Dagegen bezeichnet *Megalothymia* die thymotischen Energien, die sich – meist in Diktaturen – gegen äußere „Feinde" in Form von räuberischen, ethnischen oder Ressourcenkriegen wendet; oder sie richtet sich nach innen gegen die eigene Bevölkerung, um ihnen die zentralen individuellen, politischen und sozialen Rechte vorzuenthalten. Auch die Megalothymia zielt auf Anerkennung durch andere, die aber durch Gewalt oder andere Machtmechanismen erzwungen wird. Sie ist der Wunsch zu dominieren und zu herrschen, während Isothymia das Begehren nach Gleichheit ist, um von den Anderen als Gleiche anerkannt zu werden. Beide spielen – wie man unschwer erkennen kann – in der Politik eine zentrale Rolle. Und politische Gesellschaften – das kann man ebenso unschwer erkennen – werden durch solche Emotionen bzw. Energien bestimmt und durch sie integriert oder zerstört. Im Folgenden unterteile ich die Politik in die drei Dimensionen der Polity, der Politics und der Policies und frage, welche Rolle hierbei Emotionen exemplarisch spielen.

3. *Die Gründung und Bewahrung von politischen Ordnungen: Revolutionen, Institutionenbildung und Emotionen*

Institutionen geben dem gesellschaftlichen Zusammenleben Halt und Struktur, sie regeln die gegenseitigen Erwartungen in sozialen Beziehungen und werden meist durch politische, also gesamtverbindliche Entscheidungen konstituiert. Verfassungen – ich konzentriere mich im Folgenden auf demokratische Verfassungen – sind die Basisinstitutionen von Gesellschaften und entstehen meist in Krisen- oder Umbruchsituationen, in de-

45 Sloterdijk a.a.O., S. 20.

nen Kämpfe um die souveräne Gewalt stattfinden, die immer ums Ganze gehen und mit hoher emotionaler Energie ausgetragen werden. Für den Erhalt von Institutionen sind viele Faktoren zentral, ich werde mich vor allem auf die emotionale Dimension konzentrieren.

3.1. Die Gründung von politischen Ordnungen. Oder: Das revolutionäre Moment

Die für *(Neu)Gründungen* von politischen Ordnungen typische Form sind Revolutionen oder andere radikale Situationen, in denen sich eine souveräne (meist verfassungsgebende) Gewalt des Volkes (re-)konstituiert und der Gesellschaft eine neue Verfassung oktroyiert. Auch nach erfolgreichen Machtergreifungen bleibt die souveräne Gewalt aber meist mit Kräften des *ancien régime* konfrontiert, die sich dem neuen widersetzen und weiterhin bekämpft werden müssen. Bereits der Kampf um die souveräne Gewalt mobilisiert ungeheure Energien und Leidenschaften, die in diesen gewaltsamen Konflikten ihre Entladung finden. Man kann diese aufgeputschten Emotionen auch daran ablesen, dass nach dem Sturz der alten Macht(haber) deren Symbole zerstört werden. Denkmäler werden geschleift, Gebäude in Brand gesteckt, Vertreter des alten Regimes inhaftiert und manchmal gar spontan gehenkt oder anderweitig getötet. Die Eroberung der souveränen Gewalt ist also immer und fast unvermeidlich mit gewaltsamen Entladungen verbunden, in denen tiefe Affekte und/oder Leidenschaften zum Ausbruch kommen.

Bei der Französischen Revolution war die *soziale Frage* zentral und Hannah Arendt hat in ihrem Vergleich der französischen und amerikanischen Revolution festgehalten, dass in Frankreich die „stärkste und vielleicht gefährlichste aller revolutionären Leidenschaften, die Leidenschaft des Mitleidens“ eine zentrale Rolle gespielt hat.[46] Diese gefährlichste aller Leidenschaften hatte insofern eine destruktive Rolle gespielt, weil die Fähigkeit, „sich leidend und mitleidend mit der ‚unermesslich großen Masse der Armen‘ zu identifizieren und damit das Mitleiden selbst als höchste aller politischen Leidenschaften anzusprechen und seine bewusste Formierung zur Kardinaltugend des Politischen überhaupt zu machen“[47] zu den verheerenden Gewalttätigkeiten während und nach der Revolution geführt hatte. Die amerikanische Revolution dagegen sei „in einer Art elfenbei-

46 Arendt, Hannah 1963: *Über die Revolution*, München: Piper, S. 90f.
47 Ebd., S. 95.

nernem Turm vonstattengegangen, durch dessen feste Mauern das erschreckende Schauspiel menschlicher Not, die anklagende Stimme des Elends, nicht drangen."[48] Und genau weil die amerikanische Verfassungsdiskussion „wie auf einer Insel"[49] vonstattenging, konnte eine neue *politische* Gründung stattfinden. Das Ziel der Rebellion ist also die Befreiung, während das Ziel der Revolution in der „Gründung der Freiheit" liegt.[50] Um diese Freiheit gründen und ihr eine institutionelle Form geben zu können, wurde zwar auch Vernunft benötigt. Aber weitaus wichtiger war die menschliche Erfahrung mit politischen Ordnungen, wie sie hier insbesondere in den Schriften Montesquieus studiert werden konnte.

J. Habermas hat in seinem Rückblick auf die Französische Revolution allein die Vernunft betont, aber kaum einen Gedanken an die emotionale Dimension ihrer radikal-demokratischen Prinzipien artikuliert: „Die Prinzipien der Verfassung werden in unserem Gemüt keine Wurzeln schlagen, bevor sich nicht die Vernunft ihrer orientierenden, ihrer zukunftsweisenden Gehalte vergewissert hat."[51] Ähnlich entemotionalisierend verfährt er mit dem Begriff des Verfassungspatriotismus.[52] Während Sternberger ihn noch mit Begriffen wie Liebe, Zuneigung etc., also mit Emotionen, in Verbindung brachte[53], reduziert ihn Habermas auf eine rein deliberative und diskursethische Ebene und entzieht ihm somit alle emotionalen Dimensionen.[54]

Verfassungsgebung ist eine eminent politische Entscheidung, in der die grundlegenden Rechte und Verfahren der Gesellschaft verbindlich festgelegt werden. Hierbei kann man beobachten, wie Verfassungsgeber versuchen, ihre Entscheidung zu entemotionalisieren. Man konstituiert eine ver-

48 Ebd., S. 120.

49 Ebd., S. 121.

50 Ebd., S. 184.

51 Habermas, Jürgen 1992: *Faktizität und Geltung. Beiträge zur Diskurstheorie des Rechts und des demokratsichen Rechtsstates*, Frankfurt a.M.: Suhrkamp, S. 609.

52 Mit dem Begriff des Vaterlandes verfährt Dolf Sternberger ähnlich (1995: Begriff des Vaterlandes, in: ders. (Hrsg.): *Ich wünschte, ein Bürger zu sein*, Frankfurt a.M.: Suhrkamp). Vaterland konstituiert sich nicht allein durch bürgerschaftliche Freiheiten und Pflichten, sondern auch durch Gefühle. Bei der Definition des Begriffs „(suchen wir) sowohl das gültige Rechtsverhältnis wie auch das gebotene oder erlaubte *Gefühlsverhältnis*" (ebd., S. 38; Herv. von mir). Hierbei beruft er sich ausdrücklich auf Montesquieu und seinen Begriff der Tugend, der als Liebe zu den Gesetzen und zum Vaterland gefasst wird (ebd., S. 39).

53 Sternberger, Dolf 1956: *Lebende Verfassung. Studien über Koalition und Opposition*, Meisenheim/Glan: Verlag Anton Hain.

54 Habermas a.a.O.

fassungsgebende Versammlung, die meist *neben* dem normalen Gang der Gesetzgebung tagt und einen davon unabhängigen Verfassungstext ausarbeitet. Dabei wird neben der institutionellen oft auch eine räumliche Trennung vorgenommen, um sicherzustellen, dass über die neu zu installierende Verfassung jenseits bestehender Konflikte und Leidenschaften beraten wird. Bspw. wurde die Verfassung der ersten deutschen Demokratie von 1918 nicht in Berlin, der Hauptstadt der politischen und sozialen Kämpfe, sondern in Weimar ausgearbeitet. In der deutschen Nachkriegszeit hat der Verfassungsgebende Konvent auf Herrenchiemsee getagt, einer kleinen Insel im Bodensee, um die Verfassungsväter (es war damals keine Frau dabei!) aus dem normalen Gang der Politik herauszuhalten. Argumente und Interessen waren gefragt, nicht Leidenschaften und Affekte und v.a. sollte dieser Prozess von starken Partikularinteressen frei gehalten werden. Verfassungsgebung als spezifische Entscheidung, nämlich als politische *Grundentscheidung* über die soziale und politische Struktur einer Gesellschaft, bedarf bestimmter Rationalitäts- und Neutralitätsprinzipien. Jon Elster hat am Beispiel der *Federal Convention* in Philadelphia (1787) und der *Assemblée Constituante* Frankreichs (1897 bis 1791) verdeutlicht, dass in Prozessen der Verfassungsgebung v.a. das Argumentieren und Verhandeln eine große Rolle spielt. Ihre normativen Referenzwerte sind Überparteilichkeit und Sachlichkeit, wodurch Leidenschaften gedämpft werden sollen.[55] Diese spezifische Form der Verfassungsgebung, so die Erwartung, soll dann auch entsprechende Verfassungstypen, nämlich liberale, demokratische, gewaltenteilende oder Mischverfassungen hervorbringen. Die Skepsis gegenüber Leidenschaften ist unübersehbar, aber die wichtigste, die gleichwohl im Spiel ist und sich mit der Vernunft verbinden kann, ist *Isothymia*.

3.2. Die Bewahrung von Institutionen. Oder: Die Liebe als emotionale Ausdrucksform der Demokratie

Auch bei der Bewahrung von Institutionen spielen Emotionen eine zentrale Rolle. Während Rational Choice inspirierte Argumentationen einen Gleichgewichtszustand oder (ökonomische) Effizienz für die Stabilität der

55 Elster, Jon 1991 a.a.O.; ders. 1995: Forces and Mechanisms in the Constitution-Making Process, in: *Duke Law Journal* 45, S. 364-369; ders. 2000: *Ulysses Unbound, Studies in Rationality, Precommitment, and Constraints*, Cambridge: Cambridge University Press.

Institutionen voraussetzen[56], verweist die Ideengeschichte unschwer auf Emotionen. Montesquieu etwa betont die stabilisierende Rolle des Emotionalen für Institutionen oder Verfassungen, indem er jedes politische Regime in zwei Dimensionen unterteilt. Während die *Natur* eines Regimes es zu dem macht, was es ist (also zur Monarchie, Aristokratie oder Republik samt ihren entarteten Formen), bringt sein *Prinzip* das Regime zum Handeln, erweckt es zum Leben bzw. zur Funktionsfähigkeit.[57] Bei der Republik ist in diesem Sinne vor allem die (politische) Tugend zentral, die er von anderen, wie z.B. christlichen Tugenden, absetzt. Sie verlangt Selbstverleugnung und Selbstkontrolle, was „immerdar eine mühevolle Aufgabe ist." Und die Tugend als „die Liebe zu den Gesetzen und zum Vaterland" fordert eine „unablässige Entscheidung für das öffentliche Wohl unter Hintansetzung des Eigenwohls." Sie „begeistert sich ausschließlich für die Demokratie. (....) Zudem geht es mit der Regierung (oder Verfassung, wie in anderen Übersetzungen) wie mit allen Dingen der Welt: Man muss sie lieben, wenn man sie bewahren will."[58] Eine Emotion, hier die Liebe[59], ist notwendig, um andere, wie Eigensucht, Ruhmsucht, Egoismus etc. zu überwinden bzw. in Schach zu halten; denn ohne Prinzipien, hier die Tugend, gehen alle Verfassungen zu Grunde. Auch die Ehre in der Monarchie und die Furcht in den Despotien sind emotionale Konstruktionen.

Generell geht Montesquieu davon aus, dass nur Leidenschaften und Emotionen die jeweiligen Regierungsformen „am Leben halten" in dem Sinne, als sie das Handeln der Bürger, das Arbeiten der Institutionen und des Herrschaftsapparates bestimmen. Nur eine gemeinsame emotionale Lage – die Prinzipien – verbinden die Institutionen und die Mitglieder der jeweiligen Gesellschaft zu einem lebendigen Ganzen.[60] Kühlen die Emotionen ab, so setzen Institutionen Rost an: Sie verlieren an Regulierungspotential, werden durch informelle Praktiken unterlaufen, man beutet sie im Eigeninteresse aus und sie verlieren dadurch an Legitimität.

56 Knight, Jack 1992: *Institutions and Social Conflict.* Cambridge: Cambridge University Press.

57 Montesquieu a.a.O., S. 119.

58 Ebd., S. 138.

59 Zur Liebe als wichtiger Emotion in der Politik vgl. Llanque, Marcus 2012: Liebe in der Politik und der Liberalismus, in: Schaal/Heidenreich a.a.O., S. 105-134.

60 Hereth a.a.O.: 61 ff.

4. Die Politics-Dimension: Der politische Kampf (um Anteile an politischer Macht) und die Bedeutung von Emotionen

Max Weber definierte Politik bekanntermaßen als Kampf um Anteile an politischer Macht. Macht wird hier vor allem als Mittel im Dienste anderer Ziele gedacht - idealer oder egoistischer. Sie kann aber auch Macht um ihrer selbst willen sein und als Selbstzweck funktionieren.[61] Dieser Kampf – das ist zwar trivial, muss aber hier festgehalten werden – ist eine soziale Relation und bedeutet, „den eigenen Willen gegen einen widerstrebenden anderen, unter Orientierung an den Erwartungen des Verhaltens der anderen, durchzusetzen."[62] Und hier ist die Formulierung – „unter Orientierung an den Erwartungen anderer" - zentral, weil sie die Kontingenz der Alterität einführt: Das Verhalten der anderen ist nicht vollständig erwartbar, weil sie immer Widerstand entgegen setzen und die Formen des Sich-Widersetzens immer situativ sind und unter den unsicheren Erwartungen des Verhaltens des Gegenüber festgelegt werden. „Doppelte Kontingenz" ist der Begriff, mit dem Talcott Parsons und später Niklas Luhmann diese Situation gekennzeichnet haben.[63] A muss also seine Entscheidung unter der Perspektive festlegen, wie B entscheidet und B entscheidet unter der Perspektive, wie A entscheiden könnte. Das ist die Grundsituation des Kampfes um Anteile an *politischer* Macht. Und diese Anteile werden – zumindest in demokratischen Staaten – immer durch Wahlergebnisse gemessen, die man exakt bestimmen kann und die über die jeweiligen Anteile an politischer Macht entscheiden. Der Kampf wird also immer vor einem politischen Publikum gekämpft und man muss dieses Publikum so beeindrucken, dass es sich in Anteilen an Wählerstimmen niederschlägt. Hierbei spielen – das scheint klar – Emotionen eine große Rolle.

Die politische Theorie ist hier jedoch erstaunlich genügsam. In der ökonomischen Theorie der Politik ist die Lage klar. Hier dominieren Eigeninteressen und damit die Rationalität und Kalkulierbarkeit der Aktionen der anderen. Downs berühmtes Diktum lautete:

> „Aus dem Eigennutzaxiom ergibt sich unsere Auffassung von den Motiven, denen die politischen Aktionen der Parteimitglieder entspringen. Wir nehmen an, daß sie nur handeln, um das Einkommen, Prestige und die Macht zu erlangen, die mit öf-

61 Weber a.a.O., S. 7.

62 Weber, Max 1980: *Wirtschaft und Gesellschaft*, Tübingen: Mohr, S. 463.

63 Parsons, Talcott 1968 [1937]: *The Structure of Social Action*, New York: Free Press; Luhmann, Niklas 1984: *Soziale Systeme. Grundriß einer allgemeinen Theorie*. Frankfurt a.M.: Suhrkamp.

> fentlichen Ämtern verbunden sind. Daher streben in unserem Modell die Politiker niemals ein öffentliches Amt an, weil es ihnen ermöglicht, bestimmte politische Konzepte zu verwirklichen; ihr einziges Ziel ist, die Vorteile zu genießen, die ein öffentliches Amt an sich bietet. Die Politiker verwenden politische Konzepte und Aktionen einzig und allein als Mittel zur Verfolgung ihrer privaten Ziele, die sie nur dadurch erreichen können, daß sie gewählt werden. - Auf diesen Überlegungen ruht die Grundkonstruktion unseres ganzen Modells."[64]

Darauf folgt der oft zitierte und vielleicht zentrale Satz des Buches: „Parteien treten mit politischen Konzepten hervor, um Wahlen zu gewinnen; sie gewinnen nicht die Wahlen, um mit politischen Konzepten hervortreten zu können."[65]

Downs und alle seine Nachfolger unternehmen eine dreifache und folgenreiche Operation: Sie verlieren (a) den politischen Kampf von widerstrebenden Gruppierungen unter doppelter Kontingenz fast völlig aus dem Auge und reduzieren diesen Kampf (b) auf ein rationales, kalkulierbares und deshalb erwart- und berechenbares Handeln, das einer fast maschinenhaften Realisation von rational kalkulierten Zielen und entsprechenden Mitteln nahekommt. Und schließlich ist Politik (c) auf Politik „von oben" beschränkt, eine Politik von unten gibt es nicht. Alle drei Operationen entfernen Emotionen vollständig aus dem Repertoire des politischen Handelns.

4.1. Der Kampf widerstrebender Gruppen unter den Bedingungen doppelter Kontingenz

In der politischen Konkurrenz ist die Emotionalisierung der Politik zu erwarten. Die politischen Parteien sind hier die Hauptakteure und sie sind es, die Wahl- und andere Machtkämpfe organisieren und führen. Sie treffen Entscheidungen darüber, welche Personen, welche Themen, welche Mobilisierungsstrategien und welche Emotionalisierungsstrategien sie wählen. Um mich auf die wesentlichen Sachverhalte zu konzentrieren, beschränke ich mich auf zwei Dimensionen, die wichtig sind: Motivation und Manipulation.

(a) Politische Parteien sind – man kann das an ihrer Geschichte studieren – Erregungs-, Empörungs- und *Motivationsorganisationen*. Der frühe

64 Downs, Anthony 1968: *Ökonomische Theorie der Politik*, Tübingen: Mohr Siebeck, S. 27f.

65 Ebd.

Parteientypus, die Partei der sozialen Integration (Neumann 1990) oder die Massenparteien, waren Organisationsformen, mit denen abgrenzbare Teile der Massen zum Zwecke des politischen Kampfes nicht nur organisiert, sondern auch im Sinne einer politischen Programmatik und politischen Identität durchdrungen wurden.[66] Diese auch sozio-kulturell definierten Identitäten sollten deren gesamtes soziales Leben prägen und die Mitglieder in einen permanenten Zustand der Kampfbereitschaft versetzen, der jederzeit zur Eskalation gebracht werden konnte. Parteien waren hier v.a. Emotionsagenten, die die Empörung ihrer Mitglieder durch die Organisation des Zorns auf Dauer zu stellen versuchten. Die Parteientheorie hat diese Einsicht organisationssoziologisch zunichte gemacht. So hat etwa M. Duverger in „Le Partis Politiques" politische Parteien im Wesentlichen hinsichtlich ihrer Organisationsstrukturen untersucht[67] und nicht wie noch Robert Michels – trotz seines ehernen Gesetzes – als Empörungsorganisator und –stabilisator von (sozialdemokratisch oder christlich infizierten) Teil-Massen behandelt, denen die politischen Parteien Programme, Ideologien, Strukturen und Identifikation gaben.[68]

Wir wissen, dass dem Typus der Massenparteien die Volksparteien und heute die professionalisierten Wählerparteien oder professionalisierten Medienkommunikationsparteien gefolgt sind.[69] Aber trotz abnehmender Mitgliedschaften und zunehmender Bedeutung der Parteispitzen und der professionalisierten Parteipolitiker sind Parteien immer noch Zorn- und Empörungsmaschinerien, die sich nun an die gesamte Wählerschaft und weniger exklusiv an ihre Mitglieder richten. Sie versuchen im Kampf um Anteile an politischer Macht die Bevölkerung zu emotionalisieren bzw. bereits prä-existente Emotionen für sich zu mobilisieren, wobei eine Tren-

66 Beyme, Klaus von 2000: *Parteien im Wandel. Von den Volksparteien zu den professionalisierten Wählerparteien*, Opladen: Westdeutscher Verlag.

67 „Denn die heutigen Parteien lassen sich weniger durch ihr Programm oder die soziale Zugehörigkeit ihrer Anhänger bestimmen als durch die Art ihrer Organisation. (...) Was die modernen Parteien charakterisiert ist vor allem ihre *Anatomie*" (Duverger, Maurice 1959: *Die politischen Parteien*. Tübingen: Mohr, S. XI-XII), konkret ihre organisatorische Anatomie.

68 Michels, Robert 1989: *Zur Soziologie des Parteiwesens in der modernen Demokratie. Untersuchungen über die oligarchischen Tendenzen des Gruppenlebens*, Stuttgart: Kröner.

69 Beyme a.a.O.; Mair, Peter 1994: Party Organizations: From Civil Society to the State, in: Katz, Richard S./Mair, Peter (Hrsg.): *How parties organize: Change and adaptation in party organizations in Western democracies*, London [u.a.]: Sage, S. 1-22.

nung zwischen beidem nicht immer leicht ist. Isothymotische Emotionen spielen hier erneut eine zentrale Rolle.

In Wahlkämpfen kann man ihre Bedeutung besonders gut beobachten, die allerdings nur eine spezifische, stärker konzentrierte und hoch emotionalisierte Phase des permanenten Kampfes um Anteile an politischer Macht repräsentieren. Wahlparteitage haben bspw. auch die Funktion, programmatische Festlegungen zu treffen, die aber immer auch Empörung und Leidenschaften wecken sollen. Aber ihre größte Bedeutung besteht darin, die leergelaufenen Batterien der Emotion neu aufzuladen. Das gemeinsame Singen von Liedern, die Selbstberauschung an den Reden der Kanzlerkandidaten, die erhöhte Tonlage der Rednerinnen und Redner, die Betonung des Kämpferischen, das ritualisierte rhythmische Klatschen nach Reden - die emotionalen *Selbststimulierungseffekte* solcher Veranstaltungen sind nicht zu übersehen. Und da solche Ereignisse immer auch als mediale Ereignisse inszeniert werden, ist eine Außenwirkung eingeplant und neben die Selbststimulierung tritt die Außenstimulierung. Dass solche Ereignisse immer auch quälend ritualisiert sind, ändert an dem Sachverhalt nichts Grundlegendes.

(b) In Wahlkämpfen verfolgen politische Parteien verschiedene, hochprofessionell abgesicherte Strategien der *politischen Manipulation* von Meinungen, Präferenzen, Informationen und Kontexten. Manipulation meint hier insbesondere den technischen Aspekt, durch den Mehrdeutigkeit und Unentschiedenheit der Wählerpräferenzen in Eindeutigkeit transformiert werden soll.[70] Die relative Autonomie der Politik äußert sich darin, dass sie über ein hochprofessionalisiertes Repertoire von Techniken verfügt, mit dem sie gegenüber der (politischen) Öffentlichkeit, den Bürgern und politischen Opponenten operiert. Politische Manipulation[71] ist

70 Maravall, José M. 1999: Accountability and Manipulation, in: Przeworski, Adam/Stokes, Susan C./Manin, Bernard (Hrsg.): *Democracy, Accountability and Representation*. Cambridge: Cambridge University Press, S. 154-196.; Riker, William 1986: *The Art of Political Manipulation*, New Haven/London: Yale University Press; Zahariadis, Nikolaos 2005: *Essence of Political Manipulation. Emotion, Institutions, and Greek Foreign Policy*, New York, NY: Peter Lang.

71 Neuere Analysen über professionelle Techniken und Strategien bei Wahlkämpfen vermitteln einen beunruhigenden Eindruck über die breit angelegten Versuche der Manipulation von Wählerpräferenzen (statt vieler: Althaus, Marco/Cecere, Vico (Hrsg.) 2003: *Kampagne! 2. Neue Strategien für Wahlkampf, PR und Lobbying*, Münster: LIT-Verlag; Berg, Thomas (Hrsg.) 2002: *Moderner Wahlkampf. Blick hinter die Kulissen*, Opladen: Leske + Budrich; Dörner, Andreas/Vogt, Ludgera (Hrsg.) 2002: *Wahl-Kämpfe. Betrachtungen über ein demokratisches Ritual*, Frankfurt a.M.: Suhrkamp; Holtz-Bacha, Christina (Hrsg.) 2000: *Wahlkampf*

nicht nur Ausfluss der Professionalisierung der Politik in ihren vielfältigen Formen[72], sondern auch der Mediatisierung. Mediale Inszenierungen dienen als «Testballons» für die Reaktionen der öffentlichen Meinung und des politischen Publikums. Zugleich wird Politik selbst manipuliert, indem die Medien Themen und Sachverhalte politisieren, die von der Politik aufgenommen und auf die politische Agenda gesetzt werden können.

Politische Kommunikation, insbesondere aber in Wahlkämpfen, nimmt nicht den normativ wünschenswerten Charakter der diskursiven und öffentlichen politischen Meinungs- und Willensbildung an, sondern setzt auf Marketing- und Werbestrategien, die auf politische und emotionale Manipulation statt auf argumentative Überzeugung setzen. Hierbei eingesetzte Techniken sind (a) die *politische Konstruktion von Zahlen*, indem durch Statistiken, Schaubilder, Graphiken etc. bestimmte Aspekte der Wirklichkeit betont und andere vernachlässigt oder bewusst verschleiert werden. Dadurch entsteht die Illusion der Präzision, die die Mehrdeutigkeit von politisierten Sachverhalten durch scheinbare Eindeutigkeiten reduziert. Dann (b) durch die *politische Konstruktion von Wirklichkeiten*, die über Narrative, Symbole, Mythen etc. verläuft und das Framing von Sachverhalten einschließt. Frames sind Erzählungen, die bestimmte Aspekte der Welt betonen und in der politischen Kommunikation auf bestimmte Merkmale setzen, um eine bestimmte Sicht der Dinge durchzusetzen.[73] Ergänzt wird dies durch (c) die *politische Konstruktion von Evidenz*, die allen Sachverhalten eine unmittelbar einleuchtende Gewissheit zuschreibt und dabei mit verschiedenen Praktiken arbeitet; etwa dem Einsatz von Experten, ikonischen Visualisierungen, Modell- und Computersimulatio-

in den Medien - Wahlkampf mit den Medien. Ein Reader zum Wahlkampfjahr 1998, Wiesbaden: Opladen; Machnig, Matthias 2002: Politische Kommunikation in der Mediengesellschaft, in: ders. (Hrsg.): *Politik – Medien – Wähler. Wahlkampf im Medienzeitalter*, Opladen: Leske+Budrich, S. 145-152; Römmele, Andrea 2002: *Direkte Kommunikation zwischen Parteien und Wählern. Postmoderne Wahlkampftechnologien in den USA und der BRD*, Wiesbaden: Westdeutscher Verlag; Kreyher, Volker-Jeske (Hrsg.) 2004: *Handbuch politisches Marketing. Impulse und Strategien für Politik, Wirtschaft und Gesellschaft*, Baden-Baden: Nomos).

72 Vgl. dazu Borchert, Jens 2003: *Die Professionalisierung der Politik. Zur Notwendigkeit eines Ärgernisses*, Frankfurt a.M./New York: Campus.

73 Entman, Robert M. 1993: Framing: Toward Clarification of a Fractured Concept, in: *Journal of Communication* 43(3), S. 51-58; Dahinden, Urs 2006: *Framing - Eine integrative Theorie der Massenkommunikation*, Konstanz: UVK.

nen bis zu Rankings und *best practices.*[74] Und schließlich, was für den vorliegenden Kontext zentral ist, (d) die *politische Konstruktion von Emotionen*, indem man gezielt Leidenschaften, Vorurteile, Neid, Empörung etc. mobilisiert und so Unterstützung für seine und die Ablehnung von anderen Positionen erreicht (z.B. „Kinder statt Inder").

4.2. Die Politik „von unten": Massen und soziale Bewegungen

Bei der „Politik von unten" konzentrierte sich die politische Theorie insbesondere auf die Massen. Seit Beginn des 20. Jahrhunderts standen sie im Mittelpunkt der politischen Theorie. Sie wurden immer als gefährlich, irrational, unberechenbar und vor allem als hoch emotionalisierter Sachverhalt analysiert. Bei Gustave LeBon und anderen Theoretikern der Massen wurden diese zum Zentrum der Interpretation der Welt überhaupt – es begann das „Zeitalter der Massen", wie es Serge Moscovici so unübertrefflich formuliert hat. Das letzte Kapitel seines Buches, das mit „Das planetarische Zeitalter der Massen" überschrieben ist, beginnt mit dem Satz: „Die Psychologie hat die Energien der Massen zur gleichen Zeit entdeckt wie die Physik die Energie der Atome"[75] und den Massen wird die gleiche zerstörerische Destruktivität zugestanden wie der Atombombe. Die Massenpsychologie, sei es die von Gustave LeBon, Sigmund Freud, Gabriel Tarde oder anderen, hat trotz aller Unterschiede ein zentrales Merkmal herausgearbeitet: Die Massen handeln und agieren nicht rational, sondern hochgradig emotional. Sie entscheiden nicht, sondern agieren instinktiv, unkontrolliert, aggressiv, destruktiv u. ä. Sie verkörpern den Gegensatz zur Vernunft, zur Rationalität und zum Verstand und sind deshalb gefährlich.

Geläufige Politikbegriffe wie die Massendemokratie, die Massengesellschaft, die Massenkommunikation verdeutlichen, dass wir es mit einem neuen Phänomen zu tun haben, das im Wesentlichen durch seine Energien, seine Emotionen, seine ungeheuren Kräfte – produktiv wie destruk-

74 Rüb, Friedbert W./Straßheim, Holger 2012: Politische Evidenz. Objektivierung als Legitimationspraxis, in: Daase, Christopher/Geis, Anna/Nullmeier, Frank (Hrsg.): *Der Aufstieg der Legitimitätspolitik. Rechtfertigung und Kritik politisch-ökonomischer Ordnungen* (Leviathan-Sonderheft), Baden-Baden: Nomos, S. 377-397.

75 Moscovici, Serge 1984: *Das Zeitalter der Massen - Eine historische Abhandlung über die Massenpsychologie*, München: Hanser, S. 479.

tiv – gekennzeichnet ist. Aber in all diesen Theorien entscheidet nicht die Masse, sondern über sie wird entschieden: Entweder mittels der führenden Partei oder direkt durch den Führer. Massen und Führer verschmelzen zu einem neuen energetischen und emotionalen Konglomerat, das die vielköpfige Masse in einen einzigen Körper verwandelt.

> „Die Verwandlung der vielköpfigen Masse in ein einziges Wesen verleiht dem Führer eine ebenso sichtbare wie unerklärliche Anziehungskraft. Aus dieser außergewöhnlichen Verbindung resultiert ein Ganzes, eine verführerische Persönlichkeit, die einnimmt und fesselt, sobald sie spricht und handelt. Aber die Kunst, die zu solchen Zwecken aufgeboten wird, erfasst zuerst die Emotionen, dann die Saiten des Glaubens und wendet sich schließlich an die Hoffnungen und Wünsche. Die Mittel der Vernunft spielen dabei nur eine untergeordnete Rolle. Genau betrachtet ist in unseren Massengesellschaften die Kunst, die Massen aufzupeitschen, *die Politik, eine auf die Füße gestellte Religion.*“[76]

Die Politik ist hier der Motor, der Emotionen auf Hochtouren bringt. Während zu Beginn des 20. Jahrhunderts das Massenphänomen eines der größten Rätsel der Ideengeschichte war, erregte zu dessen Mitte die Figur des politischen Führers großes Interesse. Denn er war es, der die Gesetze der Massen erkannte und, verbunden mit einem technisch-medialen Apparat der Manipulation, deren Energien entfesselte. Im Faschismus und im Stalinismus kumulierte diese Dynamik in einem bisher nicht gekannten Vernichtungswahn, der durch tiefliegende und extrem intensive Leidenschaften angetrieben wurde.[77]

Während die Masse direkte Aktionen liebt und zudem aller moralischen Qualitäten beraubt ist[78], zeichnet die politikwissenschaftliche Forschung heute ein erheblich positiveres Bild von ihr. David Riesman hat in seinem zeitdiagnostischen Klassiker „The lonely crowd“[79] die gegenteilige Positi-

76 Ebd., S. 15 (Herv. im Original).

77 Die Zahlen der getöteten Menschen schwanken. Das „Schwarzbuch des Kommunismus“ gibt für die Sowjetunion 20, für China 65 und für Nordkorea und Kambodscha jeweils 2 Millionen an (vgl. Courtois, Stéphane u.a. 2004: *Das Schwarzbuch des Kommunismus – Unterdrückung, Verbrechen und Terror*, München: Piper). Der Nationalsozialismus brachte systematisch rd. 6 Millionen Juden um (vgl. Aly, Götz 1998: *„Endlösung“. Völkerverschiebung und der Mord an den europäischen Juden*, Frankfurt a.M.: Fischer).

78 „Nicht daß der Massenmensch eine veraltete Moral zugunsten einer emportauchenden verachtet; im Zentrum seiner Lebensführung steht gerade der Anspruch, ohne moralische Bindung zu leben.“ (Ortega y Gasset, José 2012: *Der Aufstand der Massen*, Deutsche Verlagsanstalt: München, S. 201).

79 Riesman, David/Glazer, Nathan/Denney, Reuel 1953: *The Lonely Crowd. A Study of the Changing American Character*, New York Doubleday.

on formuliert: Der außengeleitete Charakter und der Konsumismus, der auch gegenüber der Politik eine Art Verbraucherhaltung durchsetzt, führt zu einer politischen Apathie neuen Stils. Diese raubt dem Massenmenschen alle Emotionen und Leidenschaften und bewahrt ihn davor, erneut auf die politischen Abenteuer der Vergangenheit hereinzufallen. Auch hier bremst eine Leidenschaft die andere: Der Konsumismus den politischen Enthusiasmus.

Theorien der Neuen Sozialen Bewegungen zeichnen die Massen, ohne diesen Begriff zu verwenden, ebenso vorwiegend als positiv und rational agierend.[80] Wenn Emotionen diskutiert und als treibende Kraft akzeptiert werden, dann als modifizierte und zivilisierte, ja fast kommunikationstheoretisch aufgelöste Interaktion in Gruppen und Organisationen. Zu den Diskussionen der Massenpsychologie sind jedoch die Brücken abgebrochen, so als ob die Massen, auch in den Neuen Sozialen Bewegungen, kein eigenständiges Subjekt mit eigenständiger Psychologie bzw. eigenen Handlungsdynamiken bzw. –logiken mehr werden könnten. Die neuen populistischen Protestbewegungen (wie etwa Pediga in Deutschland und auch ähnliche Bewegungen in anderen europäischen Ländern) weisen allerdings in eine andere Richtung. Die Massenpsychologie hat ihr letztes Wort noch nicht gesprochen.

5. Emotionen in der Realpolitik zwischen Wünschbarkeit und Tatsächlichkeit

Welche Bedeutung haben Emotionen in der „Realpolitik“, also bei der politischen Produktion von Policies? Realpolitik – so soll Bismarck gesagt haben[81] – ist die *Kunst des Möglichen*, die zwischen dem Wünschbaren und dem Tatsächlichen angesiedelt ist. „Realpolitik treiben“ – so eine da-

80 Vgl. statt vieler Kern, Thomas 2008: *Soziale Bewegungen: Ursachen, Wirkungen, Mechanismen*, Wiesbaden: VS Verlag; Klein, Ansgar/Legrand Hans-Josef/Leif, Thomas 1999: *Neue soziale Bewegungen: Impulse, Bilanzen und Perspektiven*, Wiesbaden: Westdeutscher Verlag; Opp, Hans-Dieter 1996: Gesellschaftliche Krisen, Gelegenheitsstrukturen oder rationales Handeln? Ein kritischer Theorievergleich von Erklärungen von politischem Protest, in: *Zeitschrift für Soziologie* 25(3), S. 223-242; Rucht, Dieter 1994: *Modernisierung und neue soziale Bewegungen: Deutschland, Frankreich und USA im Vergleich*, Frankfurt a.M./New York: Campus.

81 Zit. nach Palonen, Kari 2006: *The Struggle with Time. A Conceptual History of 'Politics' as Activity*, Münster [u.a.]: LIT, S. 132.

malige zeitgenössische Stimme – „kann nichts anderes heißen als bei den politischen Handlungen, die immer zielgerichtete Tätigkeit sein müssen, die realen Tatsachen zu Grunde zu legen."[82]

‚Reale Tatsachen' kann man unschwer in zwei Dimensionen aufteilen. Einmal (a) als *reaktive Politik* im Sinne von reaktiver Policy-Produktion. Policies – so viele Autoren der Policyanalyse – gehen davon aus, dass Politik präexistente soziale und/oder gesellschaftliche Probleme wahrnimmt, auf die Agenda setzt und durch politische Entscheidungen löst, also rational und über Zweck-Mittel-Relationen zielgerichtet auf diese Probleme zugreift und die Ursachen des Problems beseitigt. Politik – so könnte man dies emotionstheoretisch umformulieren – reagiert auf bestimmte Sachverhalte, wenn sie heftige Emotionen bei Nichtbearbeitung auslösen würde. Dann werden Policies produziert, um geglaubte oder tatsächliche Empörungen zu beseitigen und Emotionen zu besänftigen; zugleich ist damit immer die Absicht verbunden, in der politischen Konkurrenz zu punkten und als Erfolg für sich zu verbuchen. Das Versprechen von Kanzlerin Merkel und Finanzminister Steinbrück in der Finanzkrise, dass die Guthaben der Deutschen gesichert seien, war erstens ein uneinlösbares Versprechen und zweitens der – gleichwohl erfolgreiche – Versuch, Ängste um die Geldeinlagen zu dämpfen und einen fatalen Run auf das gelagerte Geld zu verhindern. Ein extremer Fall von Gefühlsmanagement und in dieser Perspektive sind viele Policies reaktive Emotionsbearbeitungen.[83]

(b) *Präventive* Policies politisieren etwas vorausschauend, in der Erwartung, dass durch die Politisierung Emotionen ausgelöst, gesteigert oder gemindert werden. Um über etwas entscheiden zu können, muss beim Agenda-Setting bestimmten Sachverhalten Vorrang vor allen anderen eingeräumt werden, um dann im günstigsten Fall auch entscheiden zu können. Um einem Sachverhalt gegenüber anderen Priorität einzuräumen, müssen sie von Parteien, Regierungen, politischen Unternehmern, Werbeagenturen, Public-Relations-Unternehmen etc. geframt werden. Framing bedeutet, bei einem Sachverhalt bestimmte Dinge zu betonen (und andere nicht), eine kausale Erklärung über Ursache und Wirkung zu konstruieren

82 Erich Winkler zit. n. Palonen a.a.O., S. 134.

83 So kann man auch die berühmte Formulierung des ehemaligen Bundeskanzlers Gerhard Schröder, die er nach der Wahlniederlage der SPD bei der Europawahl 1999 äußerte, „Wir haben verstanden", interpretieren.

und – für meinen Kontext zentral – die moralische Dimension hervorzuheben und Emotionen zu erregen.[84]

‚Zielgerichtete Tätigkeiten' sind in heutigen hochkomplexen, hoch kontingenten, sich beschleunigenden und in globale Dynamiken eingebetteten Gesellschaften kaum mehr möglich. Analoges gilt für den deliberativ erzeugten und wahrheitsorientierten Konsens ebenso wie für die kognitiven Voraussetzungen des rationalen Entscheidens: Sie sind kaum mehr möglich und genau deshalb muss entschieden werden. Denn eine Entscheidung ist genau dann fällig, wenn es

> „angesichts alternativer Möglichkeiten zu handeln gilt, ohne dass ‚entscheidende' Gründe für die eine Möglichkeit gegen die andere oder umgekehrt vorhanden sind oder zu beschaffen wären. Man spricht von ‚entscheidenden Gründen'. Liegen sie vor, sind sie gefunden, dann heißt das eben, daß [sic!] nunmehr die Lage geklärt ist, die Zweifel behoben sind: jene Gründe haben einem die Entscheidung gleichsam abgenommen. (...) Entschieden hat sich, wer angesichts alternativer Möglichkeiten den *Graben der Ungewißheit*, welche die richtige oder bessere ist, übersprungen und sich *festgelegt* hat."[85]

Deshalb haben solche Entscheidungen immer einen dezisionistischen Charakter. Dezisionistisch ist eine Entscheidung dann, wenn „sie in einer Situation unter Zeitdruck und entsprechendem Handlungszwang fällt, bevor noch ‚die Gründe', das heißt Zweck-Mittel-Relationskenntnisse beieinander waren, die sie im materiellen Sinne zur ‚richtigen' erfolgssicheren Entscheidung machen können."[86]

Wie überspringt man den Graben der Ungewissheit? Welche Gewissheiten gibt es, wenn es keine „guten Gründe" gibt? Entscheidet man dann nach „guten Gefühlen"? Ich will die Frage hier offen lassen, aber das Problem wenigstens andeuten. Denn es gibt deutliche Anhaltspunkte, dass sich Politikerinnen und Politiker – gerade weil rationale Entscheidungen verschlossen sind – nach anderen Kriterien entscheiden. Die experimentelle Psychologie gibt jedenfalls viele Hinweise dafür. Vor allem Daniel Kahneman und Amos Tverski haben mit ihren Experimenten beim Entscheiden unter hoher Unsicherheit nachgewiesen, dass Menschen nicht ra-

84 Entman a.a.O., S. 52; Gamson, William A./Modigliani, Andre 1989: Media Discourse and Public Opinion on Nuclear Power: A Constructionist Approach, in: *American Journal of Sociology* 95(1), S. 57.

85 Lübbe, Hermann 1971: *Theorie und Entscheidung, Studien zum Primat der praktischen Vernunft*, Freiburg: Rombach, S. 17f.

86 Ebd., S. 156.

tional kalkulieren, sondern nach Gefühlen entscheiden.[87] Solche Untersuchungen müsste man in der realen Politik machen, um hier festeren empirischen Boden unter den Füßen zu bekommen.

6. *Ausblick: Umrisse und Bausteine einer Emotions- oder Psycho-Politik*

Ich möchte abschließend einige, noch recht unfertige Hinweise formulieren, wie man die oben angedeuteten Überlegungen in eine Emotionspolitik überführen könnte, ohne sie zu einer Sub- oder Spezialdisziplin der Politikwissenschaft zu machen, sondern sie in ihren Kernbereichen zu verankern.

1. Moderne politische Gesellschaften sind Ansammlungen von Menschen, die endogen unter thymotischen Spannungen stehen. Bereits in den frühen Nationalismen, die die Staatsbildungen in Europa begleiteten, wird dies deutlich. Diese endogenen Spannungen sind heute noch präsent, was sich durch zwei Sachverhalte zeigen lässt. (a) Nicht erst die ethnischen Kriege im ehemaligen Jugoslawien am Ende dieses Jahrhunderts, auch die gegenwärtigen *nationalen Konflikte*, sei es in Spanien, Belgien, der Ukraine oder anderswo, verdeutlichen, dass nach wie vor emotionale Spannungen bestehen, die zu Kriegen führen können und nicht einfach zu lösen sind. Sezessionen und die Veränderungen von Grenzen sind immer schwierig, weil es sich hier um die Neukonstitution von Menschengruppen handelt, die durch emotionale Energien zusammengehalten oder getrennt werden. *Ethno-Nationalismus* erhöht diese Spannungen und gerade er ist am Ende des 20. und zu Beginn des 21. Jahrhunderts die wichtigste nationalistische Erregungsgruppe, wie man besonders am Zerfall des ehemaligen Jugoslawien beobachten konnte. (b) Durch Zuwanderung und Flüchtlingsströme, die durch zerfallende Staaten im Nahen Osten, Afrika oder anderswo hervorgerufen werden, treten neue emotionale Spannungen auf, die die bisher stabilen Gebilde emotionalem Stress aussetzen und zu hoch affektiven oder leidenschaftlichen Konflikten führen können.[88] Brennende

87 Kahneman, Daniel/Tversky, Amos 1979: Prospect Theory: An Analysis of Decisions under Risk, in: *Econometria* 47(2), S. 263-291; dies. 1984: Choice, Values, Frames, in: *American Psychologist* (39), S. 341-350.

88 Immerhin verfolgen wir gerade den Prozess gegen Beate Zschäpe bzw. die von ihr mitgetragene Mörderbande des NSU, die – wegen skandalöser Leichtgläubig-

Flüchtlingsheime sind nur ein Ausdruck dieser Spannungen. In diesem Kontext sind Framingprozesse von großer Bedeutung, insofern sie Emotionen in die eine oder andere Richtung stimulieren können. In vielen europäischen Ländern können wir eine Renaissance ethno-nationalistischer Spannungen beobachten und in einigen kommt es, wie in Ungarn unter der Regierung Orban, zu einer kaum geglaubten Renaissance des Nationalismus mitten in der EU. Alle hier angedeuteten Sachverhalte erhöhen die energetischen und emotionalen Spannungen innerhalb der entsprechenden Gesellschaften und führen zu Dynamiken der Inklusion und Exklusion, die immer am Rande der Gewalttätigkeit stehen und – sofern durch Politik entfesselt – in Gewalt umschlagen können. Dass sie durch Politik auch moderiert werden können, versteht sich von selbst.

2. Der moderne Wohlfahrtsstaat ist nicht nur ein gigantischer Umverteilungsorganismus, sondern auch ein Verfahrensrahmen, über den Neidspannungen in der Gesellschaft abgearbeitet werden. Ungleiche Verteilungsstrukturen lösen immer auch emotionale Spannungen aus, die durch Gerechtigkeitskonflikte begleitet werden. Politische Aktionen und politische Konflikte werden durch Spannungsgefälle zwischen sozialen Gruppen in Gang gebracht, die Verteilungskonflikte emotionalisieren und thymotische Energien freisetzen. Solche Konflikte sind auch monetäre Verteilungskämpfe, die man durch Verhandlungen überbrücken kann; aber sie können auch – nicht nur in Brasilien oder in manchen Städten Großbritanniens – zu thymotischen und leidenschaftlichen Ausbrüchen an Gewalt führen.

3. Die wichtigsten Akteure bei solchen Konflikten sind – neben den Medien - die politischen Parteien. Die Parteientheorie betrachtet sie meist als Realisationsagenturen politischer Programme oder definiert sie über verschiedenste Funktionen (wie etwa Interessenartikulation und –integration, Wählermobilisierung, Sozialisation und Rekrutierung politischer Eliten und Regierungsfunktion etc.). Parteien sind auch und vielleicht vor allem *Empörungsagenturen*, die zugleich als „Zornbanken“ (Sloterdijk) fungieren, indem sie Empörungsmaterial speichern und auf wiederabrufbare Dauer stellen. In Wahlkämpfen – aber nicht nur da – kann man dies gut beobachten. Sie sind immer auch Empörungskämpfer, die Emotionen mobilisieren und nicht – wie die ökonomische Theorie der Politik unterstellt – auf rationale Wähler setzen.

keit der Verfassungsschutzbehörden – immerhin neun Morde an türkisch- bzw. griechischstämmigen Einwandern verübt haben.

4. Die politische Kommunikation und die politische Öffentlichkeit werden durch Emotions- und Empörungskaskaden in Bewegung gehalten. Sowohl die Parteien als auch das Mediensystem versorgen die Öffentlichkeit mit Nachrichten, die nicht nur einen Nachrichten-, sondern immer auch einen thymotischen Wert für das Gesamtkollektiv oder für seine einzelnen Teile haben. Die Medien sind - neben den politischen Parteien – die wichtigsten und zugleich erfolgreichsten Empörungsagenturen.

5. Die politische Sprache ist - durchaus unter Anlehnung an Aristoteles – weniger eine der Deliberation noch der Aufklärung des politischen Publikums, sondern eher eine Sprache der Emotionslenkung. Die in der politischen Konkurrenz verwendeten Begrifflichkeiten und politischen Programme müssten weit mehr als Techniken angewandter Thymotik denn als rationale Werbung für Parteien untersucht werden.

6. Politische Machtkämpfe sind auch Kämpfe um Anteile an politischer Macht im Sinne Max Webers, aber zugleich auch Status- oder Vorrangkämpfe *zwischen* und vor allem auch *in* politischen Gruppierungen, die durch Ehrgeiz, Stolz und Kampf um Statuspositionen motiviert sind. Viele Konflikte in den politischen Parteien sind nur als thymotische Konflikte zu verstehen.

7. Politische Entscheidungen unter Unsicherheit tragen wegen des Mangels an „guten Gründen" unvermeidlich dezisionistischen Charakter, weil sie einerseits nicht rational, sondern gefühlsgesteuert getroffen werden. Andererseits aber rechnen sie mit den Emotionen und Erregungen des Elektorats oder von Interessengruppen, die von diesen betroffen sind. Politische Entscheidungen als Policies sind oft mehr Emotionsmanagement als rationale Problemlösungen, wie von großen Teilen der Policy-Analyse unterstellt.

Diese sporadischen Andeutungen stellen kein neues Programm der Politikwissenschaft dar, sondern sollen andeuten, welches Potential eine Reformulierung oder Ergänzung der tradierten politikwissenschaftlichen Kernbereiche durch eine emotions- oder psychopolitische Perspektive haben könnte.

Emotionen in den internationalen Beziehungen: Das Beispiel Ressentiments

Reinhard Wolf

Emotionen waren lange Zeit ein Randthema für die Internationalen Beziehungen (IB), in denen bis vor kurzem noch rationalistische Erklärungsansätze stark dominierten. Seit der Jahrtausendwende mehren sich jedoch die Stimmen, die Emotionen eine ubiquitäre Präsenz und große Wirkung in der internationalen Politik bescheinigen. Unter Anknüpfung an neuere Erkenntnisse in Neurowissenschaft und Psychologie wird dabei zunehmend die Auffassung vertreten, dass die überkommene Dichotomisierung von *ratio* und *emotio* menschlichen Wahrnehmungs- und Entscheidungsprozessen nicht gerecht wird. Plädiert wird deshalb weniger für ein neues „emotionales" IB-Paradigma, sondern eher für eine konsequente Einbeziehung emotionaler Faktoren in bestehende rationalistische Ansätze.

Der Beitrag beschreibt zunächst, wie Emotionen nach ihrer langen Vernachlässigung zu einem stärker beachteten Thema der IB-Forschung geworden sind (1.). In diesem Zusammenhang werden auch die besonderen Probleme angesprochen, die sich bei der Anwendung eines psychologischen Emotionsbegriffs auf kollektive oder korporative Akteure ergeben. Anschließend soll am Beispiel von internationalen Ressentiments deutlich gemacht werden, wie die stärkere Berücksichtigung affektiver Faktoren die Analyse internationaler Politikprozesse bereichern könnte (2.). Dazu werden zunächst philosophische und psychologische Erkenntnisse zur Natur, zu den Ursachen und Konsequenzen von Ressentiments zusammengefasst, bevor dann kurz einige Beispiele für internationale Ressentiments vorgestellt werden. Auf diese Weise soll nicht nur verdeutlicht werden, dass kollektive Ressentiments in der internationalen Politik eine bisher unterschätzte Rolle spielen, sondern auch aufgezeigt werden, dass ihre Diagnose Wissenschaftlern und Praktikern nutzen könnte.

1. Der Stellenwert von Emotionen in der Teildisziplin Internationale Beziehungen

Dass die Akteure der modernen internationalen Beziehungen sich kaum von Emotionen beeinflussen lassen, war lange Zeit Konsens in der Teildisziplin. Zwar hat kaum jemand in Abrede gestellt, dass sich Individuen in der persönlichen Interaktion oft stark von ihren Affekten leiten lassen. Indes war es Konsens, dass in den Beziehungen zwischen großen kollektiven Akteuren, wie vor allem Staaten, strategische Kalküle dominieren. Prozesse, die auf der Mikro-Ebene direkte menschliche Kontakte bestimmen, müssten keineswegs auch auf der Makro-Ebene der internationalen Politik eine wichtige Rolle spielen – erst recht nicht mehr, seitdem außenpolitische Entscheidungen nicht länger von einem kleinen Zirkel souveräner Monarchen getroffen werden, die sich noch stärker von Verwandtschaftsbeziehungen und aristokratischen Ehrvorstellungen leiten ließen. Im Zuge der Aufklärung und der Ablösung feudaler Herrschaftsverhältnisse setzte sich zunehmend die Vorstellung durch, dass der Staat (und später auch die Nation) unabhängig vom Monarchen eine Eigenexistenz besitze. Er wurde gleichsam entpersönlicht: „L'etat, c'est moi" war nicht mehr zeitgemäß, eher schon die Vorstellung vom Monarchen als „erstem Diener seines Staates." Nicht persönliche Befindlichkeiten oder Launen sondern die langfristigen Interessen von Staat und/oder Nation, *la raison d'etat*, galten demgemäß als die Richtschnur außenpolitischen Handelns.

Diese über-persönlichen Interessen des Gemeinwesens wurden nach gängiger Vorstellung von kühl kalkulierenden Experten verfolgt. Mit anderen Worten: staatliche Entscheidungen folgten angeblich dem Prinzip der Nutzenmaximierung. Kosten und Nutzen der unterschiedlichen Optionen konnten gemäß dieser Sichtweise umso sorgsamer abgewogen werden, als dies nicht länger die Aufgabe weniger Personen war, sondern die Funktion stetig wachsender Bürokratien. Außenpolitische Entscheidungen wurden dadurch systematisiert und routinisiert, so dass für die spontane Reaktion von Einzelnen immer weniger Spielraum zu bleiben schien. Bürokratische Abwägungsprozesse involvierten eine wachsende Anzahl von Personen, etablierten Rechenschaftspflichten und verlangsamten Entscheidungen. All dies schloss angeblich aus, dass menschliche Affekte eine nachhaltige Wirkung entfalten konnten. Diese Vorstellung blieb auch dann noch vorherrschend, als Nationalismus und Demokratisierung das Entscheidungsmonopol der außenpolitischen Eliten zunehmend in Frage stellten. In der Tagespresse und „auf der Straße" mochten sich zunehmend „nationale Leidenschaften" artikulieren, welche die Kabinette bei ihren

Entscheidungen nicht gänzlich ignorieren konnten. Der Informations- und Kompetenzvorsprung der außenpolitischen Eliten galt jedoch als so groß, dass ihnen ausreichend Spielraum blieb, um ihre Politik an der Staatsräson zu orientieren bzw. (im Bedarfsfall) die öffentliche Erregung so zu steuern, dass sie die „notwendigen" Entscheidungen mittrug.

Diese rationalistische Sicht auf die internationale Politik wurde insbesondere in den verschiedenen Theorien der realistischen Schule systematisiert. Ihre Vertreter räumten zwar oft ein, dass auch Emotionen außenpolitische Entscheidungen beeinflussen können. Allerdings stellten sie aus ihrer Perspektive nur „Störvariablen" dar, die in Ausnahmefällen und dann auch nicht nachhaltig wirken. Um Außenpolitik zu erklären, so Hans Morgenthau, müsse man den Entscheidungsträgern bei der Arbeit gleichsam über die Schultern blicken und überlegen, welche Strategie man an ihrer Stelle gewählt hätte, um das nationale Interesse optimal zu fördern. Außenpolitisches Verhalten resultiert nach diesem Verständnis aus der rationalen Reaktion auf die internationale Konstellation, in der sich der Staat gerade befindet. Unter den Bedingungen eines anarchischen Selbsthilfesystems übt die internationale Machtverteilung angeblich so starken Entscheidungsdruck aus, dass die persönlichen Einstellungen, Werte und Affekte der Entscheidungsträger kaum zur Geltung kommen könnten. Wer entscheidet, ist letztlich unerheblich, weil jede(r) eigentlich das Gleiche tun müsste: die eigene Macht umsichtig ausbauen und fremden Machtgewinnen entgegentreten (*balance of power*). Und wenn diese Zwänge doch einmal ignoriert werden, z.B. weil ein Verantwortlicher sich primär an privaten oder öffentlichen Emotionen orientiert, dann kann dies zur Folge haben, dass der betreffende Staat eliminiert wird. Für die (Neo)Realisten konnten solche Abweichungen also immer nur vorübergehender Natur bleiben.

Neuere Paradigmen der Internationalen Beziehungen mögen zwar diese Fixierung auf die internationale Machtverteilung kritisieren, betonen jedoch ebenfalls die Dominanz rationaler Abwägung. (Rationalistische) Institutionalisten (Regimetheoretiker) akzeptieren explizit die ontologischen Grundannahmen des Neorealismus und bemängeln lediglich, dass dieser die kooperationsfördernde Wirkung von Institutionen (insbesondere die Senkung von Transaktionskosten) vernachlässige. Nach Auffassung von Liberalen und Marxisten müssen innerstaatliche Macht- und Interessenverteilungen viel stärker berücksichtigt werden. Aus ihrer Sicht wäre es eher ein Zufall, wenn sich im Kampf um die Gestaltung der Außenpolitik gerade die Akteure durchsetzen, deren Interessen mit dem Interesse der Nation übereinstimmen. Aber diese innenpolitischen Akteure (rivalisierende Gruppen, Bürokratien oder Klassen) sind auch für Liberale und Marxisten immer noch rationale Egoisten, die einer Logik der Konsequenzen folgen, also genau kalkulieren, welche Option unter den gegebenen institutionellen und wirtschaftlichen Rahmenbedingungen ihren Nutzen optimieren würde.[1]

Als einziges der etablierten Paradigmen weicht der Sozialkonstruktivismus von der Vorstellung ab, dass internationale Akteure als rationale Egoisten konzipiert werden können. Aber auch diese Schule geht davon aus, dass die Entscheidungsträger vor allem logisch abwägen, würden sie dabei eben nicht einer Logik der Konsequenzen folgen, sondern einer Logik der Angemessenheit. Dieser zufolge suchen sie nicht nach der Option, die ihren Nutzen maximiert, sondern nach der Handlung, die in einer gegebenen Situation am besten den Normen gerecht wird, die der Akteur als einschlägig und für sich geltend akzeptiert. Emotionale Zustände werden auch hier ausgeblendet. An die Stelle des *homo oeconomicus* tritt gleichsam der räsonierende Moralphilosoph (oder Völkerrechtler), der *sine ira et studio* den vorliegenden Fall im Lichte geltender Normen interpretiert. Auch hier haben Affekte keinen eigenen Erklärungswert, sondern sind allenfalls motivierende Begleiterscheinungen normativer Schlussfolgerungen und Bewertungen (z.B. Empörung angesichts fremder Normverstöße, Scham nach eigenem Fehlverhalten).[2]

Dass Emotionen inzwischen ein prominenterer Platz in der Teildisziplin Internationale Beziehungen (IB) zugestanden wird, der manche sogar von einem *emotional turn* sprechen lässt, liegt maßgeblich an Entwicklungen in anderen wissenschaftlichen Disziplinen.[3] Entsprechend haben IB-Forscher meist auch deren Konzeptionalisierungen übernommen und ver-

1 Laut Andrew Moravcsik (1993: Preferences and Power in the European Community: A Liberal Intergouvernmentalist Approach, in: *Journal of Common Market Studies* 31(4), S. 473–524) können sub-staatliche Gruppen auch ideelle Anliegen verfolgen (ideational liberalism), z.B. die nationale Einheit oder eine neue Gesellschaftsordnung. Aber auch solche Gruppen gingen dabei strategisch vor.

2 Ross, A. A. G. 2006: Coming in from the Cold. Constructivism and Emotions, in: *European Journal of International Relations* 12(2), S. 197-222.

3 Wolf, Reinhard 2012: Der „emotional turn“ in den IB. Plädoyer für eine theoretische Überwindung methodischer Engführung, in: *Zeitschrift für Außen- und Sicherheitspolitik* 5(4), S. 605-624; Bleiker, Roland/Hutchinson, Emma 2008: Fear no more. Emotions and world politics, in: *Review of International Studies* 34(1), S.115-135; Bleiker, Roland/Hutchinson, Emma 2014: Theorizing emotions in world politics, in: *International Theory* 6(3), S. 491-514.

sucht, diese für Kollektive und korporative Akteure fruchtbar zu machen.[4] Neben den jüngeren Entdeckungen in den Neurowissenschaften, die wiederholt den Primat emotionaler Prozesse belegen konnten, sind hier vor allem Erkenntnisse in den Wirtschaftswissenschaften (vor allem im Bereich der *behavioral finance*), der Psychologie und der Moralpsychologie zu nennen. Diese haben u.a. gezeigt, dass Emotionen die persönliche Aufmerksamkeit und Informationsverarbeitung steuern und vielfach Entscheidungstendenzen vorgeben, so dass dem rationalen Denken tatsächlich oft nur noch die Funktion bleibt, für bereits gefasste Beschlüsse rationale Begründungen nachzuliefern.[5] Zudem setzte sich zunehmend die Vorstellung durch, dass Emotionen selbst an den Entscheidungen maßgeblich beteiligt sind, die den Postulaten von *rational choice* gerecht werden.[6] Dies führte zunächst in der Politischen Psychologie zu einem Umdenken: Emotionen werden nicht länger bloß als ein Faktor betrachtet, der hilfreich ist, um den Teil beobachteter Entscheidungen zu erklären, der offensichtlich irrational ist. Vielmehr werden Emotionen nun als integraler Bestandteil allen Entscheidens zunehmend ins Zentrum des wissenschaftlichen Interesses gerückt.[7]

In den IB machte sich aufgrund dieser Perspektivenverschiebung zunehmend die Überzeugung breit, dass Emotionen nicht nur zur Erklärung von „Restvarianzen" zu berücksichtigen sind, die mit rationalen Ansätzen nicht erklärt werden können, sondern für die Handlungsmotivation von konstitutiver Bedeutung sind. So haben Neta Crawford und andere in Er-

4 Da sie fast durchweg akzeptieren, dass Emotionen immer eine körperliche Basis haben, interessiert die Vertreter dieser Teildisziplin insbesondere die Frage, inwieweit es überhaupt Sinn macht von kollektiven Emotionen (etwa von Nationen) oder den Gefühlen korporativer Akteure (wie Staaten) zu sprechen. Zu dieser Diskussion, so wie allgemein zum aktuellen Stand der Debatte in den IB, vgl. die Beiträge im Forum „Emotions and World Politics" der Zeitschrift *International Theory* (2014, 6:3), darin insbesondere: Bleiker, Roland/Hutchinson, Emma: *Theorizing emotions in world politics*, S. 491-514; Crawford, Neta C.: *Institutionalizing passion in world politics. Fear and empathy*, S. 535-557; Mercer, Jonathan: *Feeling like a state. Social emotion and identity*, S. 515-535; McDermott, Rose: *The body doesn't lie. A somatic approach to the study of emotions in world politics*, S. 557-562.

5 Haidt, Jonathan 2001: The emotional dog and its rational tail. A social intuitionist approach to moral judgment, in: *Psychological Review* 108(4), S. 820-822.

6 McDermott, Rose 2004: The Feeling of Rationality: The Meaning of Neuroscientific Advances for Political Science, in: *Perspectives on Politics* 2(4), S. 691-706.

7 Marcus, G. E., 2000: Emotions in Politics, in: *Annual Review of Political Science* 3(1), S. 221-250.

innerung gerufen, dass allen voran die realistischen (Abschreckungs-)Theorien grundsätzlich die *Furcht*samkeit der Akteure voraussetzen.[8] Jonathan Mercer hat auf ähnliche Weise darauf hingewiesen, dass optimistischere Ansätze, die wie der Institutionalismus und Konstruktivismus dem zwischenstaatlichen Vertrauen eine größere Bedeutung beimessen, nicht angemessen reflektieren, dass Vertrauen selbst eine emotionale Kategorie ist. Es fuße nicht auf Gewissheit, sondern auf der Intuition von Entscheidungsträgern, dass ein potentieller Kooperationspartner sie nicht hintergehen werde.[9] Ganz ähnlich wurde auch kritisiert, dass im Sozialkonstruktivismus zu selten berücksichtigt würde, wie sehr die Befolgung von Normen und die Verbundenheit mit Kollektiven, also die soziale Identität, auf emotionalem Erleben basiere. Konstruktivisten würden vernachlässigen, dass Menschen internalisierte Normen vor allem deshalb respektieren, weil sich deren Befolgung subjektiv besser anfühle als eine Normverletzung – selbst wenn letztere von Anderen gar nicht bemerkt würde. Ebenso basiere die Loyalität gegenüber sozialen Gruppen (wie Nationen) maßgeblich auf einem Gefühl der Zugehörigkeit. Ohne Letzteres sei kaum zu erklären, weshalb Individuen für große, anonyme Gruppen oft enorme Opfer brächten, obwohl der persönliche Einsatz die Erfolgsaussichten der Gruppe insgesamt gar nicht erkennbar erhöhe.[10]

Institutionen und deren bürokratische Abläufe mögen den Einfluss dieser Faktoren oft einschränken, aber immer nur bis zu einem gewissen Punkt. Letztlich werden auch Institutionen und deren Prozesse nur von Menschen gestaltet, die emotional interagieren: „states are not gigantic calculating machines; they are hierarchically organized groups of emotional people."[11] Und auch diese bürokratischen Verfahren können Kos-

8 Crawford, Neta C. 2000: The Passion of World Politics. Propositions on Emotion and Emotional Relationships, in: *International Security* 24(4), S. 116-156; Lebow, Richard N. 2008: *A cultural theory of international relations*, Cambridge: Cambridge University Press.

9 Mercer, Jonathan 2010: Emotional Beliefs, in: *International Organization* 64(1), S. 1-31; Brugger, Philipp/Hasenclever, Andreas/Kasten, Lukas 2013: Vertrauen lohnt sich: Über Gegenstand und Potential eines vernachlässigten Konzepts in den Internationalen Beziehungen, in: *Zeitschrift für Internationale Beziehungen* 20(2), S. 65-104; Lebow, Richard N. 2005: Reason, Emotion and Cooperation, in: *International Politics* 42(3), S. 283-313.

10 Bleiker/Hutchinson (2008) a.a.O., S. 123; Crawford (2000) a.a.O., S. 153f.; Ross (2006) a.a.O.; Stern, Paul C. 1995: Why Do People Sacrifice for Their Nations?, in: *Political Psychology* 16(2), S. 217-235; Mercer (2014) a.a.O., S. 522.

11 Hymans, Jacques E., 2010: The arrival of psychological constructivism, in: *International Theory* 2(3), S. 462.

ten/Nutzen-Abwägungen gemäß der Logik der Konsequenzen nur in Maßen verbessern. Gerade in einer komplexen Umwelt wie dem internationalen System, in dem viele Faktoren ständig miteinander interagieren, können die Ergebnisse der erwogenen Optionen nie genau vorhergesagt werden. Handlungsfähig sind unter diesen Bedingungen nur Entscheidungsträger, die entsprechende Kalkulationen nicht ausufern lassen, sondern an einem bestimmten Punkt zu der Überzeugung gelangen, dass sich die gewählte Option richtig anfühlt.[12] In bürokratischen Praktiken, Routinen und Strategien sind Emotionen institutionalisiert.[13] Zudem sollte nicht ignoriert werden, dass politische Institutionen die emotionale Identifikation oft auch gezielt fördern – und zwar sowohl bei den Eliten als auch bei der breiten Bevölkerung. Man denke an die Wirkung von historischen Museen und Gedenktagen, Schulbüchern, Militärparaden und anderen symbolischen Ritualen.[14] Scham angesichts des Holocausts wird nicht nur von vielen Deutschen empfunden. Es ist auch eine kollektive Emotion, die im heutigen Deutschland auf vielfache Weise institutionalisiert ist.

Inzwischen gibt es in den IB schon Fachvertreter, die es gar nicht mehr so abwegig finden, selbst staatlichen Akteuren emotionale Zustände und Reaktionsweisen zuzuschreiben.[15] Zumindest die Groß-Gruppen, die mit ihren Wir-Gefühlen den Staat als Kollektivakteur konstituieren, können gemeinsame Gefühle erleben, die nicht nur auf persönlicher Interaktion beruhen, sondern zu einem Teil durch die unmittelbare Identifikation mit der Groß-Gruppe, besonders der dominanten ethnischen Gruppe oder der Staatsnation, erzeugt werden. Diese Sicht knüpft an neuere Ergebnisse sozialpsychologischer Forschung an, insbesondere der *Intergroup Emotions Theory* (IET). Diese haben gezeigt, dass sogar isolierte Individuen sich an die Gefühlszustände anpassen, die ihnen gerade als typisch für „ihre“ Gruppe erscheinen. Einzelne Personen können sich also auch ohne unmittelbaren Kontakt emotional „anstecken“ (und dann entsprechend denken und handeln), wenn sie einen Sprecher oder Akteur als Prototypen einer

12 Hymans, Jacques E. C., 2006: *The psychology of nuclear proliferation. Identity, emotions, and foreign policy*, Cambridge: Cambridge University Press, S. 16-18.

13 Crawford (2000) a.a.O., S. 4.

14 Wolf, Reinhard 2012: Prickly States? Recognition and Disrespect between Persons and Peoples, in: Thomas Lindemann/Erik Ringmar (Hrsg.): *The international politics of recognition*, Boulder, CO: Paradigm Publishers, S. 39-56.

15 Sasley, Brent E. 2011: Theorizing States' Emotions, in: *International Studies Review* 13(3), S. 452-476; Mercer (2014) a.a.O.

Gruppe ansehen, mit der sie sich identifizieren.[16] Vertreter der IET begreifen deshalb Gruppen-Emotionen, wie vor ihnen schon viele Soziologen, zunehmend als ein soziales Phänomen, das zwar (auch) eine körperliche Seite hat, aber letztlich kollektiver Natur sei: „...emotions pertain to an *identity* and not to a biological individual."[17] So betrachtet können z.B. auch Nationen ihre eignen Gefühle haben.

Bisher haben diese Entwicklungen in den IB und darüber hinaus noch nicht dazu geführt, dass sich ein neues, emotionales Paradigma der Internationalen Beziehungen herausgebildet hätte. Dies wäre auch insofern inkonsequent, als ein zentrales Ergebnis der jüngeren Forschung (s.o.) ja gerade darin besteht, dass Emotionalität und rationales Entscheiden sich keineswegs ausschließen, ja oft sogar Hand in Hand gehen. Allerdings liegt mit Richard Ned Lebows *Cultural Theory of International Relations* seit einigen Jahren ein *opus magnum* vor, das die emotionale Komponente menschlichen und staatlichen Handelns systematisch integriert (und dazu interessanterweise nicht nur auf die moderne Psychologie, sondern auch auf die griechische Aufklärung zurückgreift). Lebow sieht Menschen und deren Kollektive immer angetrieben von drei Grundmotiven – Appetit, Furcht und dem Geltungsdrang (*spirit* oder *thymos*), der das persönliche oder kollektive Selbstwertgefühl zum Ziel habe und bei wahrgenommenen Ehrverletzungen Wut auslöse. Diese drei Motive werden bis zu einem gewissen Punkt von einem vierten Grundfaktor, der Vernunft, gezügelt. Welcher dieser Faktoren die sozialen Beziehungen jeweils dominiere, hänge laut Lebow von der Kultur der jeweiligen Gesellschaft(en) ab. Nationale und internationale Gesellschaften beeinflussen sich dazu gegenseitig und bestimmen z.B. die kulturellen Normen, die festlegen, wie soziales Ansehen gewonnen werden kann.[18] In einer weiteren Monographie hat Lebow nachzuweisen versucht, dass die Mehrzahl der modernen Kriege nicht durch Furcht oder Appetit motiviert gewesen sei, wie Realisten bzw.

16 Mackie, Diane M. et al. 2008: Intergroup Emotions and Intergroup Relations, in: *Social and Personality Psychology Compass* 2(5), S. 1866-1880; Rydell, R. J. et al. 2008: Arousal, Processing, and Risk Taking. Consequences of Intergroup Anger, in: *Personality and Social Psychology Bulletin* 34(8), S. 1141-1152.

17 Mackie, Diane M./Smith, Eliot R. 2008: Intergroup Emotions, in: Jeannette M. Haviland-Jones et al. (Hrsg.): *Handbook of emotions*, New York: Guilford Press, S. 436, Hervorhebung im Original.

18 Lebow (2008) a.a.O.

Liberale argumentieren würden, sondern auf die Befriedigung des Geltungsdranges abgezielt habe.[19]

Empirische Studien zur Bedeutung von Emotionen sind in den IB indes noch relativ selten, weil deren Nachweis mit herkömmlichen Methoden schwer zu bewerkstelligen ist.[20] Die direkte Beobachtung anhand von Mimik oder Stimmlage ist nur bei öffentlichen Auftritten von Entscheidungsträgern möglich und setzt eine Expertise voraus, über die nur wenige Psychologen verfügen. Selbstauskünfte von Entscheidungsträgern helfen hier nur bedingt weiter – zum einen weil sie taktisch motiviert sein mögen, zum anderen weil auch Politiker sich über ihre wahren Beweggründe und deren relativen Einfluss täuschen können. Üblicherweise behelfen sich die Forscher deshalb damit, im konkreten Fall aufzuzeigen, dass rationalistische Theorien die fragliche Entwicklung nur unzureichend erklären können. Dieser Verweis auf eine „unerklärte Restvarianz" stärkt zweifellos die Plausibilität einer emotionalen Erklärung. Allerdings hat diese Vorgehensweise auch zwei Nachteile. Einerseits tendiert sie dazu, den Anteil emotionaler Faktoren zu übertreiben. Denn schließlich könnte eine solche Rest-Varianz auch auf anderen kognitiven Fehlleistungen (etwa dem *fundamental attribution error* oder *cognitive miser*-Heuristiken) beruhen, solange diese nicht durch weitere Beobachtungen ausgeschlossen werden. Zum anderen wurde wiederholt betont, dass Emotionen auch bei rationalen Entscheidungen eine wesentliche Rolle spielen. Insofern neigt die Rest-Varianz-Vorgehensweise ihrerseits dazu, die Rolle von Emotionen systematisch zu unterschätzen.

Angesichts dieser Probleme erscheint es oft sinnvoller, Emotionen nicht isoliert zu untersuchen, sondern als Teil eines erklärenden Modells, das auch andere Faktoren und deren Zusammenhang mit Emotionen einbezieht.[21] Wie im Folgenden ausgeführt wird, stellen Ressentiments ein gutes Beispiel für die enge Verbindung von Emotionen, kognitiven Schemata und Einstellungen dar. Insofern ist die Frage nach der irrationalen Qualität oder dem genauen irrationalen Anteil von Ressentiments zweitrangig. Da politische Ressentiments sich in Diskursen manifestieren, stellt ihr empirischer Nachweis auch kein großes Problem dar. Ähnliches gilt für

19 Lebow, Richard N. 2010: *Why nations fight. Past and future motives for war*, Cambridge [u.a.]: Cambridge University Press.

20 Bleiker, Roland/Hutchinson, Emma, 2007: *Understanding Emotions in world politics: reflections on method* (http://ips.cap.anu.edu.au/ir/pubs/work_papers/07-5.pdf, abgerufen am 06.02.2015); Wolf (2012) a.a.O.

21 Wolf (2012) a.a.O.; Crawford (2014) a.a.O., S. 553-554.

ihre politischen Konsequenzen, weil die Artikulation von Ressentiments oft gleich mit ganz typischen Forderungen verknüpft werden (s.u.). Aufgrund ihrer diskursiven Natur besitzen Ressentiments auch eine größere Persistenz als körperlich erfahrene Gefühle wie z.B. Wut, die möglicherweise so schnell vergehen, dass sie keine nachhaltige Wirkung entfalten.

2. *Ressentiments und ihre Rolle in den internationalen Beziehungen*

2.1 Die Natur von Ressentiments

Ressentiments sind im Grunde genommen emotionale Einstellungen, die ein negatives Stereotyp über den moralischen Charakter eines Akteurs enthalten. In gewisser Weise können sie als eine besondere Art von Animosität betrachtet werden. Manchmal stellen sie auch eine Vorstufe für Hass dar. Im Gegensatz zu letzterem zielen sie aber nicht unmittelbar auf den kompletten Abbruch einer sozialen Beziehung ab. Üblicherweise möchte der sie empfindende Akteur (im Folgenden „Ego“) vor allem sein Gegenüber (im Folgenden „Alter“) „zurechtstutzen“, indem es ihm „eine Lektion erteilt.“ Für gewöhnlich soll einer ausgeglicheneren Beziehung der Weg geebnet werden, indem der Status von Alter beschädigt wird. Hass gründet sich dagegen auf die Wahrnehmung, dass Alter unverbesserlich ist. Der verhasste Akteur gilt als so übel, dass sein unmoralischer Charakter unveränderlich erscheint. Infolgedessen weckt Hass den Wunsch, die Beziehung völlig zu beenden – entweder durch Abbruch aller Kontakte oder durch physische Vernichtung.[22]

Ein Ressentiment ist eine negative „emotionale Einstellung“[23] gegenüber einem als unverdient wahrgenommenen Status eines anderen Akteurs. Es basiert auf der Vorstellung, dass dessen hoher sozialer Status nicht seinem niedrigen moralischen Status entspricht.[24] Der Träger dieses

22 Halperin, E. 2008: Group-based Hatred in Intractable Conflict in Israel, in: *Journal of Conflict Resolution* 52(5), S. 713-736.

23 Frijda, Nico H. 2008: The Psychologists' Point of View, in: Jeannette M. Haviland-Jones et al. (Hrsg.): *Handbook of emotions*. New York: Guilford Press, S. 73.

24 Oldmeadow, Julian A./Fiske, Susan T. 2012: Contentment to Resentment. Variation in Stereotype Content Across Status Systems, in: *Analyses of Social Issues and Public Policy* 12(1), S. 324-329; Petersen, Roger D. 2002: *Understanding ethnic violence. Fear, hatred, and resentment in twentieth-century Eastern Europe*, Cambridge: Cambridge University Press, S. 40f.

Gefühls empfindet, dass Alter mehr Macht oder Prestige besitzt als ihm vor dem Hintergrund geltender Normen und Wertvorstellungen eigentlich zustünde.[25] So beschreibt Nietzsche in seiner *Genealogie der Moral* die Einstellung der Priester gegenüber dem Adel („den Rittern") als einen selbstgerechten Neid auf dessen dominante Stellung. Die Priester halten nämlich sich selbst für berechtigt, das Gemeinwesen zu leiten. Aufgrund ihrer relativen Machtlosigkeit müssen sie jedoch die Herrschaft der Kriegerkaste hinnehmen – wenigstens einstweilen, denn die Priester lancieren einen indirekten Angriff auf die Macht des Adels, indem sie religiöse Lehren verbreiten, welche die Legitimität adeliger Herrschaft untergraben. Sie fordern den Ethos der Starken dadurch heraus, dass sie Friedensliebe, Mitgefühl, Bescheidenheit, Barmherzigkeit und andere jüdisch-christliche Werte predigen, denen der Adel nicht ausreichend gerecht werde.[26]

Jüngere psychologische Untersuchungen haben diese enge Verbindung zwischen Ressentiments und der Empfindung von Unfairness bestätigt: Typischerweise berichten Testpersonen von Ressentiments gegenüber Personen, die angeblich ihre Erfolge nicht verdienen, weil sie Großes mit wenig Aufwand erreicht haben. Dabei verstärken sich diese Ressentiments noch, wenn die Befragten selbst, trotz großer Anstrengungen, wenig erreicht hatten.[27] In solchen Fällen erscheint der Erfolg von Alter als noch ungerechtfertigter. Sein Statusgewinn wird zumindest indirekt als Beeinträchtigung der eigenen sozialen Position und des eigenen Selbstwertgefühls empfunden.[28] Und dies fördert wiederum den Groll ihm gegenüber.[29]

25 Feather, N. T./Nairn, Katherine 2005: Resentment, envy, schadenfreude, and sympathy. Effects of own and other's deserved or undeserved status, in: *Australian Journal of Psychology* 57(2), S. 87-102; Wilson, D. C./Davis, D. W. 2011: Reexamining Racial Resentment. Conceptualization and Content, in: *The ANNALS of the American Academy of Political and Social Science* 634(1), S. 120-121.

26 Nietzsche, Friedrich W. 1991: *Zur Genealogie der Moral. Eine Streitschrift*, Frankfurt a.M.: Insel; Scheler, Max 1978: *Das Ressentiment im Aufbau der Moralen*. Frankfurt a.M.: Klostermann; Reginster, Bernard 1997: Nietzsche on Ressentiment and Valuation, in: *Philosophy and Phenomenological Research* 57(2), S. 281-305.

27 Feather and Nairn (2005) a.a.O., S. 100.

28 Meltzer, Bernard N./Musolf, Gil R. 2002: Resentment and Ressentiment, in: *Sociological Inquiry* 72(2), S. 240-255.

29 Frank, Robert H. 1986: *Choosing the right pond: Human behavior and the quest for status*, New York: Oxford University Press; Rosen, Stephen P. 2007: *War and human nature*, Princeton: Princeton University Press.

Ein weiteres Kernelement von Ressentiments ist das Bewusstsein aktueller Machtlosigkeit. Zumindest für den Moment fehlen Ego die Mittel, um die wahrgenommene Ungerechtigkeit zu korrigieren. Andernfalls könnte die Verärgerung über die ungerechte Behandlung durch einen sofortigen Vergeltungsakt abreagiert werden. Im Gegensatz dazu entwickelt ein ohnmächtiger Akteur Ressentiments. Er ist unfähig, Alter offen herauszufordern, weil dieser Prestige und mehr Macht besitzt. Sein hoher Status wirkt dabei doppelt frustrierend, denn er erscheint nicht nur unverdient, sondern erschwert auch die Ergreifung offener Gegenmaßnahmen.[30]

Aufgrund dieser Machtlosigkeit kann solch ein Groll über einen sehr langen Zeitraum gehegt werden.[31] Weil die angestrebte Korrektur aufgeschoben werden muss, bleibt sich der Akteur dessen bewusst, dass noch eine „Rechnung zu begleichen" ist. Wenn Ego die Ungerechtigkeit nicht vergisst oder dem höheren Status von Alter nicht länger ausgesetzt ist, wird er/sie weiterhin auf eine gute Gelegenheit warten, um letzteres endlich auf die „Größe zurechtzustutzen", die es aus seiner Sicht tatsächlich verdient.[32] Dadurch entwickeln Ressentiments ihre typische Persistenz als eine Form schwelender Antipathie, die sie von „heißeren Gefühlen" wie Zorn oder Rachsucht unterscheidet.[33]

Häufig nehmen Ressentiments mit der Zeit sogar zu. Zum Beispiel wird die empfundene Frustration über die eigene Machtlosigkeit zunehmend mit Alter assoziiert, was wiederum die negativen Stereotypen verstärkt, die man ohnehin schon empfindet. In vielen Fällen versuchen die frustrierten Akteure (z.B. Nietzsches Priester) auch Verbündete zu gewinnen, indem sie Dritte von den moralischen Defiziten Alters zu überzeugen suchen. Oder sie fühlen sich bemüßigt, ihre eigene Gruppe immer wieder daran zu erinnern, dass da noch eine Rechnung zu begleichen ist. Auch dies wird die Groll empfindende Seite dazu veranlassen, nach weiteren Belegen und Argumenten zu suchen, um das Ansehen Alters zu beschädigen. Je eher sie dazu neigt, ihren eigenen Argumenten Glauben zu schenken, desto mehr wächst ihre Überzeugung, dass das Objekt seinen Status nicht

30 Scheler (1978) a.a.O., Kap. 1.

31 Meltzer/Musolf (2002) a.a.O.

32 Feather, N. T./Sherman, R. 2002: Envy, Resentment, Schadenfreude, and Sympathy: Reactions to Deserved and Undeserved Achievement and Subsequent Failure, in: *Personality and Social Psychology Bulletin*, 28(7), S. 958; Feather/Nairn (2005) a.a.O.

33 Frijda (2008) a.a.O., 73; Solomon, Robert C. 1990: *A passion for justice. Emotions and the origins of the social contract*, Reading, Mass: Addison-Wesley, S. 265.

verdient. Im Extremfall wird das Ressentiment geradezu zu einer Obsession, die ihrem Träger kaum noch Ruhe lässt.

2.2 Ursachen internationaler Ressentiments

Viele Ereignisse und Entwicklungen können Ressentiments hervorrufen. Nach der voranstehenden Konzeptionalisierung ist all diesen Ursachen aber gemein, dass Ego eine wachsende Diskrepanz zwischen dem moralischen und dem sozialen Status von Alter sieht.[34] Im Interesse der Übersichtlichkeit werden diese möglichen Veränderungen an Hand von zwei Dimensionen unterschieden: (a) Veränderungen von moralischem oder sozialem Status und (b) Wandel in der direkten Interaktion von Akteur und Objekt vs. strukturelle Veränderungen, wobei letztere über Ego hinaus alle Mitglieder der internationalen Gesellschaft betreffen (z.B. ein genereller Ansehensgewinn von Alter). Natürlich können solche Veränderungen auch kombiniert auftreten und dadurch die Intensität der Ressentiments noch verstärken.

Der naheliegende Fall, insbesondere in den internationalen Beziehungen, ist vermutlich die Veränderung im sozialen Statusgefüge einer bilateralen Beziehung, die nicht mit einer korrespondierenden Veränderung im moralischen Status einhergeht (Typ 1: sozial/direkt). In einem solchen Fall verbessert Alter seinen Status auf Kosten von Ego durch eine Art von Dominanzverhalten. Letzteres könnte z.B. die Errichtung einer direkten Herrschaftsbeziehung sein oder in Form von erzwingendem Verhalten bestehen. Man denke an griechischen Groll über Deutschlands „Austeritäts-Diktat" oder Ressentiments, die man in manchen zahlungsunfähigen Staaten gegenüber dem IWF empfindet,[35] an die langfristige Wirkung von demütigenden Handlungen (etwa der französisch-belgischen Ruhrbesetzung von 1923) oder wiederholte Fälle von angeblich arrogantem Verhalten, gegen das sich Ego nicht effektiv wehren kann (beispielsweise wiederkehrende Missachtung der [beanspruchten] russischen Einflusssphäre in Ost-

34 Der Begriff „moralischer Status" bezieht sich dabei auf die Position, die Alter nach Ansicht von Ego aufgrund seines bisherigen Verhaltens in Wahrheit zustünde. Diese Einschätzung basiert natürlich nicht allein auf Alters Einhaltung von moralischen Normen im engeren Sinne.

35 Higgott, Richard 2000: The International Relations of the Asian Economic Crisis. A Study in the Politics of Resentment, in: Kanishka Jayasuriya et al. (Hrsg.): *Politics and Markets in the Wake of the Asian crisis,* London: Routledge.

europa oder von Moskaus Vetorecht im UN-Sicherheitsrat). In solchen Situationen zeigt Alter seine Dominanz, indem er Ego (bewusst oder unbewusst) vor Augen führt, dass er seinen sozialen Status ungestraft auf dessen Kosten erhöhen kann. Üblicherweise führt dies bei Ego zunächst zu Verärgerung, die in Ressentiment übergeht, wenn der neue Statusunterschied sich festigt (und von Ego auch weiterhin als ungerechtfertigt wahrgenommen wird).

Der zweite Typ (moralisch/direkt) bezieht sich auf Fälle, in denen sich in Egos Einschätzung der moralische Status des Interaktionspartners verringert, während dessen sozialer Status konstant bleibt. Beispielsweise mag ein schwächerer Staat die Führungsrolle eines anderen längere Zeit nicht zuletzt deshalb akzeptiert haben, weil er ihn auch moralisch für überlegen oder zumindest für ebenbürtig hielt. Folglich würde diese Beziehung destabilisiert, wenn Alter in den Augen von Ego an moralischem Status verliert, insbesondere durch fragwürdige Handlungen gegenüber Ego. In diesem Fall würde legitime Führung zunehmend als ungerechtfertigte Dominanz erscheinen und entsprechend Ressentiments wecken. Beispiele sind wachsende Ressentiments gegenüber europäischen Kolonialmächten in der ersten Hälfte des 20. Jahrhunderts oder deutsche Ressentiments gegenüber dem Führungsanspruch der George W. Bush-Administration. Selbstverständlich könnte die destabilisierende Veränderung umgekehrt auch dadurch ausgelöst werden, dass Ego seinerseits glaubt seinen moralischen Status deutlich verbessert zu haben (und beide Veränderungen können natürlich auch gleichzeitig auftreten).

Typ 3 (sozial/strukturell) umfasst Fälle, in denen Alter seinen sozialen Status im internationalen System insgesamt verbessern kann, ohne gleichzeitig (in den Augen von Ego) seinen moralischen Status angemessen verbessert zu haben. In diesen Fällen ist Ego meistens kein unmittelbares „Opfer“ von Alters Dominanzverhalten, lehnt aber dennoch den angeblich unverdienten Statusgewinn Alters ab. Ein naheliegendes Beispiel sind französische (und vielleicht auch britische) Ressentiments gegenüber dem amerikanischen „Parvenü“, dessen angeblich oberflächliche Kultur ihn für eine Position als Supermacht als wenig geeignet erschienen ließ (oder zumindest nicht geeigneter als Frankreich selbst).[36] Ähnlich verhält es sich offenbar mit den negativen Stereotypen, die im arabischen Kulturkreis an-

36 Revel, Jean-François/Cammell, Diarmid 2003: *Anti-Americanism,* San Francisco, CA: Encounter Books.

gesichts des „unverdienten Aufstiegs der westlichen Ungläubigen“ entwickelt wurden.

Schließlich betrifft der vierte Typ (moralisch/strukturell) zumeist Fälle, in denen sich ein Akteur aufgrund seines verbesserten moralischen Status dazu berechtigt fühlt, im sozialen Status aufzusteigen, aber von einer *peer group* nicht als ebenbürtig akzeptiert wird. In der Konzeptionalisierung der *Social Identity Theory* ist dies die internationale Variante von verweigerter *social mobility*, wo ein Akteur meint ausreichend Statusmarker zu besitzen, um in eine höhere Statusgruppe zu passen, jedoch von dieser zurückgewiesen wird.[37] In den Augen von Ego untergräbt diese „unverdiente Ablehnung“ natürlich die Legitimität der existierenden Statushierarchie und disqualifiziert die Mitglieder der höheren Statusgruppe für ihren höheren Rang. Dies verringert in Egos Wahrnehmung wiederum zusätzlich die Diskrepanz im moralischen Status, welche Ego früher noch akzeptiert hatte. Infolgedessen erscheint letzterem die bestehende soziale Rangordnung sogar noch anachronistischer. Gute Veranschaulichungen sind die Ressentiments, die sich im deutschen Kaiserreich herausbildeten, als ihm der angestrebte Status als Weltmacht verweigert wurde, oder aktuelle chinesische Ressentiments angesichts der amerikanischen Weigerung, der Volksrepublik die politische Parität im Fernen Osten zuzugestehen.[38] Umgekehrt kann ein solches Missverhältnis auch dadurch entstehen, dass ein internationaler Akteur seine soziale Statusposition behält, obwohl er angeblich an moralischem Status verloren hat (z.B. durch die Verletzung wichtiger internationaler Normen).

2.3 Die Folgen von Ressentiments

Wie alle negativen Vorurteile können Ressentiments eine soziale Beziehung auf vielfältige Weise belasten. Typischerweise untergraben Vorurteile Vertrauen, verringern das Zutrauen in Alters Fähigkeiten, fördern Furcht und den Wunsch nach mehr Distanz. Da diese Effekte bereits große

37 Tajfel, H./Turner, J.C. 1979: An Integrative Theory of Intergroup Conflict, in: W. G. Austin/S. Worchel (Hrsg.): *The Social Psychology of Intergroup Relations*. Monterey, CA: Brooks/Cole; Oldmeadow/Fiske (2012) a.a.O.

38 Gries, Peter H. 2004: *China's new nationalism. Pride, politics, and diplomacy*. Berkeley, CA: University of California Press.

wissenschaftliche Aufmerksamkeit gefunden haben,[39] konzentrieren sich die folgenden Ausführungen auf die emotionalen Effekte, die bei Ressentiments hinzutreten. Mit anderen Worten: Es wird darum gehen, deutlich zu machen, was IB-Forscher (und vielleicht auch politische Praktiker) gewinnen, wenn sie ein negatives Vorurteil als Ressentiment erkennen können. Unter anderem stellt sich die Frage, ob es wirklich einen Unterschied macht, ob die emotionale Seite von Ressentiments berücksichtigt wird. Letzteres sollen die folgenden Seiten belegen, indem näher ausgeführt wird, wie Ressentiments die Kognitionen, Emotionen, Diskurse und Reaktionsweisen ihrer Träger beeinflussen. Normalerweise ist davon auszugehen, dass Stereotypen, die auf Ressentiments basieren, dauerhafter und intensiver sind als andere Vorurteile, die rein kognitiv bedingt sind. In manchen Fällen können Ressentiments allerdings vergleichsweise schneller schwinden.

Negative Ansichten, die eine emotionale Komponente aufweisen, haben erstens *besondere Auswirkungen auf Kognitionen*, welche diese Ansichten stabiler machen als andere Stereotypen. Gewiss können Vorurteile auch auf andere Weise stark verfestigt werden, etwa durch die bekannte Neigung zu kognitiver Konsistenz.[40] Emotionale Überzeugungen sind jedoch meist noch schwerer zu erschüttern.[41] Zum einen „fühlt es sich einfach nicht richtig an“, wenn sie in Frage gestellt werden.[42] Obwohl solche Bauchgefühle eigentlich keinen guten Grund darstellen, um an einer Überzeugung festzuhalten, reichen sie dafür oft aus, besonders wenn Menschen mit widersprüchlichen, zweideutigen oder unvollständigen Informationen konfrontiert sind. Schließlich begegnen Akteure oft unstimmigen Erzählungen über Andere, hören unterschiedliche Deutungen des gleichen Ereignisses oder sehen sich dazu genötigt, das künftige Verhalten oder die künftigen Absichten anderer Akteure zu antizipieren. Unter solchen Umständen neigen sie dazu, an Ansichten festzuhalten, die sie eher mögen. Im Falle von Ressentiments mögen sie das Objekt natürlich gar nicht, aber sie mögen die Ansicht, dass es seinen sozialen Status nicht verdient, insbesondere, wenn diese erhöhte Position auf ihre eigenen Kosten erreicht

39 Hilton, James L./von Hippel, William 1996: Stereotypes, in: *Annual Review of Psychology* 47(1), S. 237-271.

40 Festinger, Leon 1957: *A theory of cognitive dissonance*, Stanford, CA: Stanford University Press.

41 Mercer (2010) a.a.O.; Haidt, Jonathan 2013: *The righteous mind. Why good people are divided by politics and religion*, New York: Vintage Books, Kap. 2-4.

42 Kahneman, Daniel 2012: *Thinking, fast and slow*, London: Penguin Books, S. 82, 103.

worden ist. Unter diesen Umständen würde Ego mit dem negativen Vorurteil auch seine Selbstwahrnehmung als der zumindest moralisch überlegene Akteur aufgeben, der seine eigene Position nicht unverdientermaßen erreicht hat. Die Verachtung eines Parvenüs macht es erheblich leichter mit der Unzufriedenheit über den eigenen Rang zu leben. Nicht ohne Grund haben schon Nietzsche und Scheler betont, dass ein Ressentiments empfindender Akteur einen verzerrten Blick auf das ungeliebte Objekt wirft.

Wie andere emotionale Zustände auch, beeinflussen Ressentiments ferner die Aufnahme und Verarbeitung neuer Informationen.[43] Menschen erinnern ältere Informationen besser, wenn sie zu ihrem aktuellen emotionalen Zustand passen. Meistens sind soziale Daten im Gehirn zusammen mit den Gefühlen „abgespeichert", die mit ihnen verbunden waren („what fires together wires together"). Ereignisdaten haben sogenannte *affective tags*.[44] Bei einer Begegnung mit dem ungeliebten Alter wird Ego deshalb eher dessen negative Handlungen erinnern als seine lobenswerten Aktionen. Offensichtlich wirken diese *affective tags* auch wenn Akteure anderslautende Informationen erhalten: Werden Testpersonen mit Hinweisen konfrontiert, die ihren politischen Überzeugungen widersprechen, neigen sie dazu, sich Erinnerungen mit *affective tags* zu vergegenwärtigen, die zu bestätigenden Informationen passen.[45] Auf Ressentiments bezogen heißt dies, dass günstige Informationen über Alter dadurch neutralisiert werden, dass sich Ego verstärkt an Episoden erinnert, die negative Gefühle gegenüber Alter weckten und insofern das Vorurteil weit besser stützen. Entsprechend ist davon auszugehen, dass Ressentiments empfindende Akteure noch weniger zur Neugierde und rationalem Lernen neigen als Menschen mit anderen Vorurteilen. Diese emotionale Tendenz verstärkt und „schützt" mithin diese Form negativer Stereotypen.

Andererseits können Ressentiments manchmal auch schneller schwinden als andere negative Vorurteile. Sofern Alters angeblich unverdienter Status Egos Hauptproblem darstellt, können sie sich plötzlich auflösen, wenn der soziale Status von Alter rapide sinkt. In diesem Fall kann das psychische Bedürfnis, Alters moralischen Status anzugreifen über Nach-

43 Redlawsk, David P. (Hrsg.) 2006: *Feeling politics. Emotion in political information processing*, New York: Palgrave Macmillan.

44 Groenendyk, E. 2011: Current Emotion Research in Political Science: How Emotions Help Democracy Overcome its Collective Action Problem, in: *Emotion Review* 3(4), S. 458; Rosen (2007) a.a.O., Kap. 2; McDermott (2004) a.a.O.; Haidt (2013) a.a.O., S. 66-67.

45 Groenendyk (2011) a.a.O., S. 458.

verschwinden. Dann kann die negative Sicht auf seinen Charakter weichen, obwohl es keine neuen Informationen gibt, die letzteren in einem besseren Licht erscheinen lassen. Vor diesem Hintergrund überrascht es nicht, dass nach dem 11. September gerade in Frankreich und Russland das Mitgefühl mit den USA besonders stark hervorbrach, also in den zwei europäischen Ländern, in denen kurz zuvor das Ressentiment gegen die „unbesiegbare Hypermacht“ noch besonders ausgeprägt war. Schließlich hatte der Zusammensturz der Zwillingstürme klar vor Augen geführt, dass die USA doch nicht der unverwundbare Weltenherrscher waren. Und vielleicht war es kein Zufall, dass ausgerechnet die links tendierende *Le Monde* das tiefste Mitgefühl zum Ausdruck brachte, als sie „Nous sommes tous Américains” titelte.

Zweitens führen Ressentiments dazu, dass andere ungünstige *Emotionen* mit dem Objekt assoziiert werden. So wurde nachgewiesen, dass Ressentiments Gefühle gegenüber Personen und Gruppen auf bestimmte Weise „tönen“. Sie wecken systematisch andere negative Intuitionen und Affekte. Personen, gegenüber denen Ressentiments empfunden werden, werden als Menschen beschrieben, denen es an „Wärme“ fehle, d.h. sie gelten allgemein als weniger vertrauenswürdig, unfreundlicher, unmoralischer und unehrlicher.[46] Ferner erhöhen solche emotionalen Einstellungen auch die Empfänglichkeit für passende „heiße“ Emotionen.[47] Ressentiments „primen“ ihren Träger z.B. für das Empfinden oder Wieder-Empfinden von Wut oder Empörung gegenüber Alter. Da letztere stark mit unfairem Verhalten oder verletzenden Erfahrungen assoziiert wird, neigen Akteure mit Ressentiments stärker dazu, anderen illegitime Motive zuzuschreiben. Folglich fühlen sie sich auch schneller unfair behandelt und erzürnen insofern noch leichter.[48] Manchmal wird Alter so unmittelbar mit verärgernden Erfahrungen assoziiert, dass schon der bloße Gedanke an ihn Wut auslöst. Auf lange Sicht kann Ressentiment so zu Hass werden. Wenn die Prozesse, welche die negativen Vorurteile verstärken lange genug anhalten oder sich sogar noch verstärken, kann Alters moralischer Charakter schließlich als so verkommen wahrgenommen werden, dass er als durch und durch böse und unverbesserlich erscheint.

Drittens können Ressentiments spezifische *Konsequenzen für Diskurse* haben, da ihre Träger ein besonderes Bedürfnis verspüren, negative An-

46 Oldmeadow/Fiske (2012) a.a.O.

47 Frijda (2008) a.a.O., S. 73.

48 Miller, Dale T. 2001: Disrespect and the experience of injustice, in: *Annual Review of Psychology* 52(1), S. 527-553.

sichten über Alter zu verbreiten und zu rechtfertigen. So kann die Beschädigung von Alters moralischem Status womöglich unmittelbar seinen sozialen Status beeinträchtigen, was natürlich das eigentliche Ziel von Ego ist. Außerdem können solche Äußerungen dabei helfen, Verbündete zu gewinnen, die zu einem späteren Zeitpunkt offene Angriffe auf Alters Statusposition unterstützen könnten. Darüber hinaus befriedigt die verbale Artikulation und Begründung negativer Vorurteile auch Egos Bedürfnis, seine Antipathie vor sich selbst als angemessen und berechtigt erscheinen zu lassen – statt sie als Indiz für seinen (eigenen) missgünstigen Charakter zu betrachten. So schreiben soziale Gruppen wiederholten Erfahrungen von Missachtung Sinngehalt zu, indem sie ihre Erniedrigung auf die negativen Charaktereigenschaften des Urhebers zurückführen.[49] Schließlich können ausführliche Darstellungen von Alters angeblichen Schwächen auch hilfreich sein, um (präemptiv) andere Sprecher zu widerlegen, die diese Vorurteile in Frage stellen könnten. Insgesamt gibt es also eine Reihe von Gründen, weshalb zu erwarten ist, dass Akteure mit Ressentiments besonders dazu neigen, ihre negativen Ansichten zu äußern und zu rechtfertigen.

Selbstverständlich können solche Äußerungen nicht nur negative Vorurteile gegenüber Alter, sondern auch das Ressentiment selbst (inklusive seiner affektiven Komponenten) streuen. Gemäß der IET (s.o.) genügt es hierfür, dass die Zuhörer Ego als prototypisches Mitglied der eigenen Gruppe sehen, um bei ihnen ebenfalls diese Antipathie zu wecken. Dadurch würde deren Artikulation in der Gruppe weiter gefördert, womöglich bis hin zu dem Punkt, wo es kaum noch jemand wagt, die negativen Stereotypen anzuzweifeln.

Schließlich beeinflussen Ressentiments viertens auch noch *direkt Egos nicht-verbales Verhalten*, indem sie (zusätzlich zu den Motivationswirkungen von Ressentiment-Diskursen) auch spezifische Verhaltenstendenzen fördern oder hemmen. Wie schon beschrieben wurde, streben Träger von Ressentiments danach, ihr Objekt „auf seinen Platz zu verweisen" und Vergeltung für sein „unfaires" Verhalten zu üben. Dies werden sie, so es die Machtverhältnisse irgendwann zulassen, vorzugsweise öffentlich tun, damit der Statusverlust von Alter gleich offensichtlich (und dadurch noch größer) wird. Diese Verhaltenstendenz wird noch verstärkt durch die Befriedigung, die sich Ego ausmalt für den Tag, wenn er endlich „die Rech-

49 Fattah, K./Fierke, K. M. 2009: A Clash of Emotions. The Politics of Humiliation and Political Violence in the Middle East, in: *European Journal of International Relations* 15(1), S. 67-93.

nung begleichen" kann. Umgekehrt wird Ego nach Möglichkeit alles vermeiden, was Alters Statusposition verbessern oder ihre Verteidigung erleichtern könnte. Ressentiments beschränken den Handlungsspielraum außerdem in anderen Bereichen: ihre Träger entwickeln typischerweise eine Fixierung auf das Objekt, je mehr sie es verabscheuen. Sie beobachten dann nicht nur aufmerksam sein moralisches Verhalten, sondern halten ständig Ausschau nach möglichen Schwächen und Optionen diese auszunutzen. Schließlich wollen sie nicht die lang ersehnte Gelegenheit verpassen, Alter endlich seine „verdiente Lektion" zu erteilen. Entsprechend beeinträchtigt diese Obsession Egos Verhalten in vielen anderen Feldern. Insbesondere kann sie dazu führen, dass er gute Gelegenheiten verpasst, andere Ziele zu erreichen, die eher materieller Natur sind. Beispielsweise kann ein Staat dann dazu neigen, die Beziehungen mit anderen Nationen zu vernachlässigen.

2.4 Ressentiments in der internationalen Politik

In den internationalen Beziehungen sind Ressentiments besonders ausgeprägt infolge von Ohnmachtserfahrungen, die den betreffenden Akteuren ungerechtfertigt erscheinen. Dass sie gerade dort besonders häufig auftreten, ist kaum ein Zufall. Die Dominanz eines Akteurs, etwa einer regionalen Großmacht oder eines Hegemons, wird hier als größere Beeinträchtigung empfunden, weil sie zumeist dauerhafter ist als beispielsweise die Herrschaft einer Person innerhalb eines Staates. Letztere ist ja häufig schon durch Regeln begrenzt oder durch Verfahren regelmäßig beendbar. Hinzu kommt, dass das internationale System kulturell und normativ viel heterogener ist. Dadurch ist es viel unwahrscheinlicher, dass Mächtige und Schwache darin übereinstimmen, wer welchen sozialen Status verdient und wie einzelne Handlungen normativ zu bewerten sind. Schließlich werden entsprechende Debatten selten wirklich transnational geführt. So kann jede Gruppe viel einfacher ihre Vorurteile pflegen, sobald diese erst einmal im nationalen Diskurs hegemonial geworden sind.

Ein gutes aktuelles Beispiel für internationale Ressentiments sind negative Stereotypen gegenüber der westlichen Welt, insbesondere gegenüber den USA. Diese basieren nicht nur auf ihren früheren imperialen Aggressionen (zumindest nach heutigen Maßstäben), sondern auch auf dem Rassismus und der Arroganz, die westliche Nationen bei der Behandlung der

„unzivilisierten Völker" an den Tag gelegt haben.[50] Entsprechend finden sich in den Diskursen nicht-westlicher Kulturen viele Äußerungen, die typisch sind für Ressentiments, insbesondere Hinweise auf das demütigende Auftreten der westlichen Staaten und Meinungsführer sowie auf ihre moralische Unterlegenheit gegenüber den *„spirituellen"* Kulturen des Ostens und natürlich der immer wieder geäußerte Wunsch, den Europäern endlich ihre verdiente Lektion zu erteilen. Nicht zufällig löste die Versenkung der russischen Flotte bei Tsushima nicht nur in Japan, sondern in ganz Asien zu Freudenkundgebungen aus.[51]

Auch nach dem Ende der westlichen Imperien findet sich diese Form von Groll noch in vielen Teilen der Welt, nicht zuletzt in China und in der arabischen Welt, aber auch in einem Russland, dass sich vom Westen zurückgewiesen und missachtet fühlt.[52] In vielen arabischen Ländern richten sich die Ressentiments inzwischen vor allem gegen die USA und ihre Politik – wenn auch nicht unbedingt gegen die amerikanische Bevölkerung.[53] (Das vorherrschende Gefühl gegenüber Israel ist wohl eher schon Hass.) Es dominiert die Vorstellung, dass die USA die Araber systematisch missachten. Der intellektuelle Mainstream zeichnet, zumal nach der Irak-Invasion und den Vorkommnissen im Gefängnis von Abu Ghraib, ein überaus negatives Bild von der amerikanischen Wahrnehmung und Behandlung der Araber. Dort wird überraschend häufig die Auffassung artikuliert, dass die USA letztlich die physische Vernichtung der Araber anstrebten, so wie sie ja bereits die Ausrottung der amerikanischen Urein-

50 Gong, Gerrit W. 1984: *The standard of 'civilization' in international society*, Oxford: Clarendon Press; Said, Edward W. 1978: *Orientalism*, New York: Pantheon Books.

51 Aydin, Cemil 2007: *The politics of anti-Westernism in Asia. Visions of world order in pan-Islamic and pan-Asian thought*, New York: Columbia University Press, Kap. 4; Mishra, Pankaj 2012: *From the ruins of empire. The revolt against the West and the remaking of Asia*, London/New York: Allen Lane, Prolog und Kap. 6.

52 Stent, Angela 2014: *The limits of partnership. U.S.-Russian relations in the twenty-first century*, Princeton: Princeton University Press, S. 256 u. passim; Malinova, Olga 2014: Obsession with status and ressentiment: Historical backgrounds of the Russian discursive identity construction, in: *Communist and Post-Communist Studies* 47(3), S. 291-303; Tsygankov, Andrei P. 2014: The frustrating partnership. Honor, status, and emotions in Russia's discourses of the West, in: *Communist and Post-Communist Studies* 47(3-4), S. 345-354; Heller, Regina 2014: Russia's quest for respect in the international conflict management in Kosovo, in: *Communist and Post-Communist Studies* 47(3-4), S. 333-343.

53 El-Ghazi, Abdelkarim 2014: Die Perzeption der amerikanischen Außenpolitik im Respektdiskurs arabischer Länder, Frankfurt am Main: Dissertation.

wohner (fast) erreicht hätten. Die Liste der demütigenden Handlungen und missachtenden Einstellungen, die nicht nur Militante wie bin Laden, sondern auch viele Mainstream-Sprecher den USA zur Last legen, umfasst u.a.:

- die rassistische Herabwürdigung von Arabern;
- die Unterstützung und Umsetzung des Sykes-Picot-Abkommens, das die Zersplitterung und Schwächung der arabischen Nation heraufbeschwor;
- die wirksame Unterstützung repressiver arabischer Regime, die eine demokratische, kulturelle und wirtschaftliche Entwicklung behindern würden;
- die Stationierung von Streitkräften in den Golfstaaten (insbesondere in Saudi-Arabien mit seinen heiligen Stätten);
- die systematische Ungleichbehandlung Israels und Palästinas;
- anti-islamische Doppelstandards in der Nichtverbreitungspolitik (Israel/Iran) und der Durchsetzung der Menschenrechte (humanitäre Folgen der Sanktionen gegen Irak);
- die Invasion Iraks (verbunden mit der ignoranten Vernachlässigung irakischer Kulturschätze und der gezielten öffentlichen Demütigung der Araber in Abu Ghraib und bei der Festnahme Saddam Husseins).

Die Vereinigten Staaten betrieben somit eine zutiefst unmoralische Außenpolitik, die ihrem sozialen Status als dominante Macht in keiner Weise gerecht würde. Sowohl Militante als auch der intellektuelle Mainstream leiten aus diesen Erfahrungen (explizit und implizit) die Forderung ab, dass die USA gewaltsam bekämpft werden müssen, weil sonst die Kette der Erniedrigungen nie zu beenden sei. Je intensiver die Missachtung wahrgenommen wird, desto stärker wird Gewalt befürwortet. Der gewaltsame Widerstand im Irak fand deshalb sehr breite Unterstützung, wobei im Diskurs offenbar höchst selten thematisiert wird, dass die weit überwiegende Zahl der Opfer arabische Muslime waren. Dies deutet darauf hin, dass der Wunsch nach Vergeltung sehr emotional motiviert ist.

Nicht ganz so ausgeprägt, aber doch sehr ähnlich, sind die chinesischen Ressentiments gegenüber den Vereinigten Staaten. Wie bei vielen Arabern basieren sie ursprünglich auf der Wahrnehmung, dass der Westen eine dominante Statusposition usurpiert habe, die eigentlich der eigenen Zivilisation zustünde. Zudem habe er seine technische Überlegenheit skrupellos ausgenutzt, um China systematisch zu demütigen.[54] Selbst heute ist aus chinesischer Sicht dieses „Jahrhundert der Schande" noch nicht ganz abgeschlossen, weil amerikanische Einmischung Beijing nach wie vor daran hindere, die Vereinigung mit Taiwan herbeizuführen. In der Volksrepublik ist die Ansicht weit verbreitet, dass China stets das Opfer fremder Aggressionen war. Es selbst habe (zumindest in den Zeiten als Einheitsstaat) nie die amoralische Macht- und Gleichgewichtspolitik betrieben, die so typisch für die westlichen Mächte sei. Nicht zuletzt wird die tugendhafte Zivilisation Chinas damit begründet, dass man die materielle Dominanz nie zur Unterdrückung Anderer verwendet, sondern stets normgeleitet agiert habe.[55]

Vor diesem Hintergrund überrascht es wenig, dass den USA mit großem Misstrauen begegnet wird. Meinungsumfragen und Elitenstudien zeigen, dass die Mehrheit davon ausgeht, dass die Vereinigten Staaten mit nahezu allen Mitteln versuchen, Chinas Aufstieg zu verhindern. Nicht nur die amerikanische Ordnungs- und Bündnispolitik wird in diesem Licht gesehen. Selbst Washingtons Klima- und Menschenrechtspolitik und die Einladung, mehr internationale Verantwortung zu übernehmen, zielen nach dieser Vorstellung insgeheim nur darauf ab, die Volksrepublik zu schwächen.[56] Wie stark dieses Misstrauen ist, zeigen z.B. auch vertrauliche Aufzeichnungen über die internen Beratungen nach der (wohl versehentlichen) Bombardierung der chinesischen Botschaft in Belgrad im Jahre 1999. Von den versammelten Spitzenpolitikern vertrat nicht einer die Auffassung, bei dem Angriff könne es sich auch um ein amerikanisches Versehen gehandelt haben. Entweder sahen sie darin eine gezielte Provokation oder eine geplante Kränkung. Wie die Bevölkerung selbst reagierten sie fast durchweg sehr verärgert und forderten angemessene Vergel-

54 Xuetong, Yan 2001: The Rise of China in Chinese Eyes, in: *Journal of Contemporary China* 10(26), S. 33-39; Wang, Zheng 2012: *Never forget national humiliation. Historical memory in Chinese politics and foreign relations*, New York: Columbia University Press; Gries (2004) a.a.O., S. 31-35.

55 Xuetong (2001) a.a.O., S. 37-38.

56 Lieberthal, Kenneth/Jisi, Wang 2012: Addressing US-China Strategic Distrust, in: *Brookings Institution, John L. Thornton China Center Monograph Series* 4, S. 10-18; Jung, Joo-Youn 2012: Rising China and the Chinese Public's Security Perceptions, in: *EAI Asia Security Initiative*, Working Paper No. 23, Seoul; Shirk, Susan L. 2008: *China. Fragile superpower*, New York/Oxford: Oxford University Press, S. 253-254.

tungsmaßnahmen.[57] Dies verdeutlicht einmal mehr, wie existierende Ressentiments ihre Träger dahingehend *primen*, dass sie Alter ohne Umschweife unmoralische Beweggründe zuschreiben und selbst leichter negative Emotionen erleben.

3. Ausblick

Am Beispiel von Ressentiments wird somit deutlich, dass die emotionale Grundlage von Stereotypen größere Aufmerksamkeit verdient. Ressentiments sind nicht nur Perzeptionen, die auf Informationsdefizite oder heuristische Verkürzungen zurückzuführen sind, sondern affektive Überzeugungen, die besonders schwer zu erschüttern sind, weil sie sich für ihre Träger eben auch „richtig anfühlen". Sie verdeutlichen exemplarisch, dass zwischen Emotionen und Kognitionen oft kaum zu differenzieren ist, veranschaulichen aber auch, wie affektive Zustände Wahrnehmungen lenken und so stabilisieren können, dass sie von konträren Informationen über ihr Objekt (wenn überhaupt) nur langsam modifiziert werden. Insofern können sowohl Wissenschaftler als auch politische Praktiker davon profitieren, wenn im jeweils vorliegenden Fall die mögliche Rolle von Ressentiments geklärt wird: die Wissenschaftler, weil die Existenz von Emotionen u.a. die Persistenz von Konflikten erklären könnte, die ansonsten leichter lösbar erscheinen; die Praktiker, weil eine solche Diagnose Aufschlüsse darüber liefert, wie eigene und gemeinsame Interessen dennoch realisiert werden könnten.

Die wichtigste praktische Schlussfolgerung ist dabei wahrscheinlich, dass der Abbau solcher Vorurteile einen langen Atem erfordert. Politiker müssen sich darauf einstellen, dass bestehende Ressentiments nur mit systematischen Anstrengungen abgeschwächt oder abgebaut werden können. Ein gelungener Staatsbesuch oder eine gute Ansprache reichen dafür längst nicht aus. Selbst Obamas beeindruckende Rede in Kairo blieb ohne einen nachhaltigen Effekt. Es bedarf nachhaltiger Initiativen, um der anderen Seite deutlich zu machen, dass man (a) seinen eigenen Status eben doch nicht so unverdient errungen hat oder unverantwortlich ausnutzt und (b) sie selbst nicht so geringschätzt, wie diese glaubt. Gerade in Bezug auf Letzteres genügen selten symbolische Gesten. Vielmehr erwartet die sub-

57 Gries (2004) a.a.O., S. 13-22; Shirk (2008) a.a.O., S. 212-218; Hairen, Zong 2002: The Bombing of China's Embassy in Yugoslavia, in: *Chinese Law & Government* 35(1), S. 73-99.

jektiv missachtete Seite in der Regel, dass effektive politische Zugeständnisse gemacht werden, die zeigen, dass die Gesten auch wirklich ernst gemeint sind. Insofern kostet der Abbau von Ressentiments deren Objekt etwas. Für Alter ist es deshalb günstiger, wenn er frühzeitig die Entstehung von Ressentiments diagnostiziert, weil in dieser Phase eher symbolische Schritte noch eine größere Wirkung erzielen können.[58] Dies erfordert eine besondere Sensibilisierung für die Statuswahrnehmungen anderer Kulturen, an der es in den westlichen Gesellschaften oft noch fehlt.

58 Wolf, Reinhard 2014: Treating Asian nations with respect. Promises and pitfalls of status recognition, in: *Global Discourse* 4(4), S. 462-480.

Gefühle über Gefühle. Zum Verhältnis von Emotionalität und Rationalität in der politischen Bildung

Anja Besand

In der politischen Bildungsarbeit Deutschlands sind wir der rationalen Auseinandersetzung mit politischen Fragen verpflichtet. Das ist durchaus nachvollziehbar und leugnet nicht, dass Emotionen im politischen Prozess und damit sowohl auf der Seite zentraler politischer Akteure oder Entscheidungsträger als auch bei der Rezeption und Beurteilung dieser Entscheidungen durch die Bürgerinnen und Bürger eine Rolle spielen. Diese Emotionen sind für den politischen Prozess aber, so die fachdidaktisch verbreitete Vorstellung, weder nützlich noch haben sie im Prozess der politischen Bildung etwas verloren. Denn im Rahmen institutioneller Angebote zur politischen Bildung soll es allein um die analytische Durchdringung politischer Phänomene und um eine sachliche, rationale Auseinandersetzung mit politischen Fragen gehen. Oder anders formuliert: Während im Rahmen der realpolitischen Diskussion Emotionen empirisch durchaus sichtbar werden, soll es im Rahmen der politischen Bildung um die kategoriengeleitete Analyse politischer Fragen gehen, beispielsweise nach dem Muster: Wer hat hier welche Interessen, wie sind die Machtverhältnisse? Wer nutzt welche Strategien? Wer hat welche Ressourcen etc. Das ist Policy-Analyse. Das ist für die politische Bildung wichtig und auf das fokussieren auch Lehrerinnen und Lehrer, wenn sie komplexe politische Phänomene aus dem realen politischen Prozess herauslösen und didaktisch transformiert zum Gegenstand des politischen Unterrichts machen.

Abb. 1: Didaktische Transformation von emotional aufgeladenem Lerngegenstand

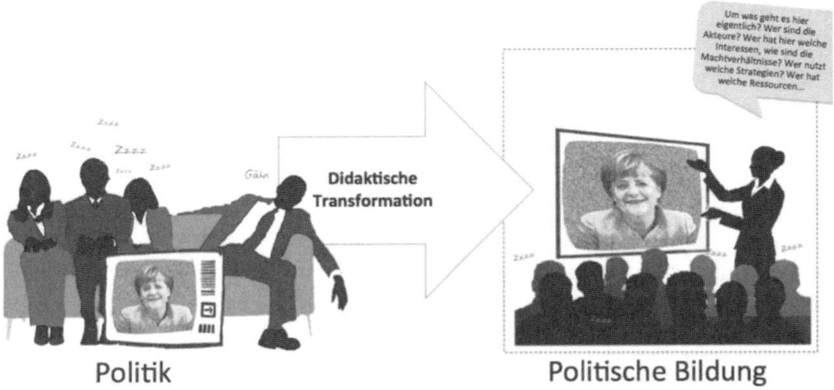

Warum ist das so? Auf der Suche nach den Gründen wird man sehr schnell fündig, wenn man das Menschenbild, das in diesem Kontext zugrunde gelegt wird, genauer in den Blick nimmt. Das lässt sich zum Beispiel sehr gut in einem Aufsatz des Fachdidaktikers Hans Helmut Knütter aus dem Jahr 1991 zeigen. Hier schreibt Knütter:

> „Emotionen sind dem Menschen angeboren. Rationalität hingegen muß geübt werden. Der Mensch ist auch ein Triebwesen, über der Sphäre der Triebe liegt die dünne, jederzeit gefährdete Schicht der Rationalität. Sie alleine aber schafft Kultur, nur sie garantiert ein menschenwürdiges Leben."[1]

Wir haben es hier also mit einer Gleichsetzung von Rationalität und Kultur zu tun, wobei sich Rationalität und Emotionalität diametral gegenüber zu stehen und auch auszuschließen scheinen. Der Mensch wird hier als Mängelwesen begriffen, das zur Rationalität erst erzogen werden muss, während die Emotionalität ihm evolutionär und körperlich unmittelbar zur Verfügung steht. Es muss hier nicht darauf hingewiesen werden, dass dieses Argument, das bar jeglicher empirischer Fundierung oder Verweise vorgetragen wird, selbst ausgesprochen stark emotional gerahmt wird, denn was passiert, wenn Emotionen ins Spiel kommen, wird an ähnlicher Stelle ebenfalls in drastischen Worten beschrieben. So sagt der Nestor der politischen Bildung, Wolfgang Hilligen, beispielsweise:

1 Knütter, Hans-Helmut 1991: Rationalität und Emotionalität in der Demokratie, in: Siegfried Schiele/Herbert Schneider (Hrsg.): *Rationalität und Emotionalität in der politischen Bildung*, Stuttgart: Metzler, S. 31.

> „Isoliert geweckt, tendieren Emotionen in den meisten Fällen zu einem spontanen Dafür oder Dagegen und zwar nicht selten bis zu einem Zustand blinder Aggression im Sinne fremdbestimmter Ziele – ‚Wollt ihr den totalen Krieg?'"[2]

In diesen beiden Zitaten werden gleichzeitig verschiedene wichtige Zusammenhänge sichtbar: Zum einen wird deutlich, dass die verbreitete Abwehr einer auch emotional fundierten Auseinandersetzung mit politischen Fragen im Rahmen politischer Bildung in der deutschen fachdidaktischen Diskussion historisch begründet ist und sich damit auch auf das „Nie wieder" von Adorno beziehen lässt.[3] Andererseits wird sichtbar, dass die Betonung einer vornehmlich kognitiv fundierten rationalen Auseinandersetzung mit politischen Fragen im Politikunterricht mit einer doppelten Absicht verbunden ist, denn einerseits scheinen Emotionen dem Verstehen von politischen Phänomenen im Weg zu stehen, andererseits ist mit der Pflege rationaler Analysen und Diskursformen im Politikunterricht auch die Hoffnung verbunden, auf zukünftige politische Debatten und Ereignisse positiv einzuwirken. Denn rational geschulte Bürgerinnen und Bürger sind zu rationalen politischen Debatten in der Lage. Das ist das Zukunftsversprechen der Moderne, dass sich die politische Bildung an dieser Stelle ganz zu eigen gemacht hat.

1. Die historische Fundierung der politischen Bildung nach 1945

Wenden wir uns aber zunächst noch einmal der historischen Fundierung der politischen Bildung in der Bundesrepublik zu. Vor dem Hintergrund des beispiellosen Zivilisationsbruchs des Nationalsozialismus, der nicht zuletzt auch als Instrumentalisierung und Manipulation von Ängsten, Leidenschaften und tiefsitzenden Ressentiments beschrieben werden kann, ist es nur zu verständlich, dass sich die deutsche politische Bildung von Beginn an einer rationalen und nüchternen Auseinandersetzung mit politischen Fragen zu orientieren suchte.[4] Interessant in diesem Zusammenhang ist allerdings, sich zu vergegenwärtigen, dass bereits die ersten Versuche einer Umerziehung der deutschen Bevölkerung und Jugend, die durch die

2 Hilligen, Wolfgang 1991: Einige Thesen zum Verhältnis von Denken, Fühlen und Handeln im Politikunterricht, in: Schiele/Schneider a.a.O., S. 42.

3 Vgl. Adorno, Theodor W. 1977: Erziehung nach Auschwitz, in: ders., *Gesammelte Schriften*, Bd. X/2, Frankfurt a.M.: Suhrkamp.

4 Vgl. Besand, Anja 2004: *Angst vor der Oberfläche – Zum Verhältnis ästhetischer und politischer Bildung im Zeitalter neuer Medien*, Schwalbach/Ts: Wochenschau Verlag, S. 122f.

Alliierten unter der Überschrift Re-Education unternommen wurden, von der Überzeugung getragen war, dass es nicht ausreichend sei, bloße Informationen über das, was im Nationalsozialismus geschehen war zu vermitteln, sondern dass vielmehr „*Geist und Instinkt*" der Bevölkerung in einem komplexen Sinne umzuformen sind.[5] Ähnlich argumentiert auch Adorno, dem es im Rahmen seiner politischen Pädagogik darum geht, die Menschen „überhaupt erst für die Wahrnehmung dieses sinnlosen Grauens empfindlich zu machen, um sie sodann ganz ohne Trost mit dem Gefühl der Sinnlosigkeit gleichsam alleine zu lassen."[6] Von einer rein rationalen Auseinandersetzung mit politischen Fragen kann in einem solchen Kontext keine Rede sein. Vielmehr ging es um eine Erziehung der Gefühle oder mit anderen Worten: Um eine Erziehung zur Scham oder zum Schamgefühl gegenüber dem, was im deutschen Namen geschehen war.

Emotionen spielen demnach im Prozess politischer Bildung auch in Deutschland von Beginn an eigentlich eine zentrale Rolle. Es geht um ihre Beherrschung, ihre Kanalisierung und die Entwicklung spezifischer Gefühle. Als solche betrachtet geraten Gefühle, oder sagen wir besser Emotionen, in der systematischen Beschäftigung mit fachdidaktischen Fragen aber regelmäßig aus dem Blick und mehr als das – sie werden geradezu reflexhaft abgelehnt und tabuisiert. Dass es sich in diesem Zusammenhang aber ebenfalls um eine affektgeladene Reaktion handelt, möchte ich mit einem letzten Zitat von Wolfgang Hilligen belegen. Er sagt:

> „Weil Emotionen in der Politik nicht nur in Gewalt münden, nicht nur für beliebige Zwecke verfügbar machen, sondern vernünftiges politisches Urteilen und Handeln blockieren können, vertrete ich die These: Ein Unterricht, der Urteilsfähigkeit und demokratische Mitwirkung zum Ziel hat, muß das GEFÜHL entwickeln, daß Gefahren drohen, sofern sich Einzelne und Gruppen von Gefühlen leiten lassen."[7]

Auch wenn wir dem letzten Halbsatz Hilligens wahrscheinlich zustimmen können, geht es mir mit diesem Zitat um die paradoxe Figur, Gefühle gegen Gefühle in Stellung zu bringen. Es geht in der politikdidaktischen Diskussion – und wahrscheinlich unterscheidet sie sich hier nicht wesentlich von der politikwissenschaftlichen – um Emotionen gegenüber Emotionen oder um Angst vor der emotionalen Seite der Politik und der politi-

5 Vgl. Schwarzschild 1942 zit. n. Heins, Volker 2010: Die Erziehung der Gefühle in Deutschland, in: José Brunner (Hrsg.): *Politische Leidenschaften. Zur Verknüpfung von Macht, Emotion und Vernunft in Deutschland*, Göttingen: Wallstein, S. 125.

6 Zit. n. Heins (2010) a.a.O., S. 128.

7 Hilligen (1991) a.a.O., S. 42, Hervorhebung im Original.

schen Bildung. Diese Angst verstellt – soweit würde ich Hilligen Recht geben – den Weg für eine rationale und sachliche Auseinandersetzung mit der emotionalen Seite von Prozessen der politischen Bildung. Denn dass politische Bildung mit Emotionen zu tun hat, sollte bereits auf der Grundlage des Wenigen, was bis zu dieser Stelle ausgeführt wurde, offensichtlich geworden sein. Wir haben in der Reflexion über politische Bildung allerdings allergrößte Schwierigkeiten, uns diesen Zusammenhängen systematisch zuzuwenden. Man könnte sagen: Die Beschäftigung mit der emotionalen Seite des eigenen Bildungsprozesses bildet so etwas wie den blinden Fleck der politikdidaktischen Diskussion in der Bundesrepublik.

2. Emotionen als blinder Fleck der politischen Bildung

Mir erscheint der Begriff des blinden Flecks sehr passend, da sich trotz der bis heute eindeutigen Ablehnung des Begriffs der Emotion im fachdidaktischen Diskurs vielfältige Bezüge zu emotionalen Fragestellungen finden lassen. Nicht wenige der zentralen Begriffe des Faches verweisen auf Emotionen oder zumindest auf eine affektbestimmte Seite des Bildungsprozesses, wie beispielsweise der Begriff der Betroffenheit, der spätestens seit den 1980er Jahren als zentrales didaktisches Prinzip gefasst, zu den vielstrapazierten Begriffen der politischen Bildung gehört, ohne dass dabei bewusst geworden wäre, dass es sich um eine emotionsgeladene und durchaus zweischneidige Kategorie handelt.[8] Auch der Begriff des Interesses hat selbstverständlich eine affektive Seite. Damit hängt zentral der Begriff der Politikverdrossenheit zusammen; auch der Motivationsbegriff, der lerntheoretisch für die politische Bildung zu den zentralen Begriffen zu zählen ist, gehört dazu und wahrscheinlich auch der Begriff der Empathie – wobei Empathie ganz sicher etwas anderes als eine Emotion ist, aber doch immerhin auf Emotionen verweist.

Betrachten wir als erstes den Begriff der Politikverdrossenheit. Er bildet seit vielen Jahren einen zentralen Ausgangspunkt fachdidaktischer Fragen. Sowohl die gesellschaftliche Erwartung, als auch der formulierte Selbstanspruch der politischen Bildung ist seit vielen Jahren darauf gerichtet, die politische Verdrossenheit der (jugendlichen) Bevölkerung zu überwinden. Auch wenn man einwenden könnte, dass wir in der politikwissenschaftlichen Diskussion daran gewöhnt sind, Politikverdrossenheit als komplexe

8 Vgl. Kölzer, Carolin 2011: Arbeitslosigkeit als Lebens- und Lernsituation, in: *Zeitschrift für Didaktik der Gesellschaftswissenschaften* 2(1), S. 50-69.

Einstellung gegenüber Politik und nicht als spontanes Gefühl zu beschreiben, wird nicht bestritten, dass mit dem Begriff der Verdrossenheit affektive Haltungen gegenüber dem Gegenstand Politik beschrieben werden, die sich insbesondere in der Situation Unterricht auch emotional äußern. Tatsächlich lässt sich aber noch ein zweiter, weit substanziellerer Einwand gegen den Versuch formulieren, mit dem Begriff der Verdrossenheit für eine offensive Auseinandersetzung mit emotionalen Fragen in der politischen Bildung zu werben. Denn auch im Kontext des komplexen Phänomens der Politikverdrossenheit haben wir es mit Emotionen zu tun, die es im Rahmen von politischer Bildung ja zu überwinden gilt. Das Verständnis von und die Haltung gegenüber Emotionen in der politischen Bildung scheint damit substanziell kaum herausgefordert zu werden. In der fachdidaktischen Diskussion wird – wie oben bereits angedeutet – die Existenz von Emotionen im politischen Bereich nicht in Frage gestellt. Es ging vielmehr darum, diese im Kontext von Prozessen zur politischen Bildung zu überwinden. Nichts desto trotz lässt sich bei genauer Betrachtung der Zusammenhang aber auch ganz anders interpretieren. Denn anders als es die Fachdidaktiker und Fachdidaktikerinnen der ersten Generation der 50er und 60er Jahre und möglicherweise auch der zweiten Generation in den späten 70er und 80er Jahren noch vor Augen hatten, hat sich das Bild oder die Modellvorstellung von Gefühlen in der politischen Bildung doch deutlich verändert.

Abb. 2: Didaktische Transformation emotional weniger stark aufgeladener Lernobjekte

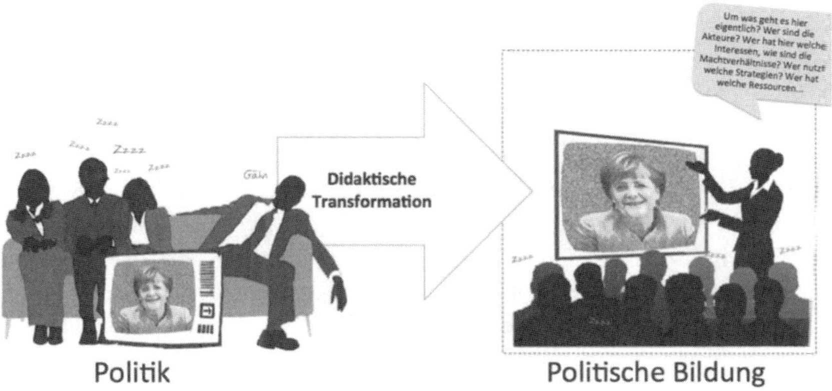

Statt einer emotional aufgeladenen Situation lässt sich unter dem Begriff der Politikverdrossenheit nämlich auch das Fehlen von affektiven Bezügen zur Sache beschreiben. Statt überschäumender Affekte geht es jetzt möglicherweise um einen Mangel an Emotionen. Die Frage, die sich in diesem Zusammenhang stellt, ist: Wie lässt sich dieser Mangel an Gefühlen gegenüber Politik eigentlich didaktisch bearbeiten?

3. *Was tun, wenn affektive Bezüge fehlen?*

Auch hier hängt die Bearbeitungsstrategie stark davon ab, auf welche Weise das Phänomen Politikverdrossenheit interpretiert wird. Interpretiert man es wie Werner Patzelt beispielsweise als reflexhafte Reaktion gegenüber nichtverstandenen politischen Zusammenhängen[9], bietet sich als Bearbeitungsstrategie eine auf Kognition und die Vermittlung objektiven Wissens gerichtete Strategie deutlich an. Dieser Vorschlag wird fachdidaktisch auch gerne aufgegriffen, da er an die bereits beschriebenen Modellvorstellungen im Hinblick auf die Bedeutung und den Stellenwert von Emotionen im Prozess politischer Bildung unmittelbar anschlussfähig

9 Vgl. Patzelt, Werner 2001: Verdrossen sind die Ahnungslosen. Viele Deutsche verachten Politik und Politiker – weil sie ihr Regierungssystem nicht verstehen, in: *Die Zeit* vom 22.02.2001, S. 9.

ist.[10] Emotionen oder affektive Haltungen wie Verdrossenheit sind demnach irrational und müssen überwunden werden.

Empirisch stellt sich der Zusammenhang von Wissen und Interesse bzw. politischer Verdrossenheit aber komplexer dar. Denn auch wenn auf den ersten Blick das Phänomen Politikverdrossenheit mit der „Bildungsferne" zu korrelieren scheint[11], wird bei einer genaueren Untersuchung der Zusammenhänge sichtbar, dass der Zunahme an Wissen im Bildungsprozess eine Steigerung des Interesses nicht zwangsläufig folgt.[12] Wieder andere Studien weisen nach, dass Politikverdrossenheit nicht die Folge mangelnden Wissens ist, sondern dass quasi umgekehrt mangelndes Interesse die Ursache für mangelndes Wissen ist.[13] In jedem Fall haben wir es mit einem komplexen Phänomen zu tun, dessen Ausgangspunkt sich nicht genau bestimmen lässt. Diese Unbestimmbarkeit von Ausgangspunkten passt aber sehr gut zu einer zeitgemäß angemessenen Bestimmung des Verhältnisses von Emotionalität und Rationalität – oder wie Heidenreich schreibt:

> „Rationalität und Gefühl stehen sich nicht unvermittelt gegenüber, sondern bleiben auf komplexe Weise mit einander verflochten. Gefühle haben eine kognitive Funktion; sie sind nicht auf störende Einflüsse im Erkenntnisprozess zu reduzieren, mehr noch: zumindest als Ausgangspunkt von Erkenntnis sind sie unverzichtbar."[14]

Ein wesentliches Potenzial von Emotionen scheint demnach darin zu bestehen, über die Zuwendung oder Abwendung von Personen, Phänomenen oder Sachen zu sorgen und damit Aufmerksamkeit zu generieren, auszu-

10 Vgl. Massing, Peter 2004: Ich beharre auf einem komplexen Demokratiebegriff und behaupte starrsinnig, dass Demokratielernen nur als Politiklernen möglich ist, in: Kerstin Pohl (Hrsg.): *Positionen zur politischen Bildung*, Schwalbach/Ts.: Wochenschau Verlag, S. 163.

11 Vgl. Albert, Matthias/Hurrelmann, Klaus/Quenzel, Gudrun/Schneekloth, Ulrich 2010: *Jugend 2010, 16. Shell Studie*, Frankfurt a.M.: Fischer.

12 Vgl. Dekker, Henk 2007: Political Knowledge and its Origins, in GPJE (Hrsg.): *Wirkungsforschung in der politischen Bildung im europäischen Vergleich*, Schwalbach/Ts.: Wochenschau Verlag, S. 27-44; Rothe, Klaus 1993: *Schüler und Politik. Eine vergleichende Untersuchung bayrischer und hessischer Gymnasialschüler*, Opladen: Leske + Budrich.

13 Vgl. Besand, Anja 2009: Politik – Nein Danke, in: Heinrich Oberreuther (Hrsg.): *Standortbestimmung Politische Bildung*, Schwalbach/Ts.: Wochenschau Verlag, S. 253-266.

14 Heidenreich, Felix 2012: Versuch einer Übersicht: Politische Theorie und Emotionen, in: ders./Gary S. Schaal (Hrsg.): *Politische Theorie der Emotionen*, Baden-Baden: Nomos, S. 9.

richten oder zu verhindern.[15] Aufmerksamkeit wiederum ist eine nicht zu unterschätzende Ressource in Bildungsprozessen. Damit re-aktualisiert sich allerdings gleichzeitig auch die Frage, wie im Rahmen politischer Bildung mit Emotionen oder auch ihrem Ausbleiben umzugehen ist.

In der politischen Bildung versuchen wir dies mit dem lerntheoretisch gefärbten Begriff der Motivation einzufangen. Spätestens hier wird allerdings das paradoxe und durchaus auch widersprüchliche Verhältnis der politischen Bildung zu Emotionen vollständig sichtbar. Während Emotionen bezogen auf politische und soziale Fragestellungen und Phänomene im Lernprozess systematisch überwunden werden sollen, sollen positive Emotionen bezogen auf die Lernprozesse als solche aber nicht nur genutzt, sondern sogar systematisch hergestellt werden. „Lernförderliche" Umstände, ein „positives Unterrichtsklima", „spielerische" Zugänge und „attraktive" Unterrichtsmedien werden in diesem Zusammenhang nicht nur empfohlen, sondern sogar propagiert.[16] Die Schülerinnen und Schüler sollen den Unterrichtsprozess als *angenehmen* und *interessant* empfinden, sie sollen ihre Lehrerinnen und Lehrer *mögen* und damit ihren Widerstand gegenüber dem *ungeliebten* Gegenstand Politik ablegen. Das ganze erinnert an die Strategie der Schluckimpfung, in der ein bitterer Wirkstoff mithilfe eines Zuckerwürfels attraktiv gemacht werden soll. Die Diskussion geht sogar so weit, dass ernsthaft gefordert wurde, auf das Wort „Politik" im Namen der politischen Bildung zu verzichten. Es sei derart negativ besetzt, dass es Lernprozesse unmöglich macht. Nach der gleichen Logik könnten wir auch auf den Begriff Politik in Politikwissenschaft verzichten, um unsere Studiengänge attraktiver zu machen.

4. *Von Guten und von bösen Emotionen*

Sichtbar wird hier eine überaus inkonsistente Unterscheidung zwischen wünschenswerten und förderlichen, sowie weniger wünschenswerten und hemmenden Emotionen. Während einige Emotionen insbesondere bezogen auf den Lernprozess als notwendige Voraussetzung für den Unterricht

15 Vgl. Ciompi, Luc/Endert, Elke 2011: *Gefühle machen Geschichte. Die Wirkung kollektiver Emotionen von Obama bis Hitler*, Göttingen: Vandenhoeck & Ruprecht, S. 17 ff.

16 Vgl. beispielsweise Frech, Siegfried/Kuhn, Hans Werner 2003: *Methodentraining für den Politikunterricht*, Schwalbach/Ts: Wochenschau Verlag; Scholz, Lothar 2009: *Spielerisch Politik lernen*, Schwalbach/Ts.: Wochenschau Verlag.

betrachtet werden und entsprechend willkommen sind, müssen andere im selben Kontext ignoriert oder aber überwunden werden. In der politischen Bildung scheinen wir einen vorreflexiven Umgang mit Emotionen zu pflegen. Nicht weil Emotionen einer Reflexion nicht zugänglich wären, sondern weil der Begriff selbst angstbesetzt ist und vermieden wurde. Notwendig wäre eine systematische Auseinandersetzung mit der Frage, welche Bedeutungen Emotionen in politischen Lernprozessen tatsächlich haben. Nach 60 Jahren der systematischen Ausblendung dieser Fragen können hier leider nur wenige Antworten gegeben werden, aber es können zumindest thesenartig einige Schneisen in das noch weitgehend unbearbeitete Feld geschlagen werden.

- *These 1*: Emotionen lassen sich nicht aus Bildungsprozessen ausschließen. Sie strukturieren vielmehr Zugangswege und Ausgangspunkte der Welterschließung und müssen aus diesem Grund in der fachdidaktischen Reflexion systematisch betrachtet werden.
- *These 2*: Die Komplexität politischer Phänomene zwingt geradezu dazu, neben der rein kognitivistisch orientieren Vermittlung von Fakten auch emotionale Zugänge zur Sache zu nutzen. So können Konfliktanalysen oder Menschenrechtsfragen beispielsweise nicht rein deskriptiv oder historisch/genetisch erschlossen werden, sondern benötigen auch narrativ emotionale Zugänge.
- *These 3*: Da wo emotionale Ausgangspunkte für die Beschäftigung mit politischen Fragen fehlen, wo Hoffnungslosigkeit, Apathie und Depression im Vordergrund stehen, muss sich politische Bildung der nicht einfachen Aufgabe stellen, ihren Adressaten Hoffnung auf die Gestaltbarkeit der Welt zurückzugeben.
- *These 4*: Insbesondere im Umgang mit Zielgruppen, die in den vergangenen Jahren mit dem Begriff der „Bildungsferne" beschrieben wurden, muss sich die politische Bildung Gefühlen der Marginalisierung, des Ausgeschlossenseins stellen.
- *These 5*: Emotionen in Lernprozessen ernst zu nehmen heißt nicht, auf eine Reflexion und Bewertung dieser Emotionen zu verzichten. Im Gegenteil: Erst durch die Enttabuisierung der emotionalen Dimension im politischen und gesellschaftlichen Diskurs werden Gefühle einer Reflexion systematisch zugänglich.

Meine These 5 verdanke ich Felix Heidenreich, der darauf hingewiesen hat, dass die Frage, „welche Gefühle wie erweckt, gepflegt, verdrängt werden und wie sie zu benennen sind, (selbst) eine hochgradig politische

Frage sein kann.“[17] Als Beispiel dient Heidenreich die Debatte um soziale Gerechtigkeit. Denn „wo die Kritik an wachsender ökonomischer Ungleichheit als „Neid-Debatte“ disqualifiziert wird, findet Gefühlspolitik statt: Neid ist eine Sünde, während Empörung über Ungerechtigkeit eine Bürgertugend sein könnte.“[18] Auch solche Prozesse gilt es, mit Schülerinnen und Schülern im Rahmen politischer Bildung zu reflektieren. Bislang gehen wir der Auseinandersetzung mit Emotionen aber noch viel zu häufig aus dem Weg.

17 Heidenreich (2012) a.a.O., S. 10.
18 Ebd., S. 10 f.

Die Kraft des Visuellen: Emotionen und Bilder in der Protest- und Bewegungsforschung

Lisa Katharina Bogerts

> „Purely cognitive accounts of political action will not do; they´re like a description of a car that neglects to mention the engine."[1]

„Massiver Zulauf bei ‚Pegida': Angstbürger in Rage"[2] titelte die Tagesschau Online Ende Dezember 2014. Die Meldung über die „Patriotischen Europäer gegen die Islamisierung des Abendlandes" (Pegida) führt vor Augen, dass in der medialen Berichterstattung und im öffentlichen Diskurs selbstverständlich Emotionen zur Erklärung politischer Ereignisse, Bewegungen oder Proteste herangezogen werden.

Bürgerinnen und Bürger, so heißt es, haben Ängste vor sozialem Abstieg, vor den gewaltvollen Konflikten in der Welt, vor „Überfremdung" oder gar vor einer „Islamisierung". Sie sind enttäuscht und wütend, fühlen sich von Politikerinnen und Politikern nicht ernst genommen und von den Medien belogen.[3] Diese Angst und Wut wird häufig in einem – in diesem Falle gar völkischen und fremdenfeindlichen – „Wir"-Gefühl aufgefangen.

Die Begriffe „Angstbürger" und „Wutbürger" kommen immer wieder in aktuellen Politikdebatten vor. Auch das „Wir"-Gefühl wird nicht selten aufgerufen, wie z.B. jüngst im großen Solidaritätsmarsch, der im Januar 2015 als Reaktion auf die Attentate auf das französische Satire-Magazin „Charlie Hebdo" eine Vielzahl an Bürgerinnen und Bürgern und hochrangigen Politikerinnen und Politikern in Paris zusammenkommen ließ. Hier reagierte man zwar nicht mit der Angst vor „dem Islam", sondern vielmehr mit Solidarität mit den Opfern und mit demonstrativem Zusammenhalt. Den verletzten Gefühlen vieler – keinesfalls radikaler und gewaltbe-

1 Hoggett, Paul 2009: *Politics, Identity, and Emotion,* Boulder, CO: Paradigm.
2 www.tagesschau.de/inland/angstbuerger-101.html (eingesehen am 05.02.2015).
3 Rucht, Dieter 2014: *Soziologie über Pediga. Kein Vertrauen mehr in die etablierte Politik.* Dieter Rucht im Gespräch mit Christoph Schmitz (Deutschlandfunk): http://www.deutschlandfunk.de/soziologe-ueber-pegida-kein-vertrauen-mehr-in-die.691.de.html?dram:article_id=306345 (eingesehen am 05.02.2015).

reiter – Musliminnen und Muslimen, die in zahlreichen Ländern empört von den wiederholt veröffentlichten Mohammed-Karikaturen auf die Straße gingen, wurde dabei in der europäischen Berichterstattung jedoch kaum Aufmerksamkeit geschenkt.

Die politischen Dynamiken, die im Zusammenhang mit den dänischen und französischen Mohammed-Karikaturen beobachtet werden konnten, verdeutlichten, dass Bilder – und ihre mediale Verbreitung – die Kraft haben, weltweite emotionale Reaktionen hervorzurufen. Neben der visuellen Repräsentation von Bewegungen, u. a. in den Medien, ist auch die Bildproduktion durch Bewegungen selbst eng mit emotionalen Prozessen verknüpft. Visuelle Mittel werden benutzt, um Aufmerksamkeit und Bewusstsein für gesellschaftliche Probleme zu erzeugen, um Menschen zu mobilisieren und um Bewegungen zusammen zu halten.[4]

Obwohl die Rolle von Bildern oder Gefühlen in verschiedenen politikwissenschaftlichen Teilbereichen, wie der politischen Wahl- und Einstellungsforschung, bereits untersucht wurde, wird dem Zusammenhang zwischen Emotionen, visuellen Medien und politischem Aktivismus bisher nur in Ansätzen Aufmerksamkeit gezollt. Im Folgenden soll sowohl die Rolle von Emotionen als auch von Bildern in der Protest- und Bewegungsforschung beleuchtet werden. Die Soziale Bewegungsforschung wird als Wissensgebiet behandelt, das sich nicht nur mit dauerhafteren Bewegungen, sondern auch mit einzelnen Protesten oder Kampagnen auseinandersetzt.

Dabei muss beachtet werden, dass es sich bei der Sozialen Bewegungsforschung nicht um ein genuin politikwissenschaftliches Feld handelt. Vor allem die Soziologie, aber auch die (Sozial-)Psychologie, die Geschichtswissenschaft, die Ethnologie und zunehmend auch die Kultur- und Medienwissenschaft arbeiten auf diesem Forschungsfeld. Die Verbindung mit Emotionen macht, genau wie der Miteinbezug von visuellen Untersuchungsgegenständen, eine multidisziplinäre Herangehensweise unabdingbar. Erkenntnisse aus den oben genannten Disziplinen sind daher ebenso wertvoll wie Ansätze aus der Kommunikations-, der Kunst- und der Bildwissenschaft.

4 Daphi, Priska et al. 2013: Images of Surveillance. The Contested and Embedded Visual Language of Anti-Surveillance Protests, in: Nicole Doerr et al. (Hrsg.): *Advances in the Visual Analysis of Social Movements*, Bingley: Emerald, S. 57; Adams, Jacqueline 2002: Art in Social Movements. Shantytown Women's Protest in Pinochet's Chile, in: *Sociological Forum* 17(1), S. 21-56.

In vielen Arbeiten wird sowohl die unzureichende akademische Aufmerksamkeit für die Rolle von Emotionen als auch die (fälschlicherweise) vorausgesetzte Dichotomie zwischen rationalem Handeln und Emotionen kritisiert.[5] Gefühle zu zeigen sei – trotz ihrer unbezweifelbaren Existenz – in einer modernen, rational organisierten Demokratie verpönt.[6] Feministische Arbeiten thematisieren dabei vor allem die geschlechtsbasierte Binarisierung, die das Emotionale (und Private) weiblichen und das Vernunfthandeln (das Öffentliche und Politische) männlichen Attributen zuordnet und somit einen Herrschaftsmechanismus früherer Zeiten reproduziert.[7] Diese Dichotomie wird auch aufgrund der Erkenntnis darüber angezweifelt, dass doch gerade in einer Demokratie nicht der Einfluss von Gefühlen auf politische Meinungen und Entscheidungen, dass „[...] nicht die enorme Bedeutung politisch-intellektueller Kämpfe um Emotionen vergessen werden" könne – denn schließlich handelt es sich um jene „Arbeit an den politischen Gefühlen, die Machtkonstellationen verschieben kann."[8]

Abseits der professionellen Arbeit im institutionellen Politikbetrieb ist der „Einsatz" von Emotionen bei Protesten selbstverständlicher, da selbst den professionellsten und bürokratischsten Bewegungen die Notwendigkeit zugestanden wird, „emotionale Arbeit" leisten zu müssen, um erfolgreich zu sein.[9]

Der vorliegende Beitrag gibt, bezugnehmend auf einzelne historische Phasen, zunächst einen Überblick über den Forschungsstand zu Emotionen in Protesten und Bewegungen, wobei vor allem die europäische und US-amerikanische Literatur berücksichtigt wird. Anschließend werden

5 Vgl. Goodwin, Jeff et al. 2001: *Passionate Politics. Emotions and Social Movements,* Chicago: University of Chicago Press, S. 15; Jasper, James M. 2006: Motivation and Emotion, in: Goodin, Robert E./Tilly, Charles (Hrsg.): *The Oxford Handbook of Contextual Political Analysis*, Oxford: Oxford University Press, S. 160; Jasper, James M. 2014: Feeling-Thinking. Emotions as Central to Culture., in: Baumgarten, Britta et al. (Hrsg.): *Conceptualizing Culture in Social Movement Research*, Basingstoke: Palgrave Macmillan, S. 23; Klein, Ansgar/Nullmeier, Frank 1997: Editorial. Masse – Macht – Emotionen, in: *Forschungsjournal Neue Soziale Bewegungen* 10(3), S. 5.

6 Klein/Nullmeier (1997) a.a.O., S. 5; Sauer, Birgit 1997: Politologie der Gefühle? Emotionen in der politikwissenschaftlichen Frauen- und Geschlechterforschung, in: *Forschungsjournal Neue Soziale Bewegungen* 10(3), S. 57.

7 Sauer (1997) a.a.O., S. 63

8 Klein/Nullmeier (1997) a.a.O., S. 4

9 Goodwin et al. (2001) a.a.O., S. 15, zu „emotional labour" vor allem Hochschild, Arlie Russell 1979: Emotion Work, Feeling Rules, and Social Structure, in: *American Journal of Sociology* 85(3), S. 551-575.

Ansätze des sogenannten „emotional turn" betrachtet. Da visuelle Medien eine besondere Rolle für die Vermittlung von Emotionen in Verbindung mit Protesten zu spielen scheinen, wird schließlich, unter Berücksichtigung der jüngeren empirischen Forschung, auch die Rolle von Bildern beleuchtet. Ein Ausblick rundet die Betrachtung ab.

1. Vom primitiven Mob zur rationalen Nutzenmaximierung: Emotionen in der Geschichte der Sozialen Bewegungsforschung

> „Emotions went from being highlighted in crowd theories, to being ignored in the structural paradigms of resource-mobilization and political-opportunity theory, to being faintly and grudgingly acknowledged in cultural paradigms […]."[10]

Die Rolle von Emotionen fand in der historischen Entwicklung der Sozialen Bewegungsforschung höchst unterschiedliche Beachtung. Der frühe Karl Marx sah die Notwendigkeit von „sozialer Bewegung" bereits in den strukturimmanenten Widersprüchen und Spannungen der Gesellschaft angelegt. Obwohl die dominante Lesart des Werkes von Marx und Friedrich Engels bereits Formen von Ideologie und Gruppenidentität, also eher kulturellen Faktoren, ausmacht[11], wird kollektives Handeln zur „revolutionären Umgestaltung der ganzen Gesellschaft" durch seine unbedingte Notwendigkeit äußerst rational begründet.[12] Aus marxistischer Sicht verfolgte die Arbeiterbewegung mit dem Klassenkampf vorwiegend rational begründete, materielle Ziele und war nicht primär von Gefühlen oder Leidenschaften angetrieben.[13]

Das Gros der Wissenschaft des 19. und frühen 20. Jahrhunderts sah dies anders als die Revolutionäre. Die frühe Massenpsychologie sah die Arbeiterbewegung, die meist mit „sozialer Bewegung" gleichgesetzt wurde, in einem „Strudel der Leidenschaften"[14]. Gustave Le Bon (1895) degradierte die Teilnahme an Protestaktivitäten als irrationales Verhalten, als „in sich unbegründet und ohne Reflexion auf Kontext und Konsequenzen"[15]. Die

10 Jasper (2014) a.a.O., S. 23.

11 Baumgarten, Britta et al. 2014: Protest and Culture: Approaches in Social Movement Research – An introduction, in: dies. (Hrsg.): a.a.O., S. 1.

12 Hellmann, Kai-Uwe/Koopmans, Ruud (Hrsg.) 1998: *Paradigmen der Bewegungsforschung. Entstehung und Entwicklung von Neuen Sozialen Bewegungen und Rechtsextremismus,* Wiesbaden: VS Verlag für Sozialwissenschaften, S. 12.

13 Goodwin et al. (2001) a.a.O., S. 3.

14 Ebd., S. 3.

15 Hellmann/Koopmans (1998) a.a.O., S. 11.

massenpsychologischen – oft rassistischen – Arbeiten des französischen Soziologen wurden später im italienischen und deutschen Faschismus für die Mobilisierung der Massen herangezogen.[16] Orientierung bot hier insbesondere die Annahme, die bewussten Tätigkeiten des Individuums würden in der Masse durch unbewusste kollektive und irrationale Verhaltensweisen ersetzt, die jeglicher Zielsetzung und Kontrolle entbehrten[17]: „So betrachtet, entwickelt sich der Mensch in der Masse zum Tier zurück, das nur noch durch seine Ängste und Affekte bestimmt wird."[18]

Auch Sigmund Freud war von Le Bon inspiriert, als er in „Massenpsychologie und Ich-Analyse" (1921) davon ausging, die Beteiligung an Versammlungen und Protesten sei das Zeichen einer verwirrten Gefühlswelt, eines Persönlichkeitskonfliktes – und somit eines psychologischen Problems: „Freudian psychology was often appropriated to show that participants were immature: narcissistic, latently homosexual, oral dependent, or anal retentive."[19]

Diese negative Sicht auf Bewegungen wurde durch die Erfahrungen mit dem europäischen Faschismus und dem Sowjetkommunismus noch verstärkt.[20] Studien zur „Massengesellschaft", die vor allem totalitäre Bewegungen betrachteten, gingen davon aus, dass Anhänger den „Verlust an individueller Sicherheit durch kollektiven Protest zu kompensieren suchen."[21] Der Anhänger einer Massenbewegungen sei, so Eric Hoffer, „a desperate fanatic who needed to believe in *something*, no matter what. [...] He hoped to lose himself in a collective identity. Participation itself was his sole motivation; the goals of protest hardly mattered."[22]

Dieser Blick auf Protest und Bewegungen wurde ab den 1960er Jahren durch eine radikale Hinwendung zu rationalen Erklärungsansätzen ersetzt, in denen Emotionen so gut wie keine Rolle mehr spielten.[23] Viel wichtiger wurde der Begriff des Interesses, auf dessen Durchsetzung Protestbewe-

16 Conen, Jay Y. 2000: *The Roots of Nazi Psychology. Hitler's Utopian Barbarism.* Lexington: The University Press of Kentucky.

17 Hellmann/Koopmans (1998) a.a.O., S. 12.

18 Ebd., S. 11.

19 Goodwin et al. (2001) a.a.O., S. 2f.

20 Ebd.

21 Hellmann/Koopmans (1998) a.a.O., S. 11.

22 Hoffer, Eric 1951: *The True Believer: Thoughts on the Nature of Mass Movements*, New: York: Harper Perennial Modern Classics, nach Goodwin et al (2001) a.a.O., S. 2f.

23 Goodwin et al. (2001) a.a.O., S. 5; Jasper, James M. 2011: Emotions and Social Movements. Twenty Years of Theory and Research, in: *Annual Review of Sociology* 37, S. 87.

gungen als rational kalkulierende Akteure instrumentell abzielten, um politischen Einfluss auszuüben.[24] Mit den Ansätzen der Ressourcenmobilisierung und der politischen Gelegenheitsstrukturen wurden Bewegungen nun als zweckrational und strategisch handelnd angesehen und eher unter strukturellen und organisationalen Gesichtspunkten, wie ihrer Funktion, Struktur und Ressourcen bzw. den Strukturen ihres gesellschaftlichen Umfeldes und des politischen Systems betrachtet.[25] Sozialpsychologische Konzepte wiederum berücksichtigten zwar Verunsicherungen, Verlusterfahrungen und Nachteilswahrnehmungen als Mobilisierungsfaktoren, sahen diese aber eher als kognitive Wahrnehmungen an.[26]

Ähnlich verhält es sich mit dem „Framing"-Ansatz.[27] Im Gegensatz zu rationalistischen und strukturalistischen Ansätzen erkennt dieses Konzept zwar die Bedeutung von symbolischen und diskursiven Konstruktionsleistungen, wie z. B. sogenannter „injustice frames"[28] an, die Empfindungen wie Ungerechtigkeit und Schuldzuweisung eine gewisse Bedeutung zuordnen. Allerdings konzentriert sich diese Sichtweise eher auf die kognitiven Komponenten der Deutungsrahmen, weshalb sein theoretischer Beitrag zur Erforschung von Emotionen begrenzt ist.[29]

Mit der Hinwendung zu „Neuen Sozialen Bewegungen", die sich durch ein überwiegend postmaterialistisches Selbstverständnis und das Streben nach individueller Autonomie auszeichneten, wurden zunehmend kulturelle Faktoren berücksichtigt.[30] Ähnlich wie beim „Framing"-Ansatz, wurden auch mit dem Konzept der „kollektiven Identität" (Melucci 1989)[31] den

24 Fahlenbrach, Kathrin 2002: *Protestinszenierungen. Visuelle Kommunikation und kollektive Identitäten in Protestbewegungen*, Wiesbaden: Westdeutscher Verlag, S. 22; Jasper (2006) a.a.O., S. 158; Sauer (1997) a.a.O., S. 58.

25 Hellmann/Koopmans (1998) a.a.O., S. 13ff.

26 Neidhardt, Friedhelm/Rucht, Dieter 2001: Soziale Bewegungen und kollektive Aktionen, in: Joas, Hans (Hrsg.): *Lehrbuch der Soziologie,* Frankfurt: Campus-Verlag, S. 307.

27 Vgl. Snow, David A./Benford, Robert D. 1988: Ideology, Frame Resonance, and Participant Mobilization, in: *International Social Movement Research* 1(1), S. 197-217.

28 Gamson, William et al. 1982: *Encounters with Unjust Authority*, Homewood, IL: Dorsey.

29 Goodwin et al. (2001) a.a.O., S. 6f.; Jasper, James M. 1997: *The Art of Moral Protest. Culture, Biography, and Creativity in Social Movements*, London: The University of Chicago Press, S. 129.

30 Jasper (1997) a.a.O., S. 69.

31 Melucci, Alberto 1989: *Nomads of the Present*, Philadelphia: Temple University Press.

Konstruktionsleistungen und der Kommunikation der Bewegungsakteure vermehrte Aufmerksamkeit geschenkt.[32] Die „kollektive Identität“ einer Gruppe kann anhand verschiedener Abgrenzungsmerkmale konstruiert werden, wobei Kultur, Geschlecht, Habitus und Milieu genauso zur Abgrenzung von „den anderen“ dienen können wie emotionale Bindungen, Solidarität, Wertemuster, Symbole und Rituale.[33]

Damit eine Gruppe jedoch tatsächlich auf die Straße geht, um zu protestieren, ist eine Politisierung kollektiver Identität nötig.[34] Durch gemeinsam definierte Missstände und die Identifizierung von Verantwortlichen – oft politische Autoritäten – werden emotionale Dynamiken in Gang gesetzt. Wenn die Forderungen einer Gruppe bei den Autoritäten auf taube Ohren stoßen oder diese gar mit repressiven Mitteln reagieren, wird eine Politisierung noch wahrscheinlicher.[35] Roland Roth bemerkt dazu:

> „Kollektive Identitäten sozialer Bewegungen sind Identitäten in Opposition. Im öffentlichen Raum ausgetragen, entwickelt sich Bewegungsidentität im Konflikt mit Gegnern und mit Blick auf ein Publikum, um dessen Sympathie und Unterstützung gerungen wird. [...] Gegnerschaften können eigene Identität profilieren helfen und besondere emotionale Energien für gemeinsames Handeln freisetzen [...].“[36]

Die Perspektive der „kollektiven Identität“ geht demnach – anders als die frühe Massenpsychologie – von einem kognitiven und zielgerichteten Handeln der Bewegungsteilnehmer aus, das aber nicht ausschließt, dass auch „ein gewisses Ausmaß emotionaler Investitionen erforderlich“[37] ist. Nach Alberto Melucci setzt sich die kollektive Identität sozialer Bewegungen aus drei Dimensionen zusammen: Neben einer kognitiven und einer interaktiven Dimension, beschreibt die emotionale Dimension die emotionalen Bindungen in der Gruppe:

> „Ohne ein gewisses Maß an Zugehörigkeit kommt kein kollektiver Akteur aus. Dies gilt insbesondere für die weniger institutionalisierten sozialen Handlungsformen, wie z. B. soziale Bewegungen. Ohne Leidenschaften und heftige Gefühle,

32 Hellmann/Koopmans (1998) a.a.O., S. 19.

33 Ebd., S. 17; Roth, Roland 1998: Patch-Work. Kollektive Identitäten neuer sozialer Bewegungen, in: Hellmann/Koopmans (1998) a.a.O., S 52.

34 Klandermans, Bert 1997: Identität und Protest. Ein sozialpsychologischer Ansatz, in: *Forschungsjournal Neue Soziale Bewegungen* 10(3), S. 43.

35 Ebd., S. 43f.

36 Roth (1998) a.a.O., S. 54.

37 Klandermans (1997) a.a.O., S. 42.

> wie Empörung, Liebe und Hass, Zuversicht und Angst, können Menschen nicht in Bewegung kommen.“[38]

Ansätze wie dieser, die im Rahmen einer „kulturalistischen Wende“ entstanden, messen zwar emotionalen Bindungen und Zugehörigkeiten eine gewisse Bedeutung zu. Einen expliziten, theoretischen Zugang zur Rolle von Emotionen liefern sie aber nicht.

2. *Eine weitere Wende: Emotionszentrierte Ansätze*

> “[…] emotions have led a shadow existence for the last three decades. […] Academic observers have managed to ignore the swirl of passions all around them in political life.“[39]

Ende der 1990er Jahre fingen Soziologen wie Goodwin und Jasper an, einer von ihnen kritisierten Vernachlässigung von Emotionen entgegenzuwirken und sie als ein zentrales Element sozialer Bewegung zu betrachten. Der Mode der akademischen „turns“ folgend, werden diese Arbeiten als exemplarisch für den „emotional turn“ gesehen. Seine Vertreter standen vor der besonderen Herausforderung, die in der physiologischen, psychologischen und soziokulturellen Vielfalt emotionaler Phänomene liegt.[40] Der überwiegende Teil der im Folgenden vorgestellten Ansätze bedient sich einer kulturanalytischen Herangehensweise, teilweise gestützt durch psychologische Einsichten und unter Anerkennung biologischer Erkenntnisse.[41] Sie gehen davon aus, dass es sich bei Emotionen um sozial und kulturell konstruierte Phänomene handelt, die immer vor dem Hintergrund der individuellen Biografie, Erfahrungen und Einstellungen interpretiert werden müssen.[42]

38 Roth (1998) a.a.O., S. 54; nach Melucci, Alberto 1996: *Challenging Codes. Collective Action in the Information Age*, Cambridge: Press Syndicate of the University of Cambridge, S. 70f.

39 Goodwin et al. (2001) a.a.O., S. 1.

40 Ebd., S. 10.

41 Jasper (2014) a.a.O., S. 26; Hoggett (2009) a.a.O., S. viii; Nullmeier/Klein (1997) a.a.O., S. 6; s. außerdem andere wichtige Arbeiten wie Flam, Helena/King, Debra (Hrsg.) 2005: *Emotions and Social Movements*, London: Routledge; Gould, Deborah 2009: *Moving Politics. Emotion and ACT UP's Fight against AIDS.* Chicago: The University of Chicago Press; Kane, Anne 2001: Finding Emotions in Social Movements Processes: Irish Land Movement Metaphor and Narratives, in: Goodwin (Hrsg.) a.a.O., S. 251-266.

42 Jasper (1997) a.a.O., S. 91, 109; Goodwin et al. (2001) a.a.O., S. 12; Sauer (1997) a.a.O., S. 54.

Um der Beschäftigung mit Emotionen mehr konzeptionelle Klarheit zu verleihen, stellte Jasper eine Kategorisierung unterschiedlicher Arten von Gefühlen auf, die Einfluss auf politisches Handeln haben. Als Affekte („affects“) bezeichnet er relativ stabile Gefühle wie Solidarität, Vertrauen, Liebe und Hass, die die Ziele vieler unserer zweckbestimmten Handlungen bestimmen. Gerade durch die Möglichkeit, durch positive und negative Affekte Grenzen zwischen „innen“ und „außen“ zu schaffen, zum Beispiel in einer Gruppe, sieht er sie als zentrale Motivationen für politisches Handeln an.[43] Stimmungen („moods“) sind vorübergehende Gefühle, die die Ausrichtung unserer Intentionen und Handlungen in verschiedene Richtungen lenken können. Stimmungen wie Fatalismus, Resignation und Pessimismus können paralysieren und demobilisieren. Optimismus besitzt wiederum eine mobilisierende Wirkung, da er die Selbstwahrnehmung unserer Handlungsfähigkeit und unsere Visionen für die Möglichkeiten eines politischen oder sozialen Wandels stärke. Stimmungen, wie Traurigkeit oder Euphorie, können auch von ästhetischer Wahrnehmung, wie bei der Kunst- und Bildrezeption beeinflusst werden. Moralische Empfindungen („moral sentiments“), wie z. B. Empörung, Stolz, Scham und Mitleid, sind nach Jasper komplexere, moralisch aufgeladene Gefühle, die zugleich kognitiver Prozesse bedürfen. Diese Gefühle kommen u. a. dann zum Tragen, wenn wir moralischen Regeln folgen (sollen) und diese hinterfragen oder uns ihnen widersetzen, so z. B. wenn es um sozialen Status, Hierarchien und das Empfinden von Ungerechtigkeit geht.[44] William Gamson bezeichnet moralische Empfindungen als „hot cognitions“, die zentral sind für die Motivationen für Protest und politische Beteiligung, wie Empörung und Wut.[45]

Laut Jasper wirken sich Gefühle aber nicht nur auf die Mobilisierung zum Protest aus, sondern es werden im Protest auch neue, kollektive Emotionen erzeugt. Affektive Bindungen wie Freundschaft, Liebe, Loyalität und Solidarität werden – genau wie ihre negativen Gegenspieler Eifersucht, Neid und Rivalität – als gegenseitige Emotionen („reciprocal emotions“) bezeichnet. Als geteilte Emotionen („shared emotions“) gelten hingegen Gefühle, die die „Gruppe als Ganzes“ teilt und die, wie z. B.

43 Hier nach Jasper (2006) a.a.O., S. 162ff.; erstmals bei Jasper, James M. 1998: The Emotions of Protest. Affective and Reactive Emotions in and around Social Movements, in: *Sociological Forum* 13(3), S. 397-424.

44 Ebd., S. 64ff.

45 Gamson, William A. 1992: *Talking Politics*, Cambridge: University Press, S. 7.

Wut gegenüber „anderen“, nach außen gerichtet werden können.[46] In Zusammenhang mit kollektiven Emotionen wird auch von der „Freude am Protest“ („pleasures of protest“) gesprochen.[47] Damit sind genauso die Freude an einer gemeinsamen Zeit mit Menschen, die man mag gemeint wie die Befriedigung durch ein gestärktes Gefühl der Zugehörigkeit zu einer Gruppe als „sacred places and moments in the subculture´s history“[48].

Arlie Hochschild bemerkt dazu: „Social movements for change make ‘bad’ feelings okay, and they make them useful."[49] In einer Studie über Proteste salvadorianischer Bäuerinnen und Bauern argumentiert Elisabeth Jean Wood, dass die – eher schlechten – Aussichten auf einen Erfolg der Rebellion gegen unterdrückende ökonomische Eliten für einige Teilnehmende in den Hintergrund rückten, da die Freude und der Stolz darüber, selbst aktiv werden zu können, als Motivationsfaktor überwog.[50]

Auch soziale Netzwerke werden als wichtige Ressource für die Rekrutierung von Anhängern gesehen, da persönliche, affektive Bindungen zu anderen Personen motivieren können, sich ebenfalls am Protest zu beteiligen.[51] Aufbauend auf Èmile Durkheims Arbeiten zum kollektiven Bewusstsein[52] hebt Randall Collins das Gefühl der Partizipation in Gruppen als interaktionistisches Ritual hervor, in dem emotionale Aufmerksamkeit die zentrale Belohnung darstellt. Im „social attention space“, in dem Bewegungsanhänger operieren, entstehen 1) Gefühle der Gruppensolidarität, 2) emotionale Energie, bestehend aus dem Enthusiasmus und der Zuversicht der Teilnehmenden, die durch Rituale verstärkt werden, 3) Gruppensymbole und -embleme, die die Erinnerungen und positiven Gefühle an das kollektive Erlebnis auch in Abwesenheit der Gruppe bewahren sowie 4) moralische Gefühle, wobei die Gruppe ihre eigenen Standards von

46 Jasper (1997) a.a.O., S. 187.

47 Ebd., S. 82; Goodwin et al. (2001) a.a.O., S. 20.

48 Jasper (1999) a.a.O., S. 82.

49 Hochschild, Arlie Russell 1975: The Sociology of Feeling and Emotion. Selected Possibilities, in: *Sociological Inquiry* 45(2-3), S. 298.

50 Wood, Elisabeth 2001: Peasant Political Mobilization in El Salvador: The Contribution of Emotional In-process Benefits, in: Goodwin (Hrsg.) a.a.O.., S. 267-281.

51 Jasper (1997) a.a.O., S. 61; Goodwin et al. (2001) a.a.O., S. 23; s. a. Diani, Mario 1997: Social Movements and Social Capital. A Network Perspective on Movement Outcomes, in: *Mobilization* 2(2), S. 129-47.

52 Durkheim, Émile 1988: *De la division du travail social*, Paris: Presses Universitaires de France.

„richtig“ und „falsch“ aufbaut.[53] Der entstehenden „emotionalen Energie“ – Marcel Mauss zog hierfür den aus dem Tribalismus kommenden Begriff des „Mana“ heran – schreibt Collins die Kraft zu, die ursprünglichen – meist negativen – Gefühle der Teilnehmenden in positive zu transformieren, die eine „höhere Bedeutung“ der Sache implizieren.[54]

Die Perspektive der „Freude am Protest” berücksichtigt zwar die wichtige Rolle von Emotionen, verdeutlicht aber gleichzeitig auch eine gewisse Problematik: Durch die Betonung der positiven „Nebeneffekte“ der Protestaktivitäten, mag es erscheinen, als ob es sich bei den Anhängern einer sozialen Bewegung um abenteuerlustige „excitement-seekers“ handele, die lediglich eine gute Zeit suchten und denen „die Sache“ eigentlich egal sei.[55] Auch beim Ansatz der „kollektiven Identität“ wird die Gefahr eines „unpolitischen Reduktionismus“ deutlich: Die Betonung des Emotionalen und Persönlichen als Motivation entzieht dem Protest seinen (eigentlichen) herrschaftskritischen und kämpferischen Charakter für ein politisches Ziel und nicht nur für die persönliche Sinnsuche.[56] Vertreter des „emotional turn“ sind jedoch der Meinung, dass emotionale Faktoren mit kognitiven Prozessen einhergehen und sich diese eben nicht gegenseitig ausschließen.[57] Schließlich könnte man auch so weit gehen, kollektiv geteilte und demonstrierte positive Gefühle, wie Freude oder Humor, an sich schon als etwas Politisches anzusehen, da sie eine Form von „Freiheit“ symbolisieren, die von Protesten so oft gefordert wird.

Politisch bedeutsam und gleichzeitig von Emotionen geprägt, ist das Konzept des „moralischen Schocks“. James Jasper und Jane Poulsen bezeichnen damit ein – häufig öffentliches oder medial beleuchtetes – Ereignis, das moralische Empörung auslöst. Die Transformation von Trauer oder Angst in Wut und Schuldzuweisung kann der erste Schritt einer Rekrutierung für eine Protestbewegung sein.[58] Diese Transformation von Gefühlen wird begünstigt, wenn bei der Schuldzuweisung „Täter “ und „Opfer“ – oder sogar „Helden“ – ausgemacht werden können.[59] Während mo-

53 Collins, Randall 2001: Social Movements and the Focus of Emotional Attention, in: Goodwin (Hrsg.), a.a.O., S. 27f.

54 Ebd., S. 29.

55 Ebd., S. 29f.

56 Roth (1998) a.a.O., S. 67f.

57 Jasper (1997) a.a.O., S. 109.

58 Jasper, James M./Poulsen, Jane 1995: Recruiting Strangers and Friends. Moral Shocks and Social Networks in Animal Rights and Anti-Nuclear Protests, in: *Social Problems* 42(4), S. 493-512; Jasper (1997) a.a.O., S. 107.

59 Collins (2001) a.a.O., S. 32f.; Jasper (1997) a.a.O., S. 107; ebd. S. 166.

ralische Schocks ebenso Resignation und Rückzug ins Private hervorrufen können, kanalisieren andere Betroffene ihre Gefühle durch komplexe emotionale und kognitive Prozesse in Empörung und konkrete politische Aktivität. Dieser Zustand wird auch als „Angriffsmodus" bezeichnet, in dem oft schon vorher latent vorhandene Gefühle in konkrete Aktivität transformiert werden.[60] Im Zusammenhang mit einer Studie über die Anti-Kernkraft-Bewegung in Kalifornien zitiert Jasper eine befragte Teilnehmerin der „Mothers for Peace": „People can sit around thinking „Oh My God", or they can go out and fight. We put them into attack mode."[61]

Paul Hoggett erklärt die Bedeutung von Emotionen für die Entstehung sozialer Bewegungen mit Raymond Williams Ansatz der „structures of feelings".[62] Er erläutert, dass zeitgeschichtliche Epochen oder Generationen durch eine bestimmte Stimmung geprägt seien, durch untergründige, aber tief sitzende Gefühle („abiding affects"), die – mitunter gezielt – von Bewegungen genutzt werden können:

> "[...] my hypothesis is that a reservoir of free-floating anxiety develops at a (figuratively speaking) subterranean level, seeping into the foundations of social, economic, and political life. [...] An affect therefore seeks an object. Something to anchor it and give it meaning. Once named this way, it becomes an emotion. When the affect of anxiety finds an object, it becomes an emotion we call fear. Now it has been named – and once it has been attributed to an object or source, it can be mobilized against."[63]

Bei der Wahrnehmung von scheinbaren gesellschaftlichen (Grund-)Stimmungen und -ängsten[64], die von sozialen Bewegungen aufgegriffen und genutzt werden wird der (audio-)visuellen Vermittlung von Emotionen, v. a. durch die Massenmedien, eine wichtige Rolle zugesprochen.[65]

Auch für die Wahrnehmung von Protesten an sich – ob aus Sicht der (medialen) Öffentlichkeit oder der Anhänger selbst – ist visuelle Kommunikation von großer Bedeutung. Im Folgenden werden Arbeiten vorgestellt, die diesen Aspekt näher beleuchten.

60 Jasper (1997) a.a.O., S. 106f.

61 Ebd., S. 107.

62 Williams, Raymond 1977: *Marxism and Literature*, Oxford: Oxford University Press, S. 128ff.

63 Hoggett (2009) a.a.O., S. 23.

64 Hier verweist Hoggett auf das Konzept der *risk panic* von Ulrich Beck bzw. der *moral panic* von Stanley Cohen.

65 Hoggett (2009) a.a.O., S. 23.

3. *The Revolution will be Visualized: Visuelle Protestkommunikation*

Protestbewegungen vermitteln Emotionen oft mithilfe visueller Mittel. Marion G. Müller zufolge sind Bilder besonders dafür geeignet, weil sie einer assoziativen Logik folgen, die offener als die argumentative Logik textbasierter Kommunikation ist.[66] Müller spricht in diesem Zusammenhang von einer zunehmenden Visualisierung emotionaler Ausdrucksformen, was bedeutet, dass „immer mehr Bilder mit der Intention publiziert [würden], emotionale Reaktionen bei den Betrachtern auszulösen."[67]

Die Medienwissenschaftlerin Kathrin Fahlenbrach betont zudem die schnelle Wirkung des Visuellen. Die Auswertung sprachlicher und visueller Informationen finde zwar vernetzt statt, die visuell hervorgerufenen emotionalen Stimuli würden aber schneller verarbeitet als die linguistischen Reize.[68] Anders formuliert bedeutet das: „Bilder sind schnelle Schüsse ins Gehirn. Um ein Bild mittlerer Komplexität aufzunehmen, sind nur eine bis zwei Sekunden erforderlich."[69]

In den letzten Jahren näherten sich Studien aus verschiedenen wissenschaftlichen Disziplinen – so auch aus der Sozialen Bewegungsforschung – explizit der Frage an, welchen Einfluss visuelle Kommunikationsmittel auf gesellschaftliche Protestdiskurse und -dynamiken haben können, wobei Emotionen eine zentrale Rolle spielen. Zur Bedeutung von visuellen Symboliken für soziale Bewegungen stellt Donatella della Porta fest:

> „[...] one can learn a lot about social movements by analyzing the content of their visual production. As social movements need and praise visibility, visual products perform a most important function. [...] symbols are particularly important for movements as they need to build identities as well as capture the attention of the media and the public [...] Given their semiotic openness [...], visual symbols are easier to agree upon than discourses, and are easier to synthesize diversity in a common vision."[70]

66 Kappas, Arvid/Müller Marion G. 2006: Bild und Emotion – ein neues Forschungsfeld. Theoretische Ansätze aus Emotionspsychologie, Bildwissenschaft und visueller Kommunikationsforschung, in: *Publizistik* 51(1), S. 3; Müller, Marion G. 2003: *Grundlagen der visuellen Kommunikation*. Konstanz: UVK, S. 26.

67 Ebd., S. 4.

68 Fahlenbrach (2002) a.a.O., S. 138.

69 Kroeber-Riel, Werner 1993: *Bildkommunikation. Imagerystrategien für die Werbung*, München: Vahlen, S. 53.

70 della Porta, Donatella 2013: What we can do with Visual Analysis in Social Movement Studies. Some (Self-) Reflections, in: Doerr et al. (Hrsg.) a.a.O., S. 142f.

Nicole Doerr, Alice Mattoni und Simon Teune unterscheiden in ihrem Sammelband zur visuellen Analyse von sozialen Bewegungen drei Dimensionen von Visualität: 1) visuelle Ausdrucksformen durch Bewegungen selbst, 2) die visuelle Darstellung von sozialen Bewegungen durch externe Akteure, wie die Medien oder die Politik, und 3) die gesellschaftliche Sichtbarkeit von sozialen Bewegungen.[71] Im Folgenden wird vor allem die erste Dimension – die Bildproduktion *durch* soziale Bewegungen – betrachtet, wobei jedoch die anderen beiden am Ende des Kapitels zumindest kurz berücksichtigt werden sollen.

Soziale Bewegungen produzieren Bilder, mithilfe derer sie kommunizieren. Fahlenbrach sieht die wichtigsten Funktionen von Protestkommunikation a) zunächst darin, dass sie in Form einer öffentlichen, nach außen gerichteten Repräsentation von Werten und Zielen den Erwartungsdruck auf politische Entscheidungsträger in ihrem Sinne erhöht und b), dass sie die kollektive Selbstvergewisserung und symbolische Vergemeinschaftung nach innen stärkt, die für eine Mobilisierung nötig ist.[72]

Anhand der Studentenbewegung der 1960er Jahre zeigt Fahlenbrach, wie sich mithilfe expressiv-visueller Codes in der symbolischen Selbst- und Fremdwahrnehmung kollektive Identitätsmuster von Bewegungen formen. Kommunikation ist dabei zentral, da soziale Gruppen hier als „dominant emotional strukturiert“[73] angesehen werden. Dazu stellt Fahlenbrach fest: „Je stabiler die kommunikative Vernetzung der heterogenen Interessen und Bedürfnisse ist, desto stärker ist die kognitiv-emotionale Bereitschaft zur Identifikation mit kollektiven Identitätsentwürfen.“[74] Visuelle Codes – nicht nur Bilder an sich, sondern auch ein gemeinsamer Kleidungsstil oder andere Symbole, Embleme und Rituale – repräsentieren überwiegend emotional besetzte Strukturen der kollektiven Identität, erhöhen damit das emotionale Engagement der Sympathisanten und fungieren als kognitiv-emotionale „Erkennungszeichen“ für Gemeinschaftserfahrung und Zugehörigkeit.[75]

Durch die massenmediale Reproduktion und Re-Inszenierung von Protestaktionen wird zudem „die emotionale Wirksamkeit visueller Protestcodes potenziert“, wobei audiovisuelle Re-Inszenierungen, wie z. B. im

71 Doerr et al. (2013) a.a.O., S. xii.

72 Fahlenbrach (2002) a.a.O., S. 31.

73 Ebd., S. 28; nach Gerhards, Jürgen 1988: *Soziologie der Emotionen. Fragestellungen, Systematik, Perspektiven*, München: Juventa-Verlag, S. 111.

74 Ebd., S. 107.

75 Ebd., S. 21, 32.

Fernsehen, gar wie ein „emotionaler Katalysator“ für die Teilnehmenden wirken.[76]

Mit der Bildproduktion streben Bewegungsakteure aber auch Wirkung nach außen an. Bilder können durch ihre emotionale Wirkung als starkes Mobilisierungsmittel gesehen werden.[77] Sowohl die Emotionen der Protestierenden selbst als auch die (erwartete) emotionale Reaktion anderer Akteure – wie der Öffentlichkeit, der Medien, der Politik und der Polizei – beeinflussen die Wahl der Taktik, weshalb häufig auch aus strategischen Gründen bewusst Bilder eingesetzt werden.[78] Bekannt ist der strategische Einsatz von Bildern, durch die „moralische Schocks“ ausgelöst werden sollen, zum Beispiel von Protesten gegen Tierversuche[79] und aus Anti-Abtreibungskampagnen.

Kirsty McLaren untersucht die Bildnutzung der australischen Anti-Abtreibungsbewegung, die sie als Paradebeispiel dafür ansieht, wie Emotionen die Aktivitäten sozialer Bewegungen beleben und erhalten. McLaren sieht die grafische Darstellung von körperlichem Leid als besonders wirksam für die Mobilisierung an. Während Fotos von abgetriebenen Föten die Betrachtenden durch die Veranschaulichung des „Horrors“ einer Abtreibung schockieren sollen, führen Fotos des lebendigen Fötus das „Wunder des Lebens“ und die Fragilität des menschlichen Körpers vor Augen. Durch die visuelle Darstellung können die Betrachtenden, anders als bei Beschreibungen mithilfe von Worten, nicht selbst entscheiden, ob sie sich die „Realität“ bildlich vorstellen wollen, sondern werden direkt mit ihr – in ihrer negativsten Interpretation – konfrontiert. Der Fötus wird als Subjekt, und mehr noch als unschuldiges Opfer manifestiert, was eine stärkere emotionale Identifikation hervorrufen kann.[80] Zur Kraft des Visuellen und der engen Verbindung des „Sehens“ und des „Fühlens“ bemerkt McLaren:

76 Ebd., S. 120.

77 Doerr et al. (2013) a.a.O., S. xiii; Fahlenbrach, Kathrin et al. (Hrsg.) 2014a: Critical Visual Studies, in: *Journal for a Global Sustainable Information Society* 12(1), S. 206.

78 Adams (2002) a.a.O.; Daphi et al. (2013) a.a.O., S. 57; Fahlenbrach (2002) a.a.O., S. 142; Jasper (1997) a.a.O., S. 238; McLaren, Kirsty 2013: Emotional Imperative of the Visual. Images of the Fetus in Contemporary Australian Pro-Life-Politics, in: Doerr et al. (Hrsg.) a.a.O., S. 83.

79 Z.B. Jasper/Poulsen (1995) a.a.O.

80 McLaren (2013) a.a.O., S. 96f.

> "[...] the artifice involved in producing visual images is often perceived to be less in written descriptions. This is fundamental for a successful emotive argument, as feeling or empathy must be seen as authentic, originating in the audience rather than being a product of the manipulation of the speaker or writer."[81]

Auch Thomas Olesen zieht das Konzept des „moralischen Schocks" heran, um die emotionale Wirkung der „We are all Khaled Said"-Fotokampagne auf die ägyptischen Proteste gegen das Regime Hosni Mubaraks zu untersuchen. Das Foto des von Sicherheitskräften getöteten Khaled Said, das auf einer Facebook-Seite veröffentlicht wurde, zeigt sein entstelltes Gesicht. Ähnlich wie McLaren argumentiert auch Olesen, dass die Darstellung körperlichen Schmerzes ein besonders starkes symbolisches Potential für „moralische Schocks" und darauf folgende Mobilisierung habe, da körperliche Verletzlichkeit eine Eigenschaft ist, die jeder Mensch teilt.[82] Fotografien eigneten sich besonders gut zur Mobilisierung, da sie den Eindruck vermittelten, einen ungefilterten, dokumentarischen Ausschnitt der Realität abzubilden und daher – trotz aller Möglichkeiten der Bildmanipulation – eine besondere Authentizität ausstrahlten.[83]

Anlehnend an Gamsons Konzept des „injustice frames" erklärt Olesen, wie durch die Veröffentlichung von Fotografien persönliche Schicksale universalisiert und somit zum Symbol einer breiteren, allgemeineren Ungerechtigkeitssituation gemacht werden[84]:

> „A symbolic perspective highlights how an activist-driven politicization of this class of photographs involves emotionally charged process of universalization. A photograph of someone´s death or suffering is in the first instance private and particular. For such a moment to become a visual injustice symbol it must be infused with meanings that point beyond this particularity. When this occurs the photograph is moved from the private to the public […]."[85]

Der Titel der Facebook-Seite – „We are all Khaled Said, June 2010…" mit dem Informationstext „Khaled… a story of many Egyptians" – zeigt, dass es nicht unintendiert war, dass sich zahlreiche junge Menschen aus der Mittelklasse mit dem Opfer identifizierten. Denn um eine solche Mobilisierung auszulösen, müssen visuelle Ungerechtigkeitssymbole zunächst

81 Ebd., S. 98.
82 Olesen (2013) a.a.O., S. 9.
83 Ebd., S. 6.; nach Sontag, Susan 2003: *Regarding the Pain of Others*, New York: Picador/Farrar, S. 126.
84 Ebd., S. 7f.
85 Ebd., S. 4

konstruiert werden.[86] Wie im Falle von Khaled Said braucht es dazu Aktivisten, die Bilder veröffentlichen.

Bilder nehmen also oft eine Schlüsselrolle für politischen Aktivismus ein. Dieses Phänomen hat sich mit der Verbreitung sozialer Online-Netzwerke noch verstärkt.[87] Gerade im Zusammenhang mit den Möglichkeiten des Internets stellen Protestakteure subversive Taktiken teilweise in den Mittelpunkt ihres visuellen Protestrepertoires. Beispiele hierfür sind online dokumentierte Interventionen im urbanen, öffentlichen Raum, wie (illegales) Street Art und Culture Jamming.[88] Ein weiteres Beispiel ist Hacking.

Simon Lindgren und Rodrigo Ferrada Stoehrel untersuchen anhand der Hacking-Aktionen der Internetgruppierung „Anonymous", wie die „Akkumulation emotionalen Kapitals"[89] als potentielle Antriebskraft für soziale Mobilisierung und Protest fungiert. Die Autoren sehen die affektive Stärke von „Anonymous" u. a. im (audio-)visuellen Erscheinungsbild der Bewegung, dem sie einen hohen symbolischen Wiedererkennungswert zusprechen.[90] Ihre grafischen Symbole, Flyer und Videos spiegelten die inhaltliche Kombination aus (rationalen) politischen Forderungen und der „Freude am Protest" wieder[91]: „What Anonymous is communicating is thus visible and emotional „evidence" of institutional disciplinary power abuse – a good reason for action."[92] Die Protestkommunikation der Gruppierung nutze zudem Humor sowie intertextuelle bzw. intervisuelle Referenzen zur Popkultur und träfe somit nicht nur die ästhetische Logik des

86 Ebd., S. 7.

87 Doerr et al. (2013) a.a.O., S. xxii.

88 Doerr et al. (2013) a.a.O., S. xiii; McLaren (2013) a.a.O., S. 83; zu Street Art s. u. a. Abaza, Mona 2012: Walls, Segregating Downtown Cairo and the Mohammed Mahmud Street Graffiti, in: *Theory Culture Society* (online first), S. 122-139; Bogerts, Lisa 2015: *Colorrevolution? Street Art as a Political Protest Medium*, Archbishop Desmond Tutu Centre for War and Peace Studies Working Paper Series, Liverpool Hope University; Chaffee, Lyman G. 1993: *Political Protest and Street Art. Popular Tools for Democratization in Hispanic Countries*, London: Greenwood Publishing Group; Geilert, Gerald 2013: Anmerkung-en zu einer Geschichte des Graffitis als Protestkultur, in: Bogerts, Lisa/Köster, Timo (Hrsg.): *Colorrevolution! Street Art und Protestkultur* (Ausstellungskatalog), Augsburg, S. 57-64.

89 Ferrada Stoehrel, Rodrigo/Lindgren, Simon 2014: For the Lulz. Anonymous, Aesthetics, and Affect, in: Fahlenbrach, Kathrin et al. (Hrsg.): Critical Visual Studies. Special Issue: *Triple C. Communication, Capitalism & Critique. Journal for a Global Sustainable Information Society* 12(1), S. 258.

90 Ebd., S. 238.

91 Ebd., S. 253, 260.

92 Ebd., S. 249.

Mediensystems, sondern erhöhe auch das Identifikationspotential der Sympathisanten, um sich körperlich, kognitiv und emotional zu engagieren[93]: „Without joy, or the fantasy of hope, we cannot, imagine an „alternative“ to – and less revolting against – a given political situation.”[94]

Anhand der aufgeführten Beispiele für die gezielte Bildproduktion und -nutzung durch Protestbewegungen werden auch die Herausforderungen deutlich, vor denen Bewegungsakteure im Zusammenhang mit ihrer Repräsentation durch andere sowie ihrer allgemeinen gesellschaftlichen Sichtbarkeit – also der zweiten und dritten visuellen Dimension nach Doerr et al. – stehen.

Aus einer kritischen Perspektive agieren Protestakteure in einer Öffentlichkeit, die von dominanten Sehgewohnheiten geprägt ist, die die hierarchischen Machtverhältnisse der Politik, der Wirtschaft und des Mediensystems widerspiegeln. Die subversive Natur von Protestkampagnen verleiht ihnen den Anspruch dominante Diskurse aufzubrechen und „Gegennarrative“ bzw. „Gegenbilder“ zu entwerfen, die eine kritische Debatte provozieren sollen.[95] Auch Gefühle spielen hierbei eine wichtige Rolle: „However, the challenge of hegemonic discourse may not only be politically rational, but also emotionally and affectively subversive.”[96]

Dabei stehen öffentliche Proteste jedoch immer in einem Wechselverhältnis mit der Logik der Massenmedien, von denen die öffentliche Wahrnehmung einer Bewegung zu einem großen Teil abhängt. Dieses Verhältnis macht es nicht nur für die Bewegung selbst, sondern auch für die – an hohen Auflagen interessierten – Medienschaffenden nötig, starke Bilder zu produzieren, die gesellschaftliche Aufmerksamkeit wahrscheinlicher machen.[97] Das Beispiel von „Anonymous” zeigt, dass durch das Wechselverhältnis mit den Massenmedien eine – affektiv und ästhetisch ansprechende – Kommunikationsstrategie förderlich ist, um Sympathisanten zu gewinnen.[98] Die notwendige Ausrichtung auf die Produktion von attraktiven Bildern birgt jedoch wiederum die Gefahr, hegemoniale Sehgewohn-

93 Ebd., S. 258.

94 Ebd., S. 239.

95 Ebd., S. 247, 255ff., 260; Doerr et al. (2013) a.a.O., S. xvi; Fahlenbrach et al. (2014a) a.a.O., S. 205; s. a. den Ansatz der „countervisuality“ bei dem Bildwissenschaftler Nicholas Mirzoeff (2011: *The Right to Look. A Counterhistory of Visuality,* Durham: Duke University Press).

96 Ferrada Stoehrel/Lindgren (2014) a.a.O., S. 240.

97 Doerr et al. (2013) a.a.O., S. xiv.

98 Ferrada Stoehrel/Lindgren (2014) a.a.O., S. 259.

heiten und Stereotype, mit denen Protestierende in der medialen Darstellung zu kämpfen haben, aufrechtzuerhalten und zu reproduzieren.[99]

Mithilfe von mobilen Endgeräten ist es mittlerweile für fast alle möglich, nicht nur (visuelle) Informationen über politische Ereignisse und Proteste jederzeit zu empfangen.[100] Prinzipiell wird auch jede/r Bild-Konsumierende zum/zur potenziellen Bild-Produzierenden – weshalb dem Internet als Plattform der neuen „virtuellen" Masse eine große Bedeutung für aktuelle und zukünftige Mobilisierungen zukommt.[101]

4. *Ausblick*

In dem vorliegenden Beitrag sollte beleuchtet werden, wie die Protest- und Bewegungsforschung mit Emotionen umgeht. Dabei hat sich gezeigt, dass Emotionen in der Geschichte des Forschungsfeldes sehr wechselhafte Aufmerksamkeit fanden, seit dem „emotional turn" jedoch als eine zentrale Mobilisierungsressource angesehen werden. Eine in der Wissenschaft wahrgenommene Dichotomisierung von rationalem Handeln und Gefühlen wird zunehmend kritisiert und emotionale Prozesse werden als ebenso wichtig anerkannt wie kognitive.

Eine ehemals vorherrschende „Angst vor den Massen" ist einer eher nüchternen Betrachtung gewichen, die zwar dafür plädiert, die Dynamik größerer Bewegungen ernst zu nehmen, sie aber nicht zu dramatisieren.[102] Die – veraltetet erscheinende – Unterscheidung in „Masse" und „Elite" kommt wohl vereinzelt auch heute noch im öffentlichen Diskurs auf, insbesondere, wenn es um Proteste sogenannter „ModernisierungsverliererInnen" geht.[103] Bewegungsengagement wird aber längst nicht mehr als ein Kompensationsversuch psychischer Probleme degradiert, sondern als „ eine individuelle Option „normaler" Leute" angesehen.[104]

99 Doerr et al. (2013) a.a.O., S. xv, xiv; Fahlenbrach et al. (2014a) a.a.O., S. 205.

100 Fahlenbrach et al. (2014a) a.a.O., S. 206.

101 Ebd.; Doerr et al. (2013) a.a.O., S. xv; Hoggett (2009) a.a.O., S. 3; Roth (1998) a.a.O., S. 61; Teune, Simon 2008: „Gibt es so etwas überhaupt noch?" – Zur Forschung über soziale Bewegungen und Protest, in: *Politische Vierteljahresschrift* 49(3), S. 536.

102 Rucht, Dieter 2005: Soziale Bewegungen, in: Nohlen, Dieter/Schultze, Rainer-Olaf (Hrsg.): *Lexikon der Politikwissenschaft*, München: Beck Verlag, S. 905.

103 Klein/Nullmeier (1997) a.a.O., S. 4f.

104 Roth (1998) a.a.O., S. 53.

Soziale Bewegungen können emanzipatorischen Charakter haben oder sich neuen gesellschaftlichen Entwicklungen, unter Rückbesinnung auf „alte Werte“, entgegenstellen.[105] Sie können sowohl positive als auch negative Assoziationen in uns hervorrufen. Denn so rational sich Forschende gerne selbst einschätzen, so unbestreitbar ist es doch, dass auch der Wissenschaftsbetrieb selbst von Emotionen geprägt ist und so alt ist die Erkenntnis, dass sich viele Forschende mit Phänomenen beschäftigen, für die sie eine „gewisse Grundsympathie“[106] hegen. Dadurch, dass ein Einfluss von Emotionen oft als unangemessen bewertet wird, können sowohl Forschende als auch Bewegungsakteure ambivalent gegenüber ihren Gefühlen sein[107], denn: „Science, not feeling, is the dominant language of legitimation and persuasion in today´s liberal societies."[108]

Nicht nur durch die zunehmende mediale Informations- und Bilderflut, die uns über weltweit stattfindende Konflikte informiert, verdienen auch Bilder größere Aufmerksamkeit in der Politikwissenschaft. Jüngere Forschungsansätze betonen die wichtige Rolle, die Emotionen beim Einsatz visueller Medien in der Protestkommunikation spielen und plädieren dafür, die Erforschung von Emotionen in der Politik mit visuellen Ansätzen in der Sozialen Bewegungsforschung zu verknüpfen.[109]

Verschiedene Dimensionen des Visuellen – sowohl die Bildproduktion durch Bewegungen selbst als auch ihre Repräsentation durch andere – zu berücksichtigen, hilft uns, Bilder als einen politischen, umkämpften Gegenstand bei der Suche nach Aufmerksamkeit und bei der Erzeugung von Emotionen zu verstehen.[110] Auch wenn Bilder linguistische Grenzen überwinden können – und sich somit scheinbar besonders gut für die Kommunikation transnationaler Protestbewegungen eignen – setzen aber auch visuelle Zeichen und Symbole immer ein historisches, mediales oder kulturelles Kontextwissen voraus, unterliegen der subjektiven Wahrnehmungslogik der Rezipierenden und sind vor dem Hintergrund des geteilten historischen Wissens einer Gesellschaft zu sehen. Sie sind somit in hohem Maße kontextabhängig, polyvalent und multireferentiell.[111]

105 Rucht (2005) a.a.O., S. 905.

106 Haunss, Sebastian/Ullrich, Peter 2013: Viel Bewegung – wenig Forschung. Zu- und Gegenstand von sozialwissenschaftlicher Protest- und Bewegungsforschung in der Bundesrepublik, in: *Soziologie* 42(3), S. 296; Teune (2008) a.a.O., S. 541.

107 Jasper (1997) a.a.O., S. 127.

108 Goodwin et al. (2001) a.a.O., S. 15.

109 Vgl. u. a. McLaren (2013) a.a.O., S. 81, 83.

110 Doerr et al. (2013) a.a.O., S. xvi, xxi.

111 Ebd., S. xiii; Fahlenbrach (2002) a.a.O., S. 146; Daphi et al. (2013) a.a.O., S. 57;

Um die Wirkung von Bildern zu verstehen, muss die Protest- und Bewegungsforschung „genau wie die Politikwissenschaft allgemein" auf andere Disziplinen zurückgreifen. Einige der hier erwähnten Arbeiten nutzten bereits innovative Ansätze aus der Bildwissenschaft bzw. der „Visual Culture (Studies)", die Bilder interdisziplinär als „constantly challenging place of social interaction"[112] untersuchen.

Insbesondere die „Critical Visual Theory" kann hier Ansatzpunkte für eine kritische Betrachtung der politischen, kulturellen, ökonomischen und technischen Aspekte transnationaler visueller Kommunikation – und insbesondere von Protestkommunikation[113] – bieten. Sie beschäftigt sich auch mit der Performativität und der affektiven Wirkung von Bildern, die von öffentlichen Akteuren strategisch dafür genutzt wird, die Rezipierenden zu beeinflussen und mitunter soziale, politische und ökonomische Realitäten sowie Ungleichheiten und Repressionen zu verschleiern.[114]

Noch handelt es sich bei bildwissenschaftlich inspirierten Arbeiten in der Politikwissenschaft um einen Nischenbereich.[115] Dennoch sind nicht nur in der Protest- und Bewegungsforschung, sondern u. a. auch in den Internationalen Beziehungen entsprechende Ansätze sichtbar. Durch die zunehmende Transnationalisierung politischer Öffentlichkeiten und sozialer Bewegungen scheint es gerade für diese politikwissenschaftliche Teildisziplin besonders wichtig, sich mit visuellen Phänomenen auseinander zu setzen. Wichtige Beiträge wurden hier vor allem zum Einfluss von Bildern auf internationale Krisen und außenpolitisches Handeln geleistet[116], wobei

Hansen, Lene 2011: Theorizing the Image for Security Studies. Visual Securitization and the Muhammad Cartoon Crisis, in: *European Journal of International Relations* 17(1), S. 58.

112 Mirzoeff, Nicholas 1999: *Introduction to Visual Culture,* London: Routledge, S. 4.

113 Siehe u. a. Cammaerts, Bart et al. (Hrsg.) 2013: *Mediation and Protest Movements*, Chicago: University of Chicago Press; Cottle, Simon/Lester, Libby (Hrsg.) 2011: *Transnational Protest and the Media*, New York: Peter Lang; Doerr et al. (2013) a.a.O.; Fahlenbrach et al. (Hrsg.) 2014b: *Media and Revolt. Strategies and Performances from the 1960s to the Present*, New York/Oxford: Berghahn; Pantti, Mervi (Hrsg.) 2013: Editorial: Image/Protest, in: *JOMEC Journal. Journalism, Media and Cultural Studies* 4(1), S. 1-5.

114 Fahlenbrach et al. (2014a) a.a.O., S. 203f.

115 Müller, Marion G. 2004: Politologie und Ikonologie. Visuelle Interpretation als politologisches Verfahren, in: Schwelling, Birgit (Hrsg.): *Politikwissenschaft als Kulturwissenschaft. Theorien, Methoden, Problemstellungen*, Wiesbaden: VS Verlag für Sozialwissenschaften, S. 335.

116 Vgl. u. a. Hansen (2011) a.a.O., S. 52; dies. 2014: How Images make World Politics. International Icons and the Case of Abu Ghraib, in: *Review of International*

sich verschiedene Arbeiten methodischer Anleihen aus der Kunstgeschichte bzw. deren bildwissenschaftlicher Weiterentwicklungen annehmen.[117]

Angesichts der alltäglichen Omnipräsenz von politischen Bildern sollte die Tendenz in der Politikwissenschaft, sowohl Emotionen als auch Bildern mehr Aufmerksamkeit zu schenken mit einer erhöhten visuellen Analysekompetenz für die kritisch-reflektierte Bildanalyse gefördert werden.[118] Die Berücksichtigung emotionaler Prozesse ist dabei unabdingbar.

Studies 41(2), S. 1-26; Campbell, David 2003: Cultural Governance and Pictorial Resistance. Reflections on the Imaging of War, in: *Review of International Studies* 29(1), S. 57-73; Campbell, David/Shapiro, Michael 2007: Guest Editors´ Introduction, in: *Security Dialogue* 38(2), S. 131-137; Heck, Axel/Schlag, Gabi 2012: Securitizing Images. The Female Body and the War in Afghanistan, in: *European Journal of International Relations* 19(4), S. 891-913.

117 Siehe u. a. Bogerts (2015) a.a.O.; Daphi et al. (2013) a.a.O.; Heck/Schlag (2012) a.a.O.; Heck, Axel 2014: Visuelle Narrative in der Politik. Repräsentationen der Herrschaft Barack Obamas in der politischen Kunst, in: Frank Gadinger et al. (Hrsg.): *Politische Narrative. Konzepte – Analysen – Forschungspraxis*, Wiesbaden: Springer VS, S. 311-336.

118 Medick-Bachmann, Doris 2008: Gegen Worte – Was heißt „Iconic/Visual Turn"?, in: *Gegenworte* 20, S. 10ff.; vgl. auch Doerr et al. (2013) a.a.O., S. xvii; Kappas/Müller (2006) a.a.O., S. 3f.

Teil III

Fallstudien

Gier am Finanzmarkt? Eine Emotion und ihre Instrumentalisierung im aktuellen Krisendiskurs

Maik Herold

Dass große ökonomische Krisen in besonderem Maße mit Emotionen verbunden sind, konnte erst kürzlich im Rahmen der sogenannten „Finanzkrise" wieder beobachtet werden: *Schock*, *Angst* und *Verbitterung* machten sich breit, als im Sommer 2007 der amerikanische Immobilienmarkt zusammenbrach und zahlreiche verschuldete Eigentümer ihre Häuser verloren. *Panik* erfasste die international verwobene Finanzbranche, nachdem am 15. September 2008 die Lehman Brothers Investmentbank Insolvenz anmelden musste. Notwendiges *Vertrauen* von Sparern löste sich daraufhin sprichwörtlich in Luft auf und auch der Interbankenmarkt kam faktisch zum Erliegen. Es folgten *Ärger*, *Wut* und *Empörung* über die zum Teil skandalösen Geschäftspraktiken an den internationalen Finanzmärkten und die ungeheuerlichen „Exzesse" der „Boni-Banker". Auch wenn gerade am Kapitalmarkt von einer gewissen Regelmäßigkeit entsprechender Blasenbildungen und Zusammenbrüche ausgegangen werden kann[1], trat seit dem Herbst 2008 neben der eigentlichen Krise auch ein umfangreicher und emotional aufgeladener Krisendiskurs in Erscheinung, der das Geschehene verarbeitete, bewertete und mit unterschiedlichen gesellschaftlichen, politischen und moralischen Problemdiagnosen verknüpfte.[2] Bei der analytischen Aufarbeitung dieses Diskurses steht jenseits der Frage nach den *tatsächlichen* Emotionen, die vor dem Hintergrund der Ereignisse geweckt wurden, jedoch vor allem die Frage im Raum, wie hier in

1 Vgl. Reinhart, Carmen M. 2010: *Dieses Mal ist alles anders. Acht Jahrhunderte Finanzkrisen*, München: FinanzBuch Verlag.

2 Vgl. nur Imbusch, Peter/Friedrichs, Anne-Sophie 2012: Wirtschaftseliten und soziale Desintegrationsprozesse. Gesellschaftliche Verantwortung vor und nach der Finanzkrise, in: Wilhelm Heitmeyer (Hrsg.) 2012: *Desintegrationsdynamiken. Integrationsmechanismen auf dem Prüfstand*, Wiesbaden: Springer VS, S. 101–140; Streeck, Wolfgang 2013: *Gekaufte Zeit. Die vertagte Krise des demokratischen Kapitalismus*, Berlin: Suhrkamp; Crouch, Colin, 2011: *Das befremdliche Überleben des Neoliberalismus*, Frankfurt a.M.: Suhrkamp.

argumentativer, instrumenteller oder gar strategischer Absicht auf Emotionen zurückgegriffen wurde – etwa, um die Ursachen der Krise zu erklären oder die aus ihr zu ziehenden Konsequenzen zu bestimmen. Der Verweis auf Emotionen gewinnt dann in doppelter Perspektive eine genuin *politische* Dimension – nämlich einerseits als zentrales Element in der (vermachteten) Gesamtstruktur der gesellschaftlichen Auseinandersetzung mit der Krise am Finanzmarkt sowie andererseits als konkrete Strategie einzelner Akteure zur Verfolgung konkreter Ziele. In einer Situation, die durch den weitreichenden Legitimitätsverlust einer ganzen Branche des Wirtschaftssystems gekennzeichnet war, erschienen derartige Strategien insbesondere auf die Generierung von Legitimität gerichtet und somit für die Rechtfertigungspraktiken betroffener Bankinstitute bedeutsam. Als „Legitimitätspolitik" oder „politics of emotions" bestimmte die Art der Thematisierung und Instrumentalisierung entsprechender Emotionen dabei letztlich auch die tatsächliche emotionale Prägung bestimmter Argumente und Positionen.[3]

Vor diesem Hintergrund stand seit Herbst 2008 vor allem die *Gier* im Fokus einer umfassenden gesamtgesellschaftlichen Aufarbeitung der erlebten „Kernschmelze" des „Kasino-Kapitalismus".[4] Als emotional gesteuerte, fast schon krankhaft erscheinende Steigerungsform der „normalen" egoistischen Handlungsmotivation wirtschaftlicher Akteure, stellte sie einen der geläufigsten Ansätze zur Erklärung der Ursachen der globalen Krise dar. Mit der ostentativen Distanzierung von der „Gier am Fi-

3 Gerade im Bereich ökonomischer Theoriebildung wird diese politische Dimension ökonomischen Handelns oft vernachlässigt. Vgl. nur die Diskussion um die mangelnde Berücksichtigung des Faktors ‚Macht' in den typischen Modellen der Betriebswirtschaftslehre: Knoblach, Bianka et al. (Hrsg.) 2012: *Macht in Unternehmen. Der vergessene Faktor*, Wiesbaden: Gabler. Zum Begriff der ‚politics of emotions' und seinem Verhältnis zu einer politischen Theorie der Emotionen vgl. Heidenreich, Felix 2012: Versuch eines Überblicks: Politische Theorie und Emotionen, in: Felix Heidenreich/Gary S. Schaal (Hrsg.): *Politische Theorie und Emotionen*, Baden-Baden: Nomos, hier S. 10 f. Zum Begriff der „Legitimitätspolitik", der die Legitimitätsfrage als mikrosoziologische Analyse konkreter Rechtfertigungspraktiken rekonzeptualisiert vgl. Geis, Anna/Nullmeier, Frank/Daase, Christopher (Hrsg.) 2012: *Der Aufstieg der Legitimitätspolitik. Rechtfertigung und Kritik politisch-ökonomischer Ordnungen*, Baden-Baden: Nomos; sowie, mit Blick auf die Finanzkrise insbesondere: Gadinger, Frank/Yildiz, Taylan, 2012: *Unruhige Legitimität: Die Finanzkrise aus Sicht der pragmatischen Soziologie der Kritik*, in: Geis/Nullmeier/Daase (2012) a.a.O., S. 302–318.

4 Vgl. Sinn, Hans-Werner 2010: *Kasino-Kapitalismus. Wie es zur Finanzkrise kam und was jetzt zu tun ist*, Berlin: Ullstein Taschenbuch Verlag.

nanzmarkt“ schien der in der Idee der Marktwirtschaft historisch verbürgte Schritt einer Abkehr von der affekthaft-destruktiven Befriedigung bestimmter Leidenschaften, hin zu einer „ruhigen“ und kalkulierbaren Verfolgung von Interessen exemplarisch erneuerbar. Doch mit welchem konkreten Ziel, in welchem Kontext und mit welchen Folgen wurde auf die Gier als Argument bei der Aufarbeitung, Einordnung und Bewertung der Finanzkrise zurückgegriffen? Wie wurde mit ihrer Hilfe über Ursachen und Konsequenzen der Krise geurteilt?

Dieser Frage soll im Folgenden nachgegangen und dabei auch die politische Tragweite des „Gier-Argumentes“ angedeutet werden. Auf diese Weise soll ein Schlaglicht geworfen werden, nicht nur auf die Struktur des noch immer anhaltenden Krisendiskurses, sondern auch auf die vorgezeichneten und tatsächlich verfolgten Legitimierungsstrategien der beteiligten Akteure, bis hin zu aktuellen Konstellationen der Auseinandersetzung mit dem modernen Kapitalismus insgesamt. Zunächst wird dazu kurz in ideengeschichtlicher Absicht die wechselvolle Rolle der Gier im Selbstverständnis traditioneller ökonomischer Theoriebildung angedeutet (*Kapitel 2*). Von einer augenscheinlich begrenzten Erklärungskraft der orthodoxen Kapitalmarkttheorie im Angesicht der jüngsten Finanzkrise profitierten in den letzten Jahren ausgerechnet jene Ansätze, die die Rolle von Emotionen in den Mittelpunkt ihrer Überlegungen stellen (*Kapitel 3*). Im Kontext einer notorisch als „emotional turn“ bezeichneten Renaissance der Thematisierung von Gefühlen in den Sozialwissenschaften lieferte dabei insbesondere die Gier, sowohl auf der Mikroebene des Akteurshandelns (*Kapitel 3.1*), als auch auf der Makroebene systemischer Erklärungsansätze (*Kapitel 3.2*) innovative Perspektiven auf die Ereignisse seit 2007. Aus der verstärkten Thematisierung und Theoretisierung dieser „Gier am Finanzmarkt“ entfaltete sich allerdings eine Dynamik, aus der am Ende womöglich nicht nur die „gierigen“ Finanzmarktakteure, sondern auch die Leitideen der neoklassischen Finanzmarkttheorie neue Legitimität und Überzeugungskraft schöpfen können (*Kapitel 4*).

1. Gier im Kapitalismus – zwischen Instrumentalisierung und Verdrängung

Die Rolle von Emotionen und ihr Einfluss auf das Handeln wirtschaftlicher Akteure wurden im Kontext der modernen ökonomischen Theorie bis zum Ende des 20. Jahrhunderts schrittweise in den Hintergrund gedrängt. Bereits die Ursprünge der Politischen Ökonomie zeichneten sich bekanntlich durch den Versuch aus, die unkontrollierten Wirkungen der als sündhaft geltenden menschlichen Leidenschaften (wie Mordlust, Machtgier oder sexuelles Verlangen) zu begrenzen. Die ursprüngliche Devise des „kapitalistischen Geistes", so stellt Albert O. Hirschman mit Verweis auf Shaftesbury, Hutcheson und Hume fest, bestand dabei allerdings nicht im Prinzip der Entgegensetzung und Zähmung verderblich wirkender Emotionen durch die ordnende Kraft der Vernunft, sondern in der Idee, bestimmte Leidenschaften dafür instrumentalisieren zu können, die schädlichen gesellschaftlichen Wirkungen anderer abzuschwächen, zu besänftigen oder gar zu neutralisieren. Insbesondere die kontrollierte Stimulierung der Gier nach Reichtum, Geld und Besitz schien seit dem 18. Jahrhundert genau dafür prädestiniert, „private vices" in „publick benefits" (Bernard de Mandeville) umzuwandeln und so einen allgemeinen Wohlstand zu ermöglichen. Als „ruhiges Verlangen" konnte eine maßvoll ausgeübte Habgier möglicherweise gar als Grundlage verlässlicher Kalkulationen dienen und damit eine neue Ära ökonomischer, sozialer und politischer Planbarkeit einleiten.[5] Auch wenn grundlegende Theoreme der Neuen Politischen Ökonomie auf nicht minder unverfügbar anmutende Figuren, wie die berühmte „unsichtbare Hand", zurückgriffen, schien ihr entschiedenes Fortschrittsversprechen spätestens mit den „klassischen" Nachfolgern Adam Smiths einlösbar.[6]

Der klassische Liberalismus des 18. Jahrhunderts war sich jedoch der Abgründe „gieriger Leidenschaften" bewusst und kannte die „starke Affektstruktur", die das ökonomische Gewinninteresse in seinen Kern auszeichnet. Noch im 19. Jahrhundert blieb es daher lange selbstverständlich, die motivationale Grundlage wirtschaftlichen Handelns als eine Mischung aus Leidenschaft und Vernunft zu verstehen. Obwohl der Begriff des „Selbstinteresses" die Idee einer emotionalen Vermittlungsstruktur teilweise absorbierte, blieb in ihm der Gedanke eines starken Verlangens erhalten. Das damit ursprünglich verbundene Erregungs- und Gewaltpotential aber schien entschärft, die Habgier von einer „heftigen" in eine „ruhige Leidenschaft" überführt.[7] Gleichzeitig fand im 19. Jahrhundert jedoch

5 Hirschman, Albert O. 1987: *Leidenschaften und Interessen. Politische Begründungen des Kapitalismus vor seinem Sieg*, Frankfurt a.M.: Suhrkamp, S. 28f, 72f.

6 Ricardo, David 1817*: On the Principles of Political Economy and Taxation*, London: John Murray.

7 Neckel, Sighard 2012: Der Gefühlskapitalismus der Banken. Vom Ende der Gier als ‚ruhiger Leidenschaft', in: Klaus Kraemer/Sebastian Nessel (Hrsg.) 2012: *Entfesselte Finanzmärkte. Soziologische Analysen des modernen Kapitalismus*, Frankfurt a.M./New York: Campus, S. 333; Hirschman (1987) a.a.O., S. 70.

eine schrittweise Umdeutung statt, in dessen Verlauf die Habgier und ihre Effekte allmählich aus dem Untersuchungsbereich der Politischen Ökonomie ausgeklammert wurden. Diese Entwicklung vollzog sich auf mehreren Ebenen. Während Georg W. F. Hegel (1820) die moderne „bürgerliche Gesellschaft" als mehr oder minder komplexes System der Bedürfnisbefriedigung nach Zweck-Mittel-Relationen beschrieb, folgte bei Karl Marx (1859) auch die Entwicklungsdynamik der „kapitalistischen Klassengesellschaft" insgesamt sich rein sachlich vollziehenden Gesetzen. Daneben entstand mit der sogenannten „marginalistischen Revolution" ab Mitte des 19. Jahrhunderts eine neue, neoklassische Schule der Nationalökonomie, die das Verständnis wirtschaftlicher Prozesse teilweise neu definierte. Ihr Fokus auf mikroökonomische Fragestellungen der Allokation, Optimierung, Grenzwertberechnung und Gleichgewichtsbildung führte indirekt zur Durchsetzung mathematisch handhabbarer, jedoch die Wirklichkeit deutlich simplifizierender Modelle. Mit ihnen erhielt das Ziel einer Steigerung der Vorhersagefähigkeit nachdrücklich Vorrang vor der politischen und sozialen Kontextualisierung wirtschaftlichen Handelns. Als besonders wirkungsmächtig erwies sich in diesem Kontext bekanntlich das Modell des homo oeconomicus, eines rational kalkulierenden Akteurs, der seine Entscheidungen ohne Fehler in der Informationsverarbeitung und völlig frei von Emotionen nach klaren Nutzenerwägungen trifft.[8]

Die alte Idee der Aufklärung, dass allein die Macht der Vernunft in der Lage sei, das unbändige und oft zerstörerische Wirken menschlicher Leidenschaften zu bändigen und den Menschen aus seiner sklavischen Bindung an bestimmte Emotionen zu befreien, wurde in der zweiten Hälfte des 19. Jahrhunderts zugleich ein zentraler Ausgangspunkt der modernen Sozialwissenschaft. In ihrem Sinne beschrieb Max Weber auch die Entstehung des modernen Betriebskapitalismus als Prozess der nachhaltigen Trennung von Rationalität und Emotionen. Dessen Geist, so Weber, habe mit „schrankenloser Erwerbsgier" nichts zu tun, sondern sei „geradezu

8 Vgl. Hegel, Georg W. F. 1986 [1820]: *Grundlinien der Philosophie des Rechts oder Naturrecht und Staatswissenschaft im Grundrisse*. Frankfurt a.M.: Suhrkamp; Marx, Karl 1961 [1859]: *Zur Kritik der Politischen Ökonomie*, Berlin: Karl Dietz Verlag. Zu den Vordenkern und Pionieren der neoklassischen Theorie zählten neben William Standley Jevons (1835-1882), Carl Menger (1840-1921) und Léon Walras (1834-1910) auch bereits Antoine Augustin Cournot (1801-1877), Hermann Heinrich Gossen (1810-1858) und Johann Heinrich von Thünen (1783-1850). Zur Entstehung des ‚homo oeconomicus' vgl. Persky, Joseph 1995: Retrospectives: The Ethology of Homo Economicus, in: *Journal of Economic Perspectives* 9(2), S. 221–231.

identisch" mit der Bändigung und Temperierung irrationaler Triebe, Affekte, Gefühle und der objektfixierten Leidenschaften. Mit anderer Akzentsetzung trieb auch die Rezeption von Ferdinand Tönnies' Hauptwerk eine implizite Abwertung und Ausgrenzung der Gier voran. Demnach sei insbesondere die Gier nach Geld, neben anderen eigennützigen Handlungsmotiven wie Genusssucht, Machtstreben oder Eitelkeit, die wirkungsmächtige Grundlage jenes „Kürwillens", der eine „Gesellschaft" in Entgegensetzung zur politisch und moralisch höherwertigen „Gemeinschaft" konstituiere. Bei Georg Simmel wiederum wurde diese Geldgier selbst zu einem rational erklärbaren Effekt. In seiner „Philosophie des Geldes" ging er von einer wechselseitigen Verstärkung von Geldbesitz und Habgier aus. Demnach bewirke der Mittelcharakter des Geldes, „dass kein erreichter Gewinn oder Zustand jene endgültige Befriedigung gewährt, die mit dem Begriff eines Endzwecks logisch verbunden ist." Geld erhalte dadurch automatisch und immer wieder selbst die „Würde des Endzwecks", es werde – bereits aus Gründen der inneren Struktur derartiger teleologischer Reihen – „für unendlich viele Menschen der sublimierteste Zweck" ihres Lebens, das primäre Objekt ihres Verlangens. Die zu allen Zeiten belegbare Gier nach Geld, so Simmel, liege daher nur vordergründig in den menschlichen Leidenschaften oder der emotional vermittelten Arbeitsweise des menschlichen Verstandes begründet, sondern sei ein typischer Effekt universeller Tauschmittel, gleichsam ein Kulturprodukt.[9]

Die Struktur der Diskussionen über die Rolle von Emotionen waren innerhalb der Disziplinen von neoklassischer Ökonomik und klassischer Soziologie oft sehr ähnlich: Emotionen wurden als Hilfsmittel intuitiven Urteilsvermögens, als irrelevant oder, im schlechtesten Falle, als notorische Verhinderer eines vernünftigen und rationalen Denkens betrachtet. Aufgrund ihrer unbeherrschbaren Natur erschien insbesondere die Habgier als eine Art Geisel der menschlichen Zivilisation, deren verderbliche Wirkungen nur mit Hilfe ausgeklügelter Artefakte (wie Thomas Hobbes' „Leviathan") oder unter Ausnutzung einer „List der Vernunft" (wie Adam Smiths „unsichtbare Hand") unter Kontrolle zu bringen seien. Vor allem im Anschluss an Max Weber setzte sich dann im 20. Jahrhundert die Vorstellung durch, dass nicht Emotionen, sondern Rationalität und Sachlich-

9 Weber, Max 1988 [1920]: Vorbemerkung, in: ders. (Hrsg.) 1988 [1920]: *Gesammelte Aufsätze zur Religionssoziologie I*, Tübingen: Mohr, S. 4; Tönnies, Ferdinand 1991: *Gemeinschaft und Gesellschaft. Grundbegriffe der reinen Soziologie*, Darmstadt: Wiss. Buchgesellschaft, S. 97 f.; Simmel, Georg 1989: *Philosophie des Geldes*, Frankfurt a.M.: Suhrkamp, S. 303f.

keit „die kulturelle und legitimatorische Grundlage der kapitalistischen Wirtschaft" darstelle. Wirtschaftliche Rationalität wurde zugleich Handlungsaufforderung und Erfolgsversprechen der modernen Gesellschaft, Emotionalität zu einer inferioren Ausprägung in einem Kontinuum möglicher Handlungsformen.[10]

Diese Perspektive einer abstrakten Versachlichung des Geschehens auf den Märkten erreichte schließlich im sog. „Neoliberalismus" seit den 1970er Jahren ihren vorläufigen Höhepunkt. Die menschliche Gier war hier vollständig zur Figur des rationalen Selbstinteresses mutiert – „zum harmlosen Modell des vernünftigen Eigennutzes, hinter dem alle gewissermaßen schmutzigen Seiten des Gewinnstrebens vollständig verschwanden: eine Welt rationaler Wirtschaftssubjekte ohne Lug und Betrug, ohne Opportunismus und Unehrenhaftigkeit, stattdessen reine emotionslose Zweckrationalität." Es sei eben, so Milton Friedmans Schlussfolgerung, ein Teil des „Wunders" freier Märkte, dass das Preissystem „ebenso unbeabsichtigt wie unbewusst aus divergierenden Einzelkräften" die Emergenz einer Ordnung garantiere, bei der die Marktakteure, „[o]hne sich lieben zu müssen, ja ohne sich wirklich und willentlich zu verständigen […] mit ihren Eigeninteressen die Verbesserung der Lage aller" hervorbringen.[11]

Gerade die internationalen Finanzmärkte, welche sich in ihrer heutigen Form ebenfalls seit den 1970er Jahren des vergangenen Jahrhunderts

10 Bekanntlich basierte diese Entwicklung auf einem gewissen Missverständnis der Weberschen Systematik, die den Emotionsbegriff nur sporadisch, keinesfalls jedoch als allgemeinen Oberbegriff verwendete und stattdessen zwischen Affekten, Gefühlen und den (positiv besetzten, objektbezogenen) Leidenschaften konsequent unterschied. Anders als den beiden erstgenannten Ausprägungen (vgl. hier nur den Typus des ‚affektuellen Handelns') wies Weber den Leidenschaften allerdings keinen systematischen Ort in seinem Theoriegebäude zu. Weber, Max 1980: *Wirtschaft und Gesellschaft. Grundriß der verstehenden Soziologie*, Tübingen: Mohr, S. 12 f.; Schützeichel, Rainer 2010: Der Wert der politischen Leidenschaft. Über Max Webers 'Affektenlehre', in: José Brunner (Hrsg.) 2010: *Politische Leidenschaften. Zur Verknüpfung von Macht Emotion und Vernunft in Deutschland*, Göttingen: Wallstein, S. 102; Anita Engels/Lisa Knoll 2012: Einleitung: Wirtschaftliche Rationalität, in: dies. (Hrsg.): *Wirtschaftliche Rationalität. Soziologische Perspektiven*, Wiesbaden: Springer VS, S. 9; Schützeichel, Rainer 2008: Soziologische Emotionskonzepte und ihre Probleme, in: *Österreichische Zeitschrift für Soziologie* 33(2), S. 86; Pixley, Jocelyn 2012: Introduction, in: dies. (Hrsg.): *New perspectives on emotions in finance. The sociology of confidence fear and betrayal*, London: Routledge, S. 3 ff.

11 Neckel (2012) a.a.O., S. 333; Vogl, Joseph 2011: *Das Gespenst des Kapitals*, Zürich: Diaphanes, S. 46; Friedman, Milton 2008: *Capitalism and freedom*, Chicago: University of Chicago Press, S. 7ff.

durch die vielerorts beschriebenen Globalisierungsprozesse konstituierten, haben diesen Ideen einer neoliberalen Ökonomik eine umfassende Deutungsmächtigkeit verliehen. In einer scheinbar größtmöglichen Distanz zu den tatsächlichen sozialen Verwicklungen und „Irritationen", die ein „realwirtschaftlicher" Austausch von Waren und Dienstleistungen unweigerlich mit sich bringt, konnte sich hier – im Hinblick auf den abstrakten Computerhandel mit Erwartungen, Optionen und Risiken – eine besonders „reine Lehre" neoklassischer Wirtschaftstheorie als hegemonialer Deutungsrahmen etablieren. In seinem Lichte erschienen die Finanzmärkte durch anonyme Sachgesetze bestimmt und als das ideale Biotop für Akteure, deren Verhalten sich ausschließlich auf die rationale Realisierung von Geldinteressen reduzierte.[12] Der orthodoxen Kapitalmarkttheorie entsprechend seien auf den Finanzmärkten „alle verfügbaren Informationen über aktuelle und zukünftig erwartete Markt- und Ertragslagen der börsennotierten Unternehmen" verfügbar und würden (ohne Zeitverzögerung) in den gegenwärtigen Aktienpreis Eingang finden. Ein Investor wiederum orientiere sich – der sog. „Portfoliotheorie" folgend – in seinem Anliegen, möglichst hohe Gewinne zu erzielen, ausschließlich an derartigen Zahlungsgrößen. Abweichungen von diesem Modell sind zwar empirisch wahrscheinlich, werden aber als „irrationales Anlegerverhalten" oder als wissenschaftlich nicht erklärbare „Marktanomalie" eingeordnet. Die Dynamik des Marktmechanismus selbst sorge allerdings dafür, dass solche Phänomene nicht von langer Dauer seien: Wer sich irrational verhalte, werde auf kurz oder lang von Mitbewerbern verdrängt.[13]

In derartigen ökonomischen Standardmodellen blieb in der Regel kein Platz für die Gier einzelner Akteure. Jedweder Hinweis auf Emotionen

12 Diese Auffassung der Vorbildfunktion einer spezifischen ‚Finanzmarktrationalität' ist im Wesentlichen eine Entwicklung der letzten drei Jahrzehnte, denn traditionell stand das Geschehen an den Kapital- und Finanzmärkten mit seinen typischen Blasenbildungen, anschließenden Zusammenbrüchen und gesamtwirtschaftlichen Risiken eher in dem Ruf von halbseidenen Geschäften und gefährlichen Zockereien. Vgl. Kädtler, Jürgen 2009: *Finanzialisierung und Finanzmarktrationalität. Zur Bedeutung konventioneller Handlungsorientierungen im gegenwärtigen Kapitalismus*, SOFI-Arbeitspapier 5, Göttingen, S. 8.

13 Kraemer, Klaus 2012: Ideen, Interessen und Institutionen. Welchen Beitrag kann die Soziologie zur Analyse moderner Finanzmärkte leisten?, in: Kraemer/Nessel (2012) a.a.O., S. 31f. Zur ‚Effizienzmarkthypothese' als Glauben an die uneingeschränkte Fähigkeit der Finanzmärkte zur Selbstregulierung und Selbstoptimierung vgl. klassisch Fama, Eugene F./Miller, Merton H., 1972: *The theory of finance*, Hinsdale, IL: Dryden Press. Zur sog. ‚Portfoliotheorie' vgl. Markowitz, Harry M. 1952: Portfolio Selection, in: *Journal of Finance* 7, S. 77–91.

und die durch sie möglicherweise bedingte Unkalkulierbarkeit im Handeln der Finanzmarktakteure wurde stattdessen mit dem Begriffspaar der „Chancen" und „Risiken" eingefangen. Deren Abschätzung, Allokation und Management gilt heute – auch hinsichtlich von Formen wie „Human Capital Risks" oder „Reputational Risks" – als zentrale Aufgabe eines Finanzdienstleisters und entscheidet in seiner Qualität darüber, ob das Unternehmen sich am Markt behaupten kann. Insbesondere die Gier gehört dabei zu jenen Risikofaktoren, die der Logik des Finanzmarktes scheinbar grundlegend zuwiderlaufen. Wer auf seine Gier höre, so die Botschaft unzähliger Anlageratgeber, begehe mit Sicherheit fundamentale Fehler bei der Zusammenstellung seines Portfolios, lasse sich von kurzfristigen Erfolgen oder Misserfolgen zu objektiv falschen Verhaltensweisen verleiten und verfolge unwissentlich eine am Ende ruinöse Gesamtstrategie.

2. *Die Wiederentdeckung der Gier am Finanzmarkt*

Spätestens seit dem Zusammenbruch des US-amerikanischen Immobilienmarktes im Sommer 2007 und dem dramaturgischen Höhepunkt der weltweiten Banken- und Finanzmarktkrise im September 2008 ist das Risikomanagement der international agierenden Groß- und Investmentbanken jedoch einer breiten Kritik ausgesetzt und hat auch die Rationalitätsbehauptungen des Finanzmarktes in eine tiefe Glaubwürdigkeitskrise gestürzt: „Die Einbeziehung wenig bis nicht-kreditwürdiger (subprime) Schuldner in den Hypothekenmarkt, die Diversifikation der damit eingegangenen Risiken durch die Konstruktion und den weltweiten Vertrieb verbriefter Finanzprodukte, deren (zum Teil aggressiver) Weiterverkauf an Sparer und Privatanleger auf der ganzen Welt, motiviert durch das Ziel Marktanteile zu gewinnen und die Renditen in die Höhe zu treiben" – diese Entwicklungen haben nicht eine optimale Allokation von Kapital und Ressourcen, sondern die größte Finanz- und Wirtschaftskrise seit den 1930er Jahren hervorgebracht. Einmal mehr wurde klar, dass die traditionellen Erklärungsmodelle der orthodoxen Kapitalmarkttheorie nicht ausreichten, „um das hektische Auf und Ab der Kursbewegungen sowie die wiederkehrenden Blasen und Zusammenbrüche auf den Finanzmärkten wenigstens annäherungsweise zu erklären."[14]

14 Hiß, Stefanie 2012: Konfligierende Rationalitäten – wie Nachhaltigkeit die Rationalitätsordnung des Finanzmarktes irritiert, in: Engels/Knoll (2012) a.a.O., S. 85; Kremer/Nessel (2012) a.a.O., S. 10.

Insbesondere bei der Frage nach den Ursachen der Krise erfreute nun wiederum die Gier einer außerordentlich großen Beliebtheit. So wurde bereits am 17. September 2008, zwei Tage nach der Insolvenz der Lehman Brothers, unter dem Stichwort „Die Gier war größer als die Vernunft" die globale Finanzkrise eingeordnet und erklärt. Angelockt von märchenhaften Profiten seien große und kleine Finanzinstitute aus aller Welt den falschen Verheißungen des Investmentbankings nachgeeifert, hätten – anstatt sich auf ihr eigentliches Geschäft zu konzentrieren – lieber Konzernfusionen abgewickelt, zwielichtige Finanzprodukte erfunden, und mit Hilfe von Zweckgesellschaften verkauft. Die zentrale Ursache für diese Auswüchse, so der Tenor, sei schlicht und einfach „Gier": „Die Gier des Bankers, die Gier des Konzernchefs, die Gier des Finanzvorstandes, die Gier des Fußball-Funktionärs. Die Gier jedes Einzelnen. Die Gier nach Geld."[15] Zu einer ähnlichen Einschätzung kamen auch zahlreiche Vertreter aus Politik und Gesellschaft: So betonte Angela Merkel in ihrer Regierungserklärung am 7. Oktober 2008, dass „die Lage auf den internationalen Finanzmärkten [...] vieles, was als selbstverständlich galt, infrage" stelle. Sie bestätige „manches, was mit Gier, verantwortungsloser Spekulation und Missmanagement im Finanzsektor verbunden wird." Für den ehemaligen Bundeskanzler Helmut Schmidt war die „hemmungslose Habgier" gar eine Art Krankheit, welche die globalisierte Finanzindustrie befallen habe. Ihr Wesensmerkmal bestehe in einer „neuen Kombination von hoher Intelligenz und mathematischer Begabung mit extremer Selbstsucht und Selbstbereicherung bei Abwesenheit von Verantwortungsbewusstsein."[16]

Die aus derartigen Diagnosen zu ziehenden Konsequenzen schienen schnell klar: Mit Hilfe staatlicher Maßnahmen und eines generellen Kulturwandels sei, so formulierte es etwa der damalige Bundespräsident (und ehemaliger „Sparkassenpräsident") Horst Köhler, der „hemmungslose[n] Gier im Bankenbereich" endlich ein Riegel vorzuschieben. An ihre Stelle, so war häufig zu hören, sollte – auch in der Finanzwirtschaft – eine neue Ethik des Maßes und der Bescheidenheit treten. Denn in seiner „unstillbaren Gier nach Geld, Prestige und Konsum" verliere der Mensch „seine

15 Buchter, Heike et al. 2008: Hurrikan Lehmann, in: *Die Zeit* vom 18.09.2008, S. 23; Bund, Kerstin et al. 2013: Macht Geld unmoralisch?, in: *Zeit Online*, http://www.zeit.de/2013/18/unternehmer-manager-geld-moral. Eingesehen am 26.03.2015.

16 Merkel, Angela 2008: Regierungserklärung zur Lage an den Finanzmärkten, in: *Deutscher Bundestag*, Plenarprotokoll, Stenographischer Bericht der 181. Sitzung der 16. Wahlperiode vom 07.10.2008, S. 19321; Schmidt, Helmut 2009: Zivilisiert den Kapitalismus!, in: *Die Zeit* vom 26.11.2009, 21.

„Seele“, seine Freiheit, seine Gelassenheit, seinen inneren Frieden und somit das, was ihn zum Menschen macht.“ Der CSU-Abgeordnete Peter Gauweiler forderte in der Süddeutschen Zeitung gar einen „Radikalenerlass für Bankmanager“. Bevor jemand ein Kreditinstitut führen dürfe, so Gauweiler, sollte der Staat zunächst prüfen, ob die entsprechende Person zuverlässig sei und über ein klares Urteilsvermögen verfüge oder eher zu riskanten Geschäften neige.[17]

2.1 Die Gier der Banker

Auch bei der wissenschaftlichen Aufarbeitung der Krise wurde in der Folge explizit auf die Rolle der Gier verwiesen. Im Hinblick auf die Mikroebene ökonomischer Handlungstheorien traten dabei vor allem Ansätze der sogenannten „Behavioral Economics“ auf den Plan. Um die Ursachen der aufgetretenen Blasenbildung am US-Hypothekenmarkt und die Entstehung der globalen Banken- und Finanzkrise zu erklären, schienen ihre Modelle besonders gut geeignet, ging man hier doch grundsätzlich davon aus, dass Wirtschaftsakteure sich auch dann in Wahrheit maßgeblich von Emotionen leiten lassen, wenn sie ihre Interessen definieren, entsprechende Handlungsstrategien erarbeiten oder vermeintlich rationale Entscheidungen treffen.[18] Mit dem zusätzlichen Popularitätsschub, den die Verhal-

17 Müller, Henrik/Rickens, Christian 2008: Interview von Bundespräsident Horst Köhler mit dem manager magazin, Berlin 24.10.2008, http://www.bundespraesident.de/SharedDocs/Reden/DE/Horst-Koehler/Interviews/2008/20081024_Rede.html. eingesehen am 26.03.2015; Küng, Hans 2009: Ethos statt Gier, in: *Die Welt* vom 23.02.2009, S. 7; Gauweiler, Peter 2010: Radikalenerlass für Bankmanager, in: *Süddeutsche Zeitung* vom 04.02.2010, S. 2.

18 Dementsprechend fordert die Verhaltensökonomie (zum Teil in Anlehnung an John M. Keynes‘ Begriff der ‚Animal Spirits‘), die psychischen Tatsachen des Wirtschaftslebens, die Ebene subjektiver Wahrnehmung, insbesondere die Auswirkungen von Emotionen bei der Analyse wirtschaftlicher Handlungen und Entscheidungen stärker zu berücksichtigen. Vgl. klassisch: Keynes, John Maynard 1955 [1936]: *Allgemeine Theorie der Beschäftigung, des Zinses und des Geldes*, Berlin: Duncker & Humblot, S. 136 sowie Kahneman, Daniel/Tversky, Amos 1979: Prospect theory: An analysis of decision under risk, in: *Econometrica* 47(2), S. 263–291; Akerlof, George A./Shiller, Robert J. 2009: *Animal Spirits. Wie Wirtschaft wirklich funktioniert*, Frankfurt a.M./New York: Campus. Emotionale Dispositionen, wie Angst, Misstrauen oder auch Gier, werden hier zum Teil als eigentliche Grundlage mentaler Rationalitätsprinzipien und Rationalisierungsprozesse vermutet. Vgl. Mercer, Jonathan 2010: Emotional Beliefs, in: *In-*

tensökonomie im Kontext der Finanzkrise erlebte, geriet auch die Gier zunehmend in den Fokus ihrer bevorzugt experimentell ermittelten und durch psychologische Theorien angereicherten Erkenntnisse. In diesem Kontext wurde das Verhalten „gieriger“ Wertpapierhändler etwa mit dem Phänomen der sogenannten „Kompetenzillusion“ erklärt – einem emotional bedingtem Effekt, bei dem die menschliche Psyche individuelle Urteilsfehler und Erfahrungen augenscheinlichen Kontrollverlusts ausblendet, sobald deren Eingestehen die Selbstachtung des Handelnden bedrohen könnten.[19] Andernorts versuchte man das Ausmaß des Gier-Problems auch quantitativ zu erfassen. So sei die menschliche Natur zwar grundsätzlich durch Vernunft und Kooperationsbereitschaft geprägt, die Umsetzung einer altruistischen Gesellschaft scheitere jedoch zwangsläufig an jenen, etwa 15 Prozent aller Menschen, deren psychische Disposition sie als kooperationsunwillige „Gierhälse“ ausweise. Lässt man sie gewähren, vergiften diese wenigen übertrieben egoistisch veranlagten Trittbrettfahrer bald das gesamtgesellschaftliche Klima. „Misstrauen wächst – die zu oft geprellten Altruisten beginnen nun auch zu geizen, um ihre Pfründe zu retten. Kaum einer mag jetzt noch kooperieren.“[20] Bereits im Film „Wall Street“ aus dem Jahr 1987 hatte der Protagonist und Aktienspekulant Gordon Gekko alias Michael Douglas das Geschehen auf den Finanzmärkten aus der Sicht eines derartigen „Gierhalses“ portraitiert: „Gier ist richtig, Gier ist gut. Gier funktioniert. Gier veranschaulicht, durchdringt und erfasst die Essenz der Evolution. Gier, in all ihren Formen – Gier nach Leben, nach Geld, nach Liebe und Wissen – kennzeichnet den Aufstieg der Menschheit.“ Damit brachte Gekko zugleich das Leitbild der folgenden beiden Jahrzehnte auf den Punkt, in denen Gier und Geiz mehr und mehr „geil“ wurden und selbst Kleinanleger sich zu riskanten Spekulationsgeschäften hinreißen ließen.[21]

In der Erwartung einer zusätzlichen Unterstreichung des eigenen Wahrheitsanspruches wurden im Laufe der Debatten um die „Gier der Banker“ bald auch verstärkt naturwissenschaftlich gestützte Theoreme hinzugezo-

ternational Organization 64(1), S. 1–31; Kahneman, Daniel 2012: *Schnelles Denken, langsames Denken*, München: Siedler.

19 Kahneman (2012) a.a.O., S. 263 ff.

20 Fehr, Ernst/Fischbacher, Urs 2003: The nature of human altruism, in: *Nature* 425(6960), S. 787; Klein, Stefan 2009: Wie kommt das Gute in die Welt?, in: *Die Zeit* vom 22.12.2009, 15; Bredow, Rafaela von 2006: Macht der Niedertracht, in: *Der Spiegel* vom 30.01.2006, S. 125.

21 Vgl. Neckel (2012) a.a.O., S. 328f., eigene Übersetzung des englischen Originalzitats aus „Wall Steet“.

gen. Diese sollten nicht zuletzt eine erweiterte Fundierung der entsprechenden emotionsbasierten Akteursmodelle ermöglichen. Ansätze aus dem Bereich der sogenannten ‚*Neuroeconomics*' oder ‚*Neurofinance*' versuchten in diesem Kontext, ökonomische Entscheidungen durch die Messung entsprechender magnetischer oder biochemischer Aktivitäten im Gehirn des Handelnden nachzuvollziehen. Mit ihrer Hilfe sollte entschlüsselt werden, „wie Investoren welche Informationen verarbeiten und welchen Einfluss die persönliche Risikowahrnehmung auf den Entscheidungsprozess hat." Nach den dabei gewonnenen Erkenntnissen ist das menschliche Gehirn insbesondere beim Umgang mit Geld „weit davon entfernt, der verlässliche, effiziente und logische Apparat zu sein, für den wir es gerne halten würden." Stattdessen kombiniere man bei finanziellen Anlageentscheidungen „kühle Wahrscheinlichkeitsrechnung mit instinktiven Reaktionen zum Nervenkitzel des Gewinns und den Qualen des Verlusts" und durchlebe eine regelrechte emotionale Achterbahnfahrt intensivster Gefühle „wie Hoffnung, Gier, Hochmut, Erstaunen, Angst, Panik, Reue und Freude." Einerseits sorgten auch bei den Investmentbankern „emotionale Schaltkreise" im Innern des Gehirns dafür, dass sie „instinktiv nach allem gieren, was einträglich sein könnte – und alles meiden, was riskant erscheint." Andererseits sei es geradezu „menschlich", dass Anleger – von der Gier geleitet – oft Dinge tun, die „aus logischer Sicht" eigentlich keinen Sinn ergeben.[22]

Bereits aus genetischen Gründen, so die Erkenntnis der Neurofinance, sei diese Gier nach Geld bei einigen Menschen allerdings stärker ausgeprägt als bei anderen – ihre Lust auf Spekulationen könne geradezu als „angeboren" gelten. Schuld an diesem „Dagobert-Duck-Syndrom" sei eine krankhafte Überfunktion des Belohnungssystems im Gehirn, das bei entsprechender Stimulierung durch die Aussicht auf kurzfristige Gewinne alle anderen vernünftigen und moralischen Erwägungen dauerhaft dominiere. Der Anblick von Geld und die kurzfristige Realisierung finanzieller Gewinne wirke auf diese Menschen dann wie Kokain und erzeuge eine Art „Sucht". Wie Drogenabhängige neigten deshalb gerade viele Investmentbanker „zu suboptimalen Entscheidungen, weil ein überaktives, impulsives System den Einfluss des exekutiven Systems schwächt und es so

22 Elger, Christian E./Schwarz, Friedhelm 2009: *Neurofinance. Wie Vertrauen Angst und Gier Entscheidungen treffen*, München: Haufe Verlag, S. 23; Zweig, Jason 2007: *Gier. Neuroökonomie: Wie wir ticken wenn es ums Geld geht*, München: Hanser, S. 4ff.; Glimcher, Paul W./Fehr, Ernst (Hrsg.) 2014: *Neuroeconomics. Decision Making and the Brain*, London: Academic Press.

zu Entscheidungen kommt, die überwiegend am kurzfristigen Nutzen und am Erhalt einer Belohnung orientiert sind.“ Die hieraus entstehende Gier nach immer mehr Gewinnen werde zusätzlich dadurch verstärkt, dass der menschliche Verstand vorrangig den *relativen* Wert des eigenen Besitzes bewerte. Bereits die primitiven Urinstinkte des Menschen ließen ihn lieber „König in einem Dorf“ als „zweiter in einem Land“ sein.[23]

2.2 Die Gier im System

Wenn aber der Einzelne im Zweifel nicht für sein eigenes Gierverhalten haftbar zu machen ist, wer trägt dann die Schuld an der Krise? Obwohl die Investmentbanker zunächst im allgemeinen Fokus der öffentlichen Kritik standen, war schnell klar, dass die Fehlentwicklungen am Finanzmarkt nicht „ohne das Korrelat einer ähnlich hypertrophen Profitorientierung in der Kundschaft“ möglich gewesen wären. Unter dem Ausspruch „Ich kann dieses Wort, die Banken seien gierig, nicht mehr hören!“, machte dementsprechend Hilmar Kopper, der ehemalige Vorstandssprecher der Deutschen Bank, nicht nur die Banker, sondern auch die Kleinanleger für die Krise verantwortlich. Diese hätten in den Jahren zuvor schließlich „den Hals nicht voll genug“ bekommen können. Auch der damalige Bundesinnenminister Wolfgang Schäuble zeichnete ein vielschichtiges Bild des Gier-Problems: „Viele der Übertreibungen, die zur Krise geführt haben, sind nicht ohne die Gier vieler Marktteilnehmer zu erklären und auch nicht ohne die Gier der Anleger, die sich die Chance auf Traumrenditen nicht entgehen lassen wollten – von Investmentfonds über Kleinsparer bis zu klammen Kommunen.“[24] Im kollektiven Zusammenwirken derart vieler „Gieriger“ stellte sich die Gier in den Augen vieler Beobachter eher als ein systematisches oder gar ein systemisches Problem dar. In dessen einfachster Variante wurde dem Zusammentreffen der Gier vieler Einzelner an den internationalen Finanzmärkten kumulative Effekte zugeschrieben. Demnach habe die Gier der Akteure sich gegenseitig verstärkt und eine regelrechte Sogwirkung entfaltet, der sich auch der durchschnittliche

23 Elger/Schwarz (2009) a.a.O., S. 127ff.

24 Rehm, Hannes 2012: Banken und Ethik, in: *Zeitschrift für das gesamte Kreditwesen* 65(10), S. 474; Nass, Matthias/Schieritz, Mark 2008: Ich kann das Wort Gier nicht mehr hören, in: *Die Zeit* vom 09.10.2008; Schäuble, Wolfgang 2009: Ohne Maß ist die Freiheit der Ruin, in: *Frankfurter Allgemeine Zeitung* vom 27.08.2009, S. 29.

‚Fünf-Jahres-Vertrags-Manager' kaum entziehen konnte.[25] Nicht die Gier Einzelner, sondern die gleichzeitige Gier aller, hatte demnach zum Zusammenbruch der Finanzmärkte geführt. Doch woher kam all diese Gier? Wie konnte es dazu kommen, dass im Laufe der vergangenen Jahre ein ganzer Wirtschaftsbereich in den Bann dieser verderblichen Leidenschaft geraten konnte?

Auch im Hinblick auf eine „Makroperspektive der Gier" wurden unterschiedliche Theoriemodelle zur Erklärung der Krise herangezogen. So finden sich etwa im Rahmen einer kritischen Auseinandersetzung mit der Logik des ‚Finanzmarkt-Kapitalismus' Argumente, welche die eigenen Diagnosen – wie die Ausbreitung einer auf kurzfristige Gewinne fokussierten ‚Kapitalmarktlogik' oder die Verallgemeinerung marktförmiger Koordinationsprinzipien inner- und außerhalb der ökonomischen Sphäre – nicht nur mit einem korrespondierenden Wandel kultureller Deutungsmuster, Diskurse und lebensweltlicher Praktiken, sondern auch mit der systematischen Zurückdrängung jener emotional vermittelter Deutungs- oder Korrekturalternativen zurückführen, die der freien Entfaltung individueller Gier normalerweise im Wege stehen. Auf diese Weise sei es der neoliberalen Version des homo oeconomicus mit seiner radikalen Marktgläubigkeit und seinem unbedingten Primat des individuellen Selbstinteresses gelungen, als Idealbild auch in andere gesellschaftliche Teilbereiche – etwa von Politik, Kultur oder privater Lebensgestaltung – hineinzuwirken. Die zunehmende ‚Finanzialisierung' und ‚Ökonomisierung' der Gesellschaft habe schließlich eine allgemeine Renaissance jener hypertroph gesteigerten Selbstbezogenheit entfacht, welche vor dem Hintergrund der aktuellen Krise nun mit Begriffen wie dem der ‚Gier' wieder eingeholt und kritisch hinterfragt werde.[26] Dieser ‚Rationalisierungstheorie' stehen wiederum

25 Schlembach, Claudia 2010: Editoral: Komplexe Krisen, in: *Politische Studien* 61(431), S. 6.

26 Zum Phänomen des Finanzmarkt-Kapitalismus vgl. Windolf, Paul 2005: Was ist Finanzmarkt-Kapitalismus?, in: Windolf, Paul (Hrsg.): *Finanzmarkt-Kapitalismus. Analysen zum Wandel von Produktionsregimen*, Kölner Zeitschrift für Soziologie und Sozialpsychologie Sonderheft 45, Wiesbaden: VS Verlag für Sozialwiss, S. 20–57; Zur Diskussion um die Ausbreitung der Finanzmarktlogik vgl. Kädtler, Jürgen 2014: Finanzmarktöffentlichkeit und Finanzmarktrationalität. Zu den Bestandsbedingungen einer Form bedingter Rationalität in der Krise, in: Andreas Langenohl/Dietmar J. Wetzel (Hrsg.): *Finanzmarktpublika. Moralität Krisen und Teilhabe in der ökonomischen Moderne*, Wiesbaden: Springer VS, S. 173–195; Zur Diskussion um die Ökonomisierung der Gesellschaft vgl. Schaal, Gary S. et al. (Hrsg.) 2014: *Die Ökonomisierung der Politik in Deutschland. Eine vergleichende Politikfeldanalyse*, Wiesbaden: Springer VS.

Ansätze gegenüber, die den Ursprung der behaupteten ‚Ökonomisierung' der Gesellschaft eher auf einen Prozess emotionaler Vereinnahmung zurückführen. Demnach habe die Entfaltung der kapitalistischen Logik im Laufe des 20. Jahrhunderts, entgegen der Annahme Max Webers, nicht zu einer sachlich-rationaleren oder gar emotionsloseren Welt geführt, sondern stattdessen eine Psychologisierung, Instrumentalisierung und Vereinnahmung des Emotionalen durch Unternehmensführer, den impliziten Aufstieg eines ‚homo sentimentalis' und die Entstehung ganz eigener kapitalistischer Gefühlsregime befördert. Gerade weil der moderne Kapitalismus (auch) eine spezifische Kultur der intensivierten Emotionalität und des Emotionsmanagements ausgebildet habe, sei es in der Gegenwart viel leichter geworden, die Logik marktförmiger Kosten-Nutzen-Analysen in andere Lebensbereiche zu übertragen und damit das „Gier-Prinzip" umfassend salonfähig zu machen.[27]

Mit zum Teil ähnlichen Schlussfolgerungen erleben seit der jüngsten Krise am Finanzmarkt wiederum jene Thesen einen deutlichen Aufschwung, die die Anziehungskraft des marktwirtschaftlichen Denkens mit dessen ideologischer Überhöhung und Auratisierung erklären. Im Anschluss an Walter Benjamins berühmtes Fragment zum „Kapitalismus als Religion" wird dabei insbesondere die neoklassische ökonomische Theorie als eine auf Eigennutz und Habgier gegründete Weltanschauung beschrieben, die trotz plakativer Rationalitätsbehauptungen ihre hegemoniale Stellung vor allem durch emotional vermittelte Bindungs- und Überzeugungsstrukturen erlangt hat.[28] Die traditionell um Aufklärung bemühten Geistes- und Sozialwissenschaften erkennen bei solchen Diagnosen im real existierenden „Spätkapitalismus" das Problem einer nie überwundenen, irrationalen bzw. hyper-emotionalen Verzauberung. In der entsprechenden Kritik erhält die Krise am Finanzmarkt dann eine kathartische bis emanzipatorische Bedeutung. Sie wird als Moment einer gesamtgesellschaftlichen Entwicklung gedeutet, als Vorbote des kommenden Zusammenbruchs des marktradikalen „Ancient Regimes", welches nicht zuletzt daran

27 Illouz, Eva 2006: *Gefühle in Zeiten des Kapitalismus. Frankfurter Adorno-Vorlesungen 2004*. Frankfurt a.M.: Suhrkamp, S. 168; Illouz, Eva 2007: *Der Konsum der Romantik. Liebe und die kulturellen Widersprüche des Kapitalismus*, Frankfurt a.M.: Suhrkamp.

28 Vgl. etwa Seele, Peter F./Pfleiderer, Georg (Hrsg.) 2013: *Kapitalismus - eine Religion in der Krise I. Grundprobleme von Risiko, Vertrauen, Schuld*, Zürich/Baden-Baden: Pano/Nomos sowie den Begriff der ‚Oikodizee' bei Vogl (2010) a.a.O.

scheitere, dass es versucht habe, ein Gesellschaftsmodell auf menschlichen Lastern wie der Gier aufzubauen.[29]

Doch wie genau wirkt dieses „System“ im Hinblick auf die Gier? Nach Ansicht von Reinhard Marx, des Erzbischofs von München und Freising und Vorsitzenden der deutschen Bischofskonferenz, schafft es der gegenwärtige Finanzkapitalismus einfach, das Schlechteste im Menschen hervorzubringen. Neben anderen Ursachen hätten dabei insbesondere die völlig überzogenen Belohnungssysteme dafür gesorgt, bei den Akteuren am Finanzmarkt in gewaltigem Ausmaß Gier und Maßlosigkeit anzuheizen. Auf diese Weise verführe das System den Einzelnen quasi dazu, „strukturell zu sündigen.“[30]

Für viele betroffene Bankmanager erschien der in der These der „strukturellen Sünde“ mitschwingende Vorwurf individueller Verantwortung allerdings nur wenig nachvollziehbar, denn aus ihrer Sicht war die „Gier“ eher ein Modewort, das die eigentlichen, systemischen Probleme irrtümlich auf individuelle Schultern ablädt: „Viele Manager stehen unter einem ungeheuren persönlichen Druck. Sie haben ihre Drei- oder Fünfjahresverträge, ihren Familienstatus darauf eingerichtet, ein Haus gekauft und damit auch Abhängigkeiten produziert. Wenn sie keine kurzfristigen Erfolge zeigen, verlieren sie ihren Job und ihren Status.“[31] Das, was in erster Reaktion von allen Seiten als Folge von Exzessen purer Geldgier identifiziert und kritisiert wurde, sei folglich eher der unverfügbaren Logik eines Systems geschuldet, das die Akteure förmlich dazu zwinge, „in einer Art Leerlauf übersteigerter Selbstreferenz“ nur noch darauf zu achten, „die stets lauernde Chance auf den jeweils noch besseren Deal nicht zu verpassen.“ Die vielgescholtene Gier könne den Investmentbankern deshalb eigentlich nicht angelastet werden, sie sei keine Eigenschaft, die einem „von Natur aus schlechtem Charakter zuzurechnen wäre“, sondern vielmehr „das Strukturprinzip ihres Handelns.“ Diese Struktur, so die Logik des Arguments, lasse Gier erst in der nachträglichen Beobachtung aus einer dem Handeln der Akteure übergeordneten Perspektive erkennen. Der Einzelne werde zu einem Handeln verleitet, das zwar vornehmlich als Aus-

29 Vgl. nur Streeck 2013: a.a.O.

30 Drobinski, Matthias et al. 2008: Kapitalismus ist ein Ethikfresser. Erzbischof Marx im Interview, in: *Süddeutsche Zeitung* vom 26.11.2008; Wahren, Heinz-Kurt 2011: *Gier. Der menschliche Faktor der Finanzkrise*, München/Paderborn: Fink, S. 9.

31 So brachte ein bekannter Wirtschaftsanwalt das Dilemma auf den Punkt. Hennerkes, Brun-Hagen 2010: Zur Bedeutung der Familienunternehmen in Wirtschaft und Gesellschaft, in: *Politische Studien* 61(431), S. 11.

druck persönlicher Gier interpretiert werde, prinzipiell aber ohne emotionale Vermittlung auskomme. Nicht der (plötzliche und kollektive) Ausbruch menschlicher Leidenschaft habe daher zum Zusammenbruch der Kapitalmärkte geführt, sondern die leidenschaftslose Logik eines Systems, das in radikaler Weise die Idee der Zweckrationalität und den uneingeschränkten Geltungsanspruch des Marktprinzips einfordere.[32]

3. *Ausblick: Vom Freispruch der Gierigen zur Gier als Alibi*

Egal ob als Strukturprinzip individuellen Handelns oder als Strukturprinzip des gesamten kapitalistischen Systems: die im Krisendiskurs der letzten Jahre unternommenen Versuche zur Beschreibung, Einordnung und Erklärung der scheinbar offensichtlichen „Gier am Finanzmarkt", führten trotz unterschiedlicher Argumente im Ergebnis oft zu ähnlichen Schlussfolgerungen. Nicht die gierigen Investmentbanker, ihr womöglich verantwortungsloses Handeln und ihre Kartelle erkennbarer Macht- und Gewinninteressen waren demnach als Verantwortliche der Krise auszumachen, sondern eine Emotion, die unbewusst und unkontrollierbar das Denken und Handeln eines jeden Menschen zum Nachteil Anderer beeinflusst und deren strukturbildende Dynamik bei der Architektur und Kontrolle des Finanzsektors womöglich bisher nicht ausreichend berücksichtigt wurde. Weil nämlich grundsätzlich alle Menschen gierig sind und sich außerdem niemand der Logik einer marktwirtschaftlichen Ordnung entziehen kann, „haben die gierigen Banker letztlich nur das getan, was jeder andere an ihrer Stelle auch getan hätte." Mit dieser Logik trugen sowohl individualpsychologisch als auch gesellschaftstheoretisch ausgerichtete Erklärungen der Gier zu einer gewissen Schwächung tugendethisch begründeter Forderungen nach Mäßigung, individuellem Verantwortungsbewusstsein und Gemeinwohlorientierung im Bankensektor bei. Stattdessen wurden reichlich Anknüpfungsmöglichkeiten dafür geliefert, die anhaltende „Gier-De-batte" in eine „Neid-Debatte" zu verkehren. Der Vorwurf des irrationalen und damit schädlichen Verhaltens traf dann nicht länger die Investmentbanker, sondern ihre Kritiker. Diese würden nicht

32 Neckel (2012) a.a.O., S. 342f.; Böckenförde, Wolfgang 2009: Woran der Kapitalismus krankt, in: *Süddeutsche Zeitung* vom 24.04.2009, 8.; Sandel, Michael J. 2012: *Was man für Geld nicht kaufen kann. Die moralischen Grenzen des Marktes*, Berlin: Ullstein, S. 12ff.

sachlich sondern rein emotional argumentieren und seien in Wahrheit nur neidisch, dass sie die große Zeit des Kassemachens verpasst hätten.[33]

In letzter Konsequenz verkehrte sich die Argumentation einer Anklage der Gier dabei sogar in ihr Gegenteil: Auf die Entlastung der Gierigen folgte eine Entlastung der Gier. So wurde etwa in systemkritischer Absicht betont, dass die heute üblichen, oft nur schwer durchschaubaren Finanzmarktprodukte im Grunde gar keine Gier nötig hätten, um großen Schaden anzurichten. Die wirklich neue Erkenntnis sei deshalb nicht, dass der Finanzmarkt wegen der übermäßigen Gier Einzelner regelmäßig zu Krisen neige, sondern dass vielmehr – in später Bestätigung der These Jürgen Habermas' (1973) – die ideologische Hülle der Marktwirtschaft heute immer weniger glaubwürdig wirke. In liberaler Absicht wurde die gesamte Gier-Diskussion gar als Scheingefecht kritisiert. In ihr, so der Bamberger Soziologe Gerhard Schulze, stecke „ein Element asketischer Menschenverachtung, Neid und Lustfeindlichkeit. [...] Natürlich wäre die Finanzkrise ohne die Begehrlichkeit der Menschen ausgeblieben, freilich nur, weil erst gar kein Finanzmarkt entstanden wäre. Wo es kein Geld gibt, ist man bestens gegen eine Finanzkrise gewappnet."[34] Die hier vollzogene ‚Beweislastumkehr' zu Gunsten der Gier lenkte den Blick vor allem auf die Politik. Diese müsse in Zukunft wieder stärker dafür Sorge tragen, dass auch am Finanzmarkt ‚private Laster' in ‚öffentliche Vorteile' umgewandelt würden und so die natürliche Gier der Akteure wieder erkennbare Gemeinwohleffekte verzeichne. Mit Blick auf die desaströsen Folgen staatlicher Deregulierungspolitik und die abenteuerliche Finanzakrobatik bei den Landesbanken stellte ‚Zeit-Herausgeber' Josef Joffe schließlich gar fest, dass ‚Gier' und ‚Exzess' offenbar auch öffentliche Laster seien: „Die Wahrheit ist, dass der Staat den Tisch bereitet hat, an dem sich die ‚entfesselten Märkte' überfressen haben."[35]

Von dem indirekten Freispruch ‚gieriger' Investmentbanker konnte letztlich auch die neoklassische ökonomische Theorie profitieren. Ihre idealtypischen Akteurs-, Gleichgewichts- oder Kapitalmarktmodelle sowie

33 Vgl. Neckel (2012) a.a.O., S. 330. Zur umgekehrten Ablösung des herrschen „Neid-Diskurses" durch einen „Gier-Diskurs" am Beginn der Finanzkrise vgl. Nullmeier, Frank 2010: Vom Neid zur Gier? Über den Wandel deutscher Sozialstaatsdebatten, in: Brunner (2010) a.a.O., S. 281ff.

34 Schulze, Gerhard 2009: Die Bußprediger sind wieder unter uns, in: *Welt am Sonntag* vom 29.03.2009, S. 13; Schnibben, Cordt 2009: Lob der Gier, in: *Der Spiegel* vom 11.05.2009, S. 96-109; Habermas, Jürgen 1973: *Legitimationsprobleme im Spätkapitalismus*. Frankfurt a.M.: Suhrkamp.

35 Joffe, Josef 2011: Das große Staatsversagen, in: *Handelsblatt* vom 01.09.2011.

die ihnen zugeschriebenen Orientierungs-, Anziehungs- und Erklärungskräfte, hat die Krise nicht nachhaltig erschüttern können. Nicht die Idee des modernen ‚Finanzmarkt-Kapitalismus', sondern eine spezifische Organisation konkreter Finanzmärkte schien demnach im Herbst 2008 gescheitert. Nach Meinung vieler Beobachter wurde die Kritik an der ‚Gier am Finanzmarkt' folglich auch nicht zum Anlass eines spürbaren (endogen oder exogen bewirkten) Werte- und Verhaltenswandels im Bankenbereich, sondern lieferte vor allem Anknüpfungspunkte für individuelle Entlastungs- und Rechtfertigungsstrategien. Mit deren Hilfe hat sich in der Finanzwelt mittlerweile eine Art ‚Verschiebebahnhof der Verantwortung' etabliert – ein Bahnhof, „dessen meistbefahrene Gleise zur symbolischen Endstation der Gier führen."[36]

Insbesondere die großen Bankhäuser haben aus dieser Entwicklung längst ihre strategischen Schlüsse gezogen. Im Gestus der Läuterung hat sich etwa die Deutsche Bank bewusst auf eine Argumentation eingelassen, die gerade die übermäßige Gier einzelner Mitarbeiter als eine Ursache der vormaligen ‚Exzesse' am Finanzmarkt identifiziert. Um entsprechende Fehlentwicklungen in Zukunft zu verhindern, wurde seit 2012 ein neuer „Verhaltens- und Ethikkodex" entwickelt und öffentlichkeitswirksam verabschiedet. Als Teil eines „Kulturwandels" soll er die „Werte" des Unternehmens verbindlich festschreiben und den Weg zu einer neuen „Kultur der Verantwortung" weisen. Trotz des griffigen Mottos der Bank, das bekanntermaßen ausgerechnet die ‚Leidenschaft' als Fundament des eigenen Leistungsfähigkeit ausweist, gilt es demnach vor allem die potentielle Lasterhaftigkeit individueller Akteure stärker einzudämmen. Zusätzliche staatliche Regulierungsanstrengungen als weitere Lektionen aus der Krise schienen im Angesicht dieser Problembeschreibung selbstredend unnötig und wurden demzufolge stets bekämpft.[37]

36 Kädtler (2014) a.a.O., S. 190; Neckel (2012) a.a.O., S. 330.

37 Im Hinblick auf die Reputation der Bank hat diese Strategie allerdings mit permanenten Rückschlägen in Form scheinbar nicht enden wollender Negativschlagzeilen zu kämpfen. So bescheinigen Kritiker der Deutschen Bank noch immer ein regelrechtes „Gier-Image": Demnach sei die Bank „von Gier und Unersättlichkeit zerfressen" und besitze eine „hoch entwickelte Raffmentalität". Ihr einstmals stolzer Name sei nur noch ein „Vehikel für die Anbahnung und Durchführung zweifelhafter Aktionen auf den globalen Märkten". Vgl. aktuell Leyendecker, Hans/Ott, Klaus 2015: Geladen. Fitschen, Ackermann und Breuer müssen vor Gericht, in: *Süddeutsche Zeitung* vom 03.03.2015, S. 15. Zum ‚Wertewandel' bei der Deutschen Bank vgl. den aktuellen „Verhaltens- und Ethikkodex" des Unternehmens unter https://www.db.com/ir/de/download/Verhaltens-_und_Ethikkodex_23_04_2014.pdf, eingesehen am 26.03.2015. Zur anhaltenden Kritik vgl.

Diese Argumentation, welche die Ursachen der jüngsten Finanzkrise in die unverfügbare Menschennatur verlagerte, führte auch in anderen Bereichen zu einigen eher fragwürdigen Schlussfolgerungen. So forderte etwa der ‚Frankfurter Zukunftsrat', eine prominent besetzte Denkfabrik, bei der etwa Wolfgang Clement, Friedrich Merz oder Peter Sloterdijk mitwirken, am 17. Juni 2009 in einer Erklärung dazu auf, bei der anstehenden Neuordnung des Finanzsektors auch die jüngsten Erkenntnisse der Neurobiologie zu berücksichtigen – Erkenntnisse hinsichtlich der Entstehung von Gier im Gehirn, der Rolle des ‚Belohnungssystems' bei der Realisierung kurzfristiger Geldgewinne sowie der erblich bedingten ‚Suchtanfälligkeit' bestimmter Personen. Um eine Wiederkehr globaler Kapitalmarktkrisen zu verhindern, sei es demnach wichtig, die geltenden gesetzlichen Regelungen, die staatliche Finanzaufsicht, aber auch die Einstellungspraxis und Personalpolitik in den Unternehmen für potentielle Gefährdungen durch besonders ‚gieranfällige' Individuen zu sensibilisieren. Insbesondere die Leitungsgremien großer Bankinstitute, so die Forderung, gelte es zukünftig mit politisch verordneten Maßnahmen – wie verpflichtende medizinische Untersuchungen und Tests – vor den Gefahren einer ‚genbedingten Finanzgier' zu schützen.[38]

nur Poullain, Ludwig 2014: Von Gier und Unersättlichkeit zerfressen, in: *Cicero* vom 08.02.2014, http://www.cicero.de/kapital/deutsche-bank-wandel-welcher-wandel/56960, eingesehen am 26.03.2015 sowie Kaiser, Stefan 2012: Strategiewechsel: Deutsche Bank kämpft gegen das Gier-Image, in: *Spiegel Online*, http://www.spiegel.de/wirtschaft/unternehmen/jain-und-fitschen-deutsche-bank-kaempft-gegen-das-gier-image-a-855201.html, eingesehen am 26.03.2015.

38 Vgl. die Erklärung des Frankfurter Zukunftsrates unter: Frankfurter Zukunftsrat 2009: Sieben Thesen zur Neuroökonomie. Geldgier liegt in den Genen, in: *Die Welt* vom 19.06.2009, S. 6.

Mehr Leidenschaft für Europa? Zur Bedeutung von Identitäten und Emotionen im Kontext der Europawahl 2014

Nina Elena Eggers

Der Wahlkampf zum Europäischen Parlament ist 2014 scheinbar so leidenschaftlich geführt worden wie nie zuvor. Nicht nur so genannte populistische Parteien und Politiker, denen ohnehin ein Spiel mit den Gefühlen unterstellt wird, haben die Emotionen der Wählerinnen und Wähler als Ressource für ihre Identitätspolitik genutzt. Auch die EU-Politikerinnen und Politiker der etablierten Parteien haben sich in den Medien überraschend gefühlsbetont präsentiert und bemühten sich, emotional von der Notwendigkeit des europäischen Zusammenhalts zu überzeugen. Zudem waren gerade auch in den jüngsten Protesten im Kontext der europäischen Wirtschafts- und Finanzkrise und dem anschließenden Streit um Europas Rettung emotionsgeladene Artikulationen von politischen Forderungen zu beobachten. Dieser Anstieg von emotionalen Äußerungen erstaunt vor allem deshalb, weil sich gerade die Europapolitik seit ihrer Geburtsstunde dem Vorwurf der Bürgerferne[1] und der Emotionslosigkeit[2] ausgesetzt

1 Die These der Fremdbestimmung der Bürger*innen durch europapolitische Entscheidungen wurde in der deutschen Politikwissenschaft verstärkt vor allem seit Ende der Neunzigerjahre in der aufkeimenden Debatte um postnationale Demokratie problematisiert (vgl. etwa Greven, Michael Th. 1999: Der politische Raum als Maß des Politischen – Europa als Beispiel, in: Thomas König/Elmar Rieger/Hermann Schmitt (Hrsg.): *Europäische Institutionenpolitik*, Frankfurt a.M./New York: Campus, S. 57ff. und Zürn, Michael 1998: *Regieren jenseits des Nationalstaates. Globalisierung und Denationalisierung als Chance*, Frankfurt a.M.: Suhrkamp, S. 237); in jüngeren Analysen wird diese Kritik oft auch im Zusammenhang mit der Postdemokratie-These formuliert (vgl. Jörke, Dirk 2005: Auf dem Weg zur Postdemokratie, in: *Leviathan* 33(4), S. 482-491; ders 2011: Bürgerbeteiligung in der Postdemokratie. In: *APuZ* 1-2/2011, S. 13-18).

2 Parallel zur Diskussion um die Bürgerferne europäischen Entscheidens wird eine Debatte um die mangelnde emotionale Identifikation mit Europa und europapolitischen Themen geführt, die den europäischen Bürger*innen Emotionslosigkeit gegenüber „ihrem" Europa attestiert, welche mit einer gewissen „Seelenlosigkeit" der EU korrespondiert (vgl. etwa Kainer, Viktoria 2009: *Wir in Europa*, Wiesbaden: VS, S. 15-38 und kritisch zu dieser Debatte: Schmale, Wolfgang

sieht. Europapolitik gilt in weitaus höherem Maße als elitär-bürokratisch und vernunftorientiert, als Politik im nationalstaatlichen Kontext. Eine mangelnde Identifikation mit Europa wurde stets als Hindernis für eine demokratische Ausgestaltung der Union angeführt und in der medialen, wie auch in der wissenschaftlichen Debatte wird die „Herstellung" einer postnationalen, kosmopolitischen, europäischen Identität vielfach zum normativen Ziel erklärt.[3] Dabei scheint es sich um ein wechselseitiges Verhältnis zu handeln: Während die mangelnde Demokratiefähigkeit der EU auf einen Mangel an Identifikation der Bürgerinnen und Bürger mit dem europäischen Projekt zurückgeführt werden kann, scheint umgekehrt eine europäische Identität nur unter der Suggestion der Zugehörigkeit zu einer explizit *demokratischen* politischen Gemeinschaft möglich, welche ihren Bezugspunkt in der Aufklärungsbewegung und den dort ausgerufenen „europäischen" Werten[4] nimmt. Mit den aktuellen Krisen Europas[5] wird dieses normative Leitbild einer europäischen Identifikationsgemeinschaft zunehmend in Frage gestellt. Enttäuschung und Wut richten sich vermehrt gegen Europa im Allgemeinen und zweifeln damit die Daseinsberechtigung der EU an.[6] Es kommt zu einer immer stärkeren Polarisierung zwischen überzeugten Europäern und ihren Gegnern, die sich in emotional getragenen Identitätsanliegen formuliert. Diese Beobachtung gibt Anlass dazu, den bislang in der Debatte um die europäische Demokratie zu wenig beachteten Zusammenhang zwischen Emotionen und

2008: *Geschichte und Zukunft der Europäischen Identität*, Stuttgart: Kohlhammer).

3 Vgl. hierzu insb. Beck, Ulrich/Grande, Edgar 2007: *Das kosmopolitische Europa. Gesellschaft und Politik in der Zweiten Moderne*. Frankfurt a.M.: Suhrkamp; Habermas, Jürgen 2011: *Zur Verfassung Europas. Ein Essay*, Berlin: Suhrkamp.

4 Vgl. kritisch zur Debatte um europäische Werte als Grundlage der Projektidentität Europas Asbach, Olaf 2007: Der Wert "Europa" – seine Bestandteile, Definitionen und Funktionen (aus politikwissenschaftlicher Sicht), in: Kerstin Armborst/Wolf-Friedrich Schäufele (Hrsg.): *Der Wert "Europa" und die Geschichte. Auf dem Weg zu einem europäischen Geschichtsbewusstsein*, Mainz: Veröffentlichung des Instituts für Europäische Geschichte Mainz (Beiheft online 2), S. 7-31.

5 Wie Michael Kaeding richtig anmerkt, ist die EU aktuell von einer Vielzahl von Krisen betroffen und allein hinter der Wirtschafts- und Finanzkrise verbirgt sich eine Reihe von Promblematiken, die sich nicht allein auf die ökonomische Dimension reduzieren lassen, so kann man gegenwärtig vor allem auch von einer Vertrauenskrise sowie einer Krise des hegemonialen europäischen Wertekannons sprechen (vgl. Kaeding, Michael 2013: Krise und Alternativen im europäischen Integrationsprozess, in: *Zeitschrift für Politikwissenschaft*, 2013(3), 427-436).

6 Vgl. auch Peters, Mayte 2014: Demokratie durch Kritik. Wider die EU-Skepsis. In: *Aus Politik und Zeitgeschichte* 12/2014, S. 37.

Identitäten näher in den Blick zu nehmen. Zwei aktuell zu verzeichnende Tendenzen bilden dabei den argumentativen Ausgangspunkt: (a) Zum einen bricht die lange Tradition der Pathologisierung von Gefühlen in den westlich-liberalen Demokratien in jüngster Zeit zunehmend auf und Gefühle werden zu einer legitimen Ressource für die demokratische Legitimation umgedeutet. (b) Zum anderen scheint sich gerade die Europapolitik als Ventil für ein freigesetztes Emotionspotenzial zu eignen, das aus einem Mangel an eindeutiger Identifikation und Zugehörigkeit resultiert. Damit stellt sich umso dringlicher die Frage, welche Möglichkeiten einer demokratischen Kanalisierung von Emotionen sich in der Europapolitik bieten. Radikale Demokratietheorien können hierzu, so wird der vorliegende Beitrag argumentieren, einen entscheidenden Anstoß geben, da sie den Fokus auf Identitätsbildungsprozesse legen und die Möglichkeit bieten, die Emotionalität von Subjekten anzuerkennen und als legitime Ressource im politischen Prozess einzubeziehen. Exemplarisch werden hier die Ideen von Chantal Mouffe und Jacques Rancière herangezogen, um zu zeigen, wie sich das Emotionspotenzial der Bürgerinnen und Bürger in eine demokratische Auseinandersetzung über Europa integrieren lässt.

Der Beitrag gliedert sich wie folgt: Zunächst wird der Zusammenhang von Emotionen und Identitäten im Kontext der aktuellen Transformationen des Politischen (Stichwort „Postdemokratie") in den Blick genommen. Sodann wird die weit verbreitete These, dass europäische Politik primär rationalen Motiven folgt und sich in diesem Sinne als „emotionslos" präsentiert, im Lichte des offenbar stark emotional geführten und von identitätspolitischen Forderungen bestimmten Europawahlkampfes 2014 reflektiert. In einem dritten Schritt werden dann mit Rekurs auf die agonistisch argumentierende Theorie von Mouffe Ideen dazu entworfen, wie das Emotionspotenzial der europäischen Bürgerinnen und Bürger im Sinne einer demokratischen Auseinandersetzung genutzt werden kann. Es wird sich dabei zeigen, dass eine Aufladung von Politik mit Identitätsanliegen unvermeidbar ist und es gerade deshalb zur zentralen Aufgabe der Europapolitik werden muss, Alternativen zu einer neoliberalen Wirtschaftsordnung aufzuzeigen und Europa als ein soziales sowie demokratisches Projekt stark zu machen. Schließlich soll durch die Hinzuziehung der von Rancière entworfenen Figur des „Unvernehmens" ein Ausblick auf neue Formen und Räume demokratischer Auseinandersetzung – etwa in Form von verstärkten Mitspracherechten nicht-staatlicher Akteure oder der Einbeziehung von Protestbewegungen in politische Entscheidungsprozesse – gegeben werden. Ziel des Beitrags ist es somit, Perspektiven für eine emotionsbewusste, bürgernahe und demokratische Europapolitik in den Blick zu nehmen.

1. Emotionen und Identitäten in der (Post-)Demokratie

Unter dem Schlagwort „Postdemokratie“ werden in aktuellen wissenschaftlichen Debatten nicht nur fundamentale Veränderungen von Demokratie und Politik in Zeiten der Globalisierung thematisiert. Es wird auch das Verhältnis von Politik und Gefühlen neu bestimmt.[7] Während die Krisendiagnosen der westlichen Demokratien vor allem Gefühle wie Ohnmacht, Resignation und Apathie gegenüber der „institutionellen Politik“ hervorheben, bekräftigen die Vorschläge zur Repolitisierung der Demokratien eher Emotionen wie Vertrauen[8], Liebe[9] und Empathie[10] und jüngst auch Wut und Empörung[11]. Vor allem aber wird vermehrt auf die allgemeine Wiederbelebung bzw. Anerkennung von Leidenschaften und Affekten im politischen Prozess insistiert.[12] Diese emotionale Neubeschreibung von Politik kann als Kritik an einer langen, historischen Tradition der Dichotomisierung von Politik und Gefühl gelesen werden. Die schon bei Platon[13] anklingende Skepsis gegenüber einem unkontrollierten Hineinwirken

7 Bargetz, Brigitte/Sauer, Birgit 2010: Politik, Emotionen und die Transformation des Politischen. Eine feministisch-machtkritische Perspektive, in: *Österreichische Zeitschrift für Politikwissenschaft*, 39(2), S. 141-155.

8 Vgl. u.a. Hartmann, Martin/Offe, Claus (Hrsg.) 2001: *Vertrauen. Die Grundlage des sozialen Zusammenhalts*, Frankfurt a.M./New York: Campus.

9 Vgl. Nussbaum, Martha C. 2014: *Politische Emotionen. Warum Liebe für Gerechtigkeit wichtig ist*, Berlin: Suhrkamp.

10 Vgl. Rorty, Richard 1992: *Kontingenz, Ironie und Solidariät*, Frankfurt a.M.: Suhrkamp; Breithaupt, Fritz 2010: *Kulturen der Empathie*, Frankfurt a.M.: Suhrkamp.

11 Vgl. Iser, Mattias 2008: *Empörung und Fortschritt. Grundlagen einer kritischen Theorie der Gesellschaft*, Frankfurt a.M./New York: Campus und indirekter Rancière, Jacques 2002: *Das Unvernehmen*, Frankfurt a.M.: Suhrkamp; ders. 2007: *On the Shores of Politics*, London: Verso.

12 Vgl. Mouffe, Chantal 2007: *Über das Politische. Wider der kosmopolitischen Illusion*, Frankfurt a.M.: Suhrkamp; Grossberg, Lawrence 2000: *What's Going on? Cultural Studies und Popularkultur*, Wien: Turia + Kant; Bargetz/Sauer (2010) a.a.O.

13 Wie Felix Heidenreich deutlich macht, ist Platons Blick auf das Verhältnis von Politik und Emotionen aber keinesfalls eindeutig. Während er einerseits für eine starke Kontrolle von Gefühlen plädiert – eine Haltung, die sich später etwa in Sokrates konsequentem Selbsttötungsakt spiegelt – enthalten seine Schriften auf

von Gefühlen in den politischen Prozess hat vor allem seit dem ausgehenden 17. Jahrhundert das liberale und demokratische Staatsverständnis geprägt.[14] In der Entstehung der bürgerlichen Gesellschaft hat sich die Abtrennung der Politik als rationaler Handlungssphäre vom Bereich des Privaten vor allem dadurch verfestigt, dass Interessen im Gegensatz zu traditionellen Normen und Leidenschaften zu den zentralen Vergesellschaftungs- und Handlungsorientierungen erhoben wurden. Bargetz und Sauer beschreiben dieses Verhältnis als ein bürgerliches „Gefühlsdispositiv", welches die „leidenschaftslose" Regulierung und Realisierung von ökonomischen Interessen in einem „gefühlsdurchtränkten" Raum ermögliche.[15] Die Unterdrückung bestimmter Gefühle in der Öffentlichkeit und ihre Verdrängung ins Private wurde so zum Kennzeichen moderner Staatlichkeit. Die Vorstellung, dass zu viel Engagement und politische Emotionen in der repräsentativen Politik eine Gefahr für die Demokratie im Sinne ihrer Destabilisierung bedeute, hat sich bis ins 20. Jahrhundert hineingezogen.[16] Katalysiert wurde sie nicht zuletzt durch die Erfahrungen des Zweiten Weltkrieges und die mit ihr einhergehenden kritischen Reflexion auf die Erkenntnisse der Massenpsychologie im Anschluss an Gustave Le Bon.[17] Hier wurde die These stark gemacht, dass „Kollektivität als Entzivilisierung, Freiheitsverlust und Entindividualisierung, Emotionalität als Irrationalität, Triebhaftigkeit [als] Rückfall in animalisches Verhalten"[18] zu deuten sei. Weiter einher ging diese Tendenz zur Kontrastierung von Gefühlen zugeschriebener Irrationalität und der modernen Ratio mit einer vermehrten methodischen Hinwendung der Sozialwissenschaften zu kognitiven und Rational-Choice-Ansätzen.[19] Gerade die Politikwissenschaft

der anderen Seite auch Hinweise darauf, dass die niederen Stufen der Ontologie – und damit die Emotionen – in einem direkten Verweisungszusammenhang mit der Politik stehen und von ihr also nicht konsequent zu trennen sind (vgl. Heidenreich, Felix 2012: Versuch eines Überblicks: Politische Theorie und Emotionen, in: ders./Gary S. Schaal (Hrsg.): *Politische Theorie und Emotionen*, Baden-Baden: Nomos, S. 9-26.)

14 A.a.O., S. 19.

15 Bargetz/Sauer (2010) a.a.O., S. 144.

16 Ebd.

17 Vgl. Le Bon, Gustave 1982 [1911]: *Psychologie der Massen*, Stuttgrat: Körner.

18 Nullmeier, Frank 2006: Politik und Emotion, in: Rainer Schützeichel (Hrsg.): *Emotionen und Sozialtheorie. Disziplinäre Ansätze*. Frankfurt a.M./New York: Campus, 84-103, S. 86.

19 Vgl. Nullmeier (2006) a.a.O.; Ritter, Claudia 1999: Passion und Politik. Zur Rationalität von Emotionen in Prozessen politischer Identitätsbildung, in: Ansgar Klein/Frank Nullmeier (Hrsg.): *Masse – Macht – Emotionen. Zu einer politischen*

tat sich lange Zeit schwer darin, Emotionen und Leidenschaften als Gegenstand der Disziplin anzuerkennen. Seit den Siebzigerjahren jedoch sind Gefühle in der Politik vor allem im Kontext der Neuen Sozialen Bewegungen wieder relevant geworden. Im Zuge ihres Aufkommens, so konstatiert Birgit Sauer, verloren schließlich „Gebote der Gefühlskontrolle, ja Gefühlsunterdrückung [...] an sozialer Gestaltungskraft, und emotionale Bindung und Betroffenheit bildeten die Basis der Identitätspolitik sozialer Bewegungen.“[20] Dennoch wurde, wie Felix Heidenreich darlegt, die gefühlsskeptische Tradition in der Politikwissenschaft insofern fortgeschrieben, als das Verhältnis von Emotionen zuallermeist dort thematisiert wird, wo Emotionen als Problem auftauchen und die Demokratie zu gefährden scheinen:

> „Im thematischen Zusammenhang von Phänomenen wie Populismus oder Extremismus, die politisch-psychologisch als Ausdruck von autoritären, gehemmten oder anderweitig ungesunden Charakterstrukturen erscheinen, werden Emotionen in der Politik als Symptom demokratischer Unreife beargwöhnt, nicht selten mit der Tendenz zur Pathologisierung.“[21]

Im populistischen Gefühlsdiskurs wird dabei der Gegensatz von Gefühl und Rationalität bewusst überspitzt und mit einer Konzeption der „Natürlichkeit“ des Volkes verknüpft, welches den Gegenpol zur vernunftorientierten Elite bildet.[22] Es deutet sich allerdings an, dass der in der europäisch-abendländlichen Tradition vorherrschende Dualismus von Vernunft und Gefühl zu Beginn des 21. Jahrhundert sowohl in der politischen Praxis, als auch in der theoretischen Reflexion zunehmend aufbricht. Zum einen wird von Politikerinnen und Politikern zunehmend eingefordert, ihre „menschliche Seite“ und damit ihre Emotionen zu zeigen. Zum anderen wird auch die von Bürgerinnen und Bürgern in Protesten hervorgebrachte Empörung vermehrt zur demokratischen Tugend erklärt.[23] So folgte der medial unter dem Stichwort „Wutbürger“ angeheizten Kritik an vermeintlich unkontrollierten, irrationalen Gefühlsausbrüchen, etwa im Falle von Stuttgart 21, schnell die Forderung nach einem „Mehr“ an Empörung,

Soziologie der Emotionen, Opladen/Wiesbaden: Westdeutscher Verlag, hier S. 219.

20 Sauer, Birgit 1999: “Politik wird mit dem Kopfe gemacht”. Überlegungen zu einer geschlechtersensiblen Politologie der Gefühle, in: Ansgar Klein/Frank Nullmeier (Hrsg.) a.a.O., hier S. 201.

21 Heidenreich (2012) a.a.O., S.19.

22 Sauer (1999) a.a.O., S. 201.

23 Schaal, Gary S./Heidenreich, Felix 2013: Politik der Gefühle. Zur Rolle von Emotionen in der Demokratie, in: *APuZ* 32-33/2013, hier S. 3.

welche von prominenter Seite durch die Streitschrift „Empört euch!“[24] gestützte wurde. Und auch in der Literatur lässt sich die These finden, dass Emotionen den notwendigen Ausgangspunkt politischen Engagements bilden und daher als demokratische Bürgertugend zu gelten haben.[25] Die Artikulation von Missachtungserfahrungen und Unrechtsempfindungen im politischen Prozess wird hier zum Normalfall der Politik umgedeutet, indem Empörung weniger als pathologischer Fall, denn als Anzeichen einer gesunden Demokratie verstanden wird.[26] In der politischen Theoriebildung spiegelt sich diese Entwicklung in jenen Versuchen wieder, Emotionen auch in ihrer affektiven Dimension als legitime Elemente der politischen Willensbildung anzuerkennen.[27] Neben explizit auf die Bedeutung von Emotionen abhebenden Theorien, wie etwa den Arbeiten von Judith N. Shklar[28] und Martha C. Nussbaum[29], sind dabei vor allem poststrukturalistische Theorien von Interesse, welche ihren Fokus auf Identitätsbildungsprozesse legen und in diesem Kontext leidenschaftliche Bindungen als konstitutives Moment des Politischen herausstellen. Wie Claudia Ritter deutlich macht, ist die Bedeutung von Emotionen für politisches Handeln, vor allem über die Analyse der Identitätskontexte zu erschließen. Denn die Wirkung der Emotionen, „die sie in Identitätspolitiken oder Syndromen politischer Identitäten entfalten, wird [...] in der Regel nur vermittelt als Identitätsanliegen sichtbar.“[30] Politische Identitäten ihrerseits können als zentrale Ressource und notwendiges psychosoziales Element für die demokratische Legitimation gelten. Ohne hier eine abschließende Definition vornehmen zu wollen, sollen politische Identitäten im Folgenden in diesem Sinne als kollektive Identitäten verstanden werden, die drei Elemente aufweisen; und zwar eine Identifikation mit einer übergreifenden politischen Ordnung, die Identifikation als Glieder einer Gemeinschaft und die politische Gemeinschaftserfahrung.[31] Prozesse der politischen Identitätsbildung sind damit

24 Hessel, Stéphane 2010: *Empört Euch!*, Berlin: Ullstein.

25 Vgl. Schaal/Heidenreich (2013) a.a.O., S. 3.

26 Heidenreich (2012) a.a.O., S.20.

27 Ebd.

28 Vgl. Shklar, Judith N. 1989: *Der Liberalismus der Furcht*, Berlin: Matthes & Seitz.

29 Vgl. Nussbaum (2014).

30 Ritter 1999 a.a.O., S. 219.

31 Diese Definition schließt sich an die Eingrenzung von Claudia Ritter (vgl. Ritter (1999) a.a.O., S. 223) an, die sich ihrerseits auf Jürgen Gebhardt stützt (vgl. Gebhardt, Jürgen, 1987: Politische Kultur und Zivikreligion, in: Berg-Schlosser, Dirk

> „auf die Integration in eine vorhandene oder auf die Herstellung einer neuen politischen Gemeinschaft ausgerichtet. Politische Identitäten basieren auf Geschichten der Gründungsintention und der Grenzziehung zu anderen Einheiten, seinen sie mystifizierter oder rationalisierter Art.“[32]

Entsprechend sind unter Identitätspolitiken (‚identity politics') ganz allgemein Prozesse der Suche, Auflösung, Kompensation oder Sicherung von Identitäten sowie die dadurch entstehenden Politisierungsprozesse zu verstehen, womit ebenso fundamentalistische, wie emanzipatorische Bewegungen eingeschlossen sind.[33] Identitätsstiftende Emotionen sind also weder negativ noch positiv konnotiert. So können, wie Isolde Charim deutlich macht, Wut und Zorn gleichermaßen identitätsstiftend sein, wie Liebe und Mitgefühl und auch sind Erstere nicht gezwungener Maßen weniger „demokratisch“ als Letztere.[34]

Obwohl Emotionen in diesem Sinne als konstitutiv für eine lebendige politische Auseinandersetzung erachtet werden können, ist eine Skepsis gegenüber emotional motivierten, identitätspolitischen Anliegen natürlich nicht unbegründet. Diese zeigt sich besonders deutlich, wenn man sich der Rolle von Emotionen in Konstruktionen nationaler Identitäten zuwendet. Wie Rudolf Speth hervorhebt, ist der Nation ebenso wie allen anderen und früheren Formen kollektiver Gemeinschaftsbindung eigen, dass sie sich nicht ohne Emotionen konstituieren kann: „Die innerhalb der Nation wirkenden Bindungen und Bindungsenergien können mit dem in der Politikwissenschaft dominierenden Interessenbegriff kaum adäquat beschrieben werden. Sie beruhen vielmehr auf Imagination und Emotionen.“[35] Während in älteren Gemeinschaftskonstruktionen die politische Tugend des Patriotismus im Sinne der emotionalen Bindung an das Vaterland, die republikanischen Bürgertugenden, den Gemeinsinn und das kosmopolitische Denken wegweisend war, ist aus einer Umdeutung und emotionalen Intensivierung der Nation ein Nationalismus hervorgegangen, der Vaterlands-

et al. (Hrsg.): *Politische Kultur in Deutschland*, Politische Vierteljahresschrift, Sonderheft 18, Opladen: Westdeutscher Verlag, hier S. 53, zit. n. Ritter (1999) a.a.O., S.223).

32 Ritter (1999) a.a.O., S. 223.

33 Ebd.

34 Charim, Isolde 2014: Der zentrale Zündstoff. Aufklärung? Es ist angesichts von Pegida an der Zeit, über politische Emotionen zu sprechen, in: *Die Tageszeitung* 36/52, 27./28.12.2014, S. 9.

35 Speth, Rudolf 1999: Nation und Emotion. Von der vorgestellten Gemeinschaft zur emotional erfahrenen Gemeinschaft, in: Ansgar Klein/Frank Nullmeier (Hrsg.) a.a.O., hier S.287.

liebe und Weltbürgertum als gegensätzliche Verhaltensweisen beschreibt.[36] Dass sich hieraus eine ausschließende, anti-demokratische Dynamik ergeben kann, hat die Geschichte der im Namen von Nationen geführten Kriege deutlich gemacht. In diesem Falle wird die Artikulation von Identitäten und ihre starke emotional-affektive Verankerung zum Problem, insofern sie dadurch existentielle Ausschlüsse hervorbringt. Wenn also Emotionen und Identitäten in ihrem konstitutiven Potential für politische Willensbildungsprozesse anerkannt werden, muss zugleich die Frage gestellt werden, wie eine demokratische Kanalisierung der Emotionen gelingen kann, ohne Nationalismen und Protektionismen den Weg zu ebnen. Diese Problematik steht auch im Fokus der demokratietheoretischen Arbeiten von Chantal Mouffe, wenn sie versucht, aus der Grundannahme der Konflikthaftigkeit von Gesellschaft heraus aufzuzeigen, wie demokratische Ordnungen mit politischen Leidenschaften umgehen können. Bevor ihre Lösungsansätze in Abschnitt 3 genauer vorgestellt werden, soll im Folgenden aber zunächst auf die spezifischen Herausforderungen eingegangen werden, die sich im Hinblick auf den Umgang mit Emotionen für die Europapolitik stellen.

2. Zur affektiven Dimension der Europapolitik

Die Transnationalisierung von Politik wird als eine der wesentlichen Ursachen für die „postdemokratischen" Verhältnisse in den westlichen Demokratien erkannt.[37] Denn sie forciert – vermittelt durch die Verlagerung von Entscheidungs- und Organisationskompetenzen auf inter- und supranationale Gremien – nicht nur den Verlust an Transparenz auf nationalen Ebenen. Das politische Entscheidungshandeln „jenseits des Staates" selbst ist ebenso von fehlendem Vertrauen in die politischen Eliten, wachsender Unzufriedenheit mit der Performanz der politischen Institutionen, mangelnder Transparenz und einer geringen Wahlbeteiligung gekennzeichnet.[38] Die Legitimationsprobleme des postnationalen Regierens wurden besonders in der „Verfassungskrise" der EU sichtbar, welche in der Ablehnung des Verfassungsvertrages durch Frankreich und die Niederlande 2005 ihren Höhepunkt fand. In den sich anschließenden Diagnosen zur

36 Ebd., S. 288.

37 Vgl. u.a. Crouch, Colin 2008: *Postdemokratie*. Frankfurt a.M.: Suhrkamp; Bargetz/Sauer (2010) a.a.O.; Jörke (2005) a.a.O., ders. (2010) a.a.O.

38 Vgl. Bargetz/Sauer (2010) a.a.O., S.145.

mangelnden Demokratiefähigkeit der EU wurden dann neben den Defiziten in den institutionellen Repräsentationsmechanismen, wie etwa der vergleichsweise schwachen Position des Parlaments und der fehlenden direkten Legitimation der Kommission, auch weithin substantiellere Defizite benannt, die das Fehlen einer Wirkgemeinschaft in Europa unterstreichen.[39] Im Vordergrund stehen dabei zwei Argumente: Zum einen könne sich die EU, anders als nationale Gemeinschaften, bislang nicht hinreichend auf eine gemeinsame kollektive Identität als Legitimationsbasis stützen.[40] Zum anderen sei der zunehmenden ökonomischen und politischen Integration in der EU keine gleichwertige Europäisierung der politischen Öffentlichkeit gefolgt.[41] Neben pessimistischen Prognosen bezüglich der Demokratiefähigkeit der EU haben eine Reihe von Autoren versucht, unter den veränderten Bedingungen einer „postnationalen Konstellation"[42] neue Wege der demokratischen Legitimation zu identifizieren. Dabei lässt sich ein Wandel der demokratietheoretischen Begründungsversuche beobachten, welcher in Anlehnung an Hubertus Buchstein und Dirk Jörke als „Rationalisierung der Demokratietheorie"[43] bezeichnet werden kann. Erkennbar wird ein solcher Trend vor allem in der zunehmenden

39 Vgl. Schmidt, Manfred 2010: *Demokratietheorien*, Wiesbaden: VS, S. 402. Zu den Vertretern dieser These zählen u.a. Michael Th. Greven (vgl. Greven, Michael Th. (1999) a.a.O.; ders. 2000: Can Europe finally become a Democracy?, in: Michael Th. Greven/Luis W. Pauly (Hrsg.): *Democracy beyond the State? The European Dilemma and the Emerging Global Order*, Lanham: Roman and Littlefield, S. 35-61) sowie Peter Graf Kielsmansegg (vgl. Kielmansegg, Peter Graf 2003: Integration und Demokratie, in: Markus Jachtenfuchs/Beate Kohler-Koch (Hrsg.): *Europäische Integration*, Opladen: Leske + Budrich, S. 49-76; ders. 2009: Lässt sich die Europäische Union demokratisch verfassen?, in: Frank Decker/Marcus Höreth (Hrsg.): *Die Verfassung Europas. Perspektiven des Integrationsprojekts*. Wiesbaden: VS, S. 219-236).

40 Kielmansegg (2003) a.a.O., S. 58; ders. (2009) a.a.O., S. 228; für eine positivere Einschätzung vgl. Kainer, Viktoria 2009: *Wir in Europa. Kollektive Identität und Demokratie in der Europäischen Union*, Wiesbaden: VS; sowie die Beiträge in Meyer, Thomas/Eisenberg, Johanna (Hrsg.) 2009: *Europäische Identität als Projekt. Innen- und Außensichten*, Wiesbaden: VS.

41 Gerhards, Jürgen 1993: Westeuropäische Integration und die Schwierigkeiten der Entstehung einer europäischen Öffentlichkeit, in: *Zeitschrift für Soziologie* 22(2), S. 96-110; Offe, Claus 2003: *Herausforderungen der Demokratie. Zur Integrations- und Leistungsfähigkeit politischer Institutionen*, Frankfurt a.M./New York: Campus.

42 Habermas, Jürgen, 1998: *Die postnationale Konstellation. Politische Essays*, Frankfurt a.M.: Suhrkamp.

43 Buchstein, Hubertus/Jörke, Dirk 2003: Das Unbehagen an der Demokratietheorie, in: *Leviathan* 31(4), S. 470-495.

Verschiebung der Legitimation von der Input-Ebene hin zur Rechtfertigung über den politischen Output, so wie sie von Fritz W. Scharpf analysiert wurde.[44] Damit allerdings wird der Tatsache, dass ein wesentliches Legitimationsproblem der EU gerade darin besteht, dass bei der von den politischen Entscheidungen betroffenen Bevölkerung ein Gefühl der politischen Fremdbestimmung und umgekehrt eine Entfremdung der EU von ihren Bürgerinnen und Bürgern zu verzeichnen ist, wodurch eine positive Identifikation mit dem Europaprojekt verhindert scheint, nicht Rechnung getragen. Europäische Entscheidungsprozesse sind für die Bürgerinnen und Bürger der einzelnen Staaten vor allem deshalb schwer zugänglich, weil eine erhöhte Komplexität der Entscheidungsverfahren und eine starke Macht von bürokratischen, ökonomischen und juridischen Eliten eine direkte Verantwortlichkeit politischer Repräsentanten erschweren.[45] Fraglich ist weiterhin, ob dieser Problematik, durch ein Modell des deliberativen Regierens auf angemessene Weise begegnet werden kann. Denn die entsprechenden Ansätze von und im Anschluss an Jürgen Habermas[46] beruhen auf einem Modell der intersubjektiven Kommunikation, das auf eine vernunftgeleitete Kommunikation in einer herrschaftsfreien Idealsituation zugeschnitten ist und sich gerade nicht mit den gegenläufigen Entwicklungen in der EU abdecken kann. Auf dem Feld der Europapolitik scheint der bis dato geltende „permissive consensus"[47] der frühen Integrationsjahre aufzubrechen, was durch das Erstarken europaskeptischer Positionen deutlich wird.[48] In der Konfrontation mit dieser Entwicklung wurde ver-

44 Scharpf, Fritz W. 1999: *Regieren in Europa*, Frankfurt a.M./New York: Campus; Majone, Giandomenico 2000: The Credibility Crisis of Community Regulation, in: *Journal of Common Market Studies* 38(2), S. 273-302; Moravcsik, Andrew 2002: Defence of the 'Democratic Deficit'. Reassessing Legitimacy in the European Union, in: *Journal of Common Market Studies* 40(4), S. 603-624.

45 Vgl. auch Peters (2014) a.a.O.; Jörke (2011) a.a.O.

46 Vgl. etwa Habermas (1998) a.a.O.; ders. (2011) a.a.O.; Joerges, Christian/Neyer, Jürgen 1997: From International Bargaining to Deliberative Political Processes. The Constitutionalisation of Comitology, in: *European Law Journal* 3(3), S. 273-299; sowie die Beiträge in Niesen, Peter/Herboth, Benjamin (Hrsg.) 2007: *Anarchie der Kommunikativen Freiheit. Jürgen Habermas und die Theorie der internationalen Politik*, Frankfurt a.M.: Suhrkamp.

47 Lindberg, Leon N./Scheingold, Stuart A. 1970: *Europe's Would-Be Polity: Patterns of Change in the European Community*, Englewood Cliffs: Pretice-Hall, zitiert nach: Kainer (2009) a.a.O., S. 15.

48 Wie Viktoria Kainer anhand der Daten des Eurobarometers von 1970-2006 nachweist, zeigt sich diese Erosion der zugleich auf Einverständnis und Gleichgültigkeit beruhende „wohlwollenden öffentlichen Meinung" gegenüber den In-

stärkt auf die Notwendigkeit einer Herausbildung und Stärkung der emotionalen Legitimationsbasis der EU hingewiesen. So wurden den populistischen Tendenzen zur Mobilisierung anti-europäischer Gefühle von Seiten der europäischen Institutionen und den etablierten Parteienfamilien Europas neuerdings Bemühungen gegenüber gestellt, ein scheinbar fehlendes Zugehörigkeitsgefühl im Namen der Demokratisierung der EU zu erzeugen.[49] Während die Spitzenkandidaten etablierter Parteien wie Martin Schulz oder Jean-Claude Juncker versuchten, die besondere Geschichte der politischen Gemeinschaft der EU und die Legitimation ihrer Gründung als emotionale Ressource heranzuziehen, um zivilgesellschaftliches Engagement und Loyalität für Europas Einheit zu sichern, zielten euroskeptische Parteien darauf, das Angstpotential der Bürgerinnen und Bürger für Ihre EU-kritischen bzw. anti-europäischen Positionen zu mobilisieren, indem sie Europa zum Feindbild stilisierten. Ein gutes Beispiel für diese gegensätzlichen Appelle an die Emotionen der Bürgerinnen und Bürger ist der in Frankreich geführte Europawahlkampf. Hier griff Präsident François Hollande die angesichts des Erdrutschsieges des rechtsextremen Front National (FN) bei den Kommunalwahlen im März 2014 und deren aussichtsreichen Prognosen für die Europawahlen deutlich gewordene Angst der Bürgerinnen und Bürger vor Europa auf und appellierte an ihren Mut und ihr Vertrauen: "Man muss vor Europa keine Angst haben, vielmehr fürchten, dass es geschwächt wird oder gar verschwindet."[50] Bereits bei der Präsidentschaftswahl 2012 hatten die antieuropäischen Kräfte in Frankreich verstärkten Zulauf bekommen und ein Drittel der Wählerinnen und Wähler stimmte für eine extreme Partei mit einer europaskeptischen oder gar anti-europäischen Haltung. Vor allem Marine Le Pen, die Vorsitzende des FN, ist seither bemüht, sich in den Medien als „Kandidatin der Volksrevolte, des Zornes des kleinen Volkes" darzustellen und das „französische Volk“ als authentische nationale Volksidentität heraufzubeschwören, um damit „die da unten“ gegen „die da oben“ in eine emotiona-

tegrationsbemühungen der Regierungen bereits seit Beginn der 2000er Jahre sehr deutlich (vgl. Kainer (2009) a.a.O., S. 15-38).

49 Dieser Trend hin zu einer stärkeren gefühlsbasierten Rhetorik der Europapolitiker*innen geht sicherlich auch einher mit der Tatsache, dass bei der Europawahlen 2014 die europäischen Parteien zum ersten mal mit eigenen Spitzenkandidaten angetreten sind, wodurch eine zunehmende Personalisierung auch in der Europapolitik forciert wird.

50 Neubauer, Michael 2014: *Frankreich zwischen Tristesse und Reform*, online unter: www.eurotopics.net/de/home/dossier_europawahl_2014, Bonn: Bundeszentrale für politische Bildung (letzter Zugriff: 13.02.2015).

le Frontstellung zu bringen.[51] In regelmäßigen Äußerungen fordert sie die Rückkehr zum Franc und zu den Zollgrenzen, kritisiert die EU-Freizügigkeit, betont, dass Europa „bei Griechenland ende“ und begründet das „Nein zu Europa“ vor allem mit einem Widerstand gegen die technokratische, bürgerferne Elite.[52] Die EU wird hier zur Figur „des Anderen“, zur Bedrohung gegen die es sich gemeinsam zu wehren gilt. Eine ähnlich klare Feindbildkonstruktion ist auch in der in Deutschland und Großbritannien geführten Debatte um vermeintliche „Armutszuwanderung“ von Rumänen und Bulgaren zu beobachten, wo die EU von Politik- und Medienvertretern zum Ziel der Ängste vor Überfremdung und Überforderung der Sozialsystem gemacht wird[53], um eine euro-skeptische Haltung hervorzubringen.

Angesichts dieser Entwicklungen wird es auch für die Europaforschung umso dringlicher, die emotionale Dimension des Politischen in Ihre Überlegungen zur demokratischen Legitimation europäischen Regierens einzubeziehen. Dass dies bislang nicht hinreichend geschehen ist, mag mitunter auf die bereits erwähnte Dominanz des liberalen Paradigmas in der Europaforschung und die vergleichsweise geringe Rezeption emotionsaffiner republikanischer Ansätze zurückzuführen sein.[54] Auch poststrukturalistisch argumentierende Theorien haben bislang kaum Eingang in die Europaforschung gefunden.[55] Dies ist vor allem deshalb ebenso bedauerlich und erstaunlich zugleich, als die radikaldemokratischen Theorien zugrundeliegende, anti-essentialistische Prämisse ein gewisses Potenzial zu bieten scheint, um Demokratie jenseits von naturalisierten Gesellschaftsräumen und in Kontexten der Grenzverschiebung zu denken. Ebenso können radikaldemokratische Theorien für die hier gestellte Frage nach der Be-

51 Le Journal du Dimanche. 17.02.2012: Le Pen se présente comme "la candidate de la révolte", www.lejdd.fr/Election-presidentielle-2012/Actualite/Marine-Le-Pen-assure-etre-la-candidate-de-la-verite-487612 (letzter Zugriff: 13.02.2015).

52 Ebd.

53 Vgl. Peters (2014) a.a.O., S.38.

54 Vgl. zu dem hier angedeuteten Defizit in der Europaforschung auch Thiel, Thorsten 2012: *Republikanismus und die Europäische Union. Eine Neubestimmung des Diskurses um die Legitimität europäischen Regierens*, Baden-Baden: Nomos.

55 Einen ambitionierten Versuch diese Forschungslücke zu schließen bilden der 2005 erschiene Sammelband von David Howarth und Jacob Torfing (2005: *Discourse Theory in European Politics. Identity, Policy and Governance*, London: Palgrave), sowie die Arbeiten von Cornelia Bruell (2007: Kollektive Identität in der radikalen Demokratietheorie. Die Wahlen zum Europäischen Parlament in österreichischen Medien, in: Nonhoff, Martin (Hrsg.): *Diskurs – radikale Demokratie – Hegemonie*, Bielefeld: Transcript, S. 195-222).

deutung von Emotionen in der Europapolitik eine aufschlussreiche Perspektive bieten, insofern sie mit ihrem Konzept der kontingenten Kollektividentitäten Leidenschaften und affektive Bindungen als unabdingbare Momente des Politischen begreifen, ohne dabei in kulturalistische Identitätsentwürfe zurückzufallen. In diesem Sinne soll im Folgenden mit Hilfe von Mouffes Modell des agonistischen Pluralismus gezeigt werden, wie sich entgegen der hegemonialen Idee einer in der modernen Ratio begründeten postnationalen europäischen Identität eine emotionsbewusste Perspektive auf die europäische Politik entwerfen lässt.

3. Leidenschaftliche Identifikation und das populistische Moment der Politik

In Ihrem Essay „Ein agonistischer Ansatz für die Zukunft Europas" macht Mouffe deutlich, dass in der Debatte um die europäische Integration eine doppelte, und zwar politische sowie philosophische Divergenz besteht.[56] Während die politische Divergenz in der Frage nach dem Stellenwert nationaler und regionaler Identitäten gegenüber einer europäischen Identität auszumachen ist, entzweit sich der philosophische Streit zwischen jenen in liberaler bzw. deliberativer Tradition stehenden Ansätzen, die eine Idee des postnationalen Europa auf einem individualistisch-rationalistischem Modell gründen wollen und jenen, die Prozesse kollektiver Identitätsbildung aus einer konflikttheoretischen Perspektive fokussieren und die affektive Dimension als konstitutives Element von Politik und Demokratie anerkennen. Im Zentrum von Mouffes Theorie des agonistischen Pluralismus steht nun ein poststrukturalistisches Verständnis von Kollektividentitäten, das sich an Derridas Konzept des „konstitutiven Außen" anlehnt. Dabei wird davon ausgegangen, dass sich Gemeinschaften immer erst aus der Interaktion heraus und in Relation zu einem differenten Anderen konstituieren.[57] Gemeinsam mit Ernesto Laclau nimmt Mouffe an, dass das Soziale durch diskursive Machtverhältnisse bestimmt ist und jegliche Sinnkonstruktion auf dem Feld des Sozialen auf eine antagonistische

56 Mouffe, Chantal 2014: Ein agonistischer Ansatz für die Zukunft Europas, in: dies. (Hrsg.): *Agonistik. Die Welt politisch denken*, Berlin: Suhrkamp, S. 77-105, hier insb. S. 77f..

57 Vgl. Wilde, Gabriele 2014: Der Kampf um Hegemonie. Potentiale radikaler Demokratie aus feministisch-theoretischer Perspektive, in: *Zeitschrift für Politische Theorie* 5(2), S. 205.

Auseinandersetzung verweist.[58] Kollektividentitäten sind damit als Ergebnis artikulatorischer Praxen zu verstehen, die eine Spaltung des sozialen Raumes in ‚Wir-Sie'-Unterscheidungen hervorbringen. Sie konstituieren sich über ein Wechselverhältnis zwischen Vereinheitlichung und Abgrenzung, oder in den Worten Laclau und Mouffes: „auf Basis einer Äquivalenz zwischen einer Reihe von Elementen oder Werten, die jene anderen, denen sie entgegengesetzt sind, ausschließen oder nach außen verlagern."[59]

In diesem Sinne existiert eine soziale Identität nicht als objektivierbares, auf einen substanziellen oder gar ethnischen Kern rückführbares Phänomen, sondern bildet eine immer kontingente Formation, welche sich über den Antagonismus zu ihrem diskursiven Außen beständig neu organisieren muss. Wie Urs Stäheli verdeutlicht, kommt in diesem Verständnis auch die Bedeutung der eigenen Nationalität über die Abgrenzung von anderen Nationen erst diskursiv zustande, insofern erst die Grenze, welche zwischen Innen und Außen unterscheidet die Gemeinsamkeit einer nationalen „community" herstellt.[60]

Gerade dieses antagonistische Verhältnis einer Identität zu ihrem Außen lässt in Mouffes Verständnis eine soziale Beziehung politisch werden. Hier rekurriert Mouffe auf das Politikverständnis von Carl Schmitt, der den Antagonismus zum Wesen des Politischen erhoben hatte.[61] Das Politische kann demnach nicht als Instanz jenseits des Seins und des Wesens betrachtet werden,[62] sondern muss als ein „Ort von Macht, Konflikt und Antagonismus"[63] verstanden werden. Mit Schmitt vertritt Mouffe die Auffassung, dass Politik aufgrund der antagonistischen Verfasstheit von Gesellschaften immer ein Verhältnis von Inklusion und Exklusion etabliert, weshalb der von Vertretern liberaler und deliberativer Ansätze angestrebte rationale Konsens eine Fiktion bleiben muss. Gerade weil aber ‚Wir-Sie'-

58 Lalcau, Ernesto/Mouffe, 2006: *Hegemonie und radikale Demokratie. Zur Dekonstruktion des Marxismus*, Wien: Passagen Verlag, S. 141ff.

59 Ebd., S. 206.

60 Vgl. Stäheli, Urs 2009: Die politische Theorie der Hegemonie: Ernesto Lalcau und Chantal Mouffe, in: André Brodocz/Gary S. Schaal (Hrsg.): *Politische Theorien der Gegenwart II*, Opladen: Barbara Budrich, S. 259f.

61 Schmitt, Carl, 1963 [1932]: *Der Begriff des Politischen. Text von 1932 mit einem Vorwort und drei Corollarien*, Berlin: Duncker & Humblot.

62 Hetzel, Andreas 2009: Der Staat im Diskurs der Radikalen Demokratie, in: Michael Hirsch/Rüdiger Voigt (Hrsg.): *Der Staat in der Postdemokratie: Staat, Politik und Recht im neueren französischen Denken*, Stuttgart: Steiner, S. 171-190.

63 Mouffe (2007) a.a.O., S.16.

Verhältnisse „unter bestimmten Bedingungen immer in antagonistische Verhältnisse transformiert werden können“ und damit der Antagonismus „eine immer-gegenwärtige Möglichkeit von Politik“[64] bleibt, ergibt sich für Mouffe die demokratische Aufgabe, gesellschaftliche Konflikte so zu kanalisieren, dass die Schmitt'sche Letztunterscheidung in Freund und Feind und die damit einhergehende existentielle Bedrohung des Anderen verhindert wird. Ihr Modell des agonistischen Pluralismus schlägt in diesem Sinne eine Überführung antagonistischer Feindkonstruktionen in legitime Gegnerschaften vor:

> „Vom Gesichtspunkt des ‚agonistischen Pluralismus' betrachtet, besteht das Ziel demokratischer Politik in der Konstruktion eines ‚sie' auf eine Weise, in der es nicht länger als zu vernichtender Feind wahrgenommen wird, sondern als ein ‚Gegner', d.h. als jemand, dessen Ideen wir bekämpfen, dessen Recht, jene Ideen zu verteidigen, wir aber nicht in Zweifel ziehen.“[65]

Eine geregelte Konfliktaustragung zwischen sich gegenseitig als legitim anerkennenden Gegnern wird für Mouffe dadurch möglich, dass alle Mitglieder einer demokratischen Gemeinschaft gewisse ethisch-politische Prinzipien teilen, welche sodann die allgemeinen Spielregeln des demokratischen Streits und den Bezugsrahmen jeglicher staatsbürgerlicher Praxis bilden.[66] Im Falle liberal-demokratischer Gemeinschaften sind demnach die Werte der Gleichheit und der Freiheit die zentralen Koordinaten, in deren Rahmen sich konkurrierende politische Projekte formulieren[67], welche dann eine jeweils eigene Interpretation des „Gemeinwohles“ vorschlagen und so das Terrain bilden, „auf dem Leidenschaften entlang demokratischer Ziele mobilisiert werden können und Antagonismen in Agonismen transformiert werden.“[68]

64 Mouffe, Chantal 2008: *Das demokratische Paradox*, Wien: Turia + Kant, S. 29.

65 Ebd., S. 103.

66 Vgl. Mouffe, Chantal 2005: *The Return of the Political*, London: Verso, S. 65 ff.; dies. (2008) a.a.O., S. 105. Mit der Idee eines ethisch-politischen Bandes als Voraussetzung einer politischen ‘Gemeinschaft’ knüpft Mouffe an die Überlegungen von Michael Oakeshott an, der in seinem Werk „On Human Conduct“ versucht zwischen der universitas und der societas als zwei unterschiedlichen Gemeinschaftstypen zu unterschieden, wobei sich die Zugehörigkeit zur societas im Unterschied zur Zugehörigkeit zur universitas nicht über gemeinsam geteilte Zwecke, sondern über eine gemeinsam akzeptierte staatsbürgerliche Verkehrssprache (die “respublica”) auszeichnet (vgl. Oakshott, Michael 1975: *On Human Conduct*, Oxford: Oxford University Press, zitiert Mouffe (2005) a.a.O., S. 66ff.).

67 Vgl. Mouffe (2005) a.a.O., S. 69ff.

68 Mouffe (2008) a.a.O.: S. 105.

Mit der Betonung des konflikthaften Moments als Konstitutionsbedingung einer pluralen Gesellschaft grenzt sich Mouffe entschieden gegenüber jenen in der liberalen Tradition stehenden Demokratiemodellen ab, die autonom agierende und primär rationalen Motiven folgende Staatsbürgerinnen und –bürgern zu ihrem Ausgangspunkt machen. Politische Mobilisierung erfolgt in ihrem Modell auch nicht über die diskursive Einbindung der Bürgerinnen und Bürger in deliberative Verfahren, in denen sie sich informieren und argumentativ austauschen können, um einen überindividuellen Gemeinsinn zu entwickeln. Aus einer diskurstheoretischen Perspektive argumentiert Mouffe mit Laclau, dass es durch die Abgrenzung der eigenen Identitätsanliegen gegenüber anderen politischen Projekten und der damit einhergehenden, affektiven Mobilisierung für politische Ziele, überhaupt möglich sei, ein populares Subjekt hervorzubringen. Entsprechend ist jede politische Handlungsfähigkeit an eine Polarisierung gegenüber möglichen Alternativen gekoppelt. An Elias Canetti und Sigmund Freud anknüpfend geht Mouffe weiter davon aus, dass die Dimensionen von Leidenschaft und kollektiver Identifikation im Politischen nicht ausgeblendet werden können.[69] Die politische Partizipation der Bürgerinnen und Bürger ist nach Mouffe an Identifikationsprozesse gekoppelt, die auf affektiven Bindungen beruhen und damit immer auch libidinöse Kräfte implizieren.[70] Aus dieser Perspektive gilt es also nicht danach zu fragen, wie Gefühlsäußerungen aus der Politik fern gehalten, sondern wie Affekte und Leidenschaften innerhalb eines demokratischen Prozesses kanalisiert werden können.

Für Mouffe lässt sich der Zulauf der radikalen, europaskeptischen Parteien in den vergangenen Jahren durch zwei miteinander verschränkte Trends erklären: Zum einen durch eine zunehmende Aufhebung der Grenzen zwischen links und rechts, welche sie als „Konsens der Mitte“[71] beschreibt und zum anderen durch eine damit verbundene „Kristallisierung kollektiver Leidenschaften entlang von Themen, die nicht vom demokratischen Prozess geregelt werden können.“[72] Eine Annäherung der politischen Positionen der etablierten Parteien und ein Mangel an alternativen politischen Identitätsangeboten führen demnach dazu, dass Gefühle als

69 Mouffe (2007) a.a.O., S. 31ff.

70 Ebd., S. 38.

71 Mouffe, Chantal 2002: Für eine agonistische Öffentlichkeit, in: Okwui Enwezor (Hrsg.): *Demokratie als unvollendeter Prozess*, Ostfildern-Ruit: Hatje Canz, S. 102.

72 Mouffe (2008) a.a.O., S. 105.

leidenschaftliche Identifikationen mit politischen Projekten nur innerhalb extremer Gruppierungen und Bewegungen einen Artikulationsraum finden. Dieses Problem ist auch im europäischen Wahlkampf noch einmal deutlich geworden. So ist es den Sozialdemokraten und Konservativen auch in den TV-Duellen der Spitzenkandidaten nicht gelungen, ihre Identitätsanliegen für die Wählerinnen und Wähler sichtbar zu machen. Der „Spiegel" titelte nicht umsonst in der Nachlese der „Eurovision Debatte", in der die fünf Spitzenkandidaten der führenden europäischen Parteien unmittelbar vor der Wahl miteinander über die Zukunft Europas diskutierten, mit „Klein-Klein statt großer Linie"[73] und spielte damit auf die Zögerlichkeit von Schulz und Juncker an, den Wählerinnen und Wählern wirkliche Visionen für Europa anzubieten. Diese Zurückhaltung mag sich wohl darauf gründen, dass die Bürgerinnen und Bürger einem „Mehr" an Europa seit der Krise durchaus skeptisch gegenüber stehen. Scheinbar ist es ihnen aber auch nicht gelungen, ein in den Wahlprogrammen durchaus anvisiertes „anderes Europa" als politisches Projekt stark zu machen. Auf diese Weise haben sie den europakritischen Parteien Raum gegeben, sich als Einzige mit wirklichen Alternativen für den derzeitigen Kurs der Union zu präsentieren. So ging nach Ansicht der Beobachter des Spitzengesprächs auf Phoenix Alexis Tsipras als Vorsitzender des euroskeptischen Linksbündnisses SYRIZA eindeutig als Gewinner hervor.[74] Sein Plädoyer für eine vereinte Linke in Europa war als identitätspolitische Mobilisierung zu lesen. Bereits bei seiner Nominierung durch den 4. Parteitag der Europäischen Linken formulierte er sein politisches Projekt als gegenhegemoniales Projekt, welches sich einer neoliberalen Dominanz entgegenstelle:

> „Es gibt zwei Vorgehensmöglichkeiten. Entweder wir beugen uns dem neoliberalen Status Quo und geben vor, dass die Krise mit recycelter Politik gelöst werden kann, oder wir marschieren in die Zukunft mit der einzigen Alternative, der einigen Hoffnung, der Europäischen Linken"[75]

73 Schmitz, Gregor Peter 2014: TV-Duell zur Europawahl: Klein-Klein statt großer Linie. In: Spiegel Online: www.spiegel.de/politik/ausland/europawahl-tv-duell-der-spitzenkandidaten-a-969734.html, (letzter Zugriff: 13.02.2015).

74 Vgl. Phoenix-Runde vom 15.05.2015: "*Analyse der Eurovision Debatte*", URL: www.phoenix.de/content/839516 (letzter Zugriff 13.02.2015).

75 Euronews 15.12.2013: Alexis Tsipras Spitzenkandidat der Europäischen Linken für Europawahl, online unter: http://de.euronews.com/2013/12/15/alexis-tsipras-spitzenkandidat-der-europaeischen-linken-fuer-europawahl/ (letzter Zugriff: 13.02.2015)

Auch unter den rechtsgerichteten Parteien sind starke populistische Tendenzen nachzuweisen. Unter der allgemeinen Mobilisierungsformel „Nein zu diesem Europa“ haben sie es geschafft, ihre Stammthemen der Fremdenfeindlichkeit und Elitenkritik zu identitätsstiftenden, anti-europäischen Positionen auszubauen.[76] In beiden Fällen, kann von einer besonders hohen Intensität des „populistischen Moments“ gesprochen werden. Diese muss als Zeichen dafür gelten, dass das Emotionspotential der Bürgerinnen und Bürger durch die vorherrschende Tendenz zur Mitte auch und vor allem in der Europapolitik, welche allein aufgrund struktureller, im institutionellen Aufbau der EU gründender Faktoren, in besonderer Weise nach konsensuellen Lösungen strebt, sich tendenziell an den politischen Rändern entlädt. Wenn man den Thesen von Laclau folgt, so ist mit dem Terminus „Populismus“ auch nicht eine bestimmte Ideologie oder Parteienfamilie bezeichnet, sondern ebenjene oben beschriebene allgemeine soziale Logik, der *politischen* Artikulation, welche Kollektividentitäten aus einem Wechselverhältnis von Äquivalenz- und Differenzbildung heraus konstituiert:

> „[P]opulism is if there is a series of politico –discursive practices constructing a popular subject, and the precondition of the emergence of such a subject is [...] the building up of that frontier dividing the social space into two camps“[77]

Die richtige Frage nach Lalcau ist also nicht diejenige, ob eine politische Partei oder Bewegung populistisch ist, sondern, bis zu welchem Grad sie es ist.[78]

Auffällig im Hinblick auf die gegenwärtige Europapolitik ist, dass eine emotionale Mobilisierung nicht für eine alternative Ausgestaltung der EU gelingen konnte, sondern sich das gesellschaftliche Emotionspotenzial vor allem in einer radikalen Infragestellung des Gemeinschaftszusammenhanges geäußert hat. Mouffe macht in diesem Kontext ihre Kritik an der Formulierung des europäischen Projektes als Einheitsidee der aufklärerisch orientierten Eliten stark. In dem Ziel der Herausbildung einer postnationalen europäischen Identität sieht sie vor allem die Gefahr der Unterdrückung von pluralen Formen der Zugehörigkeit und Identifikation, wie sie

76 Vgl. Grabow, Karsten/Hartleb, Florian 2013: *Europa – Nein Danke? Studie zum Aufstieg Rechts- und Nationalpopulistischer Parteien in Europa*, Sankt Augustin: Konrad Adenauer Stiftung.

77 Laclau, Ernesto 2005: Populism. What's in a Name?, in: Francisco Panizza (Hrsg.): *Populism and the Mirror of Democracy*, London: Verso, S. 43.

78 Laclau (2005) a.a.O., S. 45.

für Europa kennzeichnend sind.[79] Durch eine Politik, die ihre Gegner durch einen vernunftgestützten Konsens neutralisiere, so Mouffe, komme es letztlich zu einer Naturalisierungen von bestimmten Identitäten, die als solche in ihrer ausschließenden Kraft totalitär werden. Die fatale Folge einer solchen Naturalisierungsstrategie in der Politik, welche keine gegnerischen Positionen neben einem allgemeinen Konsens der Mitte dulde, sei dann eine Entladung der affektiven Dimension der politischen Subjektivität in ungewollt radikaler Form.[80] In Bezug auf Europa ist diese nun in einem Widererstarken nationaler und regionaler Identifikationen in Form essentieller Gemeinschaftskonstruktionen zu beobachten, welche ihrerseits existentielle Ausschlüsse aus nationalistischen, respektive rassistischen Motiven fordern. Wie Yannis Stavrakakis argumentiert, forciert die politische (und akademische) Debatte um die europäische Identität und die Europäisierung eine Unterdrückung und Leugnung von Affekten und Leidenschaften, die dann in anti-europäischen Diskursen zum Ausdruck kommen:

> „First, they purport to create a salient identification of European peoples with Europe, but neglect the crucial role of affect and passion in this process. Second, by repressing this often obscene dimension of identification, by focusing exclusively on institutional arrangements and symbolic ideals, they force the expression of passionate attachment through a variety of anti-European discourses; in that sense, they are not only ineffective but they actually harm the prospects of a strong European identification."[81]

Eine emotionsbewusste Europapolitik muss entsprechend zweierlei beachten: Zum einen muss davon abgerückt werden, eine europäische Identität durch eine top-down Strategie derart zu forcieren, dass sie die Emotionen der Bürgerinnen und Bürger und ihre Repräsentation in politischen Forderungen unterdrückt und zum zweiten kann eine demokratische Kanalisierung von Emotionen nicht auf eine Umwandlung von Gefühlen in Interessen zielen, sondern muss Gefühle als politisierende, identitätsstiftende Kräfte anerkennen. Mouffe fasst es am Beispiel des Wahlaktes folgendermaßen zusammen:

> „Der rationalistische Ansatz kann nicht begreifen, daß das, was Menschen dazu veranlaßt, ihre Stimme abzugeben, viel mehr ist, als nur der Wunsch, ihre Interessen zu vertreten. In der Stimmabgabe liegt eine bedeutsame affektive Dimension:

79 Mouffe (2014) a.a.O., S. 79.

80 Vgl. Stavrakakis, Yannis 2005: Passions of Identification: Discourse, Enjoyment, and European Identity, in: Howarth/Torfing (Hrsg.) a.a.O., S. 79.

81 A.a.O., S. 81.

> Es geht um eine Frage der Identifikation. Um politisch zu handeln, müssen Menschen sich mit einer kollektiven Identität identifizieren können, die ihnen eine aufwertende Vorstellung ihrer selbst anbietet.“[82]

Angesichts der aktuellen wirtschaftlichen und in der Folge auch sozialen Krise bedeutet dies vor allem, einem hegemonialen neoliberalen Projekt der EU konkurrierende Identitätsangebote entgegenzusetzen, welche eine emotionale Mobilisierung der Bürgerinnen und Bürger für ein anderes Europa ermöglichen. Gleichzeitig muss die Flexibilität dieser politischen Identitäten anerkannt und geschützt werden, um nicht in verfestigte Interessensgegensätze überzugehen, welche für Neuordnungen unzugänglich bleiben. Als Garanten dieser strukturellen Offenheit sieht Mouffe die auf den Prinzipen der Gleichheit und Freiheit beruhenden liberal-demokratischen Grundordnungen, welche verhindern sollen, dass bestimmte hegemoniale Koalitionen total werden und oppositionelle Positionen unterdrücken. Dies erscheint als kluge Strategie der Konfliktintegration. Ein Aspekt, der in Mouffes Überlegungen jedoch unterbelichtet bleibt, ist, wie Bargetz und Sauer anführen, die Gefahr, dass leidenschaftliches bürgerschaftliches Engagement angesichts fehlender Durchsetzungsmöglichkeiten in den politischen Institutionen folgenlos bleibt.[83] Wichtig sei es daher, so betonen es die Autoren, nicht nur polarisierende politische Inhalte anzubieten, die Leidenschaften binden können, sondern institutionelle Settings zu entwerfen, welche konkrete Einflussmöglichkeiten der Bürgerinnen und Bürger ermöglichen.[84] Gerade hier scheint Europa derzeit zu scheitern, wenn man sich die vielfachen Versuche der Bürgerinnen und Bürger insbesondere der krisengeplagten Staaten Südeuropas ansieht, Einfluss auf Brüssel zu nehmen. Es stellt sich daher die Frage, wie etwa Artikulationen von Unzufriedenheit, Wut und Empörung Resonanz in der Politik finden können und wie die Chancen der bürgerschaftlichen Partizipation gestärkt werden können. Dazu soll hier abschließend mit Verweis auf die von Jacques Rancière entworfene Kunstfigur des „Unvernehmens“ ein kurzer Ausblick gegeben werden. Denn mit seinem Konzept lässt sich genau dort ansetzen, wo politische Dialoge aufgrund von starken sozialen oder politischen Spaltungen zu scheitern drohen.

82 Mouffe (2007) a.a.O., S. 36.
83 Vgl. Bargetz/Sauer (2010) a.a.O., S.145.
84 Ebd.

4. Ausblick: Der demokratische Bruch als Chance für die Europapolitik

Rancière entwickelt in seinen Schriften ein normatives Verständnis von Demokratie, welches sich einem engen an ein verfassungstheoretisches Staatsmodell gebundenen Demokratiebegriff entgegensetzt und Demokratie als eine Praxis der politisch-gesellschaftlichen Selbstbestimmung begreift.[85] Dieses Demokratieverständnis formuliert er in Kritik am gegenwärtigen Zustand der „Post-Demokratie“, einem Terminus mit dem er, anders als Crouch, nicht nur die historische Deformation bzw. Aushöhlung einer in der Nachkriegszeit relativ intakten liberalen Demokratie zu beschreiben weiß. Rancière versteht das Suffix „post“ vielmehr im systematischen Sinne als Verweis auf eine Selbstverkehrung, welche einem bestimmten Konzept der Demokratie, das er „konsensuelle Demokratie“[86] nennt, eigen ist.[87] Post-Demokratie bezeichnet also eine Politik, die „unter dem Namen der Demokratie die konsensuelle Praxis der Auslöschung der Formen demokratischen Handelns geltend macht.“[88] Rancières Hauptargument lautet dabei, dass postdemokratische – und damit auch post-politische – Verhältnisse genau dann entstehen, wenn ein Akteur – in der Regel der Staat – versucht, sich mit dem ‚Volk' in seiner aktuellen gesellschaftlichen Erscheinungsform identisch zu setzen, um damit die gesellschaftlichen Verhältnisse zu objektivieren.[89] Unterstützt durch eine „wuchernde Verrechtlichung, die Praktiken der verallgemeinerten Expertise und jene der ständigen Umfrage“[90] versuchten die politischen Eliten und Bürokratien so einen einheitlichen Volkswillen festzulegen. Das Problem, welches Rancière in dieser konsensuellen Praxis erkennt, ist in den Worten von Katrin Meyer, nicht nur,

> „dass die intendierte Repräsentation des Volkes Exklusionen nicht verhindert – das könnte auch schlicht als anti- oder undemokratisch bezeichnet werden -, sondern postdemokratisch ist auch, dass diese Ausschlüsse insofern als demokratisch legitim gehandelt werden, als sie die Möglichkeit zur konsensuellen Repräsentation des Volkes erhöhen.“[91]

85 Vgl. Meyer, Katrin 2011: Kritik der Postdemokratie. Rancière und Arendt über die Paradoxien von Macht und Gleichheit, in: Leviathan 39(1), S. 21-38.
86 Rancière (2002) a.a.O., S.105.
87 Vgl. Meyer (2011) a.a.O., S. 22.
88 Rancière (2002) a.a.O., S. 111.
89 Vgl. Meyer (2011) a.a.O., 23.
90 Rancière (2002) a.a.O., S. 122.
91 Vgl. Meyer (2011) a.a.O., S. 23.

Mehr noch als Mouffe betont Rancière damit das stillschweigende und suggestive Moment der Unterdrückung von gewissen Teilen der Bevölkerung. Das eigentliche Prinzip der Demokratie wird in ihrer derzeitigen konsensuellen Konzeption insofern verfehlt, als dass die (staatliche) Politik dazu tendiert, einen nicht mehr hinterfragbaren Konsens zu etablieren und so das Volk im Namen seiner vermeintlich „wahren" Interessen stillzulegen.

Wie nun aber kann sich Demokratie wirklich ereignen und wie können die Bürgerinnen und Bürger aktiv an der Gestaltung der gesellschaftlichen Verhältnisse teilnehmen, ohne hinter einer postdemokratischen Elitenpolitik zu verschwinden? Hier kommt der von Rancière entworfene Kunstbegriff des „Unvernehmens" („la mésentente") ins Spiel. Damit beschreibt er das paradoxe Verhältnis zwischen Anteilhabenden und Anteillosen in einer Gesellschaft als einen bestimmten Typus einer Sprechsituation, „bei der einer der Gesprächspartner gleichzeitig vernimmt und auch nicht vernimmt, was der andere sagt."[92] Im Unvernehmen artikuliert sich ein Unrechtsverhältnis welches sich von Seiten der Dominierten in einer gesellschaftlichen Ordnung äußert. Mit ihrer Forderung als Gleiche anerkannt zu werden, provozieren die zunächst Anteillosen einen Bruch mit der gegebenen Aufteilung der politischen Gemeinschaft. Sie treten in einen Dissens mit der hegemonialen Gesellschaftsordnung, welche ihrerseits danach strebt, bestehende Machtverhältnisse zu verifizieren. Genau in dem Moment der Herausforderung der etablierten Ordnung, also im Moment des Bruchs mit gegebenen Wahrnehmungsverhältnissen erkennt Rancière nun den eigentlichen Beginn demokratischer Politik.[93] Er legt dabei Wert darauf zu zeigen, dass das Unvernehmen ein machtbasiertes Missverständnis zwischen Arm und Reich ist, die miteinander um eine gerechtere Aufteilung streiten, jedoch nicht am gleichen Tisch Platz nehmen können – da die Armen keinen Platz haben, ihre politische Position als Verhandlungsgegenstand nicht anerkannt, akzeptiert und darum auch nicht verstanden wird.[94] Die Situation des Unvernehmens geht dabei über die inhaltliche Dimension des Streits hinaus, indem sie nicht nur eine Ebene aufmacht, in der Probleme verhandelt und Bedeutungszuweisungen diskutiert werden,

92 Ebd., S. 9.

93 Rancière (2002) a.a.O., S. 9.

94 Vgl. Doerr, Nicole 2013: Zwischen Habermas und Rancière. Die Demokratie politischer Übersetzung, in: *Transversal* 6/2013. Wien: European Institute for Progressive Cultural Policies. URL: http://eipcp.net/transversal/0613/doerr/de (letzter Zugriff: 13.02.2015)

sondern darüber hinaus die performative Ebene der Positionen der Sprecher thematisiert.[95] Im Gegensatz zu Habermas' intersubjektiv angelegter Diskursethik lässt sich für Rancière Gerechtigkeit in gesellschaftlichen Verhältnissen nicht dadurch herstellt, dass man

> „die Rationalität des Dialogs mit dem Verhältnis der Sprecher [identifiziert], die einander im grammatikalischen Modus der ersten und der zweiten Person ansprechen, um ihre Interessen und ihre Wertesysteme gegenüberzustellen und deren Gültigkeit auf die Probe zu stellen."[96]

Um Unrecht aufzuzeigen, bedarf es nach Rancière der Hinterfragung von Subjektpositionen durch einen Dritten, welcher nicht in die Verlegenheit gerät, die bestehende Machtasymmetrie verifizieren zu müssen.[97] In diesem Sinne zielt jede politische Artikulation auf ein Moment der De-Identifizierung, also der Loslösung von einer zugeschriebenen Subjektidentität und die Eröffnung eines Raumes der Neuinterpretation und Beschreibung von sozialen und politischen Verhältnissen. Stärker noch als bei Mouffe wird damit das Moment der Auflösung, der Dekonstruktion gegebener Herrschaftskonstellationen betont. Demokratie meint dann vor allem die Möglichkeit einer „Neuaufteilung des Sinnlichen"[98], welche die Neuordnung von Sprecherpositionen fokussiert und der immer ein Bruch mit der dominanten Wahrnehmungsweise vorauszugehen hat. Wut und Empörung der missachteten Bürgerinnen und Bürger über das ihnen angetane Unrecht sind dabei die zentralen Mobilisierungsmomente für einen solchen Bruch mit der gegebenen Verteilungsordnung. Denn aus der Situation des Dissens heraus, so die hier vertretene These, können neue demo-

95 Vgl. Kertscher, Jens 2006: Sprache und Anerkennung. Zur Rationalität des Politischen im Anschluss an Jürgen Habermas' Diskurstheorie des demokratischen Rechtsstaats und Jacques Rancières Unvernehmen, in: Reinhard Heil/Andreas Hetzel (Hrsg.): *Die unendliche Aufgabe. Kritik und Perspektiven der Demokratietheorie*, Bielefeld: Transcript, S. 66.

96 Rancière (2002) a.a.O., S. 55.

97 Rancière begreift Habermas' Modell des intersubjektiv angelegten Diskurses über die Ungleichheit als illusionär, da er die Machtasymmetrie zwischen Experten und dem unwissenden Volk durch ein gewisses "Habt ihr verstanden" – "Ja, wir haben verstanden", welches in sich einen performativen Widerspruch birgt, reproduziert. Damit das "Verstehen" zwischen Ungleichen nicht zum "Befehlen" wird, bedarf es nach Rancière eines „dritten Volk", welches die Funktion des objektivierenden Kommentars in der Gesprächssituation einnimmt (vgl. Rancière (2002) a.a.O., S. 56-57, 64,132).

98 Rancière, Jacques 2008: *Die Aufteilung des Sinnlichen. Die Politik der Kunst und ihre Paradoxien*, Berlin: Bbooks.

kratische Gestaltungsräume entstehen und Veränderungen von Sicht- und Wahrnehmungsweisen in Gang gesetzt werden.

Um diese Idee im Folgenden näher darzulegen, möchte ich mich auf einen kürzlich von Nicole Doerr publizierten Essay beziehen, in dem sie die Relevanz von Rancières Thesen für die gegenwärtige Eurokrise aufgezeigt und dabei Rancières Unvernehmen als eine Eröffnung des demokratischen Dialogs zwischen Arm und Reich liest.[99] Medienanalysen haben gezeigt, dass sich in der Debatte um die Finanzkrise der EU eine Polarisierung entlang nationaler Trennlinien vollzogen hat, welche die europäische Gemeinschaft in arme und reiche Länder, Gläubiger und Schuldnerstaaten zu spalten schien. Diese Aufteilung möchte Doerr nun als demokratisches Übersetzungsproblem verstanden wissen. Denn eine demokratische Verständigung im Habermas'schen Sinne ist hier eine bloße Illusion, da „das Wort der Expert/innen und die Summe der rechnerisch genau ‚gezählten' Stimmen in der Logik der Konsensdemokratie paradoxerweise eine politische, gerechtere Verteilung unmöglich macht."[100] Politisch kann dieses Verhältnis erst wieder werden, wenn die „Namenslosen" sich empören und sich damit als Teil des Demos erkennbar machen. Ein Beispiel können hier etwa die streikenden Jugendlichen in Griechenland und Spanien sein. Sie treten dabei als „drittes Volk" im Sinne von politischen Übersetzern auf, indem sie aus der Gruppe der Namenlosen heraus einen neuen Demos, eine politische Subjektivierung erfinden, welche einen sozialen Wandel wieder denkbar erscheinen lässt.[101] Denn nach Rancière besteht die

> „politische Handlung des Streiks [...] darin, ein Verhältnis zwischen diesen Dingen herzustellen, die in keinem Verhältnis zueinander stehen, und als Gegenstand des Streits das Verhältnis und das Nicht-Verhältnis zusammen sichtbar zu machen. Dieses Herstellen hat eine Reihe von Verschiebungen in der Ordnung [..] zur Folge."[102]

Die politische Transformation ist hier eine symbolische, in der sich die Grenzlinie zwischen den Identitäten der Armen und der Reichen verschiebt, indem die so genannte „verlorene Generation" der Leidtragenden der Finanzkrise ihre Gleichheit einfordert und damit ein Umdenken der sich einer neoliberalen Entwicklung der EU zu sehr anpassenden politischen Eliten ihrer Länder einfordert. Während eine auf Dialog und Kon-

99 Doerr (2013) a.a.O..
100 Ebd.
101 Ebd.
102 Rancière (2002) a.a.O., S. 52.

sens ausgerichtete Politik in solchen Fällen eine Neuinterpretationen der Machtverhältnisse gerade dadurch verunmöglichen, dass sie in ihren Verfahren vermeintlich *alle* zu Wort kommen lassen und dennoch jene „ohne Namen" nicht zählen[103], bietet hier ein demokratischer Bruch die Chance, Wahrnehmungsweisen zu revidieren und politische Veränderungen anzustoßen. Durch einen Akt der De-Identifizierung, in dem die Gleichheit der Missachteten reartikuliert wird, kann eine Vermittlung zwischen den „gezählten" und den „ungezählten" Teilen der Bevölkerung initiiert werden. Ohnmacht, Wut und Empörung der „Armen" Europas sollten nun als Chance begriffen werden, um eine politische Öffentlichkeit in einer gespaltenen Gemeinschaft einzurichten. In diesem Sinne muss sich die Europapolitik beständig daran erinnern, ihre Strukturen nicht in Stein zu meißeln, sondern „flüssig" und damit offen für die Belange der weniger Privilegierten zu bleiben. Ein verstärkter Blick auf Emotionen als Mobilisierungsmomente im politischen Prozess kann, wie hier gezeigt wurde, dabei helfen, einer postdemokratischen Tendenz einer neoliberalen Konsenspolitik in Europa entgegenzuwirken und die europäische Öffentlichkeit als eine agonistische zu gestalten, in der eine breite aktivbürgerschaftliche Praxis einer von ökonomischen, bürokratischen und politischen Eliten proklamierten Alternativlosigkeit entgegenstellt und neue gemeinsame Sprach- und Handlungsräume eröffnet.

103 Ebd., S.35.

Subsidiarität als Kampfbegriff. Politik und Emotionalisierung am Beispiel der AfD

Jan Rohgalf

In politischen Auseinandersetzungen können sich Begriffe, die bislang kaum kontrovers waren, als „umkämpfte Begriffe"[1] herausstellen. Bis dato unscheinbare Begriffe, die wenig Aufmerksamkeit auf sich gezogen haben, können zum Kristallisationspunkt von leidenschaftlich geführten Debatten werden. Sie können zum Symbol für etwas Entscheidendes avancieren, das auf dem Spiel steht, und mit denen starke Emotionen einhergehen.

Ein aktuelles Beispiel für eine derartige Politisierung und Emotionalisierung von Begriffen liefert die „Alternative für Deutschland" (AfD) mit dem Begriff der Subsidiarität. In einem politischen Klima, das ganz wesentlich durch den demonstrativ pragmatischen, konsensorientierten Regierungsstil Angela Merkels geprägt ist, geriert sich die erst 2013 gegründete Partei nicht ohne Erfolg als politische Alternative zu den etablierten Parteien.[2] Zunächst waren der Euro und die Kompetenzerweiterung der Europäischen Union im Zuge der Finanz- und Währungskrise die maßgeblichen Themen, mit denen die AfD eine Nische im Angebot des Parteiensystems fand. Im Laufe der Zeit kam eine Reihe weiterer Themen hinzu, die die AfD zu ihrer Profilierung als einzig wahre Opposition zum politischen „Mainstream" zu nutzen suchte; wie Zuwanderung, Meinungsfreiheit, Gleichstellung oder die Familie. Der Kampfbegriff Subsidiarität, so wird dieser Beitrag zeigen, fungiert hierbei einerseits als Klammer, die die unterschiedlichen Themen zusammenhält. Andererseits ermöglicht er eine

1 Gallie, Walter Bryce 1956: Essentially Contested Concepts, in: *Proceedings of the Aristotelian Society* 56, S. 167-198; Göhler, Gerhard/Iser, Matthias/Kerner, Ina (Hrsg.) 2012: *Politische Theorie. 25 umkämpfe Begriffe zur Einführung*, 2. Aufl., Wiesbaden: Springer VS.

2 Die Bundestagswahl 2013, bei der die Partei nur äußerst knapp den Einzug ins Parlament verpasste, die gewonnenen Mandate bei der Europawahl 2014 sowie der souveräne Einzug in die Landtage von Sachsen, Thüringen und Brandenburg im selben Jahr sind eindeutige Indizien für diesen Erfolg.

Verortung rechts von den Unionsparteien, ohne sich, wie etwa die NPD, als Rechtsaußen von vornherein zu diskreditieren.

Subsidiarität ist als politischer Kampfbegriff (und für eine Untersuchung wie die vorliegende) besonders interessant, weil hier ein administrativ-juristischer Begriff, der abstrakt einen Modus zur Koordination von Zuständigkeiten und Befugnissen beschreibt, ganz unmittelbar zusammenhängt mit den in der Gesellschaft zirkulierenden, mehr intuitiv für wahr gehaltenen als bewusst reflektierten Vorstellungen darüber, was Gesellschaft auf einer ganz basalen Ebene ausmacht. Es geht dabei nicht allein um (politische) Theorien, sondern allgemeiner um das, was man im Anschluss an Cornelius Castoriadis oder Charles Taylor als das Imaginäre bezeichnen könnte. Als „[...] the ways people imagine their social existence, how they fit together with others, how things go on between them and their fellows, the expectation that are normally met, and the deeper normative notions and images that underlie these expectations."[3] Zu diesen wirkmächtigen, gleichermaßen deskriptiven wie normativen Vorstellungen und Bildern gehören prominent etwa die Analogie zwischen Kosmos und Gesellschaft,[4] das Bild der Gesellschaft als Körper[5] oder die Familie als Sinnbild der Gesellschaft.[6] Ähnlich ruft der Begriff Subsidiarität fundamentale Vorstellungen über die Gesellschaft und ihre Ordnung auf.

Mit Subsidiarität ist eine Reihe von politischen Vorstellungen verbunden, die sich grob in zwei Sets einteilen lassen. Erstens haben wir es mit grundlegenden Vorstellungen der Strukturierung und Organisation einer politischen Entität zu tun. Sie bezeichnet „das Bestreben, als Form- und Strukturelement die kleinere Einheit vor der übergeordneten größeren abzusichern und zu schützen, ohne dieser die von ihr zur Bewältigung ihrer

3 Taylor, Charles 2004: *Social Imaginaries*, Durham/London: Duke University Press, S. 23. Zu einer vergleichbaren Einschätzung siehe auch den Klassiker: Castoriadis, Cornelius 1990: *Gesellschaft als imaginäre Institution. Entwurf einer politischen Theorie*, Frankfurt a.M.: Suhrkamp.

4 Wie sie Eric Voegelin anhand des alten Orients untersucht hat. Siehe Voegelin, Eric 2002: *Ordnung und Geschichte*, Bd. 1. München: Fink.

5 Lefort, Claude 1986: *Political forms of modern society. Bureaucracy, democracy and totalitarianism*, Cambridge: MIT Press. Mit vielen Beispielen auch: Koschorke, Albrecht et al. 2007: *Der fiktive Staat. Konstruktionen des politischen Körpers in der Geschichte Europas*, Frankfurt a.M.: Fischer.

6 George Lakoff (2002: *Moral Politics. How Liberals and Conservatives Think*, Chicago: Chicago University Press) hat die amerikanische Politik vor dem jeweiligen Verständnis der Familie analysiert.

Aufgaben benötigten Unterstützung zu versagen."[7] Subsidiarität ist hier eng verwandt mit Föderalismus und steht im Gegensatz zum Zentralismus: „Föderalismus heißt Förderung der größeren Einheit durch die kleinere Einheit aufgrund von Einsicht und Bereitschaft; Zentralismus bedeutet die Unterwerfung der kleineren Einheit unter die größere, die aufgrund der Quantität Präponderanz beansprucht."[8] Bekannt ist dieses Ordnungsprinzip in der einen oder anderen Form bereits aus dem Heiligen Römischen Reich, dem Norddeutschen Bund oder dem Kaiserreich.[9] Ungleich präsenter ist heutzutage zweifelsohne der bundesdeutsche Föderalismus. Eine neue Qualität subsidiärer Organisation stellt die nach dem Zweiten Weltkrieg begonnene europäische Integration insofern dar, als hier Souveränitätsrechte von Nationalstaaten auf eine suprastaatliche Organisation transferiert werden.

Darüber hinaus kann Subsidiarität zweitens aber auch mit Vorstellungen eines dezidierten Pluralismus verbunden sein. Vor allem Ernst Fraenkel hat diese Vorstellungen in seinem Neopluralismus expliziert.[10] Fraenkel focht gegen das – vor allem durch den Einfluss Rousseaus genährte – Missverständnis, Demokratie bedeute, dem Willen des Volkes möglichst authentisch Ausdruck zu verleihen, indem er vom Einfluss partikularer Interessen gereinigt werde.[11] Das Volk wird dann letztlich als ein Körper vorgestellt, der einen souveränen Willen besitzt, den es lediglich zu artikulieren gelte. Fraenkel hält diesem politischen Willen *a priori* entgegen, dass das Gemeinwohl plausibel nur als Zwischenergebnis im fortlaufen-

7 Deuerlein, Ernst 1972: *Föderalismus. Die historischen und philosophischen Grundlagen des föderativen Prinzips*, München: Paul List Verlag, S. 306.

8 Ebd.

9 Dazu: ebd.; Waschkuhn, Arno 1995: *Was ist Subsidiarität? Ein sozialphilosophisches Ordnungsprinzip von Thomas von Aquin bis zur Civil Society*, Opladen: Westdeutscher Verlag; Grzeszick, Bernd 2012: Der Gedanke des Föderalismus in der Staats- und Verfassungslehre vom Westfälischen Frieden bis zur Weimarer Republik, in: Ines Härtel (Hrsg.): *Handbuch des Föderalismus*, Bd. I. Berlin/Heidelberg: Springer, S. 57-100; Weichlein, Siegfried 2012: Föderalismus und Bundesstaat zwischen dem Alten Reich und der Bundesrepublik Deutschland, in: Härtel a.a.O., S. 129-144.

10 Zu einer älteren Tradition dieses politischen Denkens in Deutschland vgl. Dreyer, Michael 1993: The German Roots of the Theory of Pluralism, in: *Constitutional Political Economy* 4(1), S. 7-39.

11 Fraenkel, Ernst 2007 [1966]: Möglichkeiten und Grenzen politischer Mitarbeit der Bürger in einer modernen parlamentarischen Demokratie, in: ders.: *Gesammelte Schriften*, Bd. 5: Demokratie und Pluralismus. Baden-Baden: Nomos, S. 283-296.

den politischen Prozesses verstanden werden könne, als ein Kompromiss zwischen widerstreitenden Zielen und Interessen (Gemeinwohl *a posteriori*). Wie Fraenkel resümiert, fußt ein solches Demokratieverständnis auf einer letztlich subsidiären Vorstellung des Volkes:[12] Verbände und Assoziationen, die im Rahmen anerkannter Spielregeln autonom handeln, sind die Orte, an denen die Willensbildung maßgeblich vonstatten geht. In ihnen findet die Interessenaggregation und -artikulation statt. Dabei unterscheiden sich die Assoziationen nach Fraenkel im Grad der Interessenaggregation und Allgemeinheit, die in den politischen Parteien ihren Höhepunkt erreiche.

Der Beitrag untersucht, wie Subsidiarität in der Politik der AfD als Kampfbegriff „funktioniert". Anhand dieses Kampfbegriffs lassen sich Emotionalisierungen in der Politik exemplarisch behandeln. Hierzu wird einerseits die Funktion von Subsidiarität in einem defensiven Nationalismus erörtert, der sich auf die Verteidigung nationaler Souveränität im Angesicht europäischer und globaler Integrationsprozesse konzentriert. Andererseits wird gezeigt, dass Subsidiarität zugleich allgemeiner zur Chiffre der Abwehr des Fremden und Anderen werden kann, das den geeinten Körper des Volkes vorgeblich bedroht. Jedoch stellt sich auch die Frage, inwieweit Subsidiarität als Kampfbegriff auch in Zukunft diese Rolle bei der AfD spielen wird oder vielmehr zu erwarten ist, dass die Vorstellung des bedrohten Eigenen künftig weitaus direkter in Begriffen der gefährdeten Identität artikuliert wird.

1. Subsidiarität und defensiver Nationalismus

Bei der AfD stößt man vor allem auf das erste Set von Bedeutungen. Konkret wird Subsidiarität als Strukturprinzip der EU zu jener Frage erklärt, an der sich die Existenz der deutschen Nation entscheidet. Subsidiarität und föderale Ordnung werden zu Garanten für nationale Selbstbestimmung. Wird Subsidiarität als das Versprechen verstanden, dass nur das unumgängliche Minimum an Kompetenzen von den Nationalstaaten an die EU übertragen wird, so wird jede Vertiefung der europäischen Integration (im Hinblick etwa auf eine gemeinsame Währungs-, Finanz-, Außen- oder Sozialpolitik) unweigerlich zur Bedrohung nationaler Souveränität.[13]

12 Vgl. Fraenkel (2007[1966]) a.a.O., S. 308.

13 Bebnowski, David 2014: AfD: Eurokritik unter dem Zauberwort ‚Souveränität', in: *Cicero Online*. www.cicero.de/blog/goettinger-demokratie-forschung/2014-

Deshalb wird beispielsweise ein Veto-Recht für die nationalen Parlamente gegen jegliche Beschlüsse der EU ins Spiel gebracht. Oder es wird die Etablierung eines Subsidiaritätsgerichtshofs angeregt, der ein Gegengewicht zu dem zu „Integration und Zentralismus neigenden Europäischen Gerichtshof" bilden soll.[14]

Die solchermaßen artikulierte Frontstellung gegen die EU ist attraktiv für das, was sich in Anlehnung an Manuel Castells als defensiver Nationalismus beschreiben lässt. Castells argumentiert bekanntlich, dass als Reaktion auf ökonomische, politische sowie kulturelle Globalisierungsprozesse Identität eine zentrale Position in der Politik der Gegenwart einnimmt.[15] Die Besinnung auf das, was man vermeintlich schon immer und tatsächlich war, ist eine Form des Widerstands gegen die Verunsicherung durch eine alles andere als harmonische „global mélange" oder „Hyperkulturalität".[16] Im Angesicht von Prozessen der „Denationalisierung"[17] nimmt der Nationalismus Castells zufolge vor allem eine defensive Form an, indem er Bollwerke gegen eine als bedrohliche geltende Außenwelt errichtet. Eine aktuelle empirische Studie zur gegenwärtigen Transformation des politischen Konflikts in Westeuropa identifiziert dann auch eine neue gesellschaftliche Konfliktlinie zwischen Abgrenzung (demarcation) und Globalisierung.[18]

05-05/zauberwort-souveraenitaet (eingesehen am 12.01.2015); Justus Bender (Alle eint der Groll, in: *Frankfurter Allgemeine Zeitung* vom 27.01.2014) nennt zu Recht als wichtige Wurzel des Subsidiaritätsgedanken den Calvinismus (so etwa schon bei Althusius, Johannes 1995 [1614]: *Politica. An Abridged Translation of Politics Methodically Set Forth and Illustrated with Sacred and Profane Examples*, Indianapolis: Liberty Fund.) Es stellt sich jedoch die Frage, ob, wie Bender aus der Mitgliedschaft Luckes in einer Reformierten Gemeinde folgert, diese Tradition für die Mehrheit der Parteiführung relevant ist.

14 So im Programm zur Europawahl 2014 *Mut zu Deutschland. Für ein Europa der Vielfalt.*

15 Castells, Manuel 2002: *Das Informationszeitalter*, Bd. 2: Die Macht der Identität. Opladen: Leske & Budrich. Ähnlich auch: Mayer, Thomas 2002: *Identitätspolitik. Vom Mißbrauch kultureller Unterschiede*, Frankfurt a.M.: Suhrkamp.

16 Nederveen-Pieterse, Jan 2004: *Globalization and Culture. Global Mélange*. Lanham [u.a.]: Rowman & Littlefield; Han, Byung-Chul 2005: *Hyperkulturalität. Kultur und Globalisierung*. Berlin: Merve.

17 Wie Michael Zürn (1998: *Regieren jenseits des Nationalstaats. Globalisierung und Denationalisierung als Chance*, Frankfurt a.M.: Suhrkamp) die Globalisierung treffend beschreibt.

18 Kriesi, Hanspeter et al. 2012: *Political Conflict in Western Europe*, Cambridge: Cambridge University Press.

Wenn der mobilisierende Topos der bedrohten Nation im Zeichen der Subsidiarität aktualisiert wird, kann scheinbar dessen affektives Potential abgeschöpft werden, ohne den Preis dafür zu entrichten. Die Mobilisierung mittels der Frontstellung gegen die EU und verschwommener gegen Globalisierungsprozesse kann auf in Deutschland weitgehend diskreditierte nationalistische Ideologeme verzichten und stattdessen auf hoch angesehene Prinzipien rekurrieren, um etwas ganz Ähnliches zu artikulieren.

Da ist zunächst der Rekurs auf geltendes EU-Recht und abgeschlossene Verträge zu nennen. In diesen ist das Prinzip der Subsidiarität verankert. Die Bedrohung der Nation kommt als Bruch geltenden Rechts daher. Insbesondere die Zusicherung, kein Staat werde für die Schulden eines anderen Mitgliedsstaates aufkommen müssen (No-Bailout-Klausel),[19] war von jeher eine Herzensangelegenheit der deutschen Euro-Kritiker, von denen einige später die AfD gründen sollten. Für sie markieren die Maßnahmen, die im Zuge der Euro- und Schuldenkrise seit 2009 ergriffen wurden, um die Einheitswährung zu retten, einen Dammbruch: Das grundlegende Organisationsprinzip der Subsidiarität wurde stillschweigend außer Kraft gesetzt und die EU wurde unter der Hand zu einer Schulden- und Transferunion umgebaut, in der vor allem Deutschland als Geberland in der Pflicht sein wird.

Diese Wahrnehmung war ein maßgeblicher Impuls für die Gründung der Partei.[20] Wie es Parteisprecher Bernd Lucke in seiner programmatischen Rede zum Gründungsparteitag am 14.04.2013 auf den Punkt brachte: „Die Bundesregierung hat diesen elementaren Bestandteil des Vertrags beiseite gewischt, als wäre es Kindergeschwätz. […] wir reden hier nicht über Lappalien, wir reden nicht über politische Tricks, wir reden über das Fundament europäischer und deutscher Rechtsstaatlichkeit. Wir reden hier über Wortbruch bis zum politischen Betrug. Und damit reden wir auch

19 Art. 125 AEUV

20 Zur Gründungsphase der AfD: Bebnowski, David/Kumkar, Nils 2013: Jeder hat Angst, seinen Besitzstatus zu verlieren. Die Anti-Euro-Proteste, in: Franz Walter et al. (Hrsg): *Die neue Macht der Bürger. Was motiviert die Protestbewegungen*, Reinbek bei Hamburg: Rowohlt, S. 219-249; Häusler, Alexander 2013: *Die Alternative für Deutschland. Eine neue rechtspopulistische Partei?,* Düsseldorf: Heinrich-Böll-Stiftung NRW; Kemper, Andreas 2013: *Rechte Euro-Rebellion: Alternative für Deutschland und Zivile Koalition e.V.*, Münster: edition assemblage; Oppenhäuser, Holger 2013: Demokratische Querfronten? Der neue Rechtspopulismus und die Ambivalenz der direkten Demokratie, in: *Prokla* 43(2), S. 277-295; Plehwe, Dieter/Schlögl, Matthias 2014: *Europäische und zivilgesellschaftliche Hintergründe der euro(pa)skeptischen Partei Alternative für Deutschland (AfD)*, Berlin: WZB Discussion Paper SP III 2014–501.

über Demokratie, denn Demokratie heißt Herrschaft des Volkes und der Wille des Volkes ist es, der hier eklatant missachtet wurde.“[21]

So führt ein direkter Weg von diesem Vorwurf des Rechtsbruchs zur Anschuldigung des Verrats gerade auch gegenüber den nationalen politischen Eliten. Die Vermutung dieses Verrats, die ein ansehnliches Empörungspotential beinhaltet, zieht freilich weitere Kreise und versucht Kapital zu schlagen aus jener Stimmung, die landläufig als Politikverdrossenheit bezeichnet wird. Während die Bertelsmannstiftung und das IfD Allensbach hohe allgemeine Zustimmungsraten zur Demokratie und dem politischen System in Deutschland von 83% (2003: 67%) registrieren,[22] kommt die aktuelle Mitte-Studie der Friedrich Ebert-Stiftung zu dem ernüchternden Schluss einer verbreiteten Demokratiekritik, die allerdings nicht gleichzusetzen ist mit der Ablehnung der Demokratie. Jeweils rund 75% der Befragten hegen demnach Zweifel an der Problemlösungskompetenz der politischen Parteien, meinen, Politiker würden sich mehr Rechte herausnehmen als die normalen Bürger, kritisieren, dass letztlich die Wirtschaft, nicht die Politik entscheiden würde, vermissen Proteste gegen soziale Missstände und/oder sehen die Gefahr, dass Freiheitsrechte sukzessive eingeschränkt würden.[23] Wenn die Karte der Politikverdrossenheit von der AfD gespielt wird, eröffnet dies die Option, sich angesichts dieses Unbehagens selbst als fundamentale Alternative anzubieten, die über jene Zweifel erhaben ist.

Der defensive Nationalismus ermöglicht es auf diese Weise, die bedrohte Nation in den Fokus der Politik zu rücken und zugleich den in Deutschland damit unvermeidlich einhergehenden Vorwurf, rechts oder gar anti-demokratisch zu sein, damit zu kontern, dass man ganz im Gegenteil gerade für die Bewahrung der Demokratie und des Rechtsstaates einstehe. Die EU wird dann in eine zentralistische Diktatur umgedeutet, die die Mitgliedstaaten unterjocht und ihnen ihre Eigenheiten nimmt. Gern werden Vergleiche mit der DDR oder der Sowjetunion gezogen. Der Be-

21 Bernd Luckes Rede zum Gründungsparteitag in Berlin. Siehe: http://deutsche-wirtschafts-nachrichten.de/wp-content/uploads/2013/04/Rede-Bernd-Lucke.pdf (eingesehen am 10.11.2014)

22 Petersen, Thomas et al. 2013: *Gespaltene Demokratie. Politische Partizipation und Demokratiezufriedenheit vor der Bundestagswahl 2013*, Gütersloh: Bertelsmannstiftung, S. 16f.

23 Zick, Andreas/Klein, Anna (Hrsg.) 2014: *Fragile Mitte – Feindselige Zustände. Rechtsextreme Einstellungen in Deutschland 2014*, Bonn: Dietz, S. 85-101. Festzuhalten ist aber auch, dass diese Zahlen im Vergleich zu 2003 deutlich rückläufig sind.

griff der „EUdSSR“ hat sich seit einigen Jahren in Euro- und EU-kritischen Milieus als beliebte Bezeichnung für die EU etabliert.[24] So knüpfte etwa auch Lucke an den CDU-Wahlkampfslogan von 1976 „Freiheit statt Sozialismus“ an, wenn er angesichts der „schleichenden“ Zentralisierung und Regulierung von vitalen Politikbereichen das Jahr 2014 als ein Schicksalsjahr beschrieb, das im Zeichen „Freiheit statt Zentralismus“ stehe.[25]

Der Gegensatz von Zentralismus, Dirigismus, Bürokratie, Harmonisierung und „Gleichmacherei“ oder gar „Gleichschaltung“ einerseits sowie Subsidiarität, Wettbewerb und Demokratie andererseits, der sich immer wieder in den programmatischen Texten der Partei findet, schlägt in dieselbe Kerbe. Im Namen der Subsidiarität für die Nation einzutreten wird gleichsam zu einem Akt des legitimen Widerstands gegen die Unterdrückung, der sich bisweilen auch in der Tradition zivilgesellschaftlicher Bewegungen im ehemaligen Ostblock wähnt. So schlägt etwa auch das „Wahlprogramm 2014“ der AfD Sachsen in seiner Präambel den Bogen von der friedlichen Revolution 1989 in der DDR zur heutigen Situation. Ungeachtet dieser Selbstpositionierung zeigt jedoch die jüngste Mitte-Studie, dass AfD-Anhänger mehr als doppelt so oft wie der Bevölkerungsdurchschnitt Sympathien für eine Diktatur bekunden. Unter ihnen hängen 9,5% (Durchschnitt: 4,1%) der „Vorstellung einer homogenen Gesellschaft [an], deren einheitliches Interesse mit einer starken Hand durchgesetzt werden müsse.“[26]

Vor allem in Deutschland ist das Spiel über die Bande der EU-Kritik verlockend, umgeht es doch anscheinend mühelos die historische Belastung der Nation und der nationalistischen Mobilisierung durch das Kaiserreich und den Nationalsozialismus. Auf dem Wege der EU-Kritik scheint eine Rehabilitation des Nationalen in der Politik greifbar zu werden, die sich gar nicht erst auf Debatten einlassen muss, inwiefern es geboten sei, einen Schlussstrich unter eine unrühmliche Vergangenheit zu ziehen – Debatten, die unweigerlich auf die Frage nach der „Historisierung des Na-

24 Vgl. Häusler, Alexander 2014: *Mut zur Wahrheit? Entstehungskontext, Entwicklung und gesellschaftspolitische Positionen der „Alternative für Deutschland“*, Berlin: DGB, S. 28f.; Bebnowski/Kumkar (2013) a.a.O., S. 231.

25 Lucke, Bernd 2014: Warnung vor dem zentralistischen Überstaat, in: *Handelsblatt* vom 25.01.2014.

26 Zick/Klein (2014) a.a.O., S. 32-60.

tionalsozialismus“[27] hinauslaufen.[28] Im Unterschied zu diesem heiklen Thema ist die EU-Kritik weitaus weniger kontrovers.[29]

Der defensive Nationalismus scheint dem „klassischen“ Nationalismus einen weiteren Stachel zu ziehen. Er kommt vordergründig ohne den mindestens potentiell feindseligen Bezug auf andere Nationen aus, ohne nach außen gerichtete Aggression. Auf eine militärische bzw. militaristische Komponente wird ganz verzichtet: Der Bedrohung nationaler Souveränität durch die EU oder die Globalisierung kann man nicht mit Aufrüstung oder Präventivschlägen begegnen, sondern allein dadurch, dass man sich soweit es nur geht abkoppelt und zurückzieht. So gerieren sich die Anhänger eines defensiven Nationalismus gern als Bewahrer des Friedens. Eine Vertiefung der EU über den Binnenmarkt hinaus – und sei es in der Form der Währungsunion – wird als Ursache für das Aufflammen nationalistischer Ressentiments zwischen den Mitgliedsstaaten ausgemacht.[30] Die EU, so die Stoßrichtung, zwinge zusammen, was mehr Freiraum zur autonomen Entfaltung bräuchte. Insbesondere die Euro-Krise habe zu einem Aufweichen des Subsidiaritätsprinzips geführt und die Einschränkung nationaler Souveränität sowie die erzwungene gegenseitige Abhängigkeit offenkundig werden lassen. Dadurch wären Spannungen vor allem zwischen den reichen nördlichen und den armen südlichen Ländern angeheizt worden. Nicht ein Mehr an europäischer Integration, sondern umgekehrt die Ent-

27 Siehe Jesse, Eckhard et al. (Hrsg.) 1990: *Die Schatten der Vergangenheit. Impulse zur Historisierung des Nationalsozialismus*, Berlin/Frankfurt a.M.: Ullstein.

28 Obgleich auch die Deutung der deutschen Geschichte durchaus ein Politikfeld für AfD-Politiker ist. So kritisiert, um nur ein Beispiel zu nennen, Björn Höcke (Interview mit dem *Arnstädter Stadtecho*, September 2014), dass Juristen „über historische Sachverhalte zu Gericht“ sitzen würden, was der „alten Einsicht“ zuwiderlaufe, dass jede Generation „die Geschichte neu schreiben“ müsse. Welchen „Sachverhalt“ er da im Kopf hat, führt er nicht weiter aus. Die Kriegsschuldfrage im Kontext des Ersten Weltkriegs, auf die er später im Interview zu sprechen kommt, kann jedenfalls nicht gemeint sein.

29 Allerdings ist die Wahrnehmung einer „EUdSSR“ auch nicht mehrheitsfähig. Dem aktuellen Eurobarometer (Nr. 82, Herbst 2014) zufolge, sind 52% der Deutschen durchaus der Ansicht, dass ihre Stimme in der EU zähle, wohingegen 42% dies verneinen. Lediglich 20% haben demnach ein im allgemeinen negatives Bild von der EU, 38% ein positives, 40% sind indifferent. Zu ähnlichen Einschätzungen kommt auch die aktuelle Mitte-Studie (Zick/Klein (2014) a.a.O., S. 121).

30 Die aktuelle Mitte-Studie (Zick/Klein (2014) a.a.O., S. 129-133) legt dagegen einen Zusammenhang zwischen Anti-EU-Haltung und Ressentiments gegenüber anderen europäischen Nationen, vor allem den Griechen, nahe.

kopplung der Mitgliedstaaten voneinander würde deshalb zur Befriedung des Kontinents beitragen.[31]

Unter dem Banner der Subsidiarität artikuliert sich der Wunsch nach einer Welt, in der die Nationalstaaten möglichst getrennt voneinander bestehen. Das „Handeln auf Distanz“, das Giddens als Merkmal der Globalisierung ausgemacht hat,[32] gilt es soweit nur irgend möglich zurückzudrängen und das Ausmaß der Regulierung zwischen den Nationalstaaten wieder zu minimieren. Institutionelle Verflechtungen zwischen Nationalstaaten, aus denen Verpflichtungen erwachsen, stellen aus dieser Sicht eine potentielle Bedrohung für die nationale Souveränität dar, und sind zu vermeiden. Allein der europäische Binnenmarkt scheint annehmbar, ggf. noch Regelungen zum Umweltschutz. Aus der internationalen Politik sollte man sich nach Möglichkeit heraushalten. Die AfD bedient damit eine in der Bevölkerung verbreitete isolationistische Stimmung.[33] Jedoch findet sich wiederum eine bemerkenswerte Umdeutung der Gegebenheiten. Die Erlangung der vollen Souveränität nach der Wiedervereinigung im Herbst 1990 brachte auch ein stärkeres Gewicht und damit eine größere Verantwortung Deutschlands in Europa und der Welt mit sich. Demgegenüber sieht der defensive Nationalismus diese Verwicklung als Zeichen einer defizitären Souveränität. Deutschland werde von Verpflichtungen erdrückt oder gar in außenpolitische Abenteuer getrieben. Wenn nicht die „politische Klasse“ und die „Mainstream-Medien“ das Sagen hätten, sondern Volkssouveränität ernst genommen werden würde, so der Tenor, dann würde sich Deutschland wieder mehr auf sich selbst besinnen.

Auf einer weiteren Ebene schließlich wird unter Rekurs auf Subsidiarität aber auch ökonomischer Sachverstand gegen Inkompetenz und Ideologie angeführt: „Die Einführung des Euro hat sich als eine politisch moti-

31 In den „Politischen Leitlinien der Alternative für Deutschland“ heißt es kurz und bündig: „Er [der Euro, J.R.] bewirkt Streit und das Wiederaufleben nationaler Vorurteile“ (S. 5). Die Präambel des Programms zur Europawahl 2014 führt dies auf einen Mangel an Subsidiarität zurück: „Die Einheitswährung sät Zwietracht in der Eurozone, weil Südeuropa verarmt und die Gelder anderer Länder im Norden beansprucht.“

32 Giddens, Anthony 1996: *Konsequenzen der Moderne*, Frankfurt a.M.: Suhrkamp, S. 75-101. Die Erfahrung der Globalisierung bedeutet demnach, sich bewusst zu werden, dass Handlungen zusehends über nationale Grenzen hinweg Wirkungen zeitigen.

33 Einer von der Körber-Stiftung in Auftrag gegebenen Umfrage (Körber-Stiftung 2014: *Die Sicht der Deutschen auf die Außenpolitik*, Berlin: Körber-Stiftung) zufolge waren im April/Mai 2014 etwa 60 Prozent der Deutschen gegen eine größere Verantwortung Deutschlands in der Bearbeitung internationaler Krisen.

vierte Entscheidung gegen die ökonomische Vernunft erwiesen."[34] Hierbei wird gern auf die beachtliche Zahl von Wirtschaftsprofessoren und Wirtschaftsfachleuten in den Reihen der Partei verwiesen. Während die ökonomische Expertise auf Subsidiarität gesetzt habe, so das Argument, habe die Politik aus Unverständnis und ideologischer Verblendung die Vertiefung der EU in Richtung Währungsunion vorangetrieben.

Subsidiarität im Kontext der EU lässt sich, das zeichnet sich im bisher Gesagten ab, aus unterschiedlicher politischer Motivation heraus gleichermaßen ins Feld führen. Sowohl von einem nationalkonservativen Flügel der AfD als auch von einem Flügel, der sich primär auf Euro-Kritik und Marktliberalismus kapriziert.

2. *Die Wagenburg des „gesunden Menschenverstands"*

Dagegen spielt das zweite, um innergesellschaftlichen Pluralismus kreisende Set von Vorstellungen bei der Partei keine herausragende Rolle.

Das immer wieder vorgetragene Plädoyer für Meinungsfreiheit und gegen Zensur sollte hier nicht zu falschen Schlüssen verleiten. Die in auflagenstarken Zeitungen und zu besten Sendezeiten geführte Klage, man werde in Deutschland mundtot gemacht, ist eine rhetorische Strategie, die seit Thilo Sarrazin hinreichend bekannt ist. Systematisch werden dabei Kritik und Widerrede zu Zensurabsichten uminterpretiert, um Kritiker zu desavouieren.[35] Kurz: Es geht hier um Deutungsmacht. Und wie ernst ist das Lamento über eine „kulturelle Gleichschaltung" durch den „materiellen Liberalismus" zu nehmen, wenn der vermeintlich grenzenlose Pluralismus von Lebensentwürfen gleichzeitig als ein „sanfter Totalitarismus" diskreditiert und dem Staat die Aufgabe zugewiesen wird, Leitbilder vorzugeben?[36]

Im Gegenteil zu Vorstellungen des subsidiären Aufbaus der Gesellschaft, wie sie etwa Fraenkel in seinem Neopluralismus reflektiert, finden

34 Wie es unter anderem in These 16 in „Mut zu Deutschland. 66 Thesen zum Europawahlprogramm der Alternative für Deutschland" heißt.

35 Zur Rhetorik Sarrazins und dessen historischer Einordnung: Weiß, Volker 2011: *Deutschlands Neue Rechte. Angriff der Eliten. Von Spengler bis Sarrazin*, Paderborn: Schöningh; Zander, Michael 2013: Gespielte Ohnmacht. Das politische Programm des Thilo Sarrazin, in: Peter Bathke/Anke Hoffstadt (Hrsg.): *Die neuen Rechten in Europa. Zwischen Neoliberalismus und Rassismus*, Köln: PapyRossa, S. 220-229.

36 Wie Björn Höcke in *Der Spiegel* (Nr. 34/2014, S. 28) zitiert wird.

wir hier letztlich den Rekurs auf die Vorstellung der Gesellschaft als geeinter Körper. Freilich ist die AfD kein Fürsprecher eines wie auch immer gearteten autoritären Korporatismus. Wenn jedoch „das Volk“ oder „der gesunde Menschenverstand“ gegen die „politische Klasse“ oder „die Altparteien“ in Stellung gebracht werden, so geschieht dies nicht ohne den Hinweis darauf, dass Letztere Partikularinteressen vertreten anstatt die Interessen „des Volkes“.[37] Mit mehr direkter Demokratie ist hier auch das Versprechen verbunden, einen authentischen Gemeinwillen *a priori*, ungetrübt durch widerstreitende Partikularinteressen, zum Sprechen zu bringen. Die Ansage, die Macht der Parteien in Deutschland zu Gunsten des Volkes brechen zu wollen, zieht sich wie ein roter Faden durch die Verlautbarungen der AfD. Die Partei geriert sich als Anti-Establishment-Partei, die als Anwalt des Volkes gegen die „politische Klasse“ agiert.

Diese Argumentation gehört zum Standardrepertoire des Populismus.[38] Stets wird den „abgehobenen“ Eliten, das einmütige Volk gegenübergestellt, das bislang geschwiegen hat, sich nun aber – mit den Populisten an der Spitze und als Sprachrohr – erhebt. Der Populismus grenzt „das Volk“ dabei mittels binärer Codes ab. Typisch auftretende Unterscheidungen sind etwa: Heuchelei/Korruption – Ehrlichkeit, Bequemlichkeit – harte Arbeit/Fleiß, moralische Rückständigkeit (z.B. bei Muslimen) – moralische Überlegenheit (des „Abendlandes“, der nationalen Kultur), Bevormundung/Arroganz – gesunder Menschenverstand der Massen, Supranationalität/Globalisierung – ethnische Identität/nationale Interessen.[39]

In diesen Codes, mit denen „das Volk“ und sein Gegenüber beschrieben werden, zeichnet sich neben einer vertikalen („die da oben“) auch eine horizontale Abgrenzung („die da draußen“) ab. Wenn die Populisten von „dem Volk“ sprechen, dann ist in aller Regel lediglich ein auserwählter Teil der Bevölkerung gemeint. Die Ansichten und Interessen eines Teils werden damit zum eigentlichen Willen und „gesunden Menschenverstand“

37 Bereits im Wahlprogramm zur Bundestagswahl 2013 heißt es: „Parteien sollen am politischen System mitwirken, es aber nicht beherrschen. […] Das Volk soll den Willen der Parteien bestimmten, nicht umgekehrt.“

38 Vgl. Rensmann, Lars 2006: Populismus und Ideologie, in: Frank Decker (Hrsg.): *Populismus in Europa. Gefahr für die Demokratie oder nützliches Korrektiv?*, Wiesbaden: VS, S. 59-80.

39 Nach Priester, Karin 2008: Populismus als Protestbewegung, in: Alexander Häusler (Hrsg.): *Rechtspopulismus als „Bürgerbewegung“. Kampagnen gegen Islam und Moscheebau und kommunale Gegenstrategien*, Wiesbaden: VS, S. 32f.

verabsolutiert.[40] Zugleich erscheinen die Anderen als permanente Bedrohung der Integrität „des Volkes".[41]

Im Hinblick auf die wahrgenommene Bedrohung durch „die da draußen" ist es aufschlussreich, sich die Themen anzuschauen, hinsichtlich derer Subsidiarität angemahnt wird.[42] Zu diesen offenkundig sensiblen Themen zählen neben der Währung etwa die Zuwanderung, Asyl, Sozialleistungen, die Legalisierung von Abtreibungen und Sterbehilfe, embryonale Stammzellenforschung sowie immer wieder „Gender Mainstreaming". Im Unterschied zum allgemeinen Sprachgebrauch fällt in der AfD-Diktion unter Letzteres alles von einer Frauenquote und anderen Maßnahmen positiver Diskriminierung über die akademische Disziplin der Gender Studies bis zu einer etwas nebulösen „Aufhebung von Geschlechteridentitäten."[43] Eng mit dieser Sorge verknüpft kommt die Familie in Abgrenzung zu anderen, ggf. nicht-heterosexuellen Lebensmodellen als weiteres vitales Thema hinzu.[44] Subsidiarität schützt diese für die Nation existentiellen Bereiche. Über diese Fragen muss der souveräne Wille der Nation – im Sinne des angenommenen tatsächlichen Willens „des Volkes" – uneingeschränkt entscheiden.

Anhand dieser Themen zeigt sich auch, wer die Anderen, „die da draußen" sind, die potentiell als Bedrohung erlebt werden: Migranten, Leistungsempfänger, Befürworter einer Liberalisierung von Abtreibung und Sterbehilfe, Feministinnen und Nicht-Heterosexuelle.

Überraschend ist die Aggressivität, mit der allem begegnet wird, was als Infragestellung der „natürlichen" Geschlechteridentitäten verstanden wird. So spricht etwa die AfD Sachsen in ihrem „Wahlprogramm 2014" von der „menschenfeindlichen Ideologie" des „Genderismus" und warnt

40 Priester (2008) a.a.O., S. 22; Rensmann (2006) a.a.O., S. 65.

41 Rosanvallon, Pierre 2008: *Counter-Democracy. Politics in an age of distrust*, New York: Cambridge University Press, S. 266.

42 Wenngleich es hier, anders als die Forderungen der AfD nahelegen mögen, gar nicht um eine Wiederherstellung, sondern lediglich um eine Beibehaltung des Subsidiaritätsprinzips gehen kann.

43 Wie beispielsweise in diesem Statement: „Die AfD lehnt ein 'Gender Mainstreaming', das auf eine Aufhebung der Geschlechteridentitäten zielt, ab. Entsprechende finanzielle Förderungen sind ebenso einzustellen wie etwaige Bestrebungen der EU, den Mitgliedsstaaten eine solche Politik aufzuzwingen." (Mut zu Deutschland. Für ein Europa der Vielfalt).

44 Hierzu auch: Kemper, Andreas 2014: *Keimzelle der Nation? Familien- und geschlechterpolitische Positionen der AfD. Eine Expertise*, Berlin: Friedrich-Ebert-Stiftung.

vor der „Früh- und Hypersexualisierung“ von Kindern und Jugendlichen. Um dieser Gefahr zu begegnen hätten sich demzufolge

> „Lehr- und Lehrbuchinhalte [...] an der Lebenswelt von Mehrheiten zu orientieren, nicht an der von Minderheiten. Gesellschaftspolitische Umerziehungsmaßnahmen wie 'Gender Mainstreaming' lehnen wir ebenso ab wie scheinbar geschlechterneutrale Bezeichnungen […]. Insbesondere ist einer indoktrinären Beeinflussung von Kindern und Jugendlichen durch LGBT-Lehrplaninhalte entgegenzuwirken.“[45]

Ganz auf dieser Linie propagiert die AfD, dass jede „normale deutsche Familie“ drei Kinder haben sollte. Frauke Petry, Parteisprecherin, stellt den Zusammenhang zur Zuwanderung her: „Die deutsche Politik hat eine Eigenverantwortung, das Überleben des eigenen Volkes, der eigenen Nation sicherzustellen“, erklärte sie.[46]

Das Bekenntnis zur Familie wird im rebellischen Duktus vorgetragen. „Das Volk“ sei zum Opfer von Partikularinteressen geworden, die – in Komplizenschaft mit der „politischen Klasse“ und „den Medien“ – der Mehrheit ihren Willen aufzwingen würden. Von „menschenfeindlicher Ideologie“, von „Umerziehung“ und Indoktrinierung“ ist da die Rede. Geradezu leitmotivisch wird über eine neue Art der Zensur im Namen der „political correctness“ geklagt.[47] Im Dienste von Minderheiteninteressen wären Sprech- und Denkverbote errichtet worden, die öffentliche Debatten lediglich in engen Bahnen verlaufen lassen würden.[48] Jeder, der sich abseits von diesem mutmaßlich ‚engen Meinungskorridor’ des „Mainstream“ bewege und eine „unbequeme Wahrheit“ ausspreche, werde umgehend als

45 LGBT steht für Lesbian/Gay/Bisexual/Transsexual.

46 Zitiert nach Neue Osnabrücker Zeitung, Online: http://www.noz.de/deutschland-welt/politik/artikel/500073/afd-petry-will-volksentscheid-uber-abtreibung (eingesehen am 12.01.2015). Die Familie ist auch ein Schwerpunkt von Beatrix von Storch (MdEP), die Initiatorin der „Initiative für Familienschutz“ ist und sich prominent bei der „Demo für alle“ engagiert, welche nach dem Vorbild des französischen „Manif pour tous“ gegen gleichgeschlechtliche Ehe und Adoptionsrecht für Homosexuelle mobilisiert.

47 Im „Entwurf für die politischen Leitlinien der AfD“ (2014) heißt es beispielsweise: „Wir wenden uns mit Nachdruck gegen zunehmend verbreitete Tendenzen selbsternannter Gesinnungswächter, Andersdenkende einzuschüchtern oder gesellschaftlich auszugrenzen. […] Wir treten dafür ein, dass auch Auffassungen, die abseits vom Meinungskorridor der etablierten Parteien liegen, angemessen in der Berichterstattung der Medien Platz finden.“

48 Laut einer von *Die Zeit* in Auftrag gegebenen repräsentativen Umfrage von YouGov zufolge glaubten im April 2013 etwa 33 Prozent der Deutschen, man dürfe hierzulande nicht zu allen Themen seine Meinung sagen. Unter den 25- bis 34-jährigen waren demnach sogar 43 Prozent dieser Ansicht (Lisa Caspari, Viele AfD-Anhänger wählten früher die Linke und die FDP, in: *Die Zeit* 17.4.2013).

rechts diskreditiert und so effektiv mundtot gemacht. Dieses Argumentationsmuster ist nicht auf die Themen Familie und Heterosexualität beschränkt, sondern kann auf nahezu beliebige Themen angewandt werden. Es ist aus folgenden Gründen attraktiv:

Erstens wird in Anspruch genommen, die Demokratie gegen eine Diktatur von linken „Gutmenschen“ zu verteidigen, die die tatsächlichen Verhältnisse systematisch verschleiern.[49] Die Parteien von der Union bis zur Linkspartei wirken demnach an dieser „Diktatur“ ebenso mit wie Medien von der Bildzeitung über die FAZ bis zur taz. Das Etikett „unbequeme Wahrheit, die trotz der vorgeblichen Gefahr von Sanktionen geäußert wird“, wertet im Grunde jede beliebige Meinungsäußerung unabhängig von ihrer Originalität und Stichhaltigkeit zu einem wertvollen Debattenbeitrag auf, solange sie sich selbst nur abseits des „Mainstreams“ verortetet. Mehr noch, angesichts der Annahme, dass der „Mainstream“ die Wahrheit in entscheidenden Fragen unter den Teppich kehre, kann jede als abweichend deklarierte Meinungsäußerung die Qualität einer totgeschwiegenen Wahrheit für sich beanspruchen. Dieses Argumentationsmuster ist für die AfD jedoch nicht nur von Vorteil, öffnet es doch auch Verschwörungstheorien jeglicher Couleur Tür und Tor, die dem Image der seriösen politischen Alternative erheblichen Schaden zufügen können.[50]

Zweitens wird die „unbequeme Wahrheit“ als Ventil genutzt, durch das sich die angestauten Affekte öffentlich entladen können. Aus „man wird ja wohl noch sagen dürfen“ oder „endlich sagt mal einer, was die schweigende Mehrheit denkt“ spricht in der Regel weniger die Hoffnung darauf, dass ein bislang vernachlässigtes, wichtiges Argument endlich hinreichend in der öffentlichen Diskussion berücksichtigt wird, als vielmehr die Genugtuung darüber, dass jemand Ungeliebtes endlich einmal verbal traktiert wird. Die Anziehungskraft der Lesungen von, wohlgemerkt, Bestsellerautoren wie Thilo Sarrazin oder Akif Pirinçci oder auch der Compact-Konferenzen von Jürgen Elsässer dürfte zu einem Großteil hierauf zurückgehen. Mal pseudo-wissenschaftlich verbrämt (Sarrazin), mal hemmungslos vulgär (Pirinçci) bieten diese Autoren mit ihren Veranstaltungen

49 Der „Entwurf für die politischen Leitlinien der AfD“ (2014) stellt dann etwa fest: „[Es] besteht der weitverbreitete Eindruck, dass es einen Zusammenhang zwischen dem Politikversagen und der zunehmenden Behinderung offener Diskussionsprozesse gibt (political correctness).“

50 Wovor Hans Olaf Henkel auch warnt. Siehe hierzu seine Stellungnahme unter: www.alternativefuer.de/stellungnahme-von-hans-olaf-henkel/ (zuletzt eingesehen am 29.10.2014).

einen Raum, Wut und Ressentiments auch abseits des Stammtisches und der eigenen vier Wände gemeinsam mit Gleichgesinnten auszuleben.[51] Ganz offen empfiehlt der stellvertretende Parteisprecher Alexander Gauland, solche Stimmungslagen anzusprechen und in Wahlerfolge umzumünzen.[52] Freilich ist die Parteiführung und ganz besonders Lucke darum bemüht, dem Vorwurf des Rechtspopulismus keine Nahrung zu geben. Wenn Ressentiments wie etwa Fremdenfeindlichkeit gezielt mobilisiert werden (unter Verweis auf die „Einwanderung in die Sozialsysteme", Kriminalität, Drogen, kulturelle Inkompatibilitäten), dann geschieht dies nie ohne die gleichzeitige Distanzierung von eben diesen Ressentiments („Die AfD ist gegen Fremdenfeindlichkeit").[53] Verbale Ausfälle, die einem zum Nachteil gereichen können, werden in aller Regel vermieden. Die „bedauerlichen Einzelfälle" finden sich eher auf der Kreisebene der Partei.

Die Rede von der linken Diktatur der political correctness wirkt als Rationalisierung eines Denkens und Handelns, das im Wesentlichen durch Ressentiments motiviert ist. Diese Rationalisierung rekurriert auf die Grundwerte der Demokratie überhaupt. Mit Vilfredo Pareto[54] könnte man auch von „Derivationen" sprechen, mit denen die Akteure ihre zumeist irrationalen Handlungsmotive vor sich selbst und anderen rationalisieren, indem sie etwa Zuflucht bei anerkannten Autoritäten und Prinzipien suchen. In einem anderen Zusammenhang spricht Luca Di Blasi auch von einem „reaktionären Ressentiment", das auf die „Inversion von Diskrimi-

51 Wie wenig es bei diesen Veranstaltungen um eine unbefangene Diskussion geht, mussten Armin Nassehi und Gabor Steingart seinerzeit bei einer Debatte mit Thilo Sarrazin in München feststellen. Die angesetzte Diskussion kam nicht zustande, da sich Sarrazin der Auseinandersetzung verweigerte und das Publikum dessen Kritiker schlichtweg ausbuhte (vgl. Fahrenholz, Peter 2011: Therapeut und Brandstifter, in: *Süddeutsche Zeitung* vom 14.03.2011; siehe auch Mühl, Melanie 2014: *Lesung von Akif Pinrinçci. Zweinhalb Stunden Wut für fünfzehn Euro*, http://www.faz.net/aktuell/feuilleton/buecher/autoren/lesung-von-akif-pirincci-zweieinhalb-stunden-wut-fuer-fuenfzehn-euro-12934359.html (eingesehen am 12.01.2015); Geis, Mathias 2014: Die Wut genießen, in: *Die Zeit* Nr. 47/2014; Gennies, Sidney 2014: Die Wahrheit gepachtet, in: *Die Zeit,* online: http://www.zeit.de/politik/deutschland/2014-11/russland-putin-egon-bahr-compact-magazin-verschwoerung-afd (eingesehen am 12.01.2015).

52 Gauland, Alexander 2013: Dem Volk aufs Maul schauen, in: *Der Tagesspiegel* vom 02.12.2013.

53 Sehr anschaulich analysiert Mathias Geis (2014, a.a.O.) diese Rhetorik.

54 Eisermann, Gottfried (Hrsg.) 1962: *Vilfredo Paretos System der allgemeinen Soziologie. Einleitung, Texte, Anmerkungen*, Stuttgart: Metzler.

nierungsverhältnissen" hinauslaufe.[55] Nur zu deutlich trifft diese Einschätzung auch auf die AfD zu. Bezeichnend ist, dass die Partei einen linken Autoritarismus zu bekämpfen vorgibt, der gerade im Namen von benachteiligten sozialen Gruppen gegen „das Volk" ausgeübt werde.

Offenkundig geht es darum, den seit 1968 beschleunigten Niedergang tradierter, patriarchaler Gesellschaftsstrukturen soweit wie möglich ungeschehen zu machen. Benachteiligte soziale Gruppen tragen die urdemokratische Forderung, Diskriminierung abzuschaffen und Gleichheit zu verwirklichen,[56] lauter und selbstbewusster vor. Zudem gibt es eine stärkere Sensibilisierung in der Gesellschaft für Diskriminierung, auch in der Politik.[57] Ressentiments gegen benachteiligte Gruppen öffentlich zu artikulieren, führt immer öfter zu Widerständen und lautstarker Anklage. Den Schein von Legitimität bekommt dieser Wunsch nun dadurch verliehen, das kurzerhand eine Unterdrückung des mit „gesundem Menschenverstand" gesegneten „Volkes" durch eben diese Gruppen behauptet wird. Die eigenen Ressentiments nicht nur im Privaten, sondern öffentlich zu pflegen und sie ggf. sogar zum politischen Programm zu machen, wird in einen Akt der Befreiung umgedeutet. Wenn eine „Gleichmacherei" beklagt wird, wird im Grunde das Recht verteidigt, diskriminieren und an sozialen Hierarchien festhalten zu dürfen. Sozialen Hierarchien wohlgemerkt, in denen man sich selbst nicht im unteren Segment wähnt.

3. *Ausblick*

Subsidiarität funktioniert bei der AfD als Kampfbegriff eines defensiven Nationalismus, der sich gegen die wahrgenommenen Zumutungen durch

55 Di Blasi, Luca 2014: Die andere Sexismus-Debatte, in: *Aus Politik und Zeitgeschichte* 8/2014, S. 16-21. Ähnlich, mit Blick auf Neokonservative und Neue Rechte, schon Laclau, Ernesto/Mouffe, Chantal 2001: *Hegemony and Socialist Strategy. Towards a Radical Democratic Politics*, London/New York: Verso, S. 171ff.

56 Bereits Alexis de Tocqueville (1985: *Über die Demokratie in Amerika*, Stuttgart: Reclam) hat dieses Anliegen überaus treffend als die maßgebliche Vorstellung der modernen Demokratie erkannt (vgl. Lefort, Claude 2009: Politisches Denken im Angesicht der Menschenrechte, in: *Trivium* 3, http://trivium.revues.org/3325).

57 Castells (2002, a.a.O.) beschreibt diese Entwicklung eingängig und zeigt die langfristigen Wirkungen der neuen sozialen Bewegungen auf. Zur Minderheitenposition in den gegenwärtigen Demokratien siehe Rosanvallon (2010) a.a.O.

politische, ökonomische und kulturelle Denationalisierungsprozesse richtet. Subsidiarität wird zur Chiffre für die souveräne Nation, die sich gegen externe Einflüsse soweit es geht abschirmt. Der Begriff verknüpft dabei den in Deutschland nicht unproblematischen Topos der bedrohten Nation mit angesehen Werten und Prinzipien wie Vertragstreue, Rechtsstaat, Frieden, Volkssouveränität oder Demokratie. Mit dem leitmotivisch beklagten Verrat der politischen Eliten wird nicht ohne Erfolg die Welle der Politikverdrossenheit geritten und die Stimmung gegen die „Altparteien"gezielt geschürt.

Subsidiarität errichtet hier ein Bollwerk um die Nation, das ein bedrohliches Anderes draußen halten soll. Wie gezeigt wurde, verläuft dieser Verteidigungsring nicht unbedingt entlang der territorialen Grenzen des Nationalstaats. Das idealisierte, geeinte Volk des Populismus wird nicht nur zum Opfer einer diktatorischen EU stilisiert, sondern auch zur Beute von lautstarken Minderheiten, die wiederum die Rückendeckung der EU, der „politischen Klasse" sowie der Medien genießen würden. Auf diese Weise wird letztlich auch noch der Wunsch, Ressentiments öffentlich auszuleben und Diskriminierung fortzusetzen, zur demokratischen Tugend geadelt.

Es ist allerdings fraglich, ob Subsidiarität in Zukunft diese Rolle als Kampfbegriff weiter spielen wird. An die Stelle von Subsidiarität können auch andere Symbole treten. Es gibt Anzeichen dafür, dass die Vorstellung der Gemeinschaft, die sich gegen Einflüsse von außen verschließen sollte, zunehmend direkter zum Ausdruck kommt. Ohne den Rekurs auf Vertragstreue, Rechtsstaat, Frieden und Demokratie – der durchaus ernst gemeint sein kann – wird verstärkt und ohne Umschweife die Identität und die Angst um den Identitätsverlust in Anschlag gebracht.

Die Landtagswahlen, die Frauke Petry in Sachsen, Alexander Gauland in Brandenburg und Björn Höcke in Thüringen äußerst erfolgreich für die AfD bestritten haben, bedeuten auch eine Stärkung des nationalkonservativen Flügels innerhalb der Partei. Aufschlussreich ist in dieser Hinsicht besonders die Positionierung der AfD gegenüber den unter dem Namen „Patriotische Europäer gegen die Islamisierung des Abendlandes" (Pegida) im Winter 2014/2015 wöchentlich in Dresden stattfindenden Demonstrationen, die in zahlreichen Städten Nachahmer gefunden haben. Dem Namen nach ein Protest gegen die wahrgenommene Islamisierung der deutschen Gesellschaft, wird allgemeiner gegen Überfremdung und Identitätsverlust demonstriert, wobei nur sehr selektiv zwischen Migranten, Asylsuchenden, Multikulturalismus und der tatsächlichen Bedrohung durch islamistischen Terrorismus in Europa unterschieden wird. Zwei weitere Themen sind charakteristisch: Eine offen zur Schau getragene Politik- sowie Medienverachtung, die sich in Diffamierungen wie „Volksverräter" oder „Lügenpresse" Ausdruck verschafft. Thematische Schnittmengen zur AfD sind hier nicht zu übersehen.[58]

Eine zu deutliche Annäherung hätte einen klaren Rechtsruck und die offene Positionierung als rechtspopulistische Partei bedeutet.[59] Dies wollten Lucke und Henkel vermeiden. Deutlich weniger Berührungsängste legten dagegen Gauland und Petry an den Tag. Besonders markig hat Höcke, in dessen politischen Äußerungen der Topos des Identitätsverlusts eine zentrale Stellung einnimmt,[60] Partei für Pegida ergriffen.[61] In seiner Antwort auf die letzte Neujahrsansprache Angela Merkels (2015) attestierte er der Bundeskanzlerin, sich weit vom „Volksempfinden" entfernt zu haben, wenn sie diesen „hervorragenden Teil des Volkes" derart angreift. Auch wirft er ihr und der Politik allgemein eine planmäßige Zersetzung

58 Die bisher vorliegenden Untersuchungen von der TU Dresden (www.tu-dresden.de/aktuelles/news/pegida_pk, 20.01.2015), dem Institut für Protest- und Bewegungsforschung (http://protestinstitut.eu/projekte/ demonstrationsbefragungen/befragung-pegida-demonstration-2015) sowie dem Göttinger Institut für Demokratieforschung (www.demokratie-goettingen.de/blog/studie-zu-pegida) legen nahe, dass Pegida für die AfD ein lohnendes Thema ist. Unter den Befragten bekannte sich stets die größte Gruppe als AfD-Wähler (TU Dresden: 17%, Institut für Protest- und Bewegungsforschung: 33%, Göttinger Institut für Demokratieforschung: 44,8%). Allerdings geben diese Studien nicht nur aufgrund der unterschiedlichen Fragebögen und Erhebungsmethoden kein eindeutiges Bild der Demonstrationsteilnehmer. Vor allem wegen der reservierten Haltung gegenüber den Medien sind diese Studien mit einer gewissen Vorsicht zu genießen. Umgekehrt kommt das Politbarometer vom 16.01.2015 in einer repräsentativen Befragung zu dem Ergebnis, dass AfD-Anhänger mit großem Abstand zu den Befürwortern der Pegida-Märsche gehören (70% der AfD-Anhänger gegenüber 17% der Gesamtbevölkerung).

59 Dieser Rechtsruck zeichnet sich auch in dem Ende Januar 2015 bekannt gewordenen Positionspapier *Auf dem Weg zum Parteiprogramm* bei dem die Eurokritik hinter Islamisierung und Ausländerkriminalität deutlich in den Hintergrund tritt. Siehe dazu etwa: www.swr.de/landesschau-aktuell/neue-programm-ausrichtung-der-afd-fokus-auf-den-kampf-gegen-islamismus/-/id=396/nid=396/did=14930072/90yt2a (23.01.2015).

60 Vgl. die Interviews in neurechten Zeitschriften wie *Junge Freiheit* (Nr. 43/2014, S.3), *Blaue Narzisse* (www.blauenarzisse.de/index.php/gesichtet/item/4820-afd-als-identitaere-kraft) oder *Sezession* (www.sezession.de/46828/bjoern-hoecke-stefan-scheil-und-die-afd-ein-doppelinterview-1-teil.html (beide eingesehen am 12.01.2015); das Interview im *Arnstädter Stadtecho* (a.a.O.) oder das Gespräch mit dem Organ der AfD-nahen *Junge Alternative* (November 2014, S. 4-8).

61 So auch in der *Erfurter Resolution* (http://derfluegel.de/erfurterresolution.pdf), die sich gegen den Kurs Luckes richtet.

Deutschlands vor. Dabei schlägt er einen für die Führungsriege der AfD neuen, ungleich schärferen Ton an:

> „Die Deutschen werden munter, sie bemerken, daß ihre Gutmütigkeit ausgenutzt wird und ihnen wird gewahr, daß die Altparteien Toleranz predigen, aber Selbstaufgabe meinen. Die Altparteien lösen Deutschland auf, wie ein Stück Seife unter einem Strahl lauwarmen Wassers. Dieses seit Jahrzehnten ablaufende Projekt wird jetzt beendet.“[62]

62 Vgl. die Meldung AfD-Thüringen (afd-thueringen.de/2015/01/hoecke-merkel-wendet-sich-in-neujahrsansprache-gegen-das-eigene-volk/ (12.01.2015).

Gekränkte Souveränität? Beschwichtigung als hegemoniale Praktik der Überwachungspolitik

Taylan Yildiz[1]

Dem Umgang mit Emotionen fehlen in der Politik schlicht die Möglichkeiten. Stets geht es um öffentliche Anliegen, um die Interessen der Akteure oder um die Rationalität ihrer Argumente. Emotionen dagegen gelten als privat, werden dem Persönlichen überantwortet und von der Politik möglichst ferngehalten: Entweder, weil man ihnen die Fähigkeit zur kommunikativen Rationalität gänzlich abspricht, so als ob sie nur darauf aus wären, die Konflikte zu befeuern und den Streitparteien den nüchternen Blick auf die Dinge zu trüben. Oder aber weil man glaubt, dass Emotionen nur in einem Zustand nützlich sein könnten, in dem sie ausbalanciert sind und sich nicht mehr auf das Persönliche reduzieren, sondern in einer kollektiven Rationalität aufgehen. Immer dort etwa, wo politisches Unrecht verhandelt wird, gerät das Emotionale zur Belegstelle für die „Notwendigkeit" demokratischer Strukturreformen (*transitional justice*). Vermengen sich beide Logiken in den eher kleinteiligeren Kontroversen, kommt meist Skepsis auf, sei es im Vorwurf der Unprofessionalität[2] oder im Gefühl, dass sich jemand um „Kopf und Kragen" redet.[3] Oft aber bleibt die Arbeitsteilung zwischen privater *emotio* und politischer *ratio* intakt.[4]

Es deutet sich hier schon an: Die politische Rolle von Emotionen stellt sich in dieser Perspektive verkürzt dar, und dies aus zwei Gründen; erstens, weil das Sachliche dem Emotionalen weitaus verbundener ist als hier suggeriert wird und zweitens, weil die Unfähigkeit (oder der Unwille), den Emotionen Ausdruck zu verleihen, ihrerseits großes Unbehagen auslösen kann: Wie kann man sich am Tod eines Menschen erfreuen oder: Warum

1 Für hilfreiche Anmerkungen danke ich Frank Gadinger und Sebastian Jarzebski.

2 So etwa jüngst Volker Kauders Vorwurf, Familienministerin Manuela Schwesig solle „nicht so weinerlich sein".

3 So etwa Angela Merkel: „Ich freue mich darüber, dass es gelungen ist, Bin Laden zu töten."

4 So etwa Christian Wulff: „Meine Emotionen, die ich während der zwei Jahre durchlebt habe, bleiben privat."

reagiert man auf das Abhörsystem „befreundeter" Geheimdienste so harmlos und unterkühlt.

In der öffentlichen Wahrnehmung hat letzteres zwei Deutungen erfahren: Auf der einen Seite wurde das Ausbleiben einer emotionalen Reaktion so interpretiert, dass nur ans Tageslicht gekommen ist, was der Kanzlerin bereits bekannt war. Schließlich werden Emotionen besonders in irritierenden Momenten sichtbar und ihr Ausbleiben ließe nun den Schluss zu, dass hier eben nichts Irritierendes passiert sei. Auf der anderen Seite ließ sich die unterkühlte Reaktion aber auch als unprofessionelles Verhalten auslegen: Ist der Kanzlerin das Ausmaß der Angelegenheit nicht bewusst? Das Internet als Neuland auszuweisen, lässt diesen Schluß jedenfalls zu.

Ob das eine oder andere zutrifft, kann hier nicht beantwortet werden, weil jene Spuren, die das belegen könnten, kaum sichtbar zu machen sind; nicht nur, weil der Blick in die Köpfe der Menschen vom Schreibtisch aus nicht gelingen kann, sondern auch, weil es politischen Ordnungen gelungen ist, ausgeklügelte Prozeduren zu entwickeln, die derart sensible Angelegenheiten hinter dem obskuren Begriff der Staatsräson auch in prekären Situationen noch effektiv verbergen können.

Deshalb geht es in diesem Beitrag nicht so sehr darum, über die „richtige" Deutung der Emotionen die Überwachungsaffäre aufzuklären. Dafür fehlen nach wie vor die akademischen Möglichkeiten. Auch geht es nicht darum, eine solche Möglichkeit gegen die tradierte Dichotomisierung von Rationalität und Emotionalität perspektivisch anzudeuten. Vielmehr wird im vorliegenden Beitrag die Dichotomie selbst in ihrer Performativität behandelt. Es geht also darum, zu zeigen, wie sich ein vermeintliches Missverständnis, das uns bisher dazu bewegt hat, einen Graben zwischen dem Fühlen und dem Wissen zu schlagen, als regulative Idee funktioniert; denn nicht anders ist zu erklären, warum das Emotionale in der Politik als Mittel der Verspottung politischer Forderungen instrumentalisiert wird und wieso politische Funktionseliten im Umgang mit eigenen Emotionen oft gnadenlos überfordert sind.

Dazu geht der Beitrag in zwei Schritten vor. Im ersten Teil (1.) wird aus narrativer Perspektive[5] rekonstruiert, wie die Bundesregierung das Emoti-

5 Vgl. ausführlicher: Gadinger, Frank/Jarzebski, Sebastian/Yildiz, Taylan (Hrsg.) 2014a: *Politische Narrative. Konzepte – Analysen – Forschungspraxis*, Wiesbaden: Springer VS; dies. 2014b: Vom Diskurs zur Erzählung. Möglichkeiten einer politikwissenschaftlichen Narrativanalyse, in: *Politische Vierteljahresschrift* 55(1), S. 67-93.

onale aus der Überwachungsaffäre hält und die öffentliche Debatte sprachlich zu entskandalisieren versucht. Im zweiten Teil (2.) wird es um die institutionellen Prozeduren gehen, die einer Marginalisierung des Emotionalen Vorschub leisten. Im Fazit (3.) wird dann ein kritischer Blick auf die Performativität der Entemotionalisierungsidee geworfen, insbesondere im Verweis auf die grundsätzliche Kontingenz und Ereignishaftigkeit des Sozialen.

1. Zur politischen Artikulation von Emotionen

> „Das Reale, das sich früher insgeheim vollzogen hat, ist heute geschwätzig. [...] Niemals hat die Geschichte so viel gesprochen und so viel gezeigt. Die Diener der Götter haben die Dinge niemals so unablässig, so ausführlich und so nachdrücklich *zum Sprechen gebracht*, wie es heute die Produzenten von Enthüllungen und Regeln *im Namen* der Aktualität tun."[6]

Sicherlich ging der Autor dieser Zeilen nicht von jenem Fall aus, den wir derzeit mit dem Begriff der *Enthüllung* auf so ungelenke Weise nachzuvollziehen versuchen. Schließlich bereitet uns heute nicht so sehr die Enthüllung (oder Aufzeichnung) messbarer Kategorien Sorge, so wie es die präzise Kenntnis über den Zustand tektonischer Platten unter Istanbul beispielsweise tun könnte. Vielmehr sorgt für Unbehagen, dass seit einiger Zeit eine Form der politischen Rationalität sichtbar wird, dem die politische Macht unter dem Einfluss des Liberalismus abgeschworen hatte und damit auf jene Grenzbereiche der Regierungspraxis beschränkt schien, die mit einiger Plausibilität den Einfall heimtückischer Kräfte befürchten ließen; etwa auf die Küste Floridas oder den Grenzverlauf der Systeme in Europa.

Dennoch ist diese Stelle für mein Argument von tragender Bedeutung, zeigt sie doch, dass das Reale nicht für sich Sprechen kann, sondern stets mittels komplexer Verfahren mühsam zum Sprechen gebracht werden muss. Diese Verfahren, so Michel de Certeau weiter, haben nun die seltsame Fähigkeit ausgebildet, den „Vertrag zwischen dem Blick und dem Realen" umzudrehen, so dass die Fiktion nunmehr „den Bereich, den Status und die Gegenstände der Betrachtung" definiert und nicht umgekehrt, wie die Selbstbeschreibung der Moderne glauben macht.[7]

6 de Certeau, Michel 1988: *Kunst des Handelns*, Berlin: Merve, S. 327f.
7 Ebd., S. 330.

Daraus folgt nun eine doppelte Paradoxie. Einerseits kann als Reales nur noch das Zeigbare anerkannt werden. Dies scheint merkwürdigerweise auch dann zu gelten, wenn der „Bereich, der Status und die Gegenstände der Betrachtung" durch Zeichnungen definiert werden, die den Anspruch auf Wirklichkeitsrepräsentation offenbar nur diskursiv erfüllen können (so etwa der berühmte Auftritt von Colin Powell vor dem UN-Sicherheitsrat am 5. Februar 2003). Andererseits hebt die Stelle auch darauf ab, dass mit der Zunahme faktischen Wissens das Reale keineswegs transparenter wird, insofern die Anhäufung bloßer Fakten das Problem ihrer Verknüpfung ebenso wenig lösbar macht wie das ihrer angemessenen Interpretation.

Im Folgenden sollen beide Enthüllungs-Paradoxien im Kontext der neueren Überwachungsaffäre behandelt werden. Dabei wird sich *erstens* zeigen, dass die politische Sprache zwar realitätsfixiert ist – was übrigens ihre eigene Fiktion ist –, dies aber nicht bedeutet, dass das Reale ihren Referenzrahmen bestimmt. Vielmehr läuft die Realitätsfixierung in der politischen Praxis darauf hinaus, emotionales Wissen an seiner Artikulation zu hindern. *Zweitens* wird deutlich, dass das Reale stets erzählt werden muss und die Erzählung den Gang der Dinge bisweilen auch gegen die Kraft des Faktischen diktieren kann. Nicht anders ist die politische Standfestigkeit der Merkel-Regierung angesichts der sich häufenden Beweise für verfassungswidrige Exekutivpraktiken zu verstehen.

1.1 Emotionale Aversionen: Die Beschwichtigung

Das Emotionale wird hier als ein Medium begriffen, das zwischen der situativen Erregung körperlicher Affektzustände und ihrer sprachlichen Verarbeitung vermittelnd eingreift. Man kann in der Alltagssprache eine Reihe metaphorischer Beschreibungsformeln dafür finden; der „stockende Atem", das „gefrierende Blut" oder auch die „Freudentränen" liefern hier etwa gute Beispiele. Denn sie zeigen, dass Sprache nicht nur als Instrument der Wirklichkeitsrepräsentation – beispielsweise als Beleg für die Körperlichkeit des Emotionalen – funktioniert, sondern auch, dass es performativ ist, insofern mit emotionalen Ausdrücken stets auch darum gerungen wird, das Erlebte *mit*- oder auch *ein*fühlbar zu machen. Die Träne etwa ist stets Kommunikations- und Erregungsmittel zugleich, Gefühle so gesehen eine „Verschiebemasse, [...] die man verladen kann."[8]

Dieser „medientheoretische" Zugang zum Emotionalen impliziert erstens, dass Emotionalisierung als eine Art „Vorstufe der Rationalisierung" zu verstehen ist. Es bereitet die Unmittelbarkeit körperlich gespürter Irritationen begrifflich auf („Wut", „Angst", „Freude" u. ä.) und diskursiviert es. Zweitens liegt ihm die Prämisse zugrunde, dass der zentrale Referenzpunkt des Emotionalen das Verhältnis von Sprache und Körperlichkeit ist. Das kann sowohl bedeuten, dass durch Emotionalisierung physiologisch-hormonelle Prozesse zeichenhaft übersetzt werden (*Politik der Gefühle*). Es kann aber auch den umgekehrten Fall meinen, dass physiologisch-hormonelle Prozesse ansprechbar und bisweilen auch steuerbar sind (*Gefühlspolitik*).

Aber so plausibel dieser Zugang auch klingen mag; noch übergeht er eine elementare Erfahrung mit politischen Ordnungen: Sie sind gestaltbar und lassen sich so konfigurieren, dass die Rationalisierungsfähigkeiten des Emotionalen gekappt und die Artikulation körperlicher Erregungszustände verhindert werden. Aus empirischer Sicht jedenfalls scheinen die Ordnungen der Herrschaft einer *Politischen Physik* zu folgen, in der „nahezu jeder in seinen Wünschen und Ambitionen korrigiert; jedem sein Platz zugewiesen und jeder, der keinen Platz finden konnte, aus dieser Welt herausgeschafft" wird.[9] Gerade die neuzeitliche Reformulierung der Politik war stets darum bemüht, die Bestimmung und Festlegung des Politischen den passionellen Kräften zu entziehen und dadurch eine Korrektur der Welt zu vollbringen, die dann sukzessive auf einen harmonischen Endzustand hinlaufen kann.

An einigen wichtigen Aspekten der Snowden-Enthüllungen[10] lässt sich die Emotionsaversion der Politik geradezu schematisch benennen. Sie lie-

8 Vgl. Kluge, Alexander/Vogl, Joseph 2009: *Soll und Haben. Fernsehgespräche*, Zürich: diaphanes, S. 39, 83; Zum Mitleiden schreibt Joseph Vogl an anderer Stelle (2002: *Kalkül und Leidenschaft. Zur Poetik des ökonomischen* Menschen, Zürich: diaphanes, S. 104): „Es realisiert nicht bloß die Zufälligkeit eines Gefühls, sondern liefert die Bedingung dafür, dass alle möglichen Passionen und Affekte insgesamt von einem zum anderen übertragen werden, oder genauer: die Bedingung dafür, dass in passionellen Kräftefeldern personale Instanzen stabilisiert und umgekehrt Personen als Passionierte dynamisiert werden können."

9 Vogl (2002) a.a.O., S. 37.

10 Vgl. hierzu Greenwald, Glenn 2014: *Die globale Überwachung. Der Fall Snowden, die amerikanischen Geheimdienste und die* Folgen, München: Droemer; Rosenbach, Marcel/Stark, Holger 2014: *Der NSA-Komplex. Edward Snowden und der Weg in die totale Überwachung*, München: DVA.

fert allerdings nicht nur gutes Anschauungsmaterial dafür. Zugleich weist sie darauf hin, was auf dem Spiel steht, wenn das Emotionale einseitig aus den politischen Kontroversen gehalten und allenfalls in seinem instrumentellen Mobilisierungspotenzial bespielt wird.

Vielleicht am deutlichsten kommt die emotionale Aversion in der *Beschwichtigung* zum Ausdruck, insofern sie eine Geste ist, die einem Bescheidenheitstopos folgt und von exekutiven Kräften immer dort beansprucht wird, wo sie sich gezwungen sieht, irritierende Sachverhalte dem etablierten Stand der Herrschaftsbeziehungen zu unterziehen. Die Beschwichtigung ist ein adhocistisches Mittel, die der Bekräftigung der Unerschütterlichkeit politischer Institutionen und der Leistungsfähigkeit ihrer Entscheidungsträger dient.[11] Kennzeichnend für Beschwichtigungen sind stereotype Redewendungen und klischeehafte Entschuldigungen, die zur Loyalität jener aufrufen, die durch den medialen „Gang der Dinge“ von dem Glauben an die herrschenden Konstellationen abzufallen drohen.

Die Beschwichtigung vollzieht sich oft durch eine Kombination mehrerer Sprechpraktiken. *Zunächst* bekleidet sie sich mit der Aufforderung, aus Indizien keine voreiligen Schlüsse zu ziehen. Es sei etwa darauf zu achten, dass man

> „unvoreingenommen und mit dem festen Willen herangeht, umfassend und nachhaltig alle relevanten Sachverhalte und Verhaltensweisen aufzuarbeiten. [...] Fast reflexartig wurde da von Wirtschaftsspionage gesprochen, vom systematischen Ausspionieren der Bevölkerung oder vom willfährigen BND, der der NSA ohne Bedenken und Skrupel gegen deutsches Recht und Gesetz zuliefert, dies alles ohne Belege. Statt dieser Parolen hätte ich mir gewünscht, dass man vom Ende her gedacht hätte. *Zuerst müssen die Fakten auf den Tisch, und zwar alle Fakten.* Erst

11 Vgl. hierzu Boltanski, Luc 2010: *Soziologie und Sozialkritik. Frankfurter Adorno Vorlesungen 2008*, Berlin: Suhrkamp, S 155; Gadinger, Frank/Yildiz, Taylan 2012: Unruhige Legitimität. Die Finanzkrise aus Sicht der pragmatischen Soziologie der Kritik, in: Anna Geis/Frank Nullmeier/Christopher Daase (Hrsg.): *Der Aufstieg der Legitimitätspolitik. Rechtfertigung und Kritik politisch-ökonomischer Ordnungen,* Leviathan Sonderband 27, Baden-Baden: Nomos, S. 302-318, Dort ist zwar weniger von der Beschwichtigung die Rede, aber von einer Handlungslogik, die sich so beschreiben ließe und im Realismus vor allem Staatsspitzen zugeschrieben wird (vgl. Reckwitz, Andreas/Schlichte, Klaus 2013: Subjekttheorie und internationale Beziehungen. Eine heuristische Skizze, in: Stephan Stetter (Hrsg.): *Ordnung und Wandel in der Weltpolitik. Konturen einer Soziologie der internationalen Beziehungen*, Leviathan Sonderband 28, Baden-Baden: Nomos, S. 114).

dann folgt die Bewertung, und erst dann wird entschieden, welche Maßnahmen zu ergreifen sind.“[12]

Hier wird die Kluft zwischen Emotionalität und Rationalität fast schon in Reinform erkennbar, geht es dem Abwarten und dem *Denken vom Ende her* doch vor allem darum, die Definition „des Bereichs, des Status' und der Gegenstände der Betrachtung“ institutionellen Prozeduren zu überlassen, weil nur so der Sachlichkeitsgehalt der Erkenntnisse gesteigert werden könne. Hier erweist sich der Bezug zur Sachlichkeit als spezifische Absonderung des Wissens von „ideologieverblendeten Diskussionen“ und emotionaler „Effekthascherei.“[13] Dabei spielt der Anspruch darauf, zuerst *alle Fakten auf den Tisch zu legen und erst dann die Bewertung und Entscheidung vorzunehmen*, eine ambivalente Rolle: Denn wer vermag schon Fakten entgegenzutreten und ein Urteil zu fällen, das nicht ihre Spuren enthielte? Die beschwichtigende Durchhalteparole dient also nicht nur der Ermöglichung sachlicher Erkenntnis. Sie ist zugleich eine hegemoniale Praktik, die sich politikwissenschaftlich als Nicht-Ent-scheidung[14] thematisieren ließe, die insbesondere auf strategische Verzögerungen[15] abzielt: Denn wann sind schon alle relevanten Fakten beisammen?

12 Nina Warken (CDU/CSU), stellvertretendes Mitglied des NSA-Untersuchungsausschusses. Vgl. *Plenarprotokoll 18/102, Deutscher Bundestag, Stenografischer Bericht*, 102. Sitzung, Berlin, Mittwoch, den 6. Mai 2015 (Hervorhebung meine). Ähnlich auch Thomas Strobl (CDU/CSU), der die Aussprache eröffnet.

13 Ebd.

14 Nicht-Entscheidungen sind Machttechniken, „die in der Unterdrückung oder Vereitelung einer latenten oder manifesten Bedrohung von Werten oder Interessen der Entscheidungsträger resultiert. [...] Zum Beispiel kann einer Forderung nach Veränderung die Legitimität abgesprochen werden, in dem man sie als sozialistisch, unpatriotisch, unmoralisch oder als Verletzung anerkannter Regeln oder Verfahren brandmarkt. Auch kann man der Herausforderung dadurch ausweichen, daß man Forderungen oder politisch brisante Angelegenheiten an Kommitees oder Kommissionen zwecks detaillierter und ausgedehnter Untersuchung weiterleitet oder indem man sie durch zeitraubende und ritualisierte Routinewege schleust, die in das politische System eingebaut sind“ (Bachrach, Peter/Baratz, Morton 1977: *Macht und Armut. Eine theoretisch-empirische Untersuchung. Einleitung von Claus Offe*, Frankfurt a.M.: Suhrkamp, S. 78ff.). Siehe hierzu auch: Korte, Karl-Rudolf 2014: Über Informalität in der Regierungsforschung, in: Stephan Bröchler/Timo Grunden (Hrsg.): *Informelle Politik*, Wiesbaden: Springer VS, S. 119-128.

15 Die Dimension der Zeitlichkeit spielt auch auf einer anderen Ebene eine relevante Rolle; und zwar hinsichtlich der Legitimierung ‚präventiver' Sicherheitsmaßnahmen: „Vielleicht wäre die Aufklärungsrate ohne diese Möglichkeiten ja gesunken. Es geht außerdem nicht nur um die Aufklärung von bereits verübten Verbrechen, sondern auch um die Vermeidung von geplanten Straftaten. Wenn

Flankiert werden solche Redepraktiken *dann* mit finalen Äußerungen, die auf die faktische Ebene heruntergehen (nicht nur bloß auf sie verweisen) und rein deskriptiver Natur sind: Sie geben die genaue Kenntniss *aller Fakten* vor und versorgen die Bestätigungsinstanzen mit der Legitimität, die mit der „Faktenversesessenheit" in Aussicht gestellt wurde. Ein gutes Beispiel dafür liefert der damalige Bundeskanzleramtschef mit der Behauptung, dass es „in Deutschland keine millionenfache Grundrechtsverletzung" gebe. Mehr noch: „Die Vorwürfe sind vom Tisch."

Scheitert diese Form der Beschwichtigung, weil etwa *Fakten* stets mit *Gegenfakten* konfrontiert werden können, so treibt sie sich *schließlich* mit der Formulierung von Reglementierungsabsichten fort: Man verhandele mit den Überwachern ein No-Spy-Abkommen und habe damit die „einmalige Chance, einen Standard zu setzen, der mindestens unter den westlichen Diensten stilbildend sein könnte für die zukünftige Arbeit" (Roland Pofalla). Vordergründig wird damit ein „implizites" Eingeständnis vorgelegt, das die faktizistischen Beschwichtigungsgesten rekursiv unterwandert: Die Vorwürfe sind also doch nicht vom Tisch! Viel bemerkenswerter ist hier aber eine diskursive Doppelbewegung, die dieses Scheitern zumindest teilweise rückgängig machen kann: Verliert sich der Fokus auf die Faktensammlung, wird die Macht jener Kräfte bemüht, die nicht nur den Einblick in alle Fakten verlangen, sondern auch einen Kontrollanspruch auf die Prozeduren der Faktensammlung selbst erheben können. Die politische Entscheidung ist deshalb weniger als fakten*basiertes* denn als fakten*bezogenes* Verfahren zu verstehen, das in seiner Praxis als eine Art hegemoniales Emotionsmanagement funktioniert.

Bleibt die Beschwichtigung auf der Ebene deskriptiver und politischer Sachstandsbemessungen erfolglos, so geht sie in eine Rechtfertigungsoffensive über und verbündet sich mit moralischen Kriterien; insbesondere mit solchen, die ihren Zweck veredeln, der trotz größerem Beschwichtigungsaufwand nach wie vor politisch problematisiert wird:

> „Also dieser edle Zweck, äh, Menschenleben in Deutschland zu retten, rechtfertigt zumindest, dass wir mit unseren amerikanischen Freunden und Partnern zusammenarbeiten, um zu vermeiden, dass Terroristen, dass Kriminelle in der Lage sind,

ein Fachmann für innere Sicherheit das Instrument verlangt, dann will ich es auch zur Verfügung stellen. Zurückziehen kann man das Werkzeug immer noch" (so Günther Oettinger im Interview mit Markus Keßler auf futurezone.at: *Oettinger will Vorratsdaten-Neuauflage bis Ende 2016*, eingesehen am 18.05.2015).

unseren Bürgern zu schaden. Natürlich muss immer die Verhältnismäßigkeit eingehalten werden. Um diese Verhältnismäßigkeit geht es."[16]

Auch hier ist eine diskursive Doppelbewegung bemerkenswert. Einerseits initiiert die Beschwichtigung als bestätigende Praktik exekutive Formen der Gefühlspolitik: Das bloße Faktum scheint stumm, der politische Wille machtlos und die Beschwichtigung dazu gezwungen, eigene emotionale Energien aufzubringen; möglichst solche, die den normativen Rückbezug der Kritik (Freiheit/Kommunikation) theatralisch und selbst schon ideologisierend in die Schranken verweisen (Sicherheit/Menschenleben). Und so wird nun wird die „totalitäre Herausforderung" bemüht, so als sei die Demokratie an ihr Ende geraten und bedürfe einer Verteidigung ihres „Kernbestandes" mit allen Mitteln, um ihren drohenden Niedergang durch die Entfesselung ihrer destruktiven Kräfte, dem *Befreiungsschlag*, abzuwenden.

„Lassen Sie mich einmal einen Blick zurück werfen. Die Anschläge vom 11. September haben die Sicherheitsarchitektur in der ganzen westlichen Welt verändert. Der damalige grüne Außenminister Joschka Fischer sagte wenige Wochen später hier an diesem Ort: Es ist eine mörderische, eine totalitäre Herausforderung, vor der wir stehen. (Thomas Strobl [Heilbronn] [CDU/CSU]: Hört! Hört!) Kanzler Schröder hat den Amerikanern damals unsere – ich zitiere – „uneingeschränkte Solidarität" zugesagt. Die Situation damals war ernst, und die Bedrohungslage hat sich bis heute nicht wirklich verändert. Sie ist nicht nur abstrakt, sie ist längst real, was wir jüngst am vereitelten Anschlag in Hessen gesehen haben. Deshalb appelliere ich an uns alle: Lassen Sie uns die Debatte sachlich führen, die Fakten beleuchten und die Geschehnisse aufklären, statt in Parteiengezänk zu verfallen. Deutschland ist nicht isoliert in der Welt, wir brauchen die Zusammenarbeit mit verbündeten Ländern und deren Diensten."[17]

Gefühlspolitik meint die instrumentelle Ansprache von Emotionen. Das bedeutet jedoch nicht, dass der exekutive Politikbetrieb selbst keine politischen Gefühle kennen würde. Denn bei aller Staatsräson war mit dem Bekanntwerden der Merkel-Überwachung doch durchaus eine Kränkung zu spüren. Zwar folgen politische Gefühle in der Politik eher dem Muster von Roderich Kiesewetter (CDU), der den NSA-Untersuchungsausschuss mit dem Grund verlassen hatte, dass er sich vom Geheimdienst hintergangen

16 So Hans-Peter Friedrich (damaliger Innenminister) in einem ZDF Interview anlässlich seines im Zeichen der Snowden-Enthüllung stehenden Amerikabesuchs. Transkription netzpolitik.org: *Unglaublich: Friedrich verteidigt anlasslose Vollüberwachung des Internets durch die NSA als verfassungskonform.*

17 Warken (2015) a.a.O.

fühlte und um seinen Ruf *fürchtete.*[18] Es entstehen aber immer wieder politische Momente, in denen sich der Souverän in seiner Eigenschaft als Kollektivsubjekt emotional getroffen fühlt. Das Merkel-Handy war ein solcher Kulminationspunkt, der den imaginären Repräsentativkörper nicht nur vereinheitlichen und die Identifikation der Repräsentierten mit den Repräsentanten bekräftigen konnte, sondern selbst schon zum Träger von Gefühlen wurde. Denn die Enthüllung war bis dahin zu vage, zu distanziert und konnte allenfalls einen affektuellen Resonanzzusammenhang schaffen, „der referenzlose Affekte zweiter Ordnung beim Zuschauer mit – abwesenden, gespielten, imaginären – Objekten versieht."[19] Individuelle Geschichten können aber durchaus zur Projektionsfläche der kollektiven Identitätsvergewisserung werden.

1.2 Narrative Abwandlungen des Emotionalen: Die Neuland-Metapher

Die Beschwichtigung ist damit eine ambivalente Geste, die zunächst auf die Kontrolle und Begrenzung emotionaler Energien gerichtet ist, aber gleichsam darauf hinläuft, sich selbst in den Dienst einer (hegemonialen) Emotionalisierung zu stellen. So kann sie sich gegenüber einer Kritik oder unklaren Lage wappnen ohne den „etablierten Stand der Herrschaftsbeziehungen" zu gefährden. Möglicherweise liefert der Hegemoniebezug eine nur einseitige Beschreibung ihrer *politischen Rolle.* Aber auch aus politikhistorischer Sicht stellt sich die Beschwichtigung als eine Politik der Zugeständnisse dar, die vorgibt, sich aus einer Position der Stärke und der akkumulierten Macht heraus zu formieren. Interessant ist hier jedoch, dass die politische Funktionalisierung der Beschwichtigung in kleinen diskursiven Schritten erfolgt, die sich vor allem dem *Erzählen* bedienen. Dazu schreibt Albrecht Koschorke etwa:

> „Es kann kein Zweifel daran bestehen, dass Affekte sich ihrer Fortpflanzung geeigneter Trägersemantiken und dabei vor allem narrativer Dispositionen bedienen. [...] Die Erregung springt vom erzählten Stoff auf Hörer und Leser über; umgekehrt lassen sich individuelle oder kollektive Erregungszustände in ein Narrativ auslagern und bei Bedarf durch Aktivierung von Schlüsselsignalen abrufen – wie es im Kontext politischer Propaganda (Aufstachelung der Massen), aber auch in

18 http://www.sueddeutsche.de/politik/nsa-untersuchungsausschuss-nsa-aufklaerer-fuehlt-sich-vom-bnd-hintergangen-1.2341501

19 Vogl (2002) a.a.O, S. 105.

rituellen Handlungen (Erweckung von Trauer Freude, Zorn, Rachegelüsten an bestimmten Gedenktagen) häufig geschieht."[20]

Politische Kontroversen produzieren fortlaufend emotionale Energien und eröffnen damit die Notwendigkeit des Emotionsmanagements. Die „Aktivierung von Schlüsselsignalen" (hier vor allem 9/11) ist dabei sicherlich zentral, insofern sie den Fokus der öffentlichen Auseinandersetzung auf solche Bereiche legt, in denen kollektiv eingeübte Rechtfertigungen exekutiv abrufbar sind. Eine weitere wichige Möglichkeit des Emotionsmanagements besteht im Umgang mit den epistemischen Qualitäten von Metaphern. Die Metapher ist Medium bildlichen Denkens, das die kollektive Wahrnehmung komplexer Sachverhalte organisierbar macht.[21] Denn sie ist in sehr vielfältiger Form evokativ; *kulturell*, weil sie auf tradierten Vorstellungen und Vorstellungsmustern aufruht und *kommunikativ*, weil eine Metapher stets in unterschiedlich motivierte Referenzrahmen passt (*Polyphonie*). Ein weiterer Vorteil liegt darin, dass sie Rollenbilder hervorruft und damit die Möglichkeit eröffnet, über Verantwortlichkeiten zu diskutieren. Die Metapher verweist stets auf potentielle Ursache-Wirkungs-Konstellationen und lädt dazu ein, sie in Personalisierungen zu transformieren (Verursacher/Erlöser). Insofern eröffnet die Metapher elastische Reflexionsspiele, mittels derer sich „individuelle oder kollektive Erregungszustände in ein Narrativ auslagern" können.

Im Zusammenhang der Überwachungsaffäre spielt die von Merkel inszenierte Neuland-Metapher eine zentrale Rolle. Zwar belegt das Beispiel auch, dass ein Metapherngebrauch trotz geringer Reflexionsanforderungen scheitern und zu kritischen Modifikationen und Wendungen führen kann. Die Metapher gibt aber einen guten Einblick in die Logik der narrativen Entemotionalisierung. Bemerkenswert daran ist zunächst ihr kolonialer

20 Koschorke, Albrecht 2012: *Wahrheit und Erfindung. Grundzüge einer Allgemeinen Erzähltheorie*, Frankfurt a.M.: Fischer Wissenschaft, S. 105.

21 Weiterführend: Gehring, Petra 2010: Erkenntnis durch Metaphern? Methodologische Bemerkungen zur Metaphernforschung, in: Matthias Junge (Hrsg.): *Metaphern in Wissenskulturen*, Wiesbaden: Springer VS; Junge, Matthias (Hrsg.) 2014: *Methoden der Metaphernforschung und -analyse*, Wiesbaden: Springer VS; Llanque, Marcus 2014: Metaphern, Metanarrative und Verbindlichkeitsnarrationen: Narrative in der Politischen Theorie, in: Wilhelm Hofmann/Judith Renner /Katja Teich (Hrsg.): *Narrative Formen der Politik*, Wiesbaden: Springer VS, 7-29; Lüdemann, Susanne 2004: *Metaphern der Gesellschaft: Studien zum soziologischen und politischen Imaginären*, München: Wilhelm Fink Verlag; Wellbery, David E. 1999: Übertragen: Metapher und Metonymie, in: Heinrich Bosse/Ursula Renner (Hrsg.): *Literaturwissenschaft – Einführung in ein Sprachspiel*, Freiburg: Rombach, 139-155.

Bezugsrahmen, der den digitalen Raum (Internet) als eine *Terra Incognita* vorstellbar macht, die zwar *noch* unbekannt, aber grundsätzlich in die bestehende Logik des Politischen integrierbar ist – vorausgesetzt dies werde von keiner „ideologisch verblendeten Effekthascherei" konterkariert.

Die Metaphorik setzt also auf die Kontrollfähigkeit des Internets durch bewährte Mittel, so als ob sich die Politik im digitalen Raum auf gewohnte Weise fortsetzen könne und es keiner weiteren Anstrengungen mehr bedürfe, die politischen Verfahren selbst einer kritischen Prüfung zu unterziehen. Die bloße „räumliche" Erweiterung bewährter Regeln und Mittel (vor allem internationale Rechtsvereinbarungen wie das No-Spy-Abkommen) könne ausreichen, das Neuland der bestehenden Ordnung verfügbar zu machen.

Die Neuland-Metapher schöpft aber nicht nur die Hoffnung auf die Beherrschbarkeit des Unbekannten ab. Sie legitimiert zugleich auch die Entgleisung der Geheimdienste (was derzeit auf ungewöhnliche Weise beobachtbar ist) und überzeichnet die Vorwürfe als bloße (koloniale) Integrationssprobleme. So „wie der Meister nicht vom Himmel falle", könne auch die parlamentarische Kontrolle der Geheimdienste unter den Bedingungen der Digitalisierung nicht auf Anhieb funktionieren. Sie bedürfe erfahrungsbasierter Anpassungen und dies erfordere eben Zeit und emotionale Zurückhaltung.

Zwar zeigt sich an dieser Stelle, dass auch die „bloße Integration" ein modifizierender Vorgang des Bestehenden ist. Aber sie entzieht dem Vorgang die kontroversen Momente, die auf demokratische Grundsatzprobleme verweisen und normalisiert sie gewissermaßen. Die Umstrittenheit hatte sich nicht zuletzt deshalb auf die Frage nach der Rollenbeschreibung des Enthüllers verlagert. Zwar wurde die Neuland-Metapher verstärkt karikiert. Aber ihre Rollenimplikationen wurde zum Medium der politischen Auseinandersetzung. So wird Snowden etwa als Held der „digital natives" gefeiert, die sich dem kolonialen Zugriff der politischen Macht durch eine Art „Heroisierung des Gewöhnlichen" zu entziehen versuchen. Er ist hier derjenige, der den Kreis der Betroffenen erweitert und die demokratische Öffentlichkeit über die Missstände der Regierungen informiert. Aus der Perspektive der institutionalisierten Macht aber ist er Verräter und Kollaborateur repressiver Regime, der sich des Hochverrats schuldig gemacht hat.

> „Für mich ist Edward Snowden kein Held, er ist ein Verräter. Einer, der einen Eid geschworen und diesen gebrochen hat. Die Glorifizierung von Snowden kann ich nicht nachvollziehen. Zumal er nicht etwa Konzentrationslager oder dergleichen

> aufgedeckt hat. Nein, er hat aufgedeckt, wie sich ein Land gegen Terrorattacken wehrt. Und damit hat er diese Abwehrmöglichkeiten geschwächt."[22]

> „Ich bin sicher, dass schon in zehn Jahren Edward Snowden auch in den USA würdig an der Seite von anderen großen Enthüllern stehen wird. Die USA und die demokratische Welt werden Snowden dankbar sein für das was er tat. Und niemand wird verstehen können, dass wir heute so zögerlich sind, diesem Mann zu helfen und seine Verdienste anzuerkennen."[23]

Damit ist eine vertrackte Situation skizziert, die das Innen und Außen der politischen Systeme verwässert und damit folgenreiche Verwechslungen zulässt. Denn sie verschiebt die Grenzkoordinaten, so dass sich die Konfliktlinie nicht mehr durch zwei Staaten zieht, wie weithin angenommen wird, sondern zwischen einer globalen Sicherheitsapparatur auf der einen und einer letztlich weit verzweigten demokratischen Öffentlichkeit auf der anderen Seite, der es nicht gelungen ist, das Ausmaß der Kohärenz ihrer Widersacher anzunehmen. Snowden erfüllt hier die Funktion einer Projektionsfläche, die sich nicht nur für diametrale Kategorisierungen (Held oder Verräter) eignet, sondern auch die qualitative Veränderung der Systemgrenzen selbst sichtbar machen kann. Dazu schreibt Vogl:

> „Die Geschichte der Polizeiinstitution wäre ein gutes Beispiel für dieses systematische Operieren in Grauzonen, im Grenzbereich des Rechts, in einem Bezirk, den man durchaus schurkisch nennen kann. Spätestens zu einer Zeit, in der der große Despot, das schurkische Königsmonster, anachronistisch geworden ist, taucht das Schurkische in kleinen Systemgestalten auf, in Funktionären und Agenten, Systemgestalten bestimmter Institutionen. Schurkische Infrastrukturen."[24]

22 Es ist hier bemerkenswert, dass sich diese Einschätzung gerade nicht an die institutionellen Grenzen der politischen Macht hält, sondern auch an ihren Rändern reproduziert wird. Das Zitat stammt vom Spionage-Autor Frederick Forsyth, (www.n24.de/n24/Wissen/Kultur-Gesellschaft/d/3879466/edward-snowden-ist-ein-verraeter-.html, eingesehen am 18.5.2015).

23 Und umgekehrt gilt, dass sich Meinungen aus jenseits des institutionellen Umfeldes der Politik auch innerhalb ihres Kernbereiches artikulieren können, gerade in parlamentarischen Demokratien. Das Zitat stammt von Hans-Christian Ströbele (Bündnis 90/Die Grünen, MdB) aus einem tagesschau Interview vom 5. Juni 2014, http://www.tagesschau.de/inland/snowden410.html (eingesehen am 21. Mai 2015).

24 Kluge/Vogl (2009) a.a.O., S. 122.

2. Die institutionelle Marginalisierung des Emotionalen

Auch „schurkische Infrastrukturen" müssen gepflegt werden. Man kann sogar behaupten, dass der Erfolg demokratischer Ordnungen mit ihrer Fähigkeit zusammenhängt, diese Grauzonen zu verwalten und ihrem wilden Auswuchern effektive Grenzen aufzuerlegen. Sofern die destruktiven Kräfte des Staates zentraler Reflexionsgegenstand des demokratischen Denkens sind, gerät der Rechtsstaat zum Dreh- und Angelpunkt eines solchen Kontrolldiskurses. Allerdings setzt sich neuerdings eine gewisse Skepsis gegenüber den Möglichkeiten eines rechtlich verbrieften Kontrollrechts ziviler Kräfte durch. Ist man bisher fest davon ausgegangen, dass in den westlichen Gesellschaften die demokratische Kontrolle staatlicher Gewaltmonopole vor allem durch rechtsstaatliche Praktiken weitgehend funktionsfähig gemacht werden konnte, sind spätestens mit dem Bekanntwerden der Snowden-Enthüllungen ernsthafte Zweifel daran aufgekommen. Sorge bereitet hier insbesondere die anlasslose Überwachung: Denn sie setzt sich über die „freundschaftlichen" Beziehungen hinweg und droht eine Art transnationale Staatsräson zu begründen, die es den nationalen Parlamenten erschwert, ihren Kontrollauftrag wahrzunehmen. Offenbar können sich auch schurkische Infrastrukturen globalisieren. Sie werden flexibler und mobiler, drohen gar ihre alten Verankerungen aufbrechen.

Zweifel dieser Reichweite lösen in der Regel Beklemmnis aus und sorgen dafür, dass sich die anlasslos Ausgespähten gekränkt fühlen. Ohne Verdachtsmomente beargwöhnt zu werden, löst in erster Linie negative emotionale Reaktionen aus. Dies gilt vor allem dann, wenn die Enthüllung als ein Schock erfahren wird, der sich im Rahmen eingeübter Rechtfertigungsschleifen nicht bewältigen lässt. Die Handy-Debatte markiert einen solchen Moment. Sie zeigt aber auch, wie unerträglich die Ungewissheit ist und wie anfällig die Gekränkten für das Bedürfnis werden, die Irritation aus der Welt zu schaffen und kein emotionales Chaos zu stiften. Gerade hier greifen Beschwichtigungen ein. Sie zielen darauf ab, die emotionalen Energien zu bändigen, so dass der Rückzug ins Normale zumindest auf diskursiver Ebene wieder gelingen kann.

Oft aber reicht die Beschwichtigung allein nicht aus, um auf den „erreichten Stand der Herrschaftsbeziehungen" zurückzukehren. Wenn die Enthüllung kein singuläres Ereignis mehr ist, das sich raum-zeitlich begrenzen ließe, sondern stets neuen Stoff für Emotionalisierungen liefert, fordert sie damit die Infrastruktur des Schurkischen auch indirekt dazu auf, die eigenen Normalisierungsprozeduren zu erneuern oder gar neue auszubilden; nicht zuletzt deshalb geht es im Falle der Überwachungspolitik derzeit auch um die Verhandlung eines No-Spy-Abkommens (*Institution als Vertrag*) oder um die Berufung eines BND-Beauftragten (*Institution als Amt*).

Die Mainstream-Soziologie kennt diesen Aspekt und würdigt ihn mit einer Definition, wonach unter einer Institution ein Ensemble entlastender Verhaltensregulative zu verstehen ist, „die darüber bestimmen, was angemessenes Handeln und Entscheiden ist."[25] Sie zeichnen sich demnach durch formal-rationale Strukturen aus und ihre Funktion ist die der Legitimitätsgenerierung.[26] Aus umgekehrter Sicht stellt sich die Institution damit aber auch als jenen Mechanismus dar, der die Strategien der Entemotionalisierung auf eine schweigende Dauer zu stellen imstande ist: Ist etwas institutionell geregelt, gibt es keinen Grund zur Aufregung. Jemand Kompetentes wird sich schon darum kümmern und das Problem effizient lösen. Die Institution ist also ein wesentliches Element der „okzidentalen Rationalisierung" (Max Weber), die sich explizit von der *emotio* abgrenzt – vor allem dadurch, dass sie formale Organisationsprinzipien bevorzugt und ausschließlich für rationale Handlungsträger ansprechbar ist.

In gewisser Weise stellt sich die Institution damit als ein körperloses Wesen dar, das weder fühlen noch über einen Standpunkt verfügen kann.[27] Und gerade hier manifestiert sich die Dichotomie zwischen Emotionalität und Rationalität auch in historischer Hinsicht; sie wird mittels deklarativer Sätze, die institutionell ausgesprochen werden, performativ, insofern nur die Institution als körperloses Wesen imstande ist, unparteiische *Richtwerte zu fixieren.*[28] Hat die Institution ihr Werk vollbracht, hat niemand

> „mehr das Recht zu bezweifeln, daß das geborene Kind wirklich geboren ist, daß der Sohn oder die Tochter wirklich die Kindheit hinter sich gelassen haben und ins Erwachsenenalter eingetreten sind, daß der Junggeselle nun verheiratet ist oder [...] der Tote wirklich tot ist."[29]

25 Hasse, Raimund/Krücken, Georg 2005: *Neo-Institutionalismus. Mit einem Vorwort von John Meyer*, 2. Auflage, Bielefeld: [transcript], S. 15.

26 Meyer, John W./Rowan, Brian 1977: Institutionalized Organizations: Formal Structures as Myth and Ceremony, in: *American Journal of Sociology* 83(3), S. 340-363.

27 Vgl. Boltanski (2010) a.a.O., S. 115-122.

28 Ebd., S. 119.

29 Ebd., S. 18f.

3. Ausblick

In einem Karlsruher Verfahren gegen ein ausländisches Agentenpaar hielt der damalige Generalbundesanwalt Range fest, „dass der deutsche Staat eine *Souveränitätskränkung* solchen Ausmaßes [...] in hohem Maß missbilligt.“[30] Die geheimdienstliche Überwachungspolitik, die mit den Snowden-Enthüllungen sichtbar wurde, weist zwar einen weitaus höheren operativen und technischen Aufwand als der von Range behandelte Fall auf. Er führt aber zugleich auch auf die Frage, wie ein körperloses Wesen, das bestenfalls als imaginärer Repräsentativkörper zu bestimmen ist, überhaupt gekränkt sein kann: Wie ist es möglich, dass eine vorgestellte Einheit (die Nation, das Volk etc.) mit Begriffen operiert, die eine biologische Substanz und Struktur voraussetzen? Eine Antwort dazu liefert Koschorke; Affekte können sich sozial fortpflanzen, vor allem im Medium von narrativen Dispositionierungen des *Mit*fühlens!

Allerdings hat das neuzeitliche Denken dazu geführt, dass sich eine Reihe diskursiver (*Beschwichtigung*) und institutioneller (*Formalisierung*) Mechanismen ausdifferenzieren konnten, die einer solchen Fortpflanzung der Erregungszustände massive Schranken auferlegen. Der Glaube daran, dass das *Affektuelle* und *Emotionale* einer Politik im Wege steht, die vor allem *sachlich* sein muss und darauf angewiesen ist, den Einschränkungen partikularer Sichtweisen zu entgehen, hat dazu geführt, dass sich ein historisch bedingtes Missverständnis überhaupt erst manifestieren konnte. Der Preis des Sachlichkeitsgewinns liegt aber im Verlust kritischer Kapazitäten. Denn das Emotionale ist nicht nur Medium der Souveränitätsvergewisserung (man könnte in Abwandlung des Schmittschen Diktums auch sagen, dass nur Souverän ist, wer gekränkt werden kann). Sie liefert zugleich auch die Bedingung für Kritik, insofern nur sie die Ungewißheit darüber artikulierbar macht, ob die Sprecher der herrschenden Institutionen nur den Anschein erwecken, den Willen körperloser Institutionen (des Gemeinwohls) auszudrücken oder ob „sie insgeheim ihre egoistischen Wünsche befriedigen wollen, die Wünsche körperlicher, also interessierter und situierter Wesen, wie wir alle es sind.“[31]

30 Vgl. http://magazin.spiegel.de/EpubDelivery/spiegel/pdf/127307881

31 Boltanski (2010) a.a.O., S. 134.

Bilder von Europa. Emotionale Reaktionen auf die *Eurovision Debate* im Europa-Wahlkampf 2014.

Kristina Weissenbach

1. Nähe durch Emotionen? Die Eurovision Debate als Novum im Europa-Wahlkampf 2014[1]

Die Ausgestaltung von Wahlen gilt als eines der zentralen Qualitätskennzeichen einer Demokratie[2]. Die Wahlkampfphasen im Vorfeld sind – auch wegen dieses hohen Stellenwerts der demokratischen Wahl – Phasen höchster Emotionalität. Öffentliche Wahlkampagnen und Wahlkampfauftritte von Parteien und Spitzenkandidaten sind darauf ausgelegt, die Wahlbevölkerung zu informieren und zu mobilisieren. In der modernen Wahlkampfführung werden dabei gezielt Emotionen auf Seiten der Wählerinnen und Wähler angesprochen und generiert – sei es über multimedial organisierte Wahlkampfformate, professionalisierte Argumentations-, Framing- oder Verhandlungsstrategien, den gezielten Einsatz von Sprache, den Rückgriff auf Symbolik, Bilder oder Vergleiche.[3]

1 Ein herzlicher Dank gilt an dieser Stelle Jan Dinter, für die Kooperation im Rahmen des Projekts „Eurovision Debate 2014“ an der NRW School of Governance (Universität Duisburg-Essen) und seine Unterstützung bei der Aufarbeitung des Forschungsstands sowie der Datenerhebung. Vgl. auch Dinter, Jan/Weissenbach, Kristina 2015: Alles neu! Das Experiment TV Debatte im Europawahlkampf 2014, in: Michael Kaeding/Niko Switek (Hrsg.): *Die Europawahl 2014. Spitzenkandidaten, Protestparteien, Nichtwähler*, Wiesbaden: Springer VS, S. 233-246.

2 Korte, Karl-Rudolf/Weissenbach, Kristina, 2007: ‚Wahlsysteme und Wahltypen': Wahlen als Qualitätskennzeichen einer Demokratie, in: Claudia Derichs/Thomas Heberer (Hrsg.): *Wahlsysteme und Wahltypen. Politische Systeme und regionale Kontexte im Vergleich*, Wiesbaden: Springer VS, S. 26-48.

3 Vgl. u.a. Brettschneider, Frank 2002: *Spitzenkandidaten und Wahlerfolg. Personalisierung – Kompetenz – Parteien. Ein internationaler Vergleich*, Wiesbaden: Springer VS; Römmele, Andrea 2002: *Direkte Kommunikation zwischen Parteien und Wählern. Postmoderne Wahlkampftechnologien in den USA und der BRD*, Wiesbaden: Westdeutscher Verlag; Sarcinelli, Ulrich 1983: *Symbolische Politik und Wahlkampf. Eine Analyse zur politischen Symbolik am Beispiel des Bundestagswahlkampfes 1980*, Koblenz: Analysen und Berichte der Forschungsgruppe

TV-Duelle oder TV-Debatten gelten in der amerikanischen Politikwissenschaft seit den *great debates* zwischen John F. Kennedy und Richard Nixon zu Beginn der 1960er Jahren als der Ort, an dem dieser Prozess der strategischen Wahlkampfführung und der Entwicklung emotionaler Reaktionen auf Seite der Wählerinnen und Wähler verdichtet beobachtet werden kann. Identitätsstiftend, vertrauensbildend und partizipationsfördernd – diese Attribute werden dem Format der TV-Duelle und TV-Debatten im Kontext nationaler Wahlen von Seiten der amerikanischen und deutschen Politikwissenschaft zugesprochen. Mit der *Eurovision Debate* im Rahmen des Wahlkampfes zum Europäischen Parlament 2014 wurde auf europäischer Ebene erstmals diese neue Wahlkampfarena betreten:

Eineinhalb Wochen vor dem Wahltermin traten die Spitzenkandidaten von fünf europäischen Parteien für das Amt des EU-Kommissionspräsidenten in einer europaweit ausgestrahlten Fernsehdebatte an, um das Interesse der Bürger für europäische Politik zu steigern und ein stärkeres Vertrauen in europäische Politik und Politiker zu generieren.

Welche *Bilder von Europa* entstanden aber tatsächlich in den Köpfen der Zuschauerinnen und Zuschauer? Welche emotionalen Reaktionen rief das Format der ersten TV Debatte auf europäischer Ebene hervor? Konnte es eine stärkere Nähe der Zuschauerinnen und Zuschauer zu den *europäischen Institutionen*, insbesondere zum Europäischen Parlament, zu den *EU-Spitzenkandidaten* und zu *europapolitischen Themen* generieren?

An der Schnittstelle des Forschungsstrangs der Politischen Psychologie, der Wahlkampfforschung und der politischen Kommunikation geht der vorliegende Aufsatz diesen Fragestellungen empirisch nach. Er stützt sich dabei auf die Kombination von quantitativer und qualitativer Datenerhebung. So wurden im Rahmen einer Studie zu „TV Debatten im Wahlkampf" an der NRW School of Governance (Universität Duisburg-Essen)[4] einerseits 50 Rezipienten eingeladen die *Eurovision Debate* gemeinsam

Parteiendemokratie, EWH Rheinland-Pfalz, Nr. 2; Sarcinelli, Ulrich 1987: *Symbolische Politik*, Wiesbaden: Springer VS; Saretzki, Thomas, 1996: Wie unterscheidet sich Argumentieren und Verhandeln? Definitionsprobleme, funktionale Bezüge und strukturelle Differenzen von zwei verschiedenen Kommunikationsmodi, in: Volker von Prittwitz (Hrsg.): *Verhandeln und Argumentieren. Dialog, Interessen und Macht in der Umweltpolitik*, Opladen: Leske + Budrich, S. 19-39; Schmitt-Beck, Rüdiger, 2003: Kampagnenwandel und Wählerwandel. „Fenster der Gelegenheit" für einflussreiche Wahlkämpfe, in: Ulrich Sarcinelli/Jens Tenscher, Jens (Hrsg.): *Machtdarstellung und Darstellungsmacht. Beiträge zu Theorie und Praxis moderner Politikvermittlung*, Baden- Baden: Nomos, S. 199-218.

4 Dinter/Weissenbach (2015) a.a.O.

anzusehen und an einer entsprechenden Umfrage teilzunehmen: Um die direkten Reaktionen der Teilnehmerinnen und Teilnehmer zu erfassen, wurden diese in einem Pretest-Posttest-Design unmittelbar vor und nach der Ausstrahlung der europäischen TV-Debatte per standardisierten Fragebögen befragt. Andererseits wurden wenige Tage nach der Ausstrahlung der *Eurovision Debate* über ermittelnde Gruppendiskussionsverfahren[5] mögliche Veränderungen auf kollektiver und individueller Ebene qualitativ erhoben und inhaltsanalytisch ausgewertet. Die erlangten Ergebnisse haben u.a. aufgrund der homogenen Zusammensetzung der Gruppe keine repräsentative Aussagekraft – sie lassen aber Schlüsse zum Wirkmechanismus der Debatte bei politisch eher stark interessierten Zuschauern zu.

In einem *ersten Teil* zeigt der Aufsatz die Bedeutung von TV Debatten im Kontext von Wahlen und Wahlkampfführung auf und verortet die zentrale Fragestellung nach den emotionalen Reaktionen auf TV Debatten im Forschungsstand, um *im Weiteren* einen Einblick in die empirischen Forschungsergebnisse zu bieten. *Zweitens,* werden die emotionalen Reaktionen der Zuschauerinnen und Zuschauer gebündelt und die – durch die *Eurovision Debate* induzierten – Bilder und ausgelösten Emotionen von Europa in eine Typologie überführt.

Ein *abschließender Ausblick* bündelt die emotionalen Erfahrungen der ersten TV Debatte auf europäischer Ebene und zeigt Hürden und Signale für künftige Europawahlkämpfe auf.

2. TV-Debatten als Raum der verdichteten Wahlkampfführung

Ihren Ursprung haben TV Debatten im US-amerikanischen Raum. Seit den *great debates* zwischen John F. Kennedy und Richard Nixon zu Beginn der 1960er Jahren sind sie zu einem festen Bestandteil der Kampagnen zur Präsidentschafts- oder Vorwahl geworden. In den 1970er Jahren überquerte dieser Wahlkampftrend den Atlantik: In Frankreich fand im Vorfeld der Präsidentschaftswahl 1974 ein im Fernsehen übertragener

5 Lamnek, Siegfrid 2005: *Gruppendiskussion. Theorie und Praxis*, Weinheim [u.a.]: Beltz; Vgl. zur Durchführung und Interpretation der Gruppendiskussionen: Krueger, R. A. 1994: *Focus Groups. A Practical Guide for Applied Research*, Thousand Oaks [u.a.]: Sage; Bohnsack, Ralf/Przyborski, Aglaja 2010: Diskursorganisation, Gesprächsanalyse und die Methode der Gruppendiskussion, in: Ralf Bohnsack et al. (Hrsg): *Das Gruppendiskussionsverfahren in der Forschungspraxis*. Opladen & Farmington Hills: Verlag Barbara Budrich, 233-248.

Schlagabtausch zwischen François Mitterrand und Valéry Giscard d'Estaing statt. In Deutschland können die sogenannten Elefantenrunden von 1972 und 1987 als Vorläufer der TV-Duelle gelten und auch in Großbritannien gab es 1964 zumindest eine Herausforderung zur Teilnahme an einer Debatte[6]. Die Strahlkraft des Formats, das in verdichteter Weise und meist zu besten Sendezeiten die Möglichkeit zum Campaigning gibt, wurde letztlich so groß, dass sich TV-Duelle teilweise unabhängig von den Spezifika der vorherrschenden Parteien- und Wahlsysteme verbreiten konnten. In Deutschland treffen sich zu den Kanzlerduellen, die seit 2002 bei jedem Bundestagswahlkampf stattfanden, jeweils nur die Kanzlerkandidaten der beiden vermeintlichen Volksparteien. Dass die Gegenüberstellung zweier Spitzenpolitiker zwar hervorragend zu Personenwahlen, nicht unbedingt aber zu Parlamentswahlen passt, führte unter anderem dazu, dass in Großbritannien erst 2010 die erste *tv debate* stattfand[7]. In der deutschen Politikwissenschaft und in Teilen der Öffentlichkeit wurde die Implementierung der deutschen Kanzlerduelle indes als ein der Amerikanisierung geschuldeter „Übersetzungsfehler“[8] oder zumindest als Ergebnis einer sich verstärkenden Medialisierung interpretiert[9]. Aber auch in Amerika wurde bereits früh die fehlende Diskussionskultur der *debates* kritisiert[10]. So kommen Marilyn Jackson-Beek und Robert G. Meadow in ihrer

6 1964 forderte Harold Wilson den amtierenden Premier Alec Douglas-Home zu einer *election debate* heraus. Dieser lehnte ab, weil er befürchtete, man würde eine Art „Top of the Pops-contest“ erhalten (vgl. Cockerell, Michael 2010: Why 2010 will see the first TV leaders election debate. http://news.bbc.co.uk/2/hi/uk_news/politics/election_2010/8612153.stm. 11.09.2014).

7 Cockerell (2010) a.a.O.

8 Bieber, Christoph 2010: Das „Kanzlerduell“ als Multimedia-Debatte. Politische Kommunikation und Bürgerbeteiligung zwischen TV und Internet, in: Karl-Rudolf Korte (Hrsg.): *Die Bundestagswahl 2009. Analysen der Wahl-, Parteien-, Kommunikations- und Regierungsforschung*, Wiesbaden: Springer VS, S. 239.

9 Vgl. die kritischen Beiträge von Donsbach, Wolfgang, 2002: Sechs Gründe gegen Fernsehduelle, in: *Die politische Meinung* 47(396), S. 19–25; Bucher, Hans-Jürgen, 2004: Die Medienrealität des Politischen. Zur Inszenierung der Politik im Fernsehen, in: Ute Frevert/Wolfgang Braungart (Hrsg.): *Sprachen des Politischen. Medien und Medialität in der Geschichte*, Göttingen: Vandenhoeck & Ruprecht, S. 268-303.

10 Vgl. u.a. Auer, J. Jeffrey, 1962: The Counterfeit Debates, in: Sidney Kraus (Hrsg.): *The Great Debates. Background, Perspective, Effects*, Bloomington: Indiana University Press, S. 142-150; Blitzer, Lloyd/Reuter, Theodore 1980: *Carter vs. Ford. The Counterfeit Debates of 1976*, Madison: University of Wisconsin Press; Lanou, David L./Schrott, Peter R. 1991: *The Joint Press Conference. The History, Impact, and Prospects of American Presidential Debates*, New York:

empirischen Analyse der amerikanischen Debatten zu dem Ergebnis, dass in den Debatten Themen abgefragt werden, die häufig nicht der Zuschauerpräferenz entsprechen[11].

Die Kritik an den Debatten im deutschen Kontext wurde durch Studien untermauert, die Personalisierungstendenzen bei der Wahlkampfberichterstattung[12]und kurzfristig auch der Wahlentscheidung[13] nachweisen. Die deutlichste Kritik wurde allerdings an der undurchsichtigen Organisation der Kanzlerduelle hinter verschlossenen Türen geäußert.[14]

Westport.

11 Jackson-Beeck, Marilyn/Meadow, Robert G. 1979: The Triple Agenda of Presidential Debates, in: *Public Opinion Quarterly* 43(2), S. 179.

12 Adam, Silke/Maier, Michaela, 2010: Personalization of Politics. A Critical Review and Agenda for Research, in: Communication Yearbook 34, S. 213-257.

13 Maier, Jürgen/Maier, Michaela, 2007: Das TV-Duell 2005: Katalysator für die Personalisierung des Wahlverhaltens?, in: Brettschneider (Hrsg.) a.a.O., 229f.

14 Vgl. Maurer, Marcus/Reinemann, Carsten 2007: Warum TV-Duelle Wahlen entscheiden können. Befunde und Konsequenzen der TV-Duell-Studie 2005, in: Marcus Maurer et al. (Hrsg.): *Schröder gegen Merkel. Wahrnehmung und Wirkung des TV-Duells 2005 im Ost-West-Vergleich*, Wiesbaden: VS Verlag, S 245f.; Maier, Jürgen et al. 2013: Mobilisierung durch Fernsehdebatten: Zum Einfluss des TV-Duells 2009 auf die politische Involvierung und die Partizipationsbereitschaft. In: Bernhard Weßels et. al. (Hrsg.): *Wahlen und Wähler. Analysen aus Anlass der Bundestagswahl 2009*, Wiesbaden: VS Verlag, S. 90f.; Hachmeister, Lutz et al. 2009: Kommission zur Kanzlerdebatte: Stellungnahme zum Kanzlerduell 2009, http://medienpolitik.eu/cms/media/pdf/TVDuellStatement PDF.pdf., 18.12.2013. Auch Bieber (a.a.O.) greift die Kritik an der Organisationsform auf und konstatiert in seiner Analyse des Kanzlerduells 2009 sowie der begleitenden Online-Aktivitäten, dass „[das prominenteste und reichweitenstärkste Format im Medienwahlkampf] von den eng kooperierenden Akteuren der beiden stärksten politischen Kräfte [dominiert]“, „die Möglichkeit einer Einflussnahme auf das Format auf wenige Akteure limitiert“ sowie „das bereits vorherrschende Primat der Partei- und TV-Eliten zementiert worden [ist]“ (ebd.: S. 257). Zeitgleich arbeitet er die Organisation und Durchführung der Duelle als ertragreiches politikwissenschaftliches Untersuchungsfeld heraus, „da sich hierbei Grundstrukturen im Beziehungsgeflecht der deutschen ‚Mediendemokratie‘ aufzeigen lassen“ (ebd.: S. 241). Analysen zur Organisationspraxis finden sich bei Krafft, Amely/Zaiss, Volker, 2013: Das TV-Duell aus Sicht der Wahlkämpfer – Ein Blick in die Kampagnenpraxis, in: Marko Bachl et al. (Hrsg.): *Das TV-Duell in Baden-Württemberg 2011. Inhalte, Wahrnehmungen und Wirkungen*, Wiesbaden: Springer VS, S. 237-250; Jun, Uwe/Pütz, Johannes, 2010: Die organisierte Unverantwortlichkeit? Aus dem Innenleben einer Kampagne, Kommunikationsstrukturen und -strategien des SPD-Kampagnenmanagements im Bundestagswahlkampf 2009 – Das „TV-Duell“ als Fallbeispiel, in: *Zeitschrift für Politikberatung* 3(2), S. 197-215.

Zeitgleich zeigt der Forschungsbestand an der Schnittstelle von Wahlkampf- und politischer Kommunikationsforschung, dass die Bedeutung von TV-Duellen nicht unterschätzt werden darf. „TV-Duelle können Wahlen entscheiden“ – mit diesem Ausruf bringen Marcus Maurer und Carsten Reinemann[15] die Ergebnisse ihrer Studie zum Fernsehduell im Bundestagswahlkampf 2005 auf den Punkt und stellen den Befund dar, dass die Zuschauer zunächst Gewinner der Duelle wahrnehmen und diese Einschätzung dann zu Image-, in kleinerem Ausmaß aber auch zu Stimmengewinnen führt[16].

Der Forschungsstand zu den bundesdeutschen TV-Duellen hat inzwischen einen bemerkenswerten Umfang erreicht und zahlreiche belastbare Befunde hervorgebracht. Sie ergänzen und bereichern dabei die Untersuchungen der amerikanischen Forschung. Hervorzuheben ist eine Reihe von umfassenden Studien, die zum Teil alle drei Schwerpunkte der Debattenforschung – Inhaltsanalysen, Analysen der Berichterstattung über die Duelle sowie Wirkungsanalysen – abdecken.[17] Insgesamt dominieren in der deutschen Forschungsliteratur kommunikationswissenschaftlich geprägte Wahrnehmungs- und Wirkungsanalysen.[18] Von besonderer Bedeutung sind dabei die Erkenntnisse über demokratisch wünschenswerte Effekte von Debatten. So urteilen Maurer und Reinemann, „dass Fernsehdebatten ein erhebliches demokratisches Potenzial besitzen“ [19] und den Wäh-

15 Ebd.

16 Ebd., S. 246.

17 Stellvertretend: Maurer, Marcus/Reinemann Carsten, 2003: *Schröder gegen Stoiber. Nutzung, Wahrnehmung und Wirkung der TV-Duelle*, Wiesbaden: VS Verlag; Faas, Thorsten/Maier, Jürgen, 2004: Mobilisierung, Verstärkung, Konversion? Ergebnisse eines Experiments zur Wahrnehmung der Fernsehduelle im Vorfeld der Bundestagswahl 2002, in: *Politische Vierteljahresschrift* 45(1), S. 55-72.; sowie die Beiträge in Maurer et. al. (2013) a.a.O.; ebenso eine Reihe von Beiträgen im Rahmen der German Logitudinal Election Study (statt vieler Faas, Thorsten/Maier, Jürgen: Das TV-Duell, in: Hans Rattinger et. al. (Hrsg.): *Zwischen Langeweile und Extremen: Die Bundestagswahl 2009*, Baden-Baden: Nomos, S. 223-236).

18 Zur Unterscheidung von kurzfristigen Wahrnehmungen und längerfristigen Wirkungen siehe Maurer/Reinemann (2007, a.a.O., S. 230ff.). Eine herausragende Rolle spielen bei diesen Untersuchungen experimentelle Designs und Methoden. Hervorzuheben sei hier die Methodik der RTR-Messung (vgl. Reinemann/Maurer 2007, a.a.O.; Reinemann, Carsten et al. 2005: Reliabilität und Validität von RTR-Messungen. Ein Vergleich zweier Studien zur zweiten Fernsehdebatte im Bundestagswahlkampf 2002, in: *Publizistik* 50(1), S. 56-73.

19 Ebd., S. 246.

lerinnen und Wählern Informationen über die Kandidaten liefern[20]. Gleiches zeigte bereits eine Studie zu den amerikanischen *debates* von Thomas M. Holbrook[21]. Für die deutschen Kanzlerduelle diskutierte vor allem ein Beitrag von Jürgen Maier, Thorsten Faas und Michaela Maier demokratisch wünschenswerte Effekte. Sie identifizieren zunächst eine stärkere Wirkung von Fernsehduellen auf politisch weniger Interessierte. Bei diesen würde das „subjektive Kompetenzgefühl" sowie das „objektive Wissen" verbessert, darüber hinaus könne „das Gefühl, dass der politische Betrieb responsiv ist", verstärkt werden und auf diesem Weg steige „die Wahrscheinlichkeit der Wahlbeteiligung"[22]. Im amerikanischen Kontext schrieben die Autoren Kenneth D. Wald und Michael B. Lupfer den Debatten gar die Funktionen einer *civics lesson* zu[23].

Den Fragen danach, *wie* es zu diesen Effekten kommt und welche emotionalen Reaktionen die Zuschauerinnen und Zuschauer von TV-Debatten entwickeln, geht die Debattenforschung bislang kaum nach. An dieser Stelle – und hier setzt der vorliegende Aufsatz an – kann die Ergänzung des bestehenden und durchaus umfangreichen Forschungsstands durch bisher kaum durchgeführte qualitativ geprägte Studien aufschlussreich sein.

Die emotionalen Reaktionen auf die *Eurovision Debate* sind gerade deswegen von besonderem Interesse, weil die Wahlen zum europäischen Parlament – mit einem geringen Interesse der politischen und medialen Akteure sowie der weitläufig fehlenden Identifikation der europäischen Bevölkerung mit der EU – bislang als Nebenwahlen galten. Die Ernennung von Spitzenkandidaten für das Amt des EU-Kommissionspräsidenten und ihre Inszenierung in einer TV Debatte sind somit ein Novum für die europäische Wahlbevölkerung[24].

So stellen sich gerade für die *Eurovision Debate* die Fragen, warum Debatten Effekte haben und wie diese individuell und in Gruppen insbe-

20 Ebd., S. 249.

21 Holbrook, Thomas M, 1999: Political Learning from Presidential Debates, in: *Political Behavior* 21(1), S. 67-89.

22 Ebd., 90.

23 Wald, Kenneth D./Lupfer, Michael B. 1978: The Presidential Debate As a Civics Lesson, in: *Public Opinion Quarterly* 42(3), S. 342-353.

24 Kaeding, Michael 2014: Missglückter Start in den Europawahlkampf 2014: Personen und Inhalte statt Gretchenfrage, in: *Regierungsforschung.de*, 10. Februar 2014, online unter: http://regierungsforschung.de/data/100214regierungsforschung_de_kaeding_europawahlkampf_gretchenfrage_1.pdf, 31.03.2014).

sondere im europäischen Kontext wirken? Welche Informationen nehmen die Rezipienten der Fernsehdebatte auf, welche Bilder von der Europäischen Union, von *europäischen Institutionen, europäischen Spitzenkandidaten* und *europäischer Politik* werden (re-)produziert und welche Emotionen lösen diese bei den Zuschauerinnen und Zuschauern aus?

3. Nach der Eurovision Debate: Mehr Nähe zu europäischen Spitzenkandidaten, Themen und Institutionen?

Am 15. Mai 2014 um 21:00 Uhr trafen fünf der sechs Spitzenkandidaten für das Amt des EU-Kommissionspräsidenten in Brüssel zusammen, um eineinhalb Wochen vor den Wahlen zum achten Europäischen Parlament die zentralen Fragestellungen des Wahlkampfes in 90 Minuten vor den Kameras zu diskutieren: Jean-Claude Juncker (EVP), Ska Keller (EGP), Martin Schulz (SPE), Alexis Tsipras (EL) und Guy Verhofstadt (ALDE).

Die *Eurovision Debate* wurde von 55 Fernsehsendern und 9 Radiostationen gleichzeitig in den 28 EU-Mitgliedsstaaten ausgestrahlt und von 112.595 Tweets über den offiziellen #TellEUROPE begleitet[25]. In der Reihe vieler ähnlicher Formate war die *Eurovision Debate* damit die einzige europaweit in nationalen Fernsehsendern ausgestrahlte Debatte. In Deutschland, in der sie auf dem Spartenkanal Phoenix gezeigt wurde, blieb sie mit einer Einschaltquote von 160.000 Zuschauern hinter den Duellen der ARD und des ZDF mit Juncker und Schulz zurück. Es ist daher anzunehmen, dass das untersuchte Format in Deutschland nur eine kleine und exklusive Gruppe von politisch stark interessierten Rezipienten erreichen konnte.

25 European Brodacasting Union, 2014: EBU makes history with the Eurovision Debate. http://www3.ebu.ch/contents/news/2014/05/ebu-makes-history-with-the-eurov.html. 10.09.2014.

Abb. 1: Nähe gegenüber Spitzenkandidaten und Kandidatenimages Pre-Post-Vergleich

Frage: Wie nah fühlen Sie sich den folgenden Kandidaten und deren Positionen im Europawahlkampf 2014?

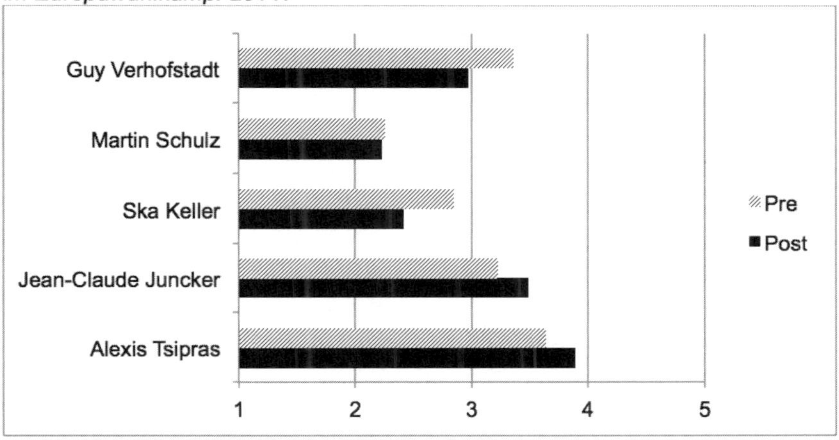

Skala: nah (1) bis nicht nah (5). N=36

Rufen die folgenden Kandidaten bei Ihnen eher ein positives oder negatives Bild hervor?

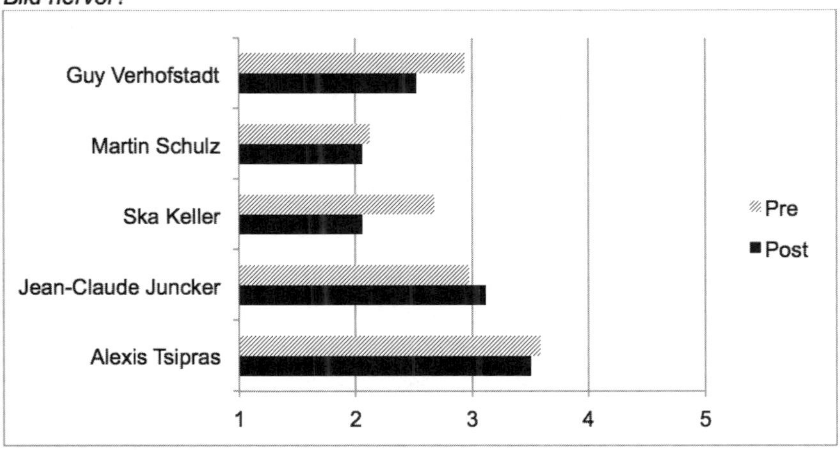

Skala: positiv (1) bis negativ (5). N=36

Quelle: Eigener Pre-Post-Test

Hat sich bei den teilnehmenden Zuschauerinnen und Zuschauern der durchgeführten Studie[26] eine Veränderung bei der Wahrnehmung ihrer eigenen Nähe zu Europa – zu den Spitzenkandidaten, Themen und Institutionen ergeben.

Im unmittelbaren Anschluss an die *Eurovision Debate* ist der deutlichste direkte Effekt im Bereich der Kandidatenimages und der eigenen *Nähe gegenüber den Spitzenkandidaten* zu erkennen. Vor allem Ska Keller und Guy Verhofstadt sehen sich die Zuschauer näher verbunden als zuvor. Auch das Bild der Zuschauer von den Kandidaten verbesserte sich leicht (vgl. Abb. 1).

Spiegelt man diesen Befund mit den Ergebnissen aus der Gruppendiskussion, so deuten die Attribute, die den beiden Kandidaten der kleinen Parteien in der Regel attestiert wurden auf entsprechende Images hin: Keller und Verhofstadt werden als „witzig“, „offen“, „leidenschaftlich“, „sympathisch“ bezeichnet, während Juncker und Schulz gleichermaßen als „gemäßigt“ und „professionell“, aber blass in der TV-Debatte umschrieben werden. Tsipras erhält ein klar nationales Kandidatenimage als der „Kandidat für Griechenland“ (2A), ähnlich wie es auch Schulz attestiert wird als „Ländervertreter Deutschlands“ (2F).

In diesem Zusammenhang zeigen sich bei den Teilnehmerinnen und Teilnehmern der Gruppendiskussion erste unterschiedliche emotionale Bilder von und Assoziationen mit den Kandidaten: So wird Ska Keller mit einer „großen Schwester“ assoziiert, „die etwas bewirken und verändern will“ (...) und „jüngere Menschen mitzieht.“ An dieser Stelle polarisiert Verhofstadt: Einerseits erhält er die Position des entfernten und eher unsympathischen, schnell erregbaren Onkels (2A), andererseits wirkt er authentisch in seiner Rolle und wird wahrgenommen als jemand, der offen für die Meinung anderer ist und der mit Leidenschaft seine Meinung vertritt. Juncker nimmt bei der Beschreibung der eigenen Nähe zu den Kandidaten eine „großväterliche Rolle“ ein, die Position eines distanzierten, älteren Herrn. Diese Darstellungen decken sich mit den Ausprägungen der Kandidatenimages.

Zwar ergibt die Pre-Post-Studie, dass sich das grundlegende Gefühl der Teilnehmerinnen und Teilnehmer, *europäischer Politik* nah zu sein, durch die TV-Debatte verbessert hat (vgl. Abb. 3) und die Informiertheit über die Positionen der Kandidaten stieg. Die Abfrage konkreter Politikfelder deckt jedoch auf, dass sich der Grad der Informiertheit über diese europa-

26 Vgl. zu den Ergebnissen der Studie Dinter/Weissenbach (2015) a.a.O.

politischen Themen im Anschluss an die TV-Debatte kaum verändert hat, in der Tendenz sogar eher sinkt (vgl. Abb 2).

Abb. 2: Informiertheit über europäische Themen im Pre-Post-Vergleich

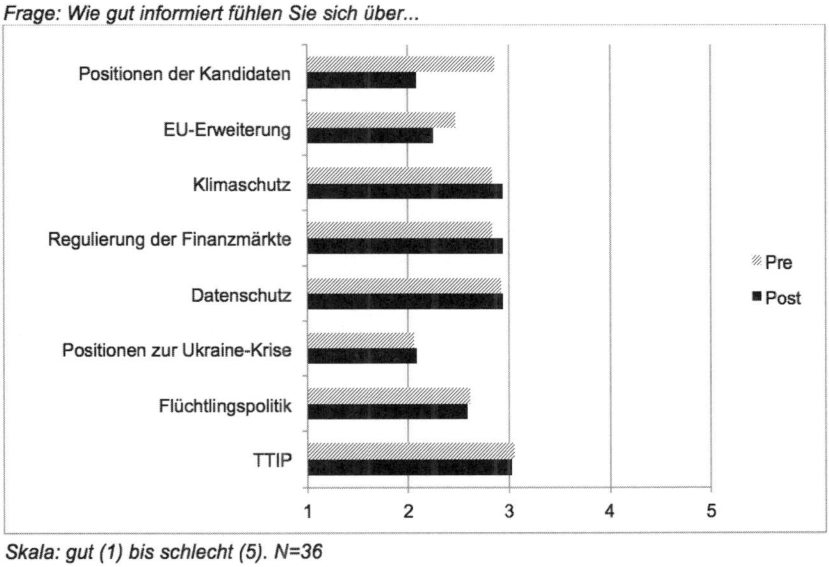

Quelle: Eigener Pre-Post-Test

Dieses vermeintliche Paradoxon wird in der Gruppendiskussion aufgelöst. So ist einerseits in den relevanten Diskurssträngen der Diskussion von „Enttäuschung“ des Formats wegen eines zu geringen Informationsgehalts die Rede (1B; 2C), andererseits wird die verstärkt wahrgenommene Nähe zu europäischer Politik im Anschluss an die TV-Debatte klar mit der Verbindung von ‚Gesichtern und Themen’ begründet:

> „(...) es ist natürlich etwas ganz anderes (...) wenn man da tatsächlich vier oder fünf Leute in einem Studio stehen hat, die europäische Themen in einem europäischen Wahlkampf erläutern, (...) auch wenn’s eigentlich eher die Illusion (...) eines Personenwahlkampfs ist. Ich glaube, dass das (...) ganz viel mit den Leuten macht, wenn sie da tatsächlich, (...) eine Verdinglichung der Politik sehen, weil sie es auf eine bestimmte Person jetzt festlegen können und nicht nur auf eine Institution, die vielen einfach nicht greifbar ist.“ (1A).

Auf der *institutionellen Ebene* lassen sich im Vergleich die geringsten Einstellungsveränderungen identifizieren. So stieg im Anschluss an die

Eurovision Debate das Vertrauen gegenüber den europäischen Institutionen kaum an und auch deren Image veränderte sich nur geringfügig. Eine Verbesserung konnte allerdings beim Gefühl, mit der Stimme bei der Europawahl die europäische Politik beeinflussen zu können, verzeichnet werden.

Abb. 3: Nähe zu europäischer Politik im Pre-Post-Vergleich

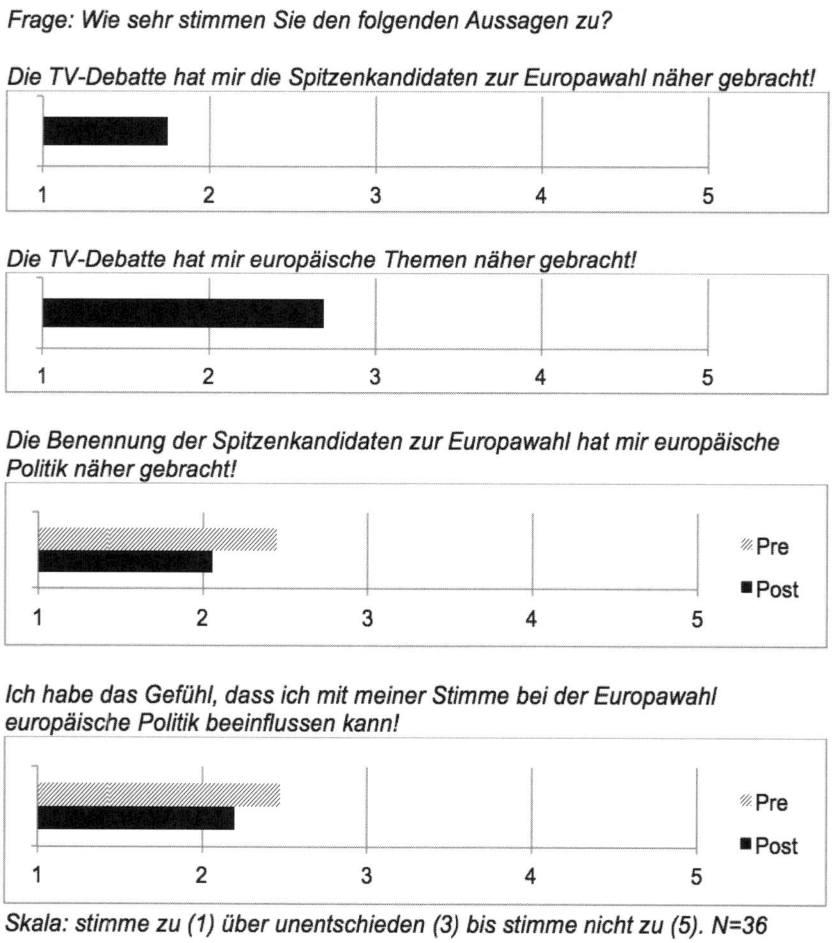

Quelle: Eigener Pre-Post-Test

Die von den Rezipienten assoziierten Bilder in den Bereichen *Europäische Institutionen*, *Spitzenkandidaten* und *europapolitische Themen* münden in den Gruppendiskussionen in einem Diskursstrang, der quer zur dieser Dreiteilung liegt und immer wieder die Oberhand gewinnt: Die Wahrnehmung der *Eurovision Debate* ist stark geprägt durch die Organisation der TV-Debatte selbst.

Inhaltliche Argumentationslinien, der Einsatz der Sprache, die Nutzung von Symbolik oder Bildern und das Auftreten der Spitzenkandidaten treten an dieser Stelle stückweit in den Hintergrund und werden von den formalen Aspekten der multimedialen „Show" und der „Inszenierung" überlagert. Dieser Befund lässt sich in den Diskussionsbeiträgen aller Mitglieder der Gruppendiskussionen wiederfinden. Die technische, bühnenbildnerische und multimediale Organisation der *Eurovision Debate* ruft bei den Rezipienten unterschiedliche emotionale Assoziationen hervor. Die breite Ankündigung des Einsatzes von partizipativen Elementen über soziale Netzwerke und Twitter einerseits und die marginale Rolle dieser Instrumente während der TV-Debatte andererseits hat bei der breiten Masse der Gruppendiskussionsteilnehmer zu Wut (2B) geführt. „Ich hatte das Gefühl, dass man aus Zwang ein partizipatives Element einbauen wollte (...) das finde ich verlogen, das hat mich wütend gemacht" (2B). Der Einsatz von Twitter-Wall und Worthäufigkeits-Wolken und die Einspeisung von getwitterten Fragen an die Moderatorin wurde als „hektisch", als „stressig" empfunden (2B). Die Darstellung der *Eurovision Debate* als großangelegte ‚Show', mit Effekt-Bühne, straffer Rede-Taktung und ‚Jokern' für Extra-Redezeit hat bei den Rezipienten einen direkten Spill-Over auf die Wahrnehmung von Europa bewirkt. So erscheint Einigen Europa im Lichte der Eurovision Debate als „unnahbar und unecht." Nicht zuletzt die – teilweise ausgesetzte – Simultanübersetzung während der Debatte, die es kaum zuließ die Originalstimmen und -wortwahl der politischen Akteure zu hören, führte dazu, dass Europa als „ganz weit entfernt" charakterisiert wurde.

Andererseits zeigt ein Strang des Diskurses in der Gruppe, dass das Wissen darum, dass gleichzeitig in allen Mitgliedstaaten die Debatte übertragen und von den europäischen Mitbürgern mitgesehen wird, als euphorisierend, identitätsstiftend und Nähe vermittelnd wirkt.

4. *Typen emotionaler Reaktionen auf die Eurovision Debate*

Die europäische TV Debatte hat emotionale Reaktionen bei den Zuschauerinnen und Zuschauern produziert – das zeigen die Daten der Pre-Post-Umfrage ebenso wie die Diskussionsverläufe in den Gruppendiskussionen. Jedoch haben sich die Hochpunkte dieser Emotionalität geradezu an den Stellen entwickelt, an denen sie zunächst nicht vermutet wurden. Nicht etwa inhaltliche Fragen der Europapolitik, wie der Streit um das TTIP oder die europäische Flüchtlingspolitik führten zu emotionalen Regungen auf Seiten der Teilnehmerinnen und Teilnehmer, sondern vielmehr waren es die Diskursstränge über das Format und die Organisation der TV-Debatte selbst oder jene über persönliche Eigenheiten und Assoziationen der einzelnen Kandidaten, die bei den Zuschauerinnen und Zuschauern zu emotionalen Reaktionen führten. Die Interpretation der im Rahmen der Gruppendiskussionen qualitativ erhobenen Daten zeigt, dass sich aus den Diskursverläufen drei Typen emotionaler Reaktionen bündeln lassen, die Aussagen hinsichtlich der wahrgenommenen Nähe zu Europa und damit verbundenen „Bildern von Europa" machen:

- *Zunächst,* ein *Diskurs über „Wut, Ärger und Stressgefühle"* in direkter Verbindung mit einem Bild von Europa, das sich von den europäischen Bürgern distanziert. Die Emotionen „Wut", „Ärger", „Stress" oder „Entfremdung" wurden in den Gruppendiskussionen stets mit dem Format und der Organisation der *Eurovision Debate* in Zusammenhang gebracht. So wurde das „Bombastische" und „Show-hafte", die übergroße Bühne mit den in der Distanz positionierten Spitzenkandidaten genauso wie die ungelungene Simultanübersetzung im Diskursverlauf unmittelbar mit dem *Bild eines distanzierten Europas* verbunden und von der Gruppe kollektiv rekonstruiert. Die Bedeutung der Organisation der TV-Debatte für das Nähe-Empfinden der europäischen Bürger ist damit nicht zu unterschätzen.
- *Dann*, ein *emotionaler Diskurs* über *„Identifikation und Befremdlichkeit"* der in unmittelbarem Zusammenhang mit dem Nähe-Gefühl der Zuschauerinnen und Zuschauer zu den europäischen Spitzenkandidaten steht. Ein zweiter Typ emotionaler Reaktionen, die einen Spill-Over auf das Europa-Bild der Zuschauerinnen und Zuschauer aufweisen, kann aus den kandidatenbezogenen Diskurssträngen abgeleitet werden. So geht das Gefühl einer hohen Identifikation oder Abneigung mit einem Spitzenkandidaten bei den Teilnehmerinnen und Teilnehmern der Gruppendiskussionen einher mit Ausprägungen des eigenen Europaimages. Dabei werden Attribute *„von Leidenschaft bis*

Blassheit" mit den Spitzenkandidaten verbunden, bei denen die Darstellungsebene (der grüne Blazer von Keller), die Mimik und Gestik (aggressive vs. empathische Züge bei Verhofstadt) und professionalisierte Argumentations- und Sprachstile (Ruhe und Gelassenheit bei Juncker und Schulz) der einzelnen Kandidaten in den Vordergrund rücken. „Bilder von Europa" sind daraus folgend kaum entstanden, vielmehr reflektiert der größte Teil der Diskutanten eine Unstimmigkeit des durch die TV-Debatte vermittelten Personenwahlkampfs mit dem politischen System der Europäischen Union.

- *Schließlich,* ein *Emotions-Dilemma im Diskurs von „Visionen und Enttäuschung."* Vor allem in Bezug auf die europapolitischen Inhalte und den Informationsgrad der TV-Debatte wurden vermehrt Enttäuschungsgefühle, „Verblüfftheit", „Unmut" und „Unsicherheit" geäußert. Die Diskutanten waren hier gespalten in jene, denen identitätsstiftende Visionen der einzelnen Kandidaten zu Europa komplett gefehlt haben und diejenigen, die in Bezug auf den inhaltlichen Informationsgrad „enttäuscht" waren und „sich nur in einzelnen Politikfeldern informiert und als Teil der EU fühlen." Dieser Ausdruck der „Enttäuschung" in Bezug auf die vermittelten Inhalte komplementiert die bereits im Forschungsstand aufgezeigte These, dass TV Debatten bei politisch stark interessierten Probanden kaum Effekte hervorzurufen scheinen. Durch gering wahrgenommene Informationszugewinne entstehen Frustrationsgefühle, die die erwünschte Wirkung von Debatten in ihr Gegenteil verkehren können.

5. Ausblick: Gemischte Gefühle nach der Eurovision Debate 2014

Emotionen werden in der modernen Wahlkampfführung auf unterschiedlichen Wegen gezielt angesprochen und instrumentalisiert. TV Debatten – so die eingangs genannte Vorannahme – sind Wahlkampforte an denen dies konzentrierter geschieht und man die Genese emotionaler Reaktionen auf Seiten der Wählerinnen und Wähler verdichtet beobachten kann.

Die Analyse der emotionalen Reaktionen auf die erste EU-weite TV Debatte im Vorfeld einer Wahl zum Europäischen Parlament und der sich daraus entwickelnden „Bilder von Europa" unterstreicht diese Vorannahme. Gleichwohl untermauern die drei prägnantesten Typen emotionaler Reaktionen eher ein distanziertes und negatives Bild von Europa bei den Zuschauerinnen und Zuschauern.

Das Format der TV Debatte, das auf nationaler Ebene zu höherer Partizipation und Identifikation führt, tut dies – zumindest beim ersten Versuch auf europäischer Ebene – nur sehr bedingt. Sowohl die Initiatoren, die Spitzenkandidaten wie die optimistischen Beobachter dürften allesamt ähnlich wie die von uns befragten Rezipienten mit gemischten Gefühlen aus dieser Debatte gegangen sein. Die Fernsehsendung, die ganz Europa begeistern wollte, hat es – zumindest in Deutschland – nicht geschafft, ein großes Publikum zu erreichen und damit über den Status eines exklusiven Formats für politisch Interessierte hinauszukommen. Aus den Erkenntnissen der Debattenforschung lässt sich schließen, dass die erhofften Effekte von TV-Debatten daher ein womöglich verschwindend geringes Ausmaß hatten.

Festzuhalten sind dennoch zwei hervorstechende Befunde. Zunächst, dass Gefühle der Wut, des Ärgers und der Entfremdung (von Europa) bei den Zuschauerinnen und Zuschauern vorwiegend dann zur Sprache kommen, wenn die Organisationsform der *Eurovision Debate* reflektiert wird: Die Organisation einer Debatte quer zu den nationalen Medien- und Parteiensystemen in Europa und den individuellen Traditionen mit diesem Wahlkampfformat brachte nicht nur sprachliche Übersetzungsschwierigkeiten, sondern auch praktische Probleme mit sich, deren Auswirkung auf die Wahrnehmung der europäischen Spitzenkandidaten, der europäischen Politik und ihrer Institutionen nicht zu unterschätzen ist.

Und zweitens, das Gefühl der Nähe auf persönlicher Ebene, das sich bei den Teilnehmerinnen und Teilnehmern der Studie aufgrund der erstmaligen Gegenüberstellung von EU-Spitzenkandidaten entwickelte, sowie eine Atmosphäre der Verbundenheit alleine aufgrund des Wissens darum, dass die Eurovision Debate in allen EU-Mitgliedstaaten zeitgleich angesehen wird.

Unverkennbar ist damit das politische Signal der *Eurovision Debate*: Sie unterstützte wie kein anderes Format des Wahlkampfes 2014 das Spitzenkandidatenmodell, wurde zum Symbol der Personalisierung des Wahlkampfes und schürte die Erwartungshaltung auf Seite der Wählerinnen und Wähler, dass der Sieger der Wahl zum Europäischen Parlament auch den Kommissionspräsidenten stellen wird.

Autorenverzeichnis

Prof. Dr. Anja Besand leitet den Lehrstuhl für Didaktik der Politischen Bildung, Technische Universität Dresden.

Lisa Bogerts ist wissenschaftliche Mitarbeiterin im Exzellenzcluster „Die Herausbildung Normativer Ordnungen“ (Goethe Universität Frankfurt am Main) und Redakteurin der Zeitschrift für Internationale Beziehungen.

Nina Elena Eggers ist wissenschaftliche Mitarbeiterin am Lehrstuhl für Politische Theorie, Universität Duisburg-Essen.

Dr. Rebekka Fleiner ist wissenschaftliche Mitarbeiterin am Lehrstuhl für Politikwissenschaft (insb. Politische Theorie) der Helmut-Schmidt-Universität und Redakteurin Zeitschrift für Politische Theorie.

Dr. Felix Heidenreich vertritt derzeit die Professur für Politische Theorie und Empirische Demokratieforschung an der Universität Stuttgart.

Maik Herold ist wissenschaftlicher Mitarbeiter am Lehrstuhl für politische Theorie und Ideengeschichte an der TU Dresden, derzeit gefördert durch die Graduiertenakademie der TU Dresden mit Mitteln der Exzellenzinitiative des Bundes und der Länder.

Prof. Dr. Karl-Rudolf Korte ist Direktor der NRW School of Governance , Universität Duisburg-Essen, dort Dekan der Fakultät Gesellschaftswissenschaften und Inhaber des Lehrstuhls Politisches System der Bundesrepublik Deutschland und moderne Staatstheorien. Er ist Vorsitzender der Deutschen Gesellschaft für Politikwissenschaft (DGfP).

Prof. Dr. Claus Leggewie ist Professor für Politikwissenschaft und Direktor des Kulturwissenschaftlichen Instituts (KWI) in Essen sowie des Centre for Global Cooperation Research in Duisburg.

Dr. Oliver Lembcke vertritt derzeit die Professur für das Politische System der BRD, Friedrich-Schiller-Universität Jena.

Dr. Philipp Nielsen ist wissenschaftlicher Mitarbeiter am Max-Planck-Institut für Bildungsforschung (Forschungsbereich: „Geschichte der Gefühle") in Berlin.

Dr. Jan Rohgalf ist wissenschaftlicher Mitarbeiter am Lehrstuhl für „Politische Theorie und Ideengeschichte", Universität Rostock.

Prof. Dr. Friedbert W. Rüb leitet den Lehrstuhl für „Politische Soziologie und Sozialpolitik" am Institut für Sozialwissenschaften der Humboldt-Universität zu Berlin.

Prof. Dr. Gary S. Schaal leitet den Lehrstuhl für Politikwissenschaft, insb. Politische Theorie, Helmut-Schmidt-Universität Hamburg.

Benjamin C. Seyd ist Promotionsstipendiat der Studienstiftung des deutschen Volkes sowie des Promotionskollegs „Zeitstrukturen des Sozialen" der Friedrich-Schiller-Universität Jena.

Dr. Florian Weber ist wissenschaftlicher Mitarbeiter im Institut für Politikwissenschaft, Friedrich-Schiller-Universität Jena.

Dr. Kristina Weissenbach ist akademische Rätin an der NRW School of Governance, Universität Duisburg-Essen, und Geschäftsführerin der DGfP.

Prof. Dr. Reinhard Wolf ist Professur für Internationale Beziehungen mit dem Schwerpunkt Weltordnungsfragen, Goethe Universität Frankfurt am Main.

Dr. Taylan Yildiz ist akademischer Rat an der NRW School of Governance, Universität Duisburg-Essen.